重庆师范大学2020年学术专著出版基金资助

玉茗堂書經講意

（明）湯顯祖 著

陳良中 整理

人民出版社

# 凡　　例

一、刻本有很多異形字，多正體與俗體交用，整理時異形字徑改爲正體字，不一一出校。經文有異形字，則據阮元《尚書正義》本徑改，一般不出校。個別字，如經文中"於""于"區分嚴格，混用則據《尚書正義》徑改，注釋文字依從刻本；經文中用"修"，刻本通用作"俗"，徑改，而注釋文字依從刻本。書中異形字頗多，梳理如下："蓋"多作"盖"，"懼"作"惧"，"斷"作"断"，"修"作"俗"，"觀"作"观"，"體"作"体"，"底"作"底"，"繼"作"継"，"戲"作"戲"，"潰"作"潰"，"覺"作"覚"，"擧"作"舉"，"聖"作"聖"，"獻"作"献"，"肅"作"肃"，"沐"作"沭"，"盡"作"尽"，"辭"作"辞"，"應"作"应"，"難"作"难"，"艱"作"艰"，"無"作"无"，"撫"作"抚"，"幾"作"几"，"機"作"机"，"風"作"凤"，"職"作"戫"，"亂"作"乱"，"觀"作"观"，"據"作"拠"，"嚴"作"㸔"，"聽"作"听"，"禮"作"礼"，"興"作"㒷"，"幽"作"㓉"，"歸"作"帰"，"窮"作"穷"，"多"作"夕"，"濟"作"济"，"齊"作"齐"，"勸"作"劝"，"猶"作"犹"，"聲"作"声"，"實"作"实"，"愛"作"爱"，"儀"作"仪"，"議"作"訳"，"萬"作"万"，"邁"作"迈"，"與"作"与"，"會"作"会"，"肆"多作"四"，"壽"作"寿"，"圖"作"畐"，"爾"作"尔"，"數"作"数"，"豐"作"丰"，"貳"作"二"，"達"爲"达"，"邇"作"迡"，"埏"作"壇"，"疏"作"疎"，"命"作"俞"，"證"作"証"，"猶"作"犹"，"覆"作"覄"，"救"作"捄"，"涵"作"酼"，"第"作"弟"，

1

“節”作“莭”，“篤”作“萬”，“邇”作“迩”，“稱”作“称”，“竣”作“攷”，“剛”作“刚”，“顯”作“顕”，“勞”作“劳”，如“蝕”作“䖝”，“國”作“国”等。

二、手寫體統一爲正體，如“麗”作“丽”，“凶”作“凶”，“惡”作“恶”，“美”作“羙”，“讓”作“讓”，“灌”作“潅”，“商”作“商”，“發”作“発”，“喪”作“丧”，“凡”作“凢”。

三、一字多形，則統一爲常用字形。如“處”“処”統一爲“處”，“捴”“揔”“縂”“摠”“捴”統一爲“總”。

四、刻本中有明顯的錯字，則徑改並出校。如“卜王城以朝諸侯”之“侯”誤作“之”，“乃逸乃諺”之“諺”誤作“詐”，書中“率”多誤作“卒”。

五、輸入系統無法打出的文字，可辨識者整理時徑改爲正體字，不可辨識者以圖片顯示，一般不出校。文有漫漶不清則以“□”標誌。

六、每卷首有著者校者信息“临川海若汤显祖著”“男湯大耆尊宿甫、湯開遠叔寧甫、門人朱璽爾玉甫仝校”，整理時爲避免繁瑣，徑以刪除。

七、引述標點本古籍不徑照文過錄，間有根據文意理解改動標點處。

八、附錄收集湯顯祖有關《尚書》的策論及其傳記文字，以便研究者參考。

# 目　　录

# 整 理 説 明

湯顯祖(1550—1616),字義仍,號海若、若士,別號清遠道人,江西臨川人。明代著名戲曲家、文學家。萬曆十一年(1583)進士,歷仕南京太常寺博士、禮部祠祭司主事、徐聞典史、遂昌知縣等職。萬曆二十六年(1598)棄官歸里,潛心於戲劇及詩詞創作,有著名的"臨川四夢",其中《牡丹亭》是他的代表作。其詩文有《紅泉逸草》《問棘郵草》《濫藻》《玉茗堂全集》《讀二十一史略》。

湯顯祖還是一位經學家,有《十三經存注》。① 湯氏專治《尚書》,師從徐良傅,所撰《徐子弻先生傳》云:"徐良傅,字子弻,理學名臣紀之子也。世爲儒,治《尚書》。"②有《玉茗堂書經講意》十二卷刊行,《經義考》卷九○著錄有《尚書兒訓》。然《玉茗堂書經講意》少見書目文獻收錄,《中國古籍總目》著錄之於經部,僅見藏於國家圖書館,原刊一函二冊。③ 1999 年,北京古籍出版社刊行徐朔方箋校《湯顯祖全集》,2015 年上海古籍出版社刊行《湯顯祖集全編》,皆未收錄該書。2016 年 9 月,江西人民出版社影印國家圖書館藏本刊

① 湯顯祖:《湯顯祖集全編》附錄謝廷諒《問棘郵草十卷本序》,上海古籍出版社 2015 年版,第 3102 頁。
② 湯顯祖:《湯顯祖集全編》詩文卷五一"補遺",第 2141 頁。
③ 《中國古籍總目》"經部",中華書局、上海古籍出版社 2012 年版,第 255 頁。

行,厘爲四冊。鄭志良先生撰有《湯顯祖著作的新發現:〈玉茗堂書經講意〉》一文,刊于《文學遺產》2016 年三期,以湯顯祖文集中所引《尚書》文句釋義及鄭振拓藏書證成是書非僞,以周大賚《玉茗堂書經講意敘》簡略討論了該書刊刻情況及湯顯祖思想。湯顯祖習《尚書》中科舉,其今存《尚書》試策內容可以與該書相參證,可以證明該書爲湯顯祖所作。

# 一、湯顯祖《玉茗堂書經講意》作者考辨

從湯顯祖學術經歷以及他文集中對《尚書》文句引述的闡釋,科舉試策中對《尚書》策問的解說,其內容相互參證處可明證《玉茗堂書經講意》作者。

從湯顯祖學術經歷來看,其著有經學著作和《尚書》專著,這在其與友人弟子信劄往還中可以考知,友人謝廷諒謂其有《十三經存注》,其萬曆六年(1578)所見爲未完之稿,謂"君性豪略,恐亦不能續全之"①,其中《尚書存注》當是《玉茗堂書經講意》的基礎。然《玉茗堂書經講意》歷代書目文獻少有著錄,朱彝尊《經義考》著錄有《玉茗堂尚書兒訓》,曰"未見",②當爲同書異稱,其書當時流傳未廣。"兒訓之稱"當從湯氏與其弟子朱爾玉書來,云:"唐宜之、傅遠度、卓左車是秣陵三珠樹,爾玉時往來否?《尚書兒訓》梓成,幸惠百帙。身不能作《尚書》,猶欲以一經貽子也。"③信中說《尚書兒訓》刊刻于南京,湯顯祖希望朱爾玉寄給他一百冊,"兒訓"之稱當是謙辭,絕不是該書的正式名稱。湯顯祖以《尚書》訓子,文集中有明確記載,其《黃太次詩集序》云:"壬寅(1602)再過我,……謂君宜慎暑,留之與兒大耆講《尚書》之業。語有所

---

① 湯顯祖:《湯顯祖集全編》附錄《問棘郵草十卷本序》,第 3102—3103 頁。"而兩家前後失火,所藏書著作殆盡。獨《易》《書》《詩》《論語》《孝經》《爾雅》《孟子》《左氏》《後漢》《三國志》《南北史》《舊唐書》《五代史》數十卷,在友人饒崙伯宗、楊以善吉甫處存。"
② 朱彝尊:《經義考》卷九〇,中華書局 1998 年版,第 494 頁。
③ 湯顯祖:《湯顯祖集全編》詩文卷四八《與門人朱爾玉》,第 1974 頁。

會,欣然忘疲。"①黄太次(1566—1641),名立言,今江西廣昌縣人。小湯顯祖十六歲,萬曆十九年(1591)舉人,官至福建鹽運使。太次素擅詩文,與湯顯祖爲莫逆之交。湯氏業《尚書》中舉,使黄太次授子湯大耆《尚書》,本傳其家學,湯、黄此間當多有商討切磋之誼,可證湯氏有以《尚書》課子之實,"兒訓"之稱契合實際。又考周大賚所作《臨川湯先生書經講意敘》云:"庚戌,先生始自玉茗堂謂兩郎君曰:'予年來無事,一切情興皆薄,將有事於《書意》刻。夫《書》以道政事,二十年爲政於家,從前光景另是一番。'""予生平所得力在此,小子勉夫!"②湯氏以《尚書》著述寄託自己的政治理想,也是其教育子女的重要内容。從湯氏學術經歷可知他確實有《尚書》著述,"講意"一名與全書基本是疏通文意闡釋義理的特點相合。

從内容上看,是書與《玉茗堂文集》中相關論述可相互參證。如論《大禹謨》"道心惟微,人心惟危。惟精惟一,允執厥中"云:"人心得道心爲主,則雖發于形氣,亦天性也,而不復危矣。由是即人心之安皆道心之著,随所精而中可見,亦随所一而中可持。"③以道心爲人心之主,以精一爲持守道心功夫。這一點可與湯氏之《趙子瞑眩錄序》所論相照應,云:"道心者,藥物也。其性至微。人心起,則常與道心爲瞑眩,不勝則微。善用藥者,必致精極一,随瞑眩攻之而不止。"④强調道心對人心的救治作用,救治又重精一之功。前者直接闡釋經義,後者以比喻爲說,言說方式有别,大意則同。如《盤庚中》:"今予命汝一,無起穢以自臭,恐人倚乃身,迂乃心",《玉茗堂書經講意》解釋此句云:

今我命汝一其心,以誠連屬,無起二三之穢惡以自取臭焉。所以然者,蓋是非無兩在,利害無兩從。汝今既從我而將遷矣,使爾心不一,吾恐

---

① 湯顯祖:《湯顯祖集全編》詩文卷五一"補遺",第2160頁。

② 湯顯祖:《玉茗堂書經講意》卷首《臨川湯書經講意敘》,江西人民出版社影印國家圖書藏明萬曆四十年刊本,2015年版,第2—3頁。

③ 湯顯祖:《玉茗堂書經講意》卷二,第10—11頁。

④ 湯顯祖:《湯顯祖集全編》詩文卷三〇"補遺"制藝,第1474頁。

玉茗堂書經講意

浮言之人又將乘間相惑，得以倚偏汝之身，迂僻汝之心。身心非所自有，而是非利害又且茫無中正之則矣，如起穢正以自臭，豈能臭他人哉？予命汝一者，使穢無從起也。①

湯氏主要闡釋義理，訓"一"爲"專一""誠"，"穢"爲二三，"倚"爲心偏斜不正，心不正則失是非利害之標準，易爲浮言所惑。其《貴生書院說》亦引論了《盤庚》此語，云："《書》曰：'無起穢以自臭。'言自己心行本香，爲惡則是自臭也。又曰：'恐人倚乃身。'言破壞世法之人，能引百姓之身邪倚不正也。"②借盤庚之言論述了貴生之義，"心行本香"說是以善爲人之本性，爲惡自臭與《書經講意》"起二三之穢惡以自取臭"之義同，"倚"爲邪倚不正與《書經講意》"倚偏"意同，欲人遵守世法，貴其生理。這裡的引用和闡釋是一種情景義，然二者解釋大旨相近。又如《洪範》"次九曰向用五福，威用六極"，《書經講意》闡釋云：

> 次九之位在《離》，禹則終以"向用五福，威用六極"之疇焉。蓋君有君之勸懲，天有天之勸懲。君之賞勸有盡，而以天之五福勸人則無盡；君之刑威有窮，而以天之六極威人則無窮。雖庶徵之驗又莫驗於此矣。③

闡揚第九疇福善禍淫之義，"次九之位在離"，《離》爲火爲明，以論天道君道賞勸刑威之明，湯顯祖隆慶四年第一場試策"次九曰向用五福"云："《書》之數有所謂九者，位列於《離》，而天地之秘以顯。"④"位列於《離》"與《書經講意》之說完全相同，是結合《洛書》方位而言的，試策有更詳細的分析，爲何第九疇可顯"天地之秘"？因爲《離》位南方之地，爲火爲明，有彰明光顯之義。試策僅論"向用五福"，天以德誘進人"惟天眷德，固有福以厚之"，《洛書》"終於九數而神道以成"，人君"勸以五福而治道斯備"，人君福善則百姓歆慕，"蓋

① 湯顯祖：《玉茗堂書經講意》卷五，第 11 頁。
② 湯顯祖：《湯顯祖集全編》，第 1643 頁
③ 湯顯祖：《玉茗堂書經講意》卷六，第 19—20 頁。
④ 湯顯祖：《湯顯祖集全編》詩文卷五一"補遺"，第 2192 頁。

4

福以彰善也。勸人以福,則人有不樂於爲善者哉!宜大禹以之第次九之
疇。……蓋人之爲善,必有所慕,而後其趨莫禦;君之作善,必有所勸,而後其
機自神。"①詳細闡明了人君法天爲治之義,對照二者,其大旨是相同的。又
《書經講意》論《洪範》九疇之序,云:

> 大抵九疇之序,順而言之則五行爲始,五行不言用者,眾用之所自出
> 也。錯而言之則皇極爲統,皇極不言數者,眾數之所爲宗也。前四疇,所
> 以成就此皇極而立體,後四疇所以維持此皇極而致用,皇極體立用行,天
> 下之彝倫可得而叙矣。②

以"皇極疇"爲中心,五行、五事、八政、五紀四疇成就皇極之根本,三德、
稽疑、庶徵、五福六極四疇爲皇極之功用,以體用論八疇與皇極之內在關聯,這
一觀點與其鄉試第三策問所論完全相應,云:

> 《洪範》者,聖王治世大法,其道近於皇極,而終始意義聯貫而不可
> 離。是故有本焉,有枝焉。前四疇,皇極之體,治天下之本根也;後四疇,
> 皇極之用,治天下之枝葉也。③

湯氏以《洪範》爲治世大法,"前四疇,皇極之體,治天下之本根也;後四
疇,皇極之用,治天下之枝葉",兩處所論語言有異而大旨相同,這裡本根與枝
葉是體用說的形象化表達。《書經講意》論及箕子次序九疇而"治世之大法著
焉",④與試策之說完全相合。湯顯祖鄉試第三策對以《洛書》之數解《洪範》
有九疇深刻批評,謂以《洛書》之數"參合九疇,則陰陽奇偶俱未相當。按類而
求之,五行何以居下,五事何以居上,五紀何以居前左,而皇極何以居中邪? 八
政何以居左,稽疑何以居右,三德何以居後右,而庶徵、福極何以專一位邪?"
批評世儒以五行、八政、皇極、稽疑、福極配以《洛書》之一、三、五、七、九,而五

---

① 湯顯祖:《湯顯祖集全編》詩文卷五一"補遺",第2192—2193頁。
② 湯顯祖:《玉茗堂書經講意》卷六,第20頁。
③ 湯顯祖:《湯顯祖集全編》詩文卷五一"補遺",第2198頁。
④ 湯顯祖:《玉茗堂書經講意》卷六,第18頁。

事、五紀、三德、庶征配以《洛書》之二、四、六、八,《洛書》的方位與《洪範》九疇實不相關,"蓋聖人之經主于理,而後世索之于數;聖人之理得于天,而後世擬之于怪。故不但原經者飾爲異說以誇世誣人也,世儒圖經傳經者往往惟新奇玄奧是務,分配離析以解經,而經可明乎!"①湯顯祖嚴屬批評以《洛書》象數之說解《洪範》,他認爲圖書象數之說只是支離淆亂《洪範》經義,背離經書明理的實質。而《書經講意》中闡釋《洪範》除論九疇順序結合《洛書》之外,義理闡釋基本不涉及象數問題,二者觀念上基本是一致的。又《秦誓》"昧昧我思之,如有一介臣,斷斷猗無他技,其心休休焉,其如有容。人之有技,若己有之。人之彥聖,其心好之,不啻若自其口出。是能容之,以保我子孫黎民,亦職有利哉!人之有技,冒疾以惡之;人之彥聖而違之俾不達,是不能容,以不能保我子孫黎民,亦曰殆哉!"一節,《書經講意》解云:

> 此因古謀人良士等推而上之,又思好賢樂善之人。蓋兼有受責如流之美者也。我嘗深潛靜思之,不必其多也,如有一個臣,平日則斷斷誠一,全不見其他能,其心休休然易直,常如有容焉。人之有技,不止不嫉之而已,若己有之,不見其在人也。人之彥聖,不止不違之而已,其心好之,不但如自其口出,有味哉!其言達也。若此大臣者,天下之賢才不見其多,一人之襟懷不見其少。蓋真能有容,非浮慕下士之虛聲而已,誠得此臣以保我子孫黎民也。我國家亦主有利哉!若於人之有技而冒疾以惡之,彥聖而違之,使不得達,是不能容,必不能保我子孫黎民矣,亦曰危殆哉!②

湯氏基本是依經文演義,段首疏通與上節關聯,接著概括本節"思好賢樂善之人"之章旨,然後詳細闡釋了好賢樂善之臣對於治政的重要意義,略及嫉賢妒能之臣對治政的危害。湯氏制藝之文有《若有一個臣》一篇,云:

> 相天下,其心有能有不能,惟人君能愛惡之也。夫相臣之心,利能容,病不能容也。於斯用愛惡焉。非仁人其孰能之?且世主之論賢也,論及

---

① 湯顯祖:《湯顯祖集全編》詩文卷五一"補遺",第 2196—2197 頁。
② 湯顯祖:《玉茗堂書經講意》卷一二,第 26 頁。

能爲利則知愛,論及不能爲利則知惡。而卒不能其愛惡之道者,則以其君非仁人,故不能明其大臣之心也。我兹讀《秦誓》,而得仁人之愛惡矣。

制藝之文有致君堯舜的價值預設,文章起手立論:惟人君能愛惡人。接著提出人君仁心爲能愛惡大臣之根本的觀念,然後引入對《秦誓》此一節的解釋。

> 彼均之一個臣也,其外樸,其心虛,寔能容天下士,以能有所保而國利。之人也,其所能誠可愛,而以其若無他技也,則愛之不易能也。若夫無其技,無其心,是不能容天下士,以不能有所保而國殆。之人也,其所不能誠可惡,而以其能獨進也,則惡之未易能也。①

此數語乃是對經文大意的闡釋,好賢樂善之臣能容天下之士,雖無技能,人君當愛之。嫉賢妒能之臣不能容天下之士,雖有技能,人君亦當惡之。論述重心在人君,但基本能明經文大意。接下來基本是爲君立言,謂“不能平好惡於一個臣”則不能平天下! 制藝文是一道標準的試策,以仁君能愛人惡人入題,論人君慶賞刑威,以仁心爲愛人惡人之軌則。《書經講意》是注經體,闡釋依順經文,則重心在臣。但對經文的大意的闡釋則是相同的。

最直接的證據是王頊齡等纂集的《欽定書經傳說匯纂》引用了湯顯祖說三條,《舜典》“肇十有二州,封十有二山,浚川”,引湯氏顯祖解曰:“此舜經理天下之事。人知有虞之治爲無爲,不知其初固大有爲也。”②《書經講意》云:“此舜經理天下之事而雜書于此。人知有虞之治爲無爲,不知其初固大有爲也。”③引文省略“而雜書于此”五字,不影響主旨。解《周官》“學古入官,議事以制,政乃不迷。其爾典常,作之師,無以利口亂厥官,蓄疑敗謀。怠忽荒政,不學牆面,蒞事惟煩”引湯氏說曰:“學,所以大蓄識而果德行者也。蓄疑,怠

---

① 湯顯祖:《湯顯祖集全編》詩文卷五〇“補遺”制藝,第 2049 頁。
② 王頊齡等:《欽定書經傳說匯纂》卷二,日本内閣文庫藏雍正八年刊本,第 39 頁。
③ 湯顯祖:《玉茗堂書經講意》卷一,第 14 頁。

忽而不學,則雖有古不知,所以制雖有常,不知所以師,於政事之理猶面牆也。"①此段與《書經講意》文字完全相同②,語複不錄。而解《盤庚下》"今我既羞告爾於朕志若否,罔有弗欽"引湯顯祖說則有不同,曰:"前告朕志,志在恭承民命。此告朕志,志在念敬我眾。一也。"③《書經講意》云:"夫所任若彼,所不任若此,朕智不難知也。既進告汝矣,汝臣惟能如我所勉,斯可謂之能順朕志,而昔之不從遷,不足謂之不順朕志也。二者汝深念之,無有不敬可也。"④這種不同的原因不詳,或者是《匯纂》所引有誤。

綜上所論,應當可以斷定《玉茗堂書經講意》是湯顯祖之作,湯氏自謂"生平所得力在此",經書貫注了他治世精神,而寄興聲歌以舒其豪邁之氣的生活不是其全部,這一著述是探究其思想與理學關係的重要資料,無疑對全面認識湯顯祖具有重要意義。

## 二、湯顯祖《玉茗堂書經講意》成書及主旨

湯顯祖業《尚書》中科舉,作有經義,這是毋庸置疑的。其《玉茗堂書經講意》成書大略經歷了幾個階段,考其門人周大賚《臨川湯先生書經講意敘》一文可知其梗概,云:

先生童年說經,師傅為之輟席。癸未,以《書經》登進士榜,名動中華。拜太常博士,遷南祠部郎,郎署去坊間為近,早有請經《書意》刻者,弗許。謂初入宦途,少年英屬之氣未除,未可著解也。既而改平昌令,居數載,卧治之餘,不聞為典、謨、訓、詰解者,謂方以政學為體認,不遽著也。未幾,忤權貴,遂擲五斗粟,隱歸汝水。是時頗索《五經》遺旨,里縉紳如

---

① 王頊齡等:《欽定書經傳說匯纂》卷一八,第45頁。
② 湯顯祖:《玉茗堂書經講意》卷一〇,第29頁。
③ 王頊齡等:《欽定書經傳說匯纂》卷八,第42頁。
④ 湯顯祖:《玉茗堂書經講意》卷一,第14頁。

帥君謙齋、郭君青螺、鄒君南皋、張學士洪陽,皆勸爲經意之刻,諾之未發也。日但寄興聲歌,以舒其平生豪邁之氣,故《牡丹亭》《二夢記》《玉茗堂詞賦》等集盛行海內。海內益想見其經意,而卒未啓其櫝。噫,豈其爲王戎氏之李乎?非也。晦翁立注直於淳熙之載,凡以山川、草木、鳥獸、星辰、歲時舉動,探之無言之先,究諸有言以後,試之人情世態之中,故久而後操,作者之事也。庚戌,先生始自玉茗堂謂兩郎君曰:"予年來無事,一切情興皆薄,將有事於《書意》刻。夫《書》以道政事,二十年爲政於家,從前光景另是一番。"更取夙所編定者,益增修其未逮,《璧經》解於是乎成。且曰:"解以破人之不解,若解中既作一解,解外復增一解,一人聚訟,千人莫決。此夫以多解恣惑也。予合講意而一之,特其中一字主張,或判時議於千里,此《春秋》書官書人。予生平所得力在此,小子勉夫。"壬子,以張、羅兩先生居白下,屢有文集、經《書意》之請,乃付之剞劂氏。告成,命賫序其末。嗚呼,管見烏能測海哉!姑述其數十年究心理學,得其精要,每不輕於著解也如此。此解中之意義微矣夫!解中之意義微矣夫![1]

由此序可知:一是該書是逐步修訂完成的。萬曆六年(1578)友人謝廷諒謂其著有《十三經存注》,是未完稿,其中含有《尚書》[2],這應當是爲科舉考試作的基本準備,但是書亡佚,其詳不可考。萬曆十一年(1583)以《書經》登進士榜,萬曆十七年(1589)爲南祠部郎(南京禮部祠祭司主事)時,"書坊有請經《書意》刻者",可證是時已有《尚書》解的成書。是書刊佈之前,民間就有傳佈,不然書坊、友朋無由請刻。時人卓左車與湯顯祖書云:"某生十年而得讀先生經義……又五年而讀先生《牡丹亭記》……嗣後便索《玉茗堂集》讀之……迄今又十年矣。"徐朔方認爲該書信"必作于萬曆四十四年",因爲"《牡丹亭》刊于萬曆三十三年(1605),《玉茗堂集》刊于萬曆三十四年。"[3]逆推二

---

① 湯顯祖:《玉茗堂書經講意》卷首,第1—4頁。
② 湯顯祖:《湯顯祖集全編》附錄《問棘郵草十卷本序》,第3102頁。
③ 湯顯祖:《湯顯祖集全編》詩文卷四八,第1974—1975頁。

十五年,即萬曆二十年,湯顯祖以業《尚書》中進士,卓氏所謂經義必與《尚書》相關,由此可見,湯顯祖有關《尚書》的解說在刊佈前早已傳於民間。其後有兩次修訂,萬曆二十六年(1598)棄官歸里,"隱歸汝水時,頗索《五經》遺旨",友朋皆有所見。萬曆三十八年(1610)"更取夙所編定者,益增修其未逮,《壁經解》於是乎成",完成定稿,萬曆四十年刊刻于南京,"壬子(1612),以張、羅兩先生居白下,屢有文集、經《書意》之請,乃付之剞劂氏。"是書修訂前後歷時三十三年。

　　二是《敘》闡明了湯氏的著述之旨。《尚書》是湯顯祖一生精神所在,謂其二子"予生平所得力在此",《尚書》成爲湯氏立身行世的價值根基,業《尚書》取功名,行政則正道直行而指斥時弊,《尚書》之治政法則、政治理想等無疑是其行政的指南。《敘》詳細闡述了湯氏注經欲效朱子"探之無言先,究諸有言以後,試之人情世態之中,故久而後操,作者之事",所謂"作者"是把經書訓解作爲立言之事,作爲傳達自我思想的憑藉,而不僅是述先賢之思想。力求"解,以破人之不解",要闡明經義,反對"解中既作一解,解外復增一解,一人聚訟,千人莫決""以多解恣惑"的經注,而自詡"合講、意而一之,特其中一字主張,或判時議於千里",注經不是對舊注的解釋,而是對當時經注屋上架屋而不能真正注明經義的矯弊,有針對科舉試策論著述的批評。門人周大賚謂其"數十年究心理學,得其精要""不輕于著解",而"解中之意義微矣夫!"湯顯祖鄉試以《書經》中舉,其《尚書》經義試策及考官批語今存于《隆慶庚午江西鄉試錄》中,考官認爲其策"據理析數,考究精詳""得理學之奧""大有功於聖經",①鄉試名列第八,湯氏于《尚書》一經實有深造的。湯氏解《書》究心理學絕非虛言,他的很多觀念基本上是來自蔡沈《書集傳》,如《堯典》"欽明文思安安",《書集傳》謂:"欽,恭敬也。明,通明也,敬體而明用也。文,文章也。思,意思也,文著見而思深遠也。安安,無所勉強也,言其德性之美皆出於自

---

　　① 《天一閣藏明代科舉錄選刊·鄉試卷》第十函《隆慶庚午鄉試錄》載湯顯祖隆慶四年第三場試策,浙江寧波出版社影印 2010 年版,第 87 頁。

然,而非勉强,所謂"性之"者也。"①訓詁釋義,闡發義理,是標準的注疏體。湯顯祖解云:"言其德之内含則齊莊嚴於宥密,可謂欽矣。而欽體虛靈,又何明也!欽明瑩以含章,可謂文矣。而明體沉幾,又何思也!然皆德性之精,欽體而明用,悉根於自有之中。欽明之極,文顯而思微,一運以默成之德。蓋堯能盡其性,故心不煩於收斂,機無勞於作用,而欽明文思若天心之自運也。"②基本上是對《書集傳》之説的推衍,字詞訓釋含於義理闡釋之中,而其解説注重文字整飭,語言暢達,修飾嚴謹,多對仗句,有明顯的試策痕跡。又如《大禹謨》"人心惟危,道心惟微,惟精惟一,允執厥中"一節,蔡沈《書集傳》解云:

> 心者,人之知覺主于中而應於外者也。指其發於形氣者而言,則謂之人心。指其發于義理者而言,則謂之道心。人心易私而難公,故危。道心難明而易昧,故微。惟能精以察之而不雜形氣之私,一以守之而純乎義理之正,道心常爲之主而人心聽命焉,則危者安,微者著,動静云爲自無過不及之差,而信能執其中矣。③

《書集傳》闡釋了何爲道心、何爲人心,發于義理爲"道心",發於形氣爲"人心","人心"受物欲之蔽易私難公,"道心"受物欲之蔽難明易昧,當知覺萌動時須精察形氣之私而持守以義理之正,以道心主導人心,則言動將皆合于義理。湯顯祖云:

> 此則告以出治之本也。夫天命人以性也,未發之中與已發而中節皆天然自有之中也。此中在人惟有一道心而已,以其旣有此形氣,則知覺之心時有爲形氣而動者,謂之人心已。人心未盡私,然易私而難公也。欲動情勝,將有反覆不可定,債馳不可制者,一何危哉!道心固不容昧,然難明而易昧也,夫天機道念,其光倏露而已沉其端,少引而即絶者,一何微哉!道心微則不能爲人心之主,而爲人心之所之,过則过焉,不及則不及焉,故

---

① 蔡沈著,王豐先點校:《書集傳》,中華書局 2017 年版,第 1 頁。
② 湯顯祖:《玉茗堂書經講意》卷首,第 2 頁。
③ 蔡沈著,王豐先點校:《書集傳》,第 23 頁。

凡过與不及皆形氣所生,非道心也。必也精察其幾乎! 常于人心之起,即以天命之本然者办①之,所謂惟精也。精不容二,而即守之勿二,純乎道心之本然,則所謂惟一也。如是則道心常明,而常足爲人心之主。②

首以一句概括一節主旨。接著以《中庸》"天命之謂性"闡明了人性本善,未發之中與已發之中節爲道心,知覺之心爲形氣(欲望和氣稟)所動則爲人心,接著詳細闡釋了爲何人心易私而危,道心爲何難明而微,最後論述了持守道心的方法,達至以道心駕馭人心,人的行爲就不會有過錯。行文有制藝之文尚文采,講對仗的八股習氣。思想上,湯氏之說源自朱子,朱子曰:"道心者,喜怒哀樂之未發之時,所謂'寂然不動'者也。人心者,喜怒哀樂已發之時,所謂'感而遂通'者也。"③又云:"人心亦未是十分不好底,人心只是饑欲食、寒欲衣之心爾,如何謂之危? 即無義理,如何不危!"④今略舉一二以明其思想淵源。

## 三、《玉茗堂书经讲意》解经的試策特色

湯顯祖《玉茗堂書經講意》帶有鮮明的科舉時代痕跡,其解《書》注意章旨的概括和上下文意的疏通,往往數語簡括章旨,做到綱舉目張,有似於科舉試策之破題,深有益於讀者把握經旨。今略舉數例以示梗概,如《堯典》"帝曰:疇諮若時登庸? 放齊曰:胤子朱啟明。帝曰:吁! 嚚訟,可乎?"解云:"此求總治之職。"⑤闡明此節是堯求能"允厘百工"之臣。《酒誥》"予惟曰:汝劼毖殷獻臣,侯、甸、男、衛,矧大史友、內史友,越獻臣、百宗工,矧惟爾事服休、服采,

---

① 按:"办"疑作"辨"。
② 湯顯祖:《玉茗堂書經講意》卷二,第10—11頁。
③ 黎敬德輯:《朱子語類》卷七九,朱傑人、嚴佐之、劉永翔主編:《朱子全書》,上海古籍出版社、安徽教育出版社2002年版,第2673頁。
④ 黎敬德輯:《朱子語類》卷七九,第2663頁。
⑤ 湯顯祖:《玉茗堂書經講意》卷一,第6頁。

矧惟若疇圻父薄違,農父若保,宏父定辟,矧汝剛制於酒!"一節謂"此欲康叔以身毖臣也。"①此節是周公告誡康叔管束好臣下之言。《多士》"王曰:告爾殷多士,今予惟不爾殺,予惟時命有申。今朕作大邑於茲洛,予惟四方罔攸賓,亦惟爾多士攸服奔走,臣我多遜"一節云:"此作洛之由。"②此乃周公告誡多士安居洛邑。又如《立政》"亦越成湯,陟丕釐上帝之耿命,乃用三有宅,克即宅,曰三有俊,克即俊。嚴惟丕式,克用三宅三俊。其在商邑,用協於厥邑,其在四方,用丕式見德"一節云:"此言湯以知恤興。"③此論商湯知人善任而興商。書中章節之首率皆以數語簡括章旨,簡潔準確,開門見山,實有助於閱讀者迅速把握一節經文大意。

　　湯顯祖業《尚書》中科舉,《玉茗堂書經講意》很多地方行文風格體式上帶有很濃的八股風習,強調排偶對仗,重文采,與經解體尚簡要有間。比如解《堯典》"克明俊德,以親九族。九族既睦,平章百姓。百姓昭明,協和萬邦,黎民於變時雍"云:

　　　　蓋性中之德,其全體所含弘、大用所究極者,本自隆峻,精輝上下四表,纖微不隔者也,顧人主克明之否耳。

　　　　今觀帝堯欽明文思而安安也,則心境虛明,湛然全體之內瑩。恭讓而允克也,則性相融朗,灼然大用之外流。蓋其俊德之本自然而完,俊德之光自然而布矣。

　　　　如近而爲家有九族,以是德親之,欲其異分而同情也。而九族即巳反薄歸厚,藹然於帝德聯屬之中矣。

　　　　遠而爲國有百姓,以是德平章之,欲其異人而同明也。而百姓巳去舊即新,昭然於帝德光臨之內矣。

　　　　又遠而天下,蓋萬國也,以是德協和之,欲其異地而同風也。但見黎

---

① 湯顯祖:《玉茗堂書經講意》卷八,第7頁。
② 湯顯祖:《玉茗堂書經講意》卷九,第6頁。
③ 湯顯祖:《玉茗堂書經講意》卷一〇,第12頁。

民其於變乎,日遷善而不自知,蓋盡天下在帝德陶鎔中矣。

　　夫國家、天下皆明德所及,如此所謂光被也乎! 然則放勳者,固明德之精華也哉!①

此一段解語相當於八股文的三扇題,爲便於清晰分析其結構,經解文字按語意做如上切分,第一句相當於破題,闡釋何爲"克明俊德",由"俊德"論及人性之本善,論及人君啟迪善性之責,行文內含對仗、排偶。接下來的三句相當於起解,前兩句承上文"欽明文思安安,允恭克讓",湯氏又以"欽明文思安安"爲善之體,"允恭克讓"爲善性之發用。接下來是對經文的具體闡釋,經文包含了親睦九族、平章百姓、協和萬邦三層意思,解語則從三個方面加以闡釋,如何以俊德親九族,如何以俊德化誘百姓,如何以俊德變化天下,君王俊德之影響由近及遠,化成天下。此一段相當於八股文的三大扇,三扇之間語氣相對,暗含對仗。最後是大結,以明德爲放勳、光被四表之根本。再分析兩段以見其大略,又如解《周官》"戒爾卿士,功崇惟志,業廣惟勤,惟克果斷,乃罔後艱"一節云:

　　此專戒卿士以功業也。公、孤德尊位隆,無煩於戒矣! 申戒爾六卿及六卿所屬之士焉。

　　卿士分職而欲有成功,且巍乎崇也。何以崇之? 其惟志乎! 志者,汝之心所自期待處也。志出乎今人則功亦出乎今人,若志進于古人則功又進于古人矣,故崇皋成之功莫若志也。

　　卿士分職而欲有積業,且熙然廣也。何以廣之? 其惟勤乎! 勤者,汝之行所自營職處也。一有所動則即有一業之就緒,無所不動則無一業不就緒矣。故廣皋成之業莫若勤也。

　　夫志勤固功業之本然,然志之所必赴,勤之所必乘者,則事與時會之機也。又必乘機果斷,無時不可立功;克奮其志,無時不可立業,克致其勤

―――――――――

① 湯顯祖:《玉茗堂書經講意》卷一,第2頁。

如是！然後功不至,時過而難成;業不至,時過而難集。不然則所謂蓄疑敗謀,怠忽荒政者,皆坐後時之累也。蓋當機不決,將有不及用其志與勤者矣,可無戒哉！①

經文論及如何崇功,如何廣業,首先破題,論及爲何誠卿士。接著論述立志以崇功,勤政以廣業,基本是對仗行文,此可視爲八股之兩大扇題。最後爲大結,論立志、致勤、乘機乃功崇業廣之根本,行文中有三對。這是典型的借解經作文,雖有經書大義的闡釋,然其文字之排偶對出,語言之精緻,語勢一貫直下,可離經文而獨立存在,可作一試策觀。又如《費誓》"善敹乃甲冑,敵乃幹,無敢不吊;備乃弓矢,鍛乃戈矛,礪乃鋒刃,無敢不善"一節解云:

此戒諸侯之師治戎備也。

甲冑所以衛身,必善敹乃甲冑,縫之勿使斷毀。干楯所以蔽身,必敵乃干楯,以小紛帶系持之。或敹或敵,無敢不致其精,則自衛之具備矣。

弓矢所以射疏,必備乃弓矢,欲其多也;戈矛所以擊刺,必鍛淬乃戈矛,欲其堅也;鋒刃所以致殺,必礪磨鋒刃,欲其利也。或備或鍛或礪,無敢不極其善,則攻人之具備矣。

先自衛而後攻人,亦行師之序也。

第一句簡括一節旨意,要言不煩。接下來兩節,對仗行文,每一節內部又形成對仗,前一節分析甲冑、干楯之用爲兩對,結以"自衛之具備"。後一節分析弓矢、戈矛、鋒刃之功用爲三對,結以"攻人之具備"。最後論行師之序先自衛而後攻人以爲大結。《玉茗堂書經講意》一書解經重詞采,講排偶,氣脈一貫,有排奡之勢,與解經詞尚典要有別。上舉最後一例"敹""敵""吊"等字義需要訓釋方能明經義,湯氏沒有單獨訓釋,觀其講意"縫之勿使斷毀""小紛帶系持之""致其精"則三字之義自明,這種處理避免了字詞訓詁之後再疏通經義而導致的語勢斷裂。

---

① 湯顯祖:《玉茗堂書經講意》卷一〇,第29頁。

湯氏經解中之字詞訓釋多本《蔡傳》,行文上有非常鮮明的科舉試策痕跡,語言風格上講求對仗,重文采,解經有時反晦澀經義,從這一點來看,湯顯祖《書經講意》是融試策于經解中的,這與經解尚簡潔有別。但湯氏闡釋文字對《尚書》經文主旨的把握,對經文内在結構理解,對經義的準確把握,都揭示了他對《尚書》的深刻理解。對此一類經學著述的研究可以真切理解主流教育對於經學的影響滲透,經學著述對於讀書人精神世界的陶鑄。

## 四、《玉茗堂書經講意》的理學思想

學界一般認爲湯顯祖思想與理學家是對立的,周育德謂:"近半個世紀以來,治文學史、哲學史和戲曲史的部分論者,在談及湯顯祖的哲學思想和藝術思想時,往往把湯顯祖劃到與道學家對立的營壘,甚至把湯顯祖形容得與道學家勢不兩立。……如何認識湯顯祖與道學的關係,仍然是值得探討的問題。"①此前研究由於材料限制,學界所能觸及的主要是湯顯祖的文學著作,湯顯祖習經入仕,於《尚書》一經用功頗深,其《玉茗堂書經講意》有對經學的深刻理解,也有對理學思想的融會,研究是書可以更全面地理解湯氏的思想世界。

(一)**本於天命的人性本善**。對心性的探討是理學的核心命題,湯顯祖承繼程、朱思想,以"氣稟說"討論了心性問題,他相信人性本善,云:"凡順受天則以生者,莫不有五者之常性。蓋天降而爲衷,即性之本原。"②清晰闡明了天賦人以五常之性:仁、義、禮、智、信,"天則"成爲人善性的終極根源,但這種天賦善性會受到氣質遮蔽"人之德性本備而氣質恒偏",現實中人多"有善而不

---

① 周育德:《湯顯祖論稿》(增訂本),上海人民出版社 2015 年版,第 434 頁。
② 此爲"《湯誥》"惟皇上帝,降衷於下民"之解。(湯顯祖:《玉茗堂書經講意》卷四,第 8—9 頁)

自養,有偏而不自矯,以其美而爲不美者"①,不知涵養本有之善性、矯正氣質
之偏蔽,導致人善性的喪失。經解中反復闡揚此說,又云:"人得天然自有之
中,而不雜於氣稟之偏者爲德。"②人之德性來自天賦而無有偏失,但氣稟不同
則會導致人現實的善惡差異。其解《大禹謨》"人心惟危,道心惟微,惟精惟
一,允執厥中",對人性做了比較深入的闡釋,云:"夫天命人以性也,未發之中
與已發而中節皆天然自有之中也,此中在人惟有一道心而已。以其既有此形
氣,則知覺之心時有爲形氣而動者,謂之人心已。人心未盡私,然易私而難
公。"③湯氏以《中庸》"中和"思想闡釋了人性本善觀念,以道心爲人之本性,
具體體現爲喜、怒、哀、樂未發之中和已發之中節,道心容易爲形(口體之欲)
氣(氣稟之偏)所動遮蔽,即爲"人心",人心則充滿種種欲望和個性差異,易私
難公。以道心、人心闡釋了人的本質和現實性差異的來源。《書集傳》解此經
文云:"指其發於形氣者而言,則謂之人心;指其發于義理者而言,則謂之道
心。人心易私而難公,故危;道心難明而易昧,故微。"④指出"人心"發動則易
受形氣影響而偏離道心,容易被私欲左右而無法公平公正認知外部世界。比
較這裡的闡釋,可知湯氏的觀念是直承《書集傳》而來。除了氣稟會導致善性
的偏失之外,還有情欲會遮蔽人的善性,湯顯祖對此論述頗多。

(二)**性與情的矛盾與統一**。性之本善是基於本體而言的,闡述的是人的
統一性。性發爲情,情動之時則呈現爲多樣性、個體性。性與情之關係便成爲
宋明理學家討論的重要問題,性是情的內在根據,情是性的外在表現,使這種
多樣性、個體性的情符合統一的性,爲復性提供可能的途徑,成爲宋明理學家
的重要話題。湯顯祖解《書》在辨析道心、人心之別時對此有較好揭示,云:

---

① 此爲《舜典》"直而溫,寬而栗,剛而無虐,簡而無傲"解(湯顯祖:《玉茗堂書經講意》卷
一,第22頁)。
② 此《皋陶謨》"寬而栗,柔而立,愿而恭,亂而敬,擾而毅,直而溫,簡而廉,剛而塞,彊而
義"之解(湯顯祖:《玉茗堂書經講意》卷二,第17頁)。
③ 湯顯祖:《玉茗堂書經講意》卷二,第10頁。
④ 蔡沈著,王豐先點校:《書集傳》,第23頁。

17

　　知覺之心時有爲形氣而動者，……易私而難公。欲動情勝，將有反覆不可定，僨馳不可制者，一何危哉！道心固不容昧，然難明而易昧也，夫天機道念，其光倏露而已沉其端，少引而即絶者，一何微哉！道心微則不能爲人心之主，而爲人心之所之，過則過焉，不及則不及焉，故凡過與不及皆形氣所生，非道心也。①

　　"知覺之心"是相對義理之心而言的，"欲動情勝"指情勝於理，當人應事接物時，各種知覺活動便自然流行，知覺易被形（物欲之蔽）氣（氣稟之偏）左右，即人心容易爲私欲和個性的偏蔽所左右，出現"欲動情勝"情感過度或不及的情形，人心則不合於性（道心），無法準確把握事事物物的內在規定性，會導致行事的偏失。已發狀態的情凡合度則爲道心，是性之彰顯。已發狀態的情不合度則是形氣的遮蔽，不合天賦之善性。性（道心）是情的終極依據，爲人心之主，強調的是性對情的規約，不是放任情的氾濫，合度之情展示爲與性（理）的密合無間。又解《益稷》禹曰："安汝止，惟幾惟康，其弼直"云：

　　心爲動之原，不得其止，心所由危也。必常靜以虛，順適乎道心之正，雖動亦靜，攸居乎天德之寧，庶豫吾內者足以定天下之幾康焉。由是，事乃人心之跡，未善于動，亦心之所爲妄也。必惟幾以審其心之發于事者，而豫嚴于理欲之分。惟康以省其事之安于心者，而深憂乎悔吝之介，庶利吾外者，益以養其心之安止焉，而又輔弼之臣皆以格心正事，交致其直，則其慎位之功可謂至矣。而豈復一念一事不止于至善者，由是而有所動于民，皆世之公理，世之公情也。②

　　湯氏訓"止"爲"虛靜"，他把這種狀態當作"道心"，道心是善之發源，事是人心運動呈現出來的軌跡，心發動時當"嚴於理欲之分"的觀念，既是要清楚辨析何爲天理，何爲人欲，以致一念一事皆止於至善，達至心凡"有所動於

----

①　此爲解《大禹謨》"人心惟危，道心惟微。惟精惟一，允執厥中。"（湯顯祖：《玉茗堂書經講意》卷二，第10頁）
②　湯顯祖：《玉茗堂書經講意》卷二，第23頁。

民皆世之公理、世之公情”的境界，人心即爲道心，情則爲世之公情，情與理融合無間。其《明復説》認爲“大人之學在於知止。止者，天命之性，而道義之門乎。”①明天命之性是人之爲人的根本，具現爲道義，湯顯祖更多關注的是性（理之賦予人者）主導原則。一書之中反復致意，倡導性對情的規約限制，對已發之情遮蔽本性有深刻的認知，這是對程朱思想的應用。

從湯顯祖對《尚書》的闡釋中可知其邃於理學，這一問題的研究可以深化對湯氏思想的認識。阮峴、阮嵩稱湯顯祖“組織經史，原本關閩”②，絕非虚言。湯顯祖不是理學家，但其思想根於理學，並無對於理學的尖鋭批判。《牡丹亭》倡“至情”説，“至情”從根本上來説是合於本善之性的情，是對虚假之情的批判，這種情是與理的一體圓融，而不是對立。

（三）**精一守中的修養論**。如何持守人之本善？宋明理學家提出了系統方法，湯顯祖在解《書》中亦承前賢多有論述。人之本善易爲物欲所蔽，其解《大禹謨》“人心惟危，道心惟微，惟精惟一，允執厥中”一節認爲：道心是人性之本質，可以覺知義理，爲形氣所動，充滿種種欲望則爲人心，人心易私難公，私欲會導致道心暗昧，“道心微則不能爲人心之主”，精一則是持守道心的根本方法，“常于人心之起”而精察其幾，即在欲望發動之際察識心是動於理或是欲，精則心不爲欲所左右而迷失，明道心之所在，然後“守之勿二，純乎道心之本然”，精爲一釐清持守對象，精一功夫可使“道心常明，而常足爲人心之主”，如此雖發於形氣亦爲天性“即人心之安皆道心之著”“蓋將千變萬化而不離乎道心之一”，不精察人心、道心之別，則“天然自有之中且蕩滅于危微之際而不可見”，何能持守道心？又謂“夫盡精一之功，所以制外者已定；嚴聽庸之戒，所以養内者益純，中其允執矣！”③盡精一以制外，嚴聽庸以養内，考言詢衆之事根柢於精一求中的功夫，最後達至事事物物皆能“允執厥中”的境界。又

① 湯顯祖：《湯顯祖集全編》第三冊《詩文》卷三七，第1646頁。
② 湯顯祖：《湯顯祖集全編》第六冊《附録》，第3111頁。
③ 湯顯祖：《玉茗堂書經講意》卷二，第11頁。

《大禹謨》"可愛非君？可畏非民？眾非元后何戴？后非眾罔與守邦。欽哉！慎乃有位，敬修其可願"，孔穎達云："可願，謂道德之美。"①結合上下文，"可願"當指民眾擁戴元后、君王敬民以守邦土之事。《蔡傳》謂"凡可願欲者皆善"。② 湯氏謂"蓋道心之中固君心可欲之善，亦民心同然之願也，必凝精一以修之內，不使一不善生于心；嚴聽庸以修之外，不使一不善害于政，則慎位之道盡，而可愛者與可畏者長聯屬于可願之中。"③以"道心"訓釋"可願"，也即是民心同然之善，敬修可願成為了君王復善的功夫，並結合上文惟精惟一、聽言詢謀闡發"凝精一以修之內""嚴聽庸以修之外"的徹內徹外修養功夫，達至君王無一不善之心、無一不善之政。道心、人心作為討論人性問題的經典依據，"惟精惟一"成為如何復善的方法論問題，是程朱開啟的，學界論述已多，不復贅述，湯顯祖經解中精一守中的修養論探討無疑是直承程朱而來的。

## 五、《玉茗堂書經講意》版本概況

湯顯祖《玉茗堂書經講意》十二卷，十七萬余字，萬曆四十年（1612）刻于南京，今僅見藏於國家圖書館，鈐有"鄧拓珍藏""鄧拓同志遺書""靜遠主人珍藏""北京圖書館藏"等印章，鄧拓是著名的歷史學家，也是一位著名的收藏家，靜遠主人尚不知為何人。是書書首序單魚尾，正文無魚尾，白口，單邊，版心刻有篇名所在科屬（虞書、夏書、商書、周書）、篇名、卷數、頁碼。卷首有書名及卷數（卷三至卷五缺"卷之幾"字樣）、作者、校勘者。每半頁十行，每行二十六字，經文低一字刻寫，注釋文字則頂格刻寫。書首有湯顯祖弟子周大賚所作序言，闡明了撰著過程、宗旨和刊刻情況。每卷首署有臨川海若湯顯祖著，男湯大耆尊宿甫、湯開遠叔寧甫、門人朱璽爾玉甫仝校。"尊宿"卷一作"秀

---

① 孔安國傳，孔穎達疏，黃懷信整理：《尚書正義》，上海古籍出版社 2007 年版，第 133 頁。
② 蔡沈著，王豐先點校：《書集傳》，第 24 頁。
③ 湯顯祖：《玉茗堂書經講意》卷二，第 11—12 頁。

甫”，按名字意義相關原則，大者當與尊宿相應，“秀”當是“宿”的音誤。今略
述該書今存概況。

（一）**未爲完帙**。該書不完整，第十二卷缺第十三頁。該版本有少部分文
字漫漶不清，第四卷第五頁《仲虺之誥》“□寬仁足以爲天下君”，第八頁《湯
誥》“還至於亳，□内盡來”，第二十二頁《太甲中》“其父母生民之心真切懇至
如此，□允德也”，卷五第十四頁《説命中》“不敢以□動也”，卷六第三十頁
《洪範》“則大小諸臣□之側頗辟而亦用僭忒”，卷九第八頁《無逸》“□本小人
不能逸者以示戒……其父母勤勞稼穡，曾無□□”，《多士》“遷民之□”，卷一
○第二十三頁《周官》“□□敘己法古建官”，第二十六頁“使各久其業而不爲
龐雜以□焉”，卷一一第六頁《君陳》“非惟脩者益□”，第二十四頁《畢命》“□
依古以爲訓”，第二十六頁“夫成周之□”，卷十二第四頁《君牙》“此真能左右□
四方者也”，第七頁《吕刑》“此蓋天下□□多亂民”“□□善化民而制刑具”。

（二）**校勘未精**。該書錯訛較多，導致錯訛的有多種情況，一是因形近而
誤：如卷一《舜典》“眚災肆赦”之“眚”誤作“青”。《大禹謨》“四夷來王”之
“來”誤作“末”，“豐大之日”之“豐”誤作“豊”，“水、火、金、木、土、穀，惟修”
之“木”誤作“水”。卷二《禹貢》“澧水攸同”之“澧”作“灃”，卷四《湯誓》“悉
聽朕言”之“朕”誤作“咲”，“咲”乃“笑”之異體字。卷四《仲虺之誥》“罔不罪
于非辜”之“不”誤作“于”。卷五《盤庚上》“小民中若老成”之“老”誤作
“者”、“婚姻僚友”之“僚”誤爲“隙”字，“如此豈不快乎”之“如”誤作“加”，
“奸宄”誤作“奸究”。《説命下》“遷徙不常”之“常”當爲“嘗”。卷七《康誥》
“不汝瑕殄”之“殄”誤作“珍”，“朕其有若爾封之心”之“若”誤作“居”字。卷八
《洛誥》“汝受命篤弼”之“弼”誤作“粥”。卷一一《畢命》“父作子述”之“述”誤
作“迷”，“宵旰不寧”之“旰”誤作“旴”。《顧命》“恤宅宗”之“宅”誤作“毛”。

一是有音近而誤：卷五《説命中》“聰明”誤作“聰民”，卷七《旅獒》“犬馬
非其土性不畜”之“性”誤作“姓”。或同音代替，如卷二《大禹謨》“水、火、金、
木、土、穀，惟修”之“修”作“脩”。《益稷》“惟慢遊是好”之“慢”作“嫚”。有

的錯誤則似人爲改動。《大禹謨》"帝曰俞允若茲"之"帝"字作"禹",似有意改經。"降水儆予"之"降"作"洚",當據《孟子》改。《大禹謨》"天之歷數在汝躬"之"汝"誤作"爾",卷六《牧誓》"弗用命,戮于社"之"弗"作"不"。卷四《湯誓》"今爾其曰""予其大賚爾",兩"爾"字誤作"汝"。卷一二《秦誓》"予誓告汝羣言之首"之"汝"作"爾",同義替代。

有的錯訛原因不明,如卷八《洛誥》"卜王城以朝諸侯"之"侯"誤作"之",卷九《無逸》"乃逸乃諺"之"諺"誤作"詐",當爲刻寫錯誤。書中"率"多誤作"卒",則其因不明。

一是有多處衍文。卷五《盤庚上》"人惟求舊,器非求舊,惟新。"闡釋謂:"國家用人與用舊求惟求舊人用之,……若夫用器則惟求新者耳。"上句據語意當爲"國家用人則惟求舊人用之",多出"與用舊求"四字,語意不通。

一是頁碼錯亂。卷四版心所刻二十一頁的內容按照《太甲中》經文順序應當在二十二頁後,這種錯亂應當是刻工所致,亦是未詳細校勘所致。從以上的諸種問題來看,此書很難稱是善本。

(三)**大量異文**。該書大量俗体字、异体字,多爲趨簡,具體情況非常複雜。或簡省筆畫,或變換字符,或省略字符,或字符變異。簡要梳理如下。

1. 變換字符。有的變換声符,"達"爲"达","機"作"机","懼"作"惧","邇"作"迩","埏"作"埏","疏"作"疎","命"作"佥","聽"作"听","證"作"証","猶"作"犹","覆"作"覄"。有的變換义符,"救"作"捄","風"作"凨","涵"作"醎","儀"作"仪","義"作"义"。字符同化,偏旁"堇"作"又",如"勸"作"劝","觀"多作"观"。竹字頭變爲"艹"字頭,"第"作"苐","節"作"莭","篤"作"蔦"。有的省略字符,如"職"作"戠",省略中間字符。爾作尔,只留上部字符,與之相應的字有"邇"作"迩","稱"作"称"。"處"作"处","與"作"与","愛"作"爱","竣"作"攱","剛"作"刚"。有的是字符變異,多爲趨簡。如"齊"作"齐","濟"作"济","劑"作"剂"。"顯"作"顕","勞"作"劳","數"作"数"。但有趨繁現象,如"蝕"作"䗃"。

2.改變字符而變造字之法。如"體"作"体","逃"作"逃","窮"作"穷","過"作"过","國"作"国","覺"作"竟",由形聲轉爲會意。

3.同音替代。"萬"作"万",用表示符咒的"万"代替,與此相關的是類化的"邁"作"迈"。"肆"常作"四","貳"作"二",揚州之"揚"作"楊"。

4.草書行書楷化。如"盡"作"尽","遞"作"递","應"作"应","得"作"淂","壽"作"寿","屬"作"属",大略也由草書變化而來。有的字可能是草書行書楷化後的簡省,如"備"作"俻",**俻**,"用"省變爲"田"。"還"作"还",**还**,當是省去頭部"四"的楷化。

5.手寫體。刻本有大量手寫體,"弊"作"獘","麗"作"麗","凶"作"凶","惡"作"恶","美"作"美","讓"作"讓","灌"作"潅","權"作"権","歡"作"歓","商"作"商","據"作"拠","發"作"発","喪"作"喪","凡"作"几","微"作"微","往"作"徃","虛"作"虗"。

6.一字多形。如"處"作"處""处","總"作"捴""捴""緫""揔""揔"等。

從以上情況來看,《玉茗堂書經講意》書坊刻本大量使用俗體字,用字比較隨意,全書中同一字不是皆爲俗體。

《玉茗堂書經講意》可以肯定是湯顯祖的經學著作,該書雖多有可議,然對於全面認識湯顯祖的思想具有重要意義,尤其是研究湯氏對理學的態度,文學世界的"以情反理"是否代表其思想的全部,經學世界的理學觀念與文學世界的思想是何種關聯等問題具有重要價值。

感謝責編趙聖濤博士的熱情負責,他的努力和幫助推動了此書的出版。書稿文字由我的研究生朱玉霞、孫娟、熊焱、林相、江鎏渤等協助錄入,並做了基礎的校對工作。綆短汲深,不足之處,大方之家有以教之。

# 臨川湯先生《書經講意》叙

　　先生童年説經，師傅爲之輟席。癸未，以《書經》登進士榜，名動中華。拜太常博士，遷南祠部郎，郎署去坊間爲近，早有請經《書意》刻者，弗許。謂初入宦途，少年英厲之氣未除，未可著解也。既而改平昌令，居數載，卧治之餘，不聞爲典、謨、訓、誥解者，謂方以政學爲體認，不遽著也。未幾，忤權貴，遂擲五斗粟，隱歸汝水。是時頗索《五經》遺旨，里縉紳如帥君謙齋、郭君青螺、鄒君南皋、張學士洪陽，皆勸爲經意之刻，諾之未發也。日但寄興聲歌，以舒其平生豪邁之氣，故《牡丹亭》《二夢記》《玉茗堂詞賦》等集盛行海内。海内益欲窺見其經意，而卒未啓其櫝。噫，豈其爲王戎氏之李乎？非也。晦翁立注直於淳熙之載，凡以山川、草木、鳥獸、星辰、歲時舉動，探之無言之先，究諸有言以後，試之人情世態之中，故久而後操，作者之事也。庚戌，先生始自玉茗堂謂兩郎君曰：“予年來無事，一切情興皆薄，將有事於《書意》刻。夫《書》以道政事，二十年爲政於家，從前光景另是一番。”更取夙所編定者，益增修其未逮，《璧經》解於是乎成。且曰：“解以破人之不解，若解中既作一解，解外復增一解，一人聚訟，千人莫决。此夫以多解恣惑也。予合講意而一之，特其中一字主張，或判時議於千里，此《春秋》書官書人。予生平所得力在此，小子勉夫。”

　　壬子，以張、羅兩先生居白下，屢有文集、經《書意》之請，乃付之剞劂氏。告成，命賚序其末。嗚呼，管見烏能測海哉！姑述其數十年究心理學，得其精要，每不輕於著解也如此。此解中之意義微矣夫！解中之意義微矣夫！

邑門人周大賚書

1

# 玉茗堂書經講意卷之一

## 堯　　典①

**曰若稽古帝堯，曰放勳，欽明文思安安，允恭克讓，光被四表，格于上下。**

虞史叙堯事。曰稽古帝堯者，開太古之皇風，值天地之中運，其勳無遠不至也，功無不至，是德無所不至也。其德亦有可名言者乎？言其德之內含則齊莊嚴於宥密，可謂欽矣。而欽體虛靈，又何明也。欽明瑩以含章，可謂文矣。而明體沉幾，又何思也。然皆德性之精，欽體而明用，悉根于自有之中。欽明之極，文顯而思微，一運以默成之德。蓋堯能盡其性，故心不煩于收斂，機無勞于作用，而欽明文思若天心之自運也。惟其心法之精，故其德之外露也。端拱以正南面，見其恭矣，而聲色之恭非允也。揖遜以治天下，見其讓矣，而形迹之讓非克也。堯之恭默臨朝皆有孚以顒若，謙光下濟皆至虛以受人，蓋實能其性。故見天下無一之敢忽，見吾身無一之敢慢，而篤恭至讓，若天象之自流也，其身法之粹有如此。凡此皆德之光也，勳之本也。由是放之，則遠而有外者四表之地，遠而無外者帝德之光，盡東西南北，光輝被于其表矣。分立其位者三極之迹，合同其化者帝德之光，極上天下地，光輝格于其際矣。蓋堯固未嘗推

---

① 按：每卷首皆有"臨川義仍湯顯祖著，男湯大耆尊宿甫、湯開遠叔寧甫、門人朱璽爾玉甫仝校"字樣，整理時刪除以避免繁瑣。

而大之，天地萬物皆在堯一性中，被格而爲光，亦分內事耳。然非堯之欽，孰克臻茲乎？

**克明俊德，以親九族。九族既睦，平章百姓。百姓昭明，協和萬邦，黎民於變時雍。**

所謂"放勳""光被"者，何哉？亦不過明明德于天下耳。蓋性中之德，其全體所含弘、大用所究極者，本自隆峻精輝，上下四表，纖微不隔者也，顧人主克明之否耳。今觀帝堯欽明文思而安安也，則心境虛明，湛然全體之內瑩。恭讓而允克也，則性相融朗，灼然大用之外流。蓋其俊德之本自然而完，俊德之光自然而布矣。如近而爲家有九族，以是德親之，欲其異分而同情也。而九族即已反薄歸厚，藹然于帝德聯屬之中矣。遠而爲國有百姓，以是德平章之，欲其異人而同明也。而百姓已去舊即新，昭然于帝德光臨之內矣。又遠而天下，蓋萬國也，以是德協和之，欲其異地而同風也。但見黎民其於變乎日遷善而不自知，蓋盡天下在帝德陶鎔中矣。夫國家、天下皆明德所及，如此所謂光被也乎！然則放勳者，固明德之精華也哉！

**乃命羲和，欽若昊天，曆象日月星辰，敬授人時。**

帝之治功盛矣，而治法豈無可言者乎？政莫大于授時，授時必先于正曆。乃命羲和，以爲日月星辰其象麗于天，而日月行於星辰者，即爲天之曆數也，不敬順而曆之象之，何以作曆授時乎？必敬以承天，順自然之運，循已然之故。日月星辰之行有數也，欽若而曆之于書，遲速順逆此焉載也。日月星辰之行可象也，欽若而象之以器，纏度次舍此焉觀也。夫敬以曆之，則推步以作曆有所稽也。敬以象之，則推測以合曆有所據也。而曆于是乎成，人時定矣。夫時者，生民之大命，而王人之首政也，可不敬乎！必敬以授之有司，布之天下，使因時作事者各得以先後乎天而不違也。夫若天曰欽，授時曰敬，聖人與天合一之精意有不徒見于象數之間者矣。

**分命羲仲，宅嵎夷，曰暘谷。寅賓出日，平秩東作。日中，星鳥，以殷仲春。厥民析，鳥獸孳尾。**

此下分命四時，驗曆也。夫曆記四時，中、象數、民物之氣備矣，不一考驗之，何以知爲信曆而頒用之乎？乃命羲仲，謂汝司春曆，而春之盛德在東，考驗所居地固在東表青州之嵎夷，而官所次止之名曰暘谷，嵎夷、暘谷見日所出處也。春曆，爾專職矣，而何以考驗耶？春分之日出卯也，立春以後，東方之氣至，而人事有所宜作也。春分之日當五十刻，而春分之夕，其正南之中星宜鶉鳥也。又時至立春以後，其氣溫，民且析處，而鳥獸且孳尾也。前皆已曆之矣，未知其驗何如也？汝則于春分之旦，敬以接夫方出之日，而識其景果出于卯時卯位乎？又均次春民事在東氣所當作興者而布之，有司觀覽民間，其氣候之至果宜于所事否也。至于春分之日，日果百刻之中而五十刻乎？春分始，夜星之見午位者果鶉鳥乎？于以驗其爲三春之中月。仲春正而三春可正也。猶未也，又驗之一春之間，民果散處而鳥獸果乳化交接與？蓋仰觀天文之象數，俯察民物之氣候，合則其曆可行，少有不合，即當脩改，此考驗之所爲急也。

**申命羲叔，宅南交。平秩南訛，敬致。日永，星火，以正仲夏。厥民因，鳥獸希革。**

夏司曆則羲叔也，帝繼羲仲之後而申命之。曰羲叔所考者夏曆，而夏曆莫盛于南方，故定汝考驗止次之名曰明都，蓋極南，陽明所聚也。汝何以考驗其地耶？大夏，南方之氣至，在人事自有所當變化者。至于夏至之日景僅長一尺五寸，是日晝長至六十刻，是夕，心爲大火星，當見南方午位也。且立夏之後，民不止于析，而鳥獸且當希革也。曆備之矣，安知其信乎？汝其驗之官在南方，即均次夫南方庶事至夏而當變化者，班有司而條視之，信如曆所云否也？又以夏至之日中，用土圭八尺測南方日景，果以近北極而短與？夏至日果六十刻，而夕果中星爲大火心與？于以正夏至，爲陽之極也。夏至正而三夏正矣。又驗之三夏之民果析而又析，鳥獸果毛希而革易與？夫然，夏曆無差而可行矣。

**分命和仲，宅西，曰昧谷。寅餞納日，平秩西成。宵中，星虛，以殷仲秋。厥民夷，鳥獸毛毨。**

職秋曆者，和仲也。而秋氣在西，分命和仲所居，考驗之地則西極，官次所名曰昧谷，日所入也。何以考驗其處耶？秋分日入酉也，立秋後，西氣至而事有所成功也。秋分之宵當五十刻，是夕中星宜虚也，三秋民氣宜平，鳥獸宜毛毨也，皆在曆矣，能無忒乎？汝其驗之于秋分之暮，敬以餞夫方納之日，而識其景果入于酉時，入于酉位否也？又均次其一秋中西方民事所成就者，驗之果與曆氣合否與？秋分之宵果正五十刻，而初昏中，南果虚星與？審如是，則知其爲陰之中，以殷仲秋矣。又三秋之民果因暑退而氣平，鳥獸果毛落更生、潤澤鮮好與？則秋曆正而可行矣。

**申命和叔，宅朔方，曰幽都。平在朔易。日短，星昴，以正仲冬。厥民隩，鳥獸氄毛。**

冬司曆則和叔也。帝申命之，居地朔方，冬氣嚴凝莫盛于北也。官次名曰幽都，冬日行南，北暗也。爾何以考驗其處耶？曰惟改歲，新故相因，而朔方之事有宜更易以待来歲者矣。冬至，日在牽牛，去北極遠，去地近，而出遲入早。故至日之刻宜短，而中星則昴在矣。一冬之民宜隩，而鳥獸宜氄毛矣。此有成曆在也。汝其考之在朔方，即均平在察朔方所變易之事，以授有司，觀朔民近易者如曆否也？以至冬至之日果短而止四十刻，星果昴見南方與？于以知其爲陰之極以正仲冬矣。一冬民果因寒而入此室處，鳥獸果生耎毳細毛以自溫與？則冬曆正而可以行矣。

**帝曰："咨！汝羲暨和！朞三百有六旬有六日，以閏月定四時成歲。允釐百工，庶績咸熙。"**

此命以成曆之要。帝曰："咨，汝羲及和，其知閏之所爲置乎？"今夫天與日行之初度皆起于子也，天左旋，其行健，故一日常繞地一周而常過本度之一；日麗天，其行遲，故一日雖繞地一周而僅行本度之一，及其久也，進者日進，退者日退，則天已屢過，而適在所起之度，日纔一周而滿至所起之度，若期而合焉，則歷分與至而二十四氣以更，自春徂冬而七十二候以遍，所謂朞也。一朞之間爲日幾何？蓋三百六旬又六日也。夫三百六旬者，一歲之常數也。天與日會既有三百六十六日，是過乎常數五日有奇，爲氣盈矣。而日與月會又止于三百五十四日，是又少乎常數五日有奇，而爲朔虛也。合此氣盈朔虛，則一歲餘十日有奇矣，積至三歲，不餘三十日有奇乎？若不立一閏月，則盈者愈盈，虛者愈虛，春日入于夏日，而時不定矣。時不定，則子歲之月且入于丑歲，而歲亦不成矣。何以爲信曆乎？故又以此餘日置爲閏月，三歲一閏，五歲再閏，直至十九歲七閏，則盈虛得以消息，氣朔爲之分齊，然後春自春，夏自夏，而四時定，子歲自子歲，丑歲自丑歲，而歲功成。如是，則爲天下之信曆矣。以信曆治百官，使勸相于前者有所準，要會于後者有所程，法立而人趨，時至而事起，作、訛、成、易秩然時序，而庶績咸熙矣！欽若、敬授至此其有成效矣乎！

帝曰：“疇咨若時登庸。”放齊曰：“胤子朱啓明。”帝曰：“吁！囂訟，可乎？”

此求總治之職。夫治曆明時固術不違天矣，而求賢圖治又必得乎不違時者而後可也。帝曰：“汝羣臣誰爲我訪問能因風氣之漸開、循化工之順布而極裁成燮理之功者，登而用之，以居總治之職乎？”放齊曰：“何必外求？嗣子丹朱天性開明，必能若時矣。”夫堯所咨在德，而齊所舉者獨在才，故帝嘆其不然，曰：“人非無才之難，善用才之難。丹朱性雖開明，然不道忠信之言，而以爭辨爲務，或且以其啓明拂時之經也。其可用乎？”夫知其子之不可用，至明也；不以一人病天下，至公也。所以卒爲天下得人也與！

帝曰：“疇咨若予采？”驩兜曰：“都！共工方鳩僝功。”帝曰：“吁！靜言庸違，象恭滔天。”①

此求起而作事之臣。帝曰：“誰能爲我訪問順于庶事者，將舉而用之乎？”驩兜欲舉其人，先嘆其美，曰：“共工勵精立事，方且鳩聚而見其功。若采之職無待於他求矣！”此驩兜心不在公，私相朋黨，其意異于放齊舉胤朱也。帝嘆

---

① 按：“滔天”二字專門標注，此本朱子因下文“浩浩滔天而衍”之說，講意中亦不講此二字。

其不然,曰:"共工静能言而用則違,貌恭而心傲,言行心容俱相反戾,豈能若予采乎?"

帝曰:"咨!四岳,湯湯洪水方割,蕩蕩懷山襄陵,浩浩滔天,下民其咨。有能俾乂?"僉曰:"於,鯀哉!"帝曰:"吁!咈哉!方命圮族。"岳曰:"异哉!試可乃已。"帝曰:"往,欽哉!"九載,績用弗成。

此求治水者。帝曰:"咨,四岳,洪水湯湯,其流方興爲害,蕩蕩然廣大,包山四面而駕出高陵之上,浩浩盛大,勢若漫天,民困于水而怨咨焉。羣臣中有能知治水事者,予俾以司空,職治水也。"四岳所領諸侯在朝者同詞對曰:"於,鯀可治水哉!"帝曰:"吁,咈哉!鯀爲人,上則方上之命,每不順行之,中則圮敗族類,所至鮮以善成者。其人性質如此,使之治水,豈能虛以集議,順以成功乎?"四岳獨對曰:"异哉!鯀雖已廢,復強舉之。蓋鯀猶知水事者,姑試用之,取其可治水已耳,方命圮族且無論已。"帝不得已遣之,曰:"鯀往治水,其敬之哉!做予重事,非可以忽成也!"惜鯀不能用命,徒費歲月,至于九載,績用弗成。帝堯急民之仁,知人之智,兩見之矣。

帝曰:"咨,四岳!朕在位七十載,汝能庸命,巽朕位。"岳曰:"否!德忝帝位。"曰:"明明揚側陋。"師錫帝曰:"有鰥在下,曰虞舜。"帝曰:"俞,予聞。如何?"岳曰:"瞽子。父頑,母嚚,象傲。克諧以孝,烝烝乂,不格姦。"帝曰:"我其試哉!女于時,觀厥刑于二女。"釐降二女于媯汭,嬪于虞。帝曰:"欽哉!"

此求禪位之人。帝曰:"咨,四岳,朕宅帝位已七十載,倦于天下事矣,汝能用我命而巽以位乎?"岳曰:"臣皆否,德有忝帝位。"帝曰:"天下未嘗無一士,汝于士之在顯位者明之,在側陋者揚之,吾舉德也,庸知貴賤乎?"四岳、羣臣、諸侯同辭以舜錫帝而對曰:"有鰥而隱處下位,曰虞舜,名雖未揚,德甚盛也。"帝曰:"汝所舉誠然,吾亦嘗聞此人,第其德之詳何如?"四岳獨對曰:"舜乃瞽子,以父則頑,心不則德義之經矣;以母則嚚,口不道忠信之言矣;弟象則傲,日以殺舜爲事矣。處此人倫之變,不失天性之常,引罪愆于親,同憂喜于弟,能和以孝焉。于是,父母及弟亦以感其誠孝,進進然以善自治,不至大爲奸惡，頑嚚傲習悉爲改觀矣。夫能感難化之親者，于化天下何難哉！"帝曰："天下，大器；而禪，大事。任耳不任目，非所以爲天下得人也，我其將有以試之！人之常情或勉强于父母兄弟之間，而不能不發露于夫婦隱微之際，我將妻以二女，觀其閨門之間、正始之際，所以儀刑者何道也。"于是治裝下嫁二女于潙水之汭，使爲舜婦于虞氏之家。而帝戒其女曰："往之女家，必敬之哉！毋以天子女自驕也。"繼此而諸難歷試焉，蓋以天下與人易，爲天下得人難耳！

# 舜　典

**曰若稽古帝舜，曰重華協于帝，濬哲文明，溫恭允塞，玄德升聞，乃命以位。**

《史記》堯禪舜，先叙事始。謂欽明文思、允恭克讓，堯德之華難乎其繼矣，而舜又有光華可合于堯，殆如日月之並明，符節之相合也。其實何如？自其慮之周悉謂之哲，心之虛靈謂之明，哲而不濬，明而不文，則德性未與堯協也。舜則静深有本，而幾先之睿入微；經緯成章，而旁燭之輝映物，何濬且文乎！而舜協于帝堯德性之華矣，自其儼恪之著謂之恭，篤實之形謂之塞，恭而不溫，塞而不允，則行實未與堯協也。舜則太和元氣，藹然端拱之形，純粹以精；充然太樸之意，何溫且允乎！而舜協于帝堯之華矣！有此四者幽潜之德上聞。臣曰師錫，帝曰予聞，鄭重于遣嬪之餘，詢考于儀刑之後，而命以司徒、百揆、四岳之位焉。

**慎徽五典，五典克從；納于百揆，百揆時叙；賓于四門，四門穆穆；納于大麓，烈風雷雨弗迷。**

所謂歷試以位者何如？五典在人爲美行，舜德克諧以孝，已足風人也。故一受命爲司徒，而敬慎以美其五典，淑之以玄德，文之以條教，但見百姓自親，五品自遜，無違教矣。百揆總度機宜，舜德濬哲文明，自足以照臨天下也。故一受命居百揆，則施之有本末，行之有次第，但見物有其官，官有其事，無廢事矣。以至堯以賓禮親邦國，而諸侯歲各以其方至矣。舜德溫恭允塞固足以動人也,故一受命爲四岳,以禮四門之賓客,容貌詞氣皆玄德之華,而諸侯被其容接者亦皆穆穆然盡化于舜之和敬中矣。又何有于凶德人乎?猶未也,當舜歷試之時,洪水爲害,舜乃承命入于大麓,將以相原隰之宜,試經理之略,適有烈風雷雨變出非常,舜則神色無驚,步武不亂,非其神聖之絕人者,能如是乎?夫隨事而有成,遇變而常定,然則舜之德,天人所不能違哉!

**帝曰:"格,爾舜!詢事考言,乃言底可績,三載,汝陟帝位。"舜讓于德,弗嗣。**

此堯命舜禪也。格汝舜,向當登庸之始,汝嘗敷奏以言矣,我則詢汝事以考其言之能踐否也。但見汝前日之言致可有功,五典從,百揆敘,四門穆,非空言無施者,于今已歷三載,功在天下,亦有素矣。夫有大功者必有大德,有大德者宜居大位,汝宜升此帝位也。舜則讓于有德之人,而不敢嗣陟帝位焉。

**正月上日,受終于文祖。**

此記舜讓即位,而攝位則不容辭也。至正月上日,堯以帝位之事告終于文祖之廟,而舜則受之,是堯以體元居正之君以元日而終曆數之事,舜以調元贊化之臣以元日而始曆數之事,告文祖者,授受之原也。

**在璿璣玉衡,以齊七政。**

此舜首舉觀天之政也。天之曆數,隱然而相禪者,帝王受之;顯然而相禪者,日月五星受之。日月五星,天之政也,而帝王所爲授時撫辰者,皆視此行之,故舜受終之初,即急觀象之事。彼象天體而載七政者有機焉,以璿飾之,可東西運轉者也,而于其間橫置一玉管,可南北低昂以窺機焉。堯時以命羲和矣,歲久能無差乎?舜爲察其度數之詳,次舍之分,歷歷稽驗,于以齊在天日月星辰之象,政彼遲速順逆,在器在天忽微無忒,而後授時撫辰于焉在也。此即堯欽若之心哉!

**肆類于上帝,禋于六宗,望于山川,徧于羣神。**

夫受終文祖矣,而天地百神禮宜祭告,蓋亦堯使主祭也。故尊如上帝則類之,郊祀非其時而圜丘式遵乎?舊位陶匏無移于新觀,蓋昭格同也。然日、月、星辰、寒暑、水旱六宗皆帝之麗也,可獨遺乎?精意以享,而禮之所以次類矣。凡此皆以事天神也。而帝位之攝,其于斯昭受乎?遠而山川則望之,躬親難以詣,而隨方以列其位,望秩以成其入,蓋精誠通也。然丘陵、墳衍、古昔聖賢、羣神皆地之祇也,可獨後乎?咸秩無文而徧之,所以盡望矣。凡此,皆以事地祇也。而帝位之攝,其庶幾幽贊矣乎!此皆正月內元旦後事也。

**輯五瑞。既月,乃日覲四岳、羣牧,班瑞于羣后。**

夫告攝之後,宜一與諸侯更新也。故五等諸侯,堯賜以命圭與璧,所以爲符瑞,而入以守國,出以朝聘者也。舜于正月之前旬,既以堯命徵集五等諸侯,使各執五圭來朝矣。而地有遠近,不能一時皆來,盡此正月,則四方諸侯有至者矣。先來者先覲之,後來者後覲之,而執瑁合符以驗其瑞之信否。蓋日日覲之,則所接既少,不惟風謠政事可以詳詢,而禮意周旋亦得以曲盡也。既見之後,審知非僞,則又隨所見之先後,而以堯命頒還之,斯則正始之義,明總攝之權定,皆知今之攝器者即前日賓于四門者也,諸侯其益穆穆矣乎!

**歲二月東巡守,至于岱宗,柴,望秩于山川。肆覲東后,協時月正日,同律、度、量、衡。修五禮、五玉、三帛、二生、一死贄。如五器,卒乃復。五月南巡守,至于南岳,如岱禮。八月西巡守,至于西岳,如初。十有一月朔巡守,至于北岳,如西禮。歸,格于藝祖,用特。**

此代堯巡守也。天下不能獨理,有封建以分治之;諸侯不能常治,有巡守以維持之。舜攝位,時當巡守之年,堯老不能行也,舜受命行之,各以中月行于其方,取中氣也。所居必于其方之次岳,明堂在也。故于二月東氣之中,巡守東方之國,至岱宗之山,其行事何如哉?天子所至,必告其神,則燔柴以祀上帝,又望而秩序其禮以祀東方之山川,告至之禮舉矣。乃遂覲東諸侯,凡朝覲岱宗之下者皆執五玉、三帛、二生、一死以爲贄焉,朝獻之儀備矣。乃從而考之,時月日正朔之所出也,東方諸侯得無有亂我天紀者乎?則協其時月,使分至啓閉之以期,晦朔弦望之以度,而日固時月之所由積者又從而正之。永短以曆次,而甲乙以叙遷,一準于羲和之授焉。律、度、量、衡制度之所在也,東方諸侯得無有隳我王制者乎？則同其律，使清濁相繼之有常，小大相生之不紊，而度量衡之受法于律者亦從而同之，長短之法、多寡輕重之制莫不一準于王府之藏焉。五禮各有序也則脩之，而隆殺一正其儀；五禮所用之器各有等也則如之，而象數一如其式。六者既舉，則東方之事畢矣。于是不復東行而遂西向，且轉而南行也。蓋時當五月，天道南行，則南巡守，至南岳衡山。其所行禮如岱禮，如岱，見四山之政同也。八月，天道西行，則西巡守，至西岳華山。其所行禮如初禮，如初，見四時之政同也。十一月，天道北行，于是朔巡守，至北岳恒山。其所行禮如西禮，如西，見四方之政同也。四巡既畢，可以歸而復命于堯矣，乃以一特牲告于文祖之廟。出告反面，固堯昔日之不忍無其親，而今則皆于舜恭代之矣。

**五載一巡守，羣后四朝；敷奏以言，明試以功，車服以庸。**

此定朝巡之期而詳述職之事。夫天子不巡守無以作新政治，諸侯不述職則無以考核功能，然數則病民，疏則廢事，乃爲立定期，五載之內天子巡守者一，以一年之四仲遍天下之四岳，而上情下周矣。諸侯來朝者四，以四載之定期配四方之定序，而下情上達矣。然天子巡守則有協時月以下等事，諸侯來朝何以哉？必使之各陳治民之說，又恐文實不相應也，從而明考其功，無功者有讓矣，其有功于民者則輅車玄黼以旌之，蓋所以廣其風勵也。上下交而情志洽，功能勸而意象新，唐虞所以常治與！

**肇十有二州，封十有二山，濬川。**

此舜即位經理天下之事而褚書于此。人知有虞之治爲無爲，不知其初固大有爲也。何則？九州之制昉自中古，及舜即位，以冀、青之地視九州爲廣，始分冀東爲并，冀東北爲幽，又分青之東北爲營，餘九州如舊焉，所以厚藩蔽，密疆理，而區畫爲之一新也。九山之封其來已久，然冀、青既分，亦不可以無鎮也，乃封營丘于營，恒山于并，醫無閭于幽，餘九山如故焉，所以正表識，增望祀，而方鎮爲之再定也。九州滌原，似在不必濬矣，舜以爲水者天地之氣，而利害之先也，乃爲之循其源委之流，因其大小之脉，而命所在加濬之，使畎澮距川,川距海,其終無壅也。此舜初即位經理天下之最大事也。

象以典刑,流宥五刑,鞭作官刑,朴作教刑,金作贖刑,眚災肆赦,①怙終賊刑。欽哉,欽哉! 惟刑之恤哉!

此制刑,又舜攝位時事也。聖人拯衰亂之起,固有刑辟焉以防天下。慮慘刻之端,又有仁心焉以安天下。蓋天示人以象,舜則之而示人以常刑,有墨、劓、剕、宮以殘其體,有大辟以斷其生,所以待重罪也。而就其中情有可矜,法有可議,則有流放之法以寬之。蓋懷土者,人之情,而遷逐之移亦足少致其罰也。有鞭為官府之刑以輔政之所不及,有朴為學校之刑以輔教之所不及,所以待罪輕也。而就其中,情猶有可矜,法猶有可議,則又有納金之條以贖之。蓋出贖者極于病,而閱實之緩將以薄示其懲也。此皆由重入輕,條理不易,蓋正法也。而猶未也,五刑鞭朴之中有為過誤,為不幸而罹焉者,則竟不待流與贖而直赦之,矜其情也。其或有恃,或再犯而入焉者,則雖在當宥當贖而必刑之,誅其情也。此又因情取舍,權衡無定,蓋法外意也。夫五刑鞭扑,法若定矣,而流宥金贖則又有以寬之;流宥金贖,法若審矣,而肆赦賊刑則又有以權之。聖人立法制刑,輕重取舍有等如此,豈徒法已哉! 蓋其錯綜斟酌之間詳審周密,敬而又敬也。惟以法雖成于一人,將為天下萬世用也,吾之制刑未必能曲當夫人情,未必能曲盡乎世變,則重或失之深文,輕或失之疏網,取者或以失善,而舍者或以利淫,兢兢失刑之憂若有不欲制而不得不制者。蓋敬生于仁,忽生于忍,惟恤之深,自敬之不得不至耳,是其心存而不倚于法,故法立而不病于心,有虞所以為祥刑與!

流共工于幽州,②放驩兜于崇山,竄三苗于三危,殛鯀于羽山,四罪而天下咸服。

此因象刑而及此,非盡攝位時事也。舜制刑盡己之心,故其前後用刑服天下之心。當舜佐堯之時,靜言庸違者共工,同惡相濟者驩兜也,負固不服者三

---

① 按:"眚"誤作"青",據《尚書正義》改。
② 按:"州"誤作"洲",據《尚書正義》改。

苗,而方命敗績者鯀也,堯亦不能終隱其惡矣,故次第命舜以四罪焉,舜乃北流共工于幽洲,而南放驩兜于崇山,三苗則自江湖之墟竄西裔之三危,而鯀則困死于東徐之羽山,舜罪此四者,雖前後不同時,而天下咸服焉。蓋四人者,天下所同以爲不才子而欲甘心焉者也,聖人因天下之心,故天下服,聖人之當耳,所以爲聖人之刑哉!

**二十有八載,帝乃殂落,①百姓如喪考妣。三載,四海遏密八音。**

此記堯之終。舜攝位二十有八載,帝乃殂落,②德在民心久矣厚矣,故圻內之民應服三月者,如喪考妣而極其哀。圻外之民應無服者,亦三載絶静,不聞八音,其德沒世不忘也。

**月正元日,舜格于文祖。**

此記舜之始,堯終矣。天下不可無君,舜于喪畢之明年正月朔日至文祖廟,以即位告焉。必以正朔告者,行天下之大事當體天下之一新也。必于文祖者,受天下于人,必告其人之所從受也。

**詢于四岳,闢四門,明四目,達四聰。**

此舜即位首務,以天下治脉有二:通賢路,通民情也。人主豈自能哉?四岳總諸侯之事,居內外之際,賢才民情通塞繫焉。于是,舜他務来遑而詢謀首及,誠以治莫急于仁賢,先帝所以不廢困窮也。欲賢者進而不闢之門可乎?其門在四岳矣,要必爲我率羣后以開四方進賢之門,凡岩穴生才之處當悉以德意通之,常如開門以待焉;諸侯登賢之書當即以物色應之,無使至門而塞焉。夫然則野無遺賢,而治有其具矣。治莫先于民隐,先帝所以不虐無告也。求民之隐而不廣其耳目可乎?耳目在四岳矣,要必爲朕率羣后以通四方之耳目,凡民情有不取其生者,幽遠必以陳,無待朕之親臨問可焉。政令有不便於民者,隱微必以告,常如朕之躬覽聽可焉。夫然則野無困民,治有其本乎!吁,四方開而天下之氣象一家矣,耳目廣而天下之精神一身矣,帝舜願治之心如此夫!

---

①　按:"殂"誤作"徂",據《尚書正義》改。
②　按:"殂"誤作"徂",據《尚書正義》改。

"咨,十有二牧!"曰:"食哉,惟時! 柔遠能邇,惇德允元。而難任人,蠻夷率服。"

此舜咨牧安民也。昔舜肇十有二州,各立之牧矣。此必来覲新君受命,而因咨之曰:牧以帥諸侯,養民而安之也。何以養民,其惟食哉! 何以足民,則惟時焉。三時不失,此天下之大命也。至于遠民有懷来之道,雖聲教咸暨而未始迫之也,惟優柔以俟其格耳。邇民有漸摩之義,雖立教在寬而未始縱之也,將馴習以要其能耳。國有仁德,資吾牧者也,則惇之信之。國有憸壬,亂吾牧者也,則屏之絕之。夫食而能教,有治法矣;進賢退奸,有治人矣。將見十有二師各迪有功,而華夏之威明已振,十有二州各安其理,而遠方之觀望自隆,故不特侯、衛同風而蠻夷率服。蓋生養教禮之風流,而仁人君子之化遠也,羣牧宜何如以率先也哉!

舜曰:"咨! 四岳:有能奮庸熙帝之載,使宅百揆。亮采惠疇?"僉曰:"伯禹作司空。"帝曰:"俞。咨,禹,汝平水土,惟時懋哉!"禹拜稽首,讓于稷、契暨皋陶。帝曰:"俞。汝往哉!"

此舜首求相材也。上詢岳咨牧,即受終之日行之。此乃異日也,故以舜曰啓之,見以後"帝曰"之"帝"爲舜也。堯在時,舜不帝也。舜曰:"咨,四岳,今日之天下即帝堯之天下,今日之事功即帝堯之事功也。廷臣中有能精白以弘治道,而使庶績咸熙,常如巍然煥然之日者,吾將使居百揆,總治之職,以脩明道揆法守之庶事,而順成天地民物之庶類也。"于是四岳與四方諸侯及在朝者同辭對曰:"伯禹作司空。"若曰百揆非禹不可,但見在司空而司空之事又未可無禹,惟帝裁之也。帝然其舉,因咨禹而命之,汝仍爲司空之官,以終水土之績,惟此百揆之事當兼領之,而懋勉以奮庸可也。禹拜稽首,讓于稷、契暨皋陶,蓋以知道者而後可宅百揆,三臣庶幾一焉,臣非其任也,而帝不聽之,曰:"汝所讓者誠足以當之,但四岳同辭,則公在天下;而百揆是懋,則簡在朕心。且三臣方各有事,惟汝可不妨舊務以兼官也,汝其往宅百揆哉!"舜之命相如此,首爲天下得人矣。

**帝曰："棄，黎民阻饥，汝后稷，播時百穀。"**

此因禹讓而申命稷終養民之職。凡不咨而命，命而不讓者，皆申舊職也。帝曰："棄，汝在帝堯時已主爲稷官，教民稼穡矣，但當水土平治之初，稼穡之政容有未盡舉，播植之宜容或未盡知，黎民得無有阻于飢者乎？汝今仍爲稷官，教民順天因地，以廣佈此百穀，庶民無阻飢，而稷盡有相之道矣。"

**帝曰："契，百姓不親，五品不遜，汝作司徒，敬敷五教，在寬。"**

此亦因禹讓而申命契終教命民之職。帝曰："契，汝向爲司徒，輔翼人倫，而使民自得。放勳有成命矣，但以風習日開，而百姓之淳漓漸異，得無有恩義乖薄不相親睦者乎？則五品之間亦且有亂序凌節不相遜順者，是皆教化之未篤也。汝仍作司徒以終教民之事。夫教者，人心生死所関，世運升沉所係，王者之務莫大于此，可不敬與？而又非可取必之太過，攻治之太深，以強行其一切之教，而反傷其自得之意也。必也敬于躬行，敬于條教，務在寬柔以俟之，反覆浸漬使親遜之，性自然流露可也。如此教事其有終哉！"

**帝曰："皋陶，蠻夷猾夏，寇、賊、姦、宄，汝作士，五刑有服，五服三就。五流有宅，五宅三居。惟明克允。"**

此亦因禹讓而申命皋陶終士師之職。帝曰："皋陶，蠻夷猾亂中夏風俗，俾中夏之人大爲寇，次爲賊，外爲奸，內爲宄，民不率教如此，可無刑哉？汝仍作士師之官，五刑以服元惡大憝者，而服之則爲三等之就，大辟棄市，宮辟下蠶食，餘刑亦就隱屏之處因。無生道者，昭衆棄之。義重不至死者，寓保全之仁，輕重蓋有等矣，五流以待情法可議，而宅之則爲三等之居。大罪居于四裔，次則九州之外，次則千里之外，不同中國者，以其自絕于化外；不復州里者，以其難復于平民。遠近蓋有敘矣，則刑之不一如是，不致其明，何以當罪而服人心乎？汝必極其明清，精其意論，刑之輕重，流之遠近，一成而不爽焉，乃能使刑當其罪，而天下信服也。如是，則蠻夷且折服于象刑之明矣，而何有于邪民哉！"

**帝曰："疇若予工？"僉曰："垂哉！"帝曰："俞。咨，垂，汝共工。"垂拜稽**

首,讓于殳、斨暨伯與。"帝曰:"俞。往哉! 汝諧。"

此求共工之官。帝泛咨而命之曰:"器成而下,道在其中矣。汝羣臣之中誰能順其自然,因天之材,隨其地而爲良,信國之度,進于技而爲道者乎?"在朝之臣同辭對曰:"垂哉!"以垂素有巧思也。帝曰:"俞,汝所舉者誠然。咨垂而命之,汝其共工也。垂拜手稽首,讓于殳、斨及伯與。"帝曰:"俞,汝所讓之人誠足以當之,但衆論在汝,汝其往即共工,若予工以和其職可也!"

帝曰:"疇若予上下草木、鳥獸?"僉曰:"益哉!"帝曰:"俞。咨,益,汝作朕虞。"益拜稽首,讓于朱、虎、熊、羆。帝曰:"俞。往哉! 汝諧。"

此求虞衡之官。帝泛咨而命之曰:"人主代天育物,則上下山澤中,草木鳥獸皆屬之予也,而贊予若之者,虞衡是賴矣。汝羣臣中誰能順其自然,蕃息之有時,取用之有節,以盡物性者乎?"朝臣同辭對曰:"益哉! 以其素行山澤,知鳥獸草木也。"帝曰:"汝所舉者誠然,乃咨益而命之,汝其作朕虞也。"益拜手稽首,讓于朱、虎、熊、羆四臣。帝曰:"俞,汝所讓之人誠足以當之,但衆論在汝矣,汝往哉! 順物性以和其職也。"

帝曰:"咨,四岳,有能典朕三禮?"僉曰:"伯夷。"帝曰:"俞。咨,伯,汝作秩宗。夙夜惟寅,直哉惟清。"伯拜稽首,讓于夔、龍。帝曰:"俞。往,欽哉!"

此求禮官而難其人。故咨四岳曰:"人君爲天地人鬼主,而典其尊卑昭穆之禮者,秩宗也。今茲羣臣有能通神明之德,可以主朕祀天神,祭地祇,享人鬼之三禮者乎?"四岳及在朝臣同辭對曰:"伯夷行合神明,可以典禮也。"帝曰:"汝所舉者誠然。咨,伯夷,命之曰:'汝作秩宗。'主祭禮,其知事神之本乎?天地人之神皆清明正直者,而人之心體亦本自正直,本自清明。故人心者,陟降之機,神明之舍也,人所以得與神明通者,全恃此虛靈之心耳。不敬則私曲留其心而不清,不合氣于冥矣,又何神明之及交,故不必皆郊廟之時也。而夙夜敬惕,常若神明之我臨,使人生直之心體常存于齊莊凝定之中,而纖微私曲不得以淬之,將見垢净而本性湛然,真全而天機瑩若。蓋清明在躬,志氣如神,而顒若于此存,馨香于此發矣。不可以典朕三禮乎? 伯拜手稽首,讓于夔、龍。

蓋以知禮而後可典禮。夔、龍其人也,專其任則擇一人,重其任則兼二人,可乎?"帝曰:"汝所讓者誠足以當之,但知禮未或汝先,而廷論又不可易,汝當往就秩宗之職而欽哉,夙夜惟寅可也。"

帝曰:"**夔:命汝典樂,教胄子。直而溫,寬而栗,剛而無虐,簡而無傲。詩言志,歌永言,聲依永,律和聲。八音克諧,無相奪倫,神人以和。**"①

帝因伯夷薦夔知禮,而因命以典樂。蓋禮樂之用皆微渺也,故不咨而命之曰:"夔,樂之感人甚速,而爲理甚微,吾命汝以典樂乎。天子至卿大夫之適子,皆將有天下國家之責,不可不素教而豫養之,然教之在興樂之官矣。蓋用莫神于聲,而樂所以妙于教也。人之德性本備而氣質恒偏,有善而不自養,有偏而不自矯,以其美而爲不美者多矣。故學而至于氣質變化者,學斯有力;教而至于變化人氣質者,教斯有功。以其大端言之,則直者多不足于溫,寬者多不足于栗也,必以樂教之,和樂之韻,直者感而溫良;莊誠之音,寬者起而嚴栗,蓋以補其不及也。剛之失爲虐,簡之失爲傲,亦必以樂教之。剛者聞優柔之奏而躁心平,何至于虐? 簡者觀進反之文而慢心息,何至于傲? 蓋有以禁其過也。夫然則胄子之德克完以粹者,皆以樂之入人心,而樂之所以入人心者,以其出于人心也。蓋人生而靜,天之性也。感物而動,性之欲也。有欲則不能無思,有思則不能無言。詩者,人心之感物而形于言之餘也,是詩言志也。志者,本也,方其詩也,未有歌也,自作詩,直言不足以申意,于是長言之爲歌焉。歌者,永言以暢其詩之情者也。方其歌也,未有樂也,既言之不足,而又咨嗟咏嘆之,則又有自然之音響節奏而不能已焉,依其長言而分之,則其音之洪濁者爲宮爲商,聲之輕清者爲羽爲徵,而在洪纖清濁者角也,是五聲者,依其未言者也。嘆嗟詠歌皆人聲也,能必其成文不亂,使清濁高下、疾徐流通之節相應而和乎律,爲節焉,三分損益,上下相生,而旋相爲宮也。則聲之出于人者,合自然之度數,而應天地之中聲,所謂律和聲也。人聲既和,于是被之八音之器,則

---

① 按:此一節經文奪"夔曰:於,予擊石拊石,百獸率舞。"此當據朱子意見"此《益稷》之文也,簡編脫誤,復見於此"而刪節。

克諧，協而相應，各從其律，迭相爲經，終始條理，無相凌奪，而樂成矣。樂成則可以奏之朝廷，薦之郊廟，而神人以和矣。夫樂之和，神人所不能違也，況胄子乎？蓋以其出乎人心，還以養人之心，動盪血脉，流通精神，真有不知所以然而瞿然顧化者。胄子朝夕從事其間，成德豈不易哉！"

帝曰："龍，朕塈讒說殄行，震驚朕師。命汝作納言，夙夜出納朕命，惟允。"

此帝以龍，亦伯夷之讓，必中納言之選。故不咨而命之曰："龍，朕惡讒說之人能肆爲離間，傷絕善人之行，又能變亂黑白，震驚朕衆，故命汝作納言之官以防其害。然讒說爲奸，每乖于王命之出入。夫命令政教，朕命之出也。敷奏復逆，朕命之入也。其出其入曾無夙夜之停，而出之納之皆汝納言之責，汝必于命之出反覆參驗，審其果出于上意，而無小人夤緣其間，然後出之。不然，寧格其詔而不以下也。于朕命之入，必檢閱覈實，審其果出于下情，而無小人依倚其內，然後入之。不然，寧駁其奏而不以上也。夫允而後出，則讒說不得竊行，而矯僞無所托。允而後入，則讒說無自潛進，而功緒有所稽，安能殄行驚朕師也哉！"

帝曰："咨！汝二十有二人，欽哉！惟時亮天功。"

此總勅羣臣也。帝曰："咨，汝二十有二人，總治于內者，四岳也；分治于外者，十二牧焉；統領其綱者，百揆也；而分理其目者，庶官焉。其職固不同矣，然氣化法象之中皆天之理，則裁成品節之際皆天之工也，不敬則天工廢而不明矣。汝當敬以亮之，肅體天心以發揮其參贊之業，祗承天則以宣朗其輔相之猷，庶乎天工人代，而予一人其亦無負天之命矣！"

三載考績，三考，黜陟幽明，庶績咸熙，分北三苗。

天工責成于岳牧九官矣。帝何爲哉？主天下之公議，而居無事以臨之，故主術約而易操者，功次明，黜陟信也。人之受事赴職未必能無怠也，三年，天道成，人亦可必成功矣，故考校行焉。而績之孰成孰多固已得其幽明之槩矣，然策勵雖行，黜陟有待。蓋人之立心行事未必皆有恒也，必至于九年三考矣，而不變則終不變矣。于是黜陟加焉，而明者幽者炯然有朝廷之法矣。由是賞罰明信，人人力于事功，固庶績咸熙。無論庶績，即三苗亦于是而分北之，善者願安于政教，惡者自分于流放也。夫三苗遠徙，何預于考績黜陟？而亦以若此者，蓋公道昭明，人心丕服，吾所以旌別庶官之典，得施于積久負固不服之人，則他可知矣。此有虞人法並用之效欤！

**舜生三十徵庸，三十在位，五十載陟方乃死。**

此記舜之始終。舜生三十載，堯方因四岳之薦而徵用之，又歷試三載，居攝二十八載，通三十年，乃即帝位，又五十載而陟方乃死。蓋百有十歲云。

# 玉茗堂書經講意卷之二

## 大　禹　謨

**曰若稽古大禹，曰文命敷于四海，祗承于帝。**

　　史叙禹陳謨意也。若稽古大禹，九州咸以平成，五服咸以經理，而祗台德先以敷文教于四海，不距朕行也。然而聖人之心日慎一日，故舜以好問而咨謀于下，禹以責難而祗承于上焉。

**曰：“后克艱厥后，臣克艱厥臣，政乃乂，黎民敏德。”**

　　此禹祗承之謨也。曰天下之政多矣，而黎民庶矣，然其樞機脉絡皆係于人主之一心，而人臣者又與共此政此民者也。君臣之間稍有易心，則其經理必疏，而鼓舞必倦，欲政乂而民敏，難得矣。必也君不敢以爲易而盡其所爲君，臣不敢以爲易而盡其所爲臣，如此聚精會神，畢知竭慮，以宣序民事，然所以爲臣，施大綱小紀乃能軌則不愆。而天下之民，其耳目意念亦皆鼓舞滌盪，而日趨于德，有不能自已也。然則今日文命雖敷，君臣之艱者固在也，而臣能忘責難也哉！

**帝曰：**①**“俞。允若兹，嘉言罔攸伏，野無遺賢，萬邦咸寧。稽于衆，舍己從**

---

① 按：“帝”原作“禹”，據《尚書正義》改。

19

**人，不虐無告，不廢困窮，惟帝時克。"**

此舜然禹之謨而推之以歸于堯也。禹方期舜以必能之事，而舜深契其克艱之心，以爲汝言君臣克艱而政乂民化，誠然也。蓋人主患無克艱之心耳，信有此心，則必有以廣延衆論，有言必爲君之所聞，嘉言罔攸伏矣。必有以悉致羣賢，有賢必爲君之所用，野無遺賢矣。必有以大澤生民，有民必爲君之所安，萬邦咸寧矣。效而至此，其道豈不艱哉！蓋非曰一稽于人言，而即得嘉言之無伏也。人主非以自貴而不肯下人，則常自賢而不肯忘己也必。從容議論于朝，委曲延訪于下，而苟得一善，即舍己以從之，固有謀之未決，一旦聞言而即悟。事之將成，一夫言之遂止者矣，如是而後能盡天下之言也。少有係吝之私，則下即有不盡之言矣，而欲嘉言罔伏也難乎！又非曰不虐王民，而即得萬邦之咸寧也。有孤遠無告者，有愚懦無告者，人君豈肯虐此人哉？而勢不能以自致，情不能以自通，則凡緩急得免者必有力之民，而其中無力可訴者，非予虐之而誰也？必留心于孤苦，結念于遐陬，盡萬邦之無告者，皆免于不便之政，然後謂之安天下之民也。不然一夫有向隅之泣，則亦有傷于太平之氣矣，而曰萬邦咸寧也難乎！又非曰不廢賢人，而即得野無遺賢也。士有懷材抱德而困窮者，或以難進而窮，或以易退而窮，彼豈願自廢哉！招之不廣其門，用之不盡其道，則彼有困窮而已必也。君之求士甚于士之求君，極天下沉鬱無援之士皆物色而尊顯之，信用而保全之，于以發揚一時之士氣，洗濯天下之人才，如是而後能盡天下之賢也。不然，寒士抱無援之悲，則丘壑有留良之迹矣，而欲野無遺賢也難乎！此其道，信惟艱也！而必求其克艱者誰哉？惟帝堯時克耳。蓋其恭讓性成，仁智道盡，天下之善爲善，故常無遺伏之悲；萬邦之心爲心，久已致咸寧之頌，是乃所謂允若兹耳。若予也，承帝之後，而禹亦熙帝之載者，尚其克之也哉！舜之知堯之克艱，而舜之克艱見矣。

**益曰："都！帝德廣運，乃聖乃神，乃武乃文。皇天眷命，奄有四海，爲天下君。"**

伯益因舜尊堯，而遂深贊堯以動舜也。夫克艱君道固惟帝堯能之。然帝堯之德豈待其爲天下君時而始著哉！其爲唐侯時而已甚盛德矣。其廣而無外,已極統體之全。且運而不息,又極時行之妙。蓋其變化不可測,而非名言所能定也,自全體之妙于無迹者言之,其大而化之也,殆聖耶？而聖不可知,又何神也！自其大用之呈於可見者言之,其威之可畏也,非武耶？而儀之可象,又何文也！太虛同體而微顯之機不停,元氣時流而造化之象自別,帝之德同天者也。于是皇天眷命,奄有四海之大,而爲天下君焉。是其所以得爲天下君者,皆從廣運之德來也,又豈有既爲君而不克艱者乎？爲君如堯,兹爲惟后矣！

禹曰："惠迪吉,從逆凶,惟影響。"

禹因益言,遂以天道終陳謨之意。曰："觀堯以德得天,則天人之際可知矣。順道者,天應之以吉;反道者,天應之以凶,猶影之于形,響之于聲,随其所出何如也。帝安得不克艱哉！"

益曰："吁！戒哉！儆戒無虞,罔失法度。罔游于逸,罔淫于樂。任賢勿貳,①去邪勿疑,疑謀勿成,百志惟熙。罔違道以干百姓之譽,罔咈百姓以從己之欲。無怠無荒,四夷來王。②"

益廣禹謨而嘆,曰："天下之治以有所戒而成,以無所戒而弛。克艱惠迪,禹之謨至矣。帝其戒哉！蓋不待中國之有虞,而益戒于中國之無虞可也,何也？治定則侈心易生,容有廢法度而就逸樂者,必思曰紀綱典則皆天則也,而罔敢墜焉。宴逸娛樂固人情也,而罔或過焉,儆戒於持心有如此者。世平則人材易雜,或有疏君子而暱小人者,必思曰懷不專之聽者,來讒之口,任賢不可貳也。持不斷之意者,開羣枉之門,去邪不可疑也。儆戒于用人有如此者,因循疑似之見多乘于豫大之時,必缺其疑之敗謀者勿成之,惟取其理之坦然者由之。此于百慮中致儆戒也,好名自用之心每起于豐大之日,必無以不咈民之故而至違道以干譽,又無以不干譽之故而至咈民欲以從己,此于百姓處致儆戒

---

① 按："貳"原作"二",據《尚書正義》改。
② 按："來"原作"末",據《尚書正義》改。

也。凡此皆無虞之所可虞,而一或不戒,鮮不生心而害政者。誠能戒于心而無怠,戒于動而不荒,則克艱之意益精,而文命之敷益遠,不特中國順治,而四夷來王,其永無虞也哉!

禹曰:"於,帝念哉! 德惟善政,政在養民。水、火、金、木、土、穀,惟修;正德、利用、厚生,惟和。九功惟叙,九叙惟歌。戒之用休,董之用威,勸之以九歌,俾勿壞。"

此禹因益推廣其言,乃美其當念以勉舜也。禹曰:"於,美哉! 益進無虞之戒也,帝當心念不忘哉! 當念者何? 以今日養民之治不可使有壞耳。彼人君惠迴爲有德,德非徒善而已,惟當有以善其政,非善政則德不可得而見也。而政豈徒法已哉! 在乎内有以養民心,外有以養民身耳。以今日養民之政言之,天地有自然之利,水、火、金、木、土、穀是也,今則化裁善變,調燮惟時,或相制以洩其過,或相助以補其不足,六者惟脩矣。人道有當爲之事,正德、利用、厚生是也。今則教養隨興,工虞具舉,出于上者,事與理而不悖。行於下者,民與事而相安,三者惟和矣。合六與三謂之九功,天者成而無所汨,人者備而無所乖,九功其叙矣乎! 合脩與和謂之九叙。幸分願之各足,詠土風以自勞,九叙其歌矣乎! 治至于此,養民之政成矣,即政事之經綸,原心德之運用,其所以至此者,良不易也,而可不思所以保之哉! 蓋世平易逸之民未可忘懷于勸相,而日新無敝之業全在流通其精神,故勤于府事者,以休命戒之,作其勤也。怠於府事者,以威命董之,振其怠也。然休威之所勸者迹,而聲音之所勸者神也,使之而然者,不若感之以自然也。惟即以其前日之九歌出乎民心者,還以被之律呂,協以謳謠,播于閭里之間,供其游息之咏,使其咨嗟不足,唱嘆有餘,安能思初,佚能惟始,感昔日之勤勞,亦何能以自已也。由是鼓舞不倦,善始善成,不待戒而入自深,不待董而機自奮,惟叙之成功,庶其無壞矣乎! 此養道之所以不窮,而盛德之所以日新也。益所以爲徼戒者也,而帝其念哉!"

帝曰:"俞。地平天成,六府、三事允治,萬世永賴,時乃功。"

帝因禹言而推美禹,起下異命之意也。夫養民之政,九功盡之矣。顧政難

成而易壞也,休威勸相之道不其然乎!我思昔日水土未平,天且不得成其化工
矣,何府事脩和之有幸?而今也地道平而險阻遠,由是天道成而化育全,天得
地以成其功,人因天以敷其理。故水、火、金、木、土、穀,財用所自出者,汝曰惟
脩,至此信乎其脩也!正德、利用、厚生,人事所當為者,汝曰惟和,至此信乎其
和也!豈惟今日賴之,自今日以至萬世,賴天地之平成者,誰不願府事之脩和
矣乎?此固萬世之功也,而誰則為之,惟汝禹四載是乘,八年于外,天地汝乎成
之,府事汝脩和之,萬世亦惟汝永賴之,美哉禹功!明德遠矣,而予將何德以俾
其無壞也哉!

帝曰:"格,汝禹。朕宅帝位三十有三載,耄期,倦于勤。汝惟不怠,總
朕師。"

此舜命禹攝位也。格汝禹,朕在位三十三載,已歷九十年之耄,將近百年
之期,亦既倦于勤勞矣,汝惟勉力不怠,總率此眾也。

禹曰:"朕德罔克,民不依。皋陶邁種德,德乃降,黎民懷之,帝念哉!念
茲在茲,釋茲在茲。名言茲在茲,允出茲在茲,惟帝念功。"

禹辭總師之命,曰:"總天下之眾必有懷天下之德,朕德不足勝總師之任,
以民不於我歸依也。惟皋陶勇往力行以布其德,愷悌之意孜孜于淑問之時,由
是德乃下及,而黎民懷種德,異乎罔克民懷,異乎不依,帝其念哉!使之攝位可
也。且臣如皋陶者,可易得哉!蓋使可念在皋陶,而心之允出者又更有其人
也?則亦未見皋陶之不可易者。今也,念皋陶固在皋陶矣,舍皋陶而外亦惟在
皋陶,未有過于皋陶之可念者。口之所名言者在皋陶,而誠出於心,不啻若自
其口出者亦惟在皋陶,未有過于皋陶之可言,是反覆思之,而卒無有易于皋陶
矣。惟帝深念其種德民懷之功,而使攝位哉!若罔克如予者,其可以已也!"

帝曰:"皋陶,惟茲臣庶,罔或干予正。汝作士,明于五刑,以弼五教,期于
予治,刑期于無刑,民協于中,時乃功。懋哉!"

帝因禹讓皋陶而稱其美以勉之,曰:"皋陶,惟此臣庶,令行禁止,無有犯
我政者,豈無自哉!惟汝為士師,以民心罔中,是慎徽有所不從,而敬敷猶有所

未遜也。于是明于五刑之用，以輔五教之行，期使斯民咸若于教，而予得以觀至治之成也。是今日明刑之迹若不免于用刑，而即汝弼教之心寔有期于刑措，故民咸由教以協中，而所期予治于無刑者於是乎遂矣！蓋邁德民懷，誠有若禹之所稱者，茲汝明刑之功哉！其勉終明刑之治可也。"

**皋陶曰："帝德罔愆，臨下以簡，御衆以寬，罰弗及嗣，賞延于世。宥過無大，刑故無小；罪疑惟輕，功疑惟重。與其殺不辜，寧失不經。好生之德洽于民心，茲用不犯于有司。"**

皋陶因帝美其功而歸功于帝，曰："民之化于刑者，化于德也。德豈臣之邁種哉！惟帝之德純粹而罔愆矣，其實何如？上煩密則下無所容，帝臨臣下以簡，總大綱而無叢剗也。御急促則衆擾亂，帝御衆庶以寬弘大度而無促急也。罰止有罪之身，帝猶悲之，常恐罪人之不嗣，而豈忍以及嗣？賞止有善之身，帝猶未也，又喜善人之有世，而因以賞延其世。惡惡何短而善善何長耶！過誤所犯者，罪雖大而必宥。故意所犯者，罪雖小而必刑，用情何審而用律何精耶！此賞罰刑宥之定者，而帝德之所經也何愆乎？至若罪無正律，而議獄之中有疑，其可輕可重者，帝寧從輕。功無定等，而論賞之中有疑，其可輕可重者，帝寧從重。蓋善善長，惡惡短之意也，又若法可以殺，可以無殺，殺之恐陷于非辜，宥之恐失于輕縱，帝則與其殺不辜而傷彼之生，寧姑全之而自受失刑之責。蓋失刑固非天下之平，而妄殺尤聖心之所不忍，固亦宥過無大之心也。此賞罰刑宥之疑者，而帝德之權也，何愆乎？凡此皆仁愛忠厚之意，行于臨御刑賞之間，所謂好生之德也。蓋聖人之法有盡而心則無窮，故無論其寬簡之度有以便民，即其用刑行賞或有所疑，亦常屈法以申恩，而不使執法之意有以勝其好生之德，此其本心所以無所壅遏，而得行于常法之外。及其流衍洋溢，漸涵浸漬，有以入于民心，真不啻江河之浸，雨露之潤者，故天下之人無不生生自好，融液于中，蓋大化之後，天下常無一人之獄矣。此其所由以不犯于有司也，臣何功哉！"

**帝曰："俾予從欲以治，四方風動，惟乃之休。"**

此帝申美皋陶也。夫刑以治民，非予欲也。治至無刑，乃予所欲也。今能使我如所願欲以治，而四方之内教化具達，如風鼓動，莫不靡然治，亦可謂休矣。是休也，我以爲汝功，汝則歸之朕德之好生也。夫朕雖好生，豈能自遂其好哉！惟汝也，明刑以弼教，故教化風行，刑措不用，遂汝之期，因以從予之欲也，非汝之休而誰？夫刑措之休，君臣交讓。總之，舜以好生之德動其民，而皋陶之期無刑，則亦好生之心也，君臣共有斯美也夫！

帝曰："來，禹。降水儆予，①成允成功，惟汝賢。克勤于邦，克儉于家，不自滿假，惟汝賢。汝惟不矜，天下莫與汝爭能；汝惟不伐，天下莫與汝爭功。予懋乃德，嘉乃丕績。天之曆數在汝躬，②汝終陟元后。

此下帝叙禹功德，而申命攝位也。來，汝禹，昔洪水儆予，而命汝治水也。汝于受命之初，常敷奏以言，謂如何以治之矣。今則規畫指顧，一毫不爽，果有以實其言。我于省成之時，尝明試以功，觀汝治水何如矣。今則玄圭告成，八載底績，果有以成其功。夫廷臣固有成功者，然一職一事耳。汝之功在萬世，富有賢人之業也，惟汝賢。夫功成不期于滿假而滿假自至，勤儉之節所由以不終也。吾觀汝于邦，而四鄰是欽，何克勤也。驗汝于家而百度不失，何克儉也。且自飭之心惟日不足，初未尝自滿足而有寬假宴曠之心。夫自盈自恕，亦人情也。汝独不然，日新賢人之德也，惟汝賢。既有如是功能，而汝又善處之，克勤克儉，方且守之以謙，而曰朕德罔克也。未尝自能以矜焉，然能之實自不可掩。天下立德者推先矣，孰與汝爭能乎？成允成功，方且居之以讓，而曰惟帝念功也，未尝自功以伐焉，然功之實自不可掩。天下之立功者推大矣，孰與汝爭功乎？夫克勤克儉，其德固賢于人，而又不矜以服天下之心，則德爲愈盛，我所以盛大汝德，雖邁種之德，③亦未能或之先也。成允成功，其功固賢于人，而又不伐以服天下之衆，則功爲益隆，我所以嘉美汝功，雖明弼之績亦未能出其右也。

---

① 按："降"原作"泽"，據《尚書正義》改。
② 按："汝"原作"爾"，據《尚書正義》改。
③ 按："種"原作"眾"，據經文改。

汝有盛德大功如此,故知天之曆數相傳當在汝躬,①汝終當升此大君之位,況今日攝位,其可亂乎!

**"人心惟危,道心惟微,惟精惟一,允執厥中。**

此下告禹以治天下之道,而此則告以出治之本也。夫天命人以性也,未發之中與已發而中節皆天然自有之中也。此中在人惟有一道心而已,以其既有此形氣,則知覺之心時有爲形氣而動者,謂之人心已。人心未盡私,然易私而難公也。欲動情勝,將有反覆不可定,債馳不可制者,一何危哉!道心固不容昧,然難明而易昧也,夫天機道念,其光倏露而已沉其端,少引而即絶者,一何微哉!道心微則不能爲人心之主,而爲人心之所之,过則过焉,不及則不及焉,故凡过與不及皆形氣所生,非道心也。必也精察其幾乎!常於人心之起,即以天命之本然者办②之,所謂惟精也。精不容二,而即守之勿二,純乎道心之本然,則所謂惟一也。如是則道心常明,而常足爲人心之主,人心得道心爲主,則雖發于形氣,亦天性也,而不復危矣。由是即人心之安皆道心之著,随所精而中可見,亦随所一而中可持,無太過焉,無不及焉。蓋將千變萬化而不離乎道心之一也,故惟精一之至,然後信能執其中。不然人心道心裸于方寸之間,則所謂天然自有之中,且蕩滅于危微之際而不可見也,又安得而執之哉!

**"無稽之言勿聽,弗詢之謀勿庸。**

此聽言處事之要也。然中無定在,而好問好察又所以求中于民者,可無慎與?是故言必聽其有稽者,已然之中在也。無稽,是不中之言也,聽之,得無以辨言亂吾中乎?無論遜志逆志勿聽矣,謀必用其衆詢者,同然之中在也。弗詢,是不中之謀也,庸之,得無以疑謀累吾中乎?無論己謀人謀勿庸矣。夫盡精一之功,所以制外者已定;嚴聽庸之戒,所以養内者益純,中其允執矣!

---

① 按:"曆"誤作"厝",據《尚書正義》改。
② 按:"办"疑作"辨"。

"可愛非君？可畏非民？衆非元后何戴？后非衆罔與守邦。欽哉！慎乃有位，敬修其可願，四海困窮，天禄永終。惟口出好興戎，朕言不再。"

此告以上下相須，當盡治道，而因決之以攝位也。夫內外相資，治道盡矣。觀之君民相須之勢，則是道有不容不盡者，何則？天下有勢若甚嚴，而實則可愛者非君乎？有勢若甚微，而實則可畏者非民乎？蓋君爲元首，民非后何戴，故有愛道焉。民爲邦本，君非民罔守，故有畏道焉，君民相須之勢如此。今汝居可愛之位，臨可畏之民，可弗敬乎？蓋必惕于爲君保民之難，而慎乃有位可也。慎之何如？敬修其可願而已。蓋道心之中固君心可欲之善，亦民心同然之願也，必凝精一以修之內，不使一不善生于心；嚴聽庸以修之外，不使一不善害于政，則慎位之道盡，而可愛者與可畏者長聯屬于可願之中矣。苟不能敬修可願，而有不可願之事加于吾民，四海有困窮而已。如此，誰與爲君？君之天禄亦一絶而不復續，可愛者固不見其可愛，而可畏者深可畏哉！帝言至此盡矣！又恐禹辭避也。謂言發諸口，所係不輕。言善，千里之外應之，和好生焉。言不善，千里之外違之，兵戎起焉。利害之機如此，言其可輕哉！今吾命汝蓋已審矣，不復有他說矣，汝惟聽朕命，而慎位焉可也！

禹曰："枚卜功臣，惟吉之從。"帝曰："禹，官占惟先蔽志，昆命于元龜。朕志先定，詢謀僉同，鬼神其依，龜筮協從，卜不習吉。"禹拜稽首，固辭。帝曰："毋！惟汝諧。"

禹又借卜以辭，曰："曆數在天，卜以紹天明也。請歷卜在廷功臣，不但卜皐陶，凡有功德在人者，以次卜之，惟吉者從焉，則天意當必有所屬，未可專在禹也。"帝曰："禹，掌占卜之官，有一定之法，凡事之疑者惟先斷以志之所定，然後命于大龜以決所從，是以人謀爲主，而以神謀爲斷也。今朕志先定于禹，惟汝賢矣。而詢之衆謀，亦莫與爭能爭功，皆同予志。則所謂'惟先蔽志'者旣以斷然不疑矣，且前已汝卜矣，鬼神其依朕志，而龜筮協從也，天命已定，卜固不爲他臣重吉矣。"禹猶拜稽首，固辭。帝曰："汝勿固辭，惟汝諧斯位也！"

大　禹　謨

**正月朔旦，受命于神宗。率百官，若帝之初。**

禹至是知不可終辭，乃于正月朔旦受命堯廟焉，受命于人必告其所從受者，以見曆數相承非一人事也。于是總率百官，所行之政一如舜攝故事，授受一道也。

**帝曰：“咨！禹：惟時有苗弗率，汝徂征。”禹乃會羣后，誓于師曰：“濟濟有衆，咸聽朕命。蠢茲有苗，昏迷不恭，侮慢自賢，反道敗德。君子在野，小人在位。民棄不保，天降之咎。肆予以爾衆士，奉辭伐罪。爾尚一乃心力，其克有勳。”**

此禹攝位所行之大事。帝曰：“咨，禹，今天下惟苗頑不循教命，雖有象刑，未足以喻也。汝往征之。”禹受命，乃會諸侯之衆，誓于師曰：“濟濟有衆，皆聽朕命，蠢茲無知之苗，惟其昏迷不知恭敬，故侮慢於人，妄自尊大，反戾正道而不由，敗壞常德而不脩。君子反使在野，小人反令在位。下則民棄不保，上則天降之咎。故我以汝衆士，奉帝之辭，伐苗之罪，汝當何如哉！師克在和，汝等尚一乃心與力，同致天伐，乃能有功矣。”

**三旬，苗民逆命。益贊于禹，曰：“惟德動天，無遠弗屆。滿招損，謙受益，時乃天道。帝初于歷山，往于田，日號泣于旻天。于父母，負罪引慝，祗載見瞽瞍，夔夔齋栗，瞽亦允若。至誠感神，矧茲有苗？”禹拜昌言，曰：“俞。”班師振旅。帝乃誕敷文德，舞干羽于兩階。七旬，有苗格。**

禹奉帝命，師臨苗三旬，待其格也。而苗民逆命，不自知罪焉。時益從禹出征，乃贊于禹，曰：“今日之事，是以威不以德，豈知德之妙于感乎？今夫天道遠，人道邇，若難乎其動之，惟德合天心者可以動天，天雖極遠，而德之神無方，化無迹，自有無遠不至者。蓋天之所損益者，道固然也，故自滿者初不與損期而損自至，是滿招損也。自謙者初不與益期而益自至，是謙受益也。豈惟人事哉！是乃天之道也。盈虛相禪，日月所以妙其機；消息相乘，寒暑所以密其化。固命之流行而不已，亦理之一定而不易也。然則謙而脩德者可以動天，而滿以伐人者固天道之所不好也。且以帝之素，豈難于謙德者哉？帝初耕于歷

28

山,而往于田也,固已日號泣于旻天。于父母自負其罪,自引其愆,敬其子職以
見瞽瞍,夔夔然齊敬戰慄之容,誠孝如此,而瞽亦爲之允若而動矣。故人惟患
誠之不至耳,至誠所感,鬼神且不能違,而况于苗乎?然則三旬之師恐非格苗
之道也。益贊禹如此,真德言哉!禹固不滿假者,而忽聞斯言也。有動于中,
起敬于外,不以既攝而忘下善之化,不以軍旅而忘大讓之容,拜而俞之,遂班師
振旅而歸,以致命于帝也。帝何爲哉!惟曰武德之猶勤,是吾文德之未大也。
乃一弛兵威,大布德化,文命休融,若有增脩其未至者。時當國家之閒暇,舞干
羽于兩階,登降疾徐之間,倏然太和之物采,其于有苗之逆命與否,殆相忘于天
之高,地之下矣。然而有苗之逆氣既潛消于不殺之威,而中國有聖人自默動其
誕敷之德,此時計禹班師僅及七旬,而有苗來格矣。可以知聖人之武在于神,
而帝者之治詳于化,干羽來格固時事有適然,而文德偃兵亦氣機之自然者也。
非舜、禹、益參相得也,何以致此盛德事哉!"

# 皋 陶 謨

**曰若稽古皋陶,曰允迪厥德,謨明弼諧。禹曰:"俞。如何?"皋陶曰:"都!
慎厥身修,思永。惇叙九族,庶明勵翼,邇可遠在茲。"禹拜昌言曰:"俞。"**

稽古皋陶,佐舜而懷責難之心,繼禹而效陳謨之益。其謨曰:"君者,百官
之表。德者,萬化之原。帝德罔愆矣,而惇行不息,視履益純,則誠以能明,而
謨謀之臣大小畢陳,無不明矣。虛以能盡,而匡弼之臣可否相濟,無不諧矣。"
君德當迪如此,然其義無窮,而其論未悉。禹故俞而問也。皋陶美禹善問,而
答之曰:"誠允迪厥德也,寧止謨弼之諧明已哉!德本諸身,理則可久也。身
範乎家國天下,化則可大也,誠能謹之于身,而敬脩可願,又誠之于思,而惟懷
永圖。蓋慎脩而德迪,思永而允迪矣。由是脩身以勸親,而九族之叙以惇矣。
身以勸賢,而庶明之翼以勵矣。九族庶明,其邇者也,邇可見遠,即均平天下于
惇叙勵翼之風,亦于慎脩思永焉在矣。允迪之所致不亦大乎?迪德明諧之義

如此。皋陶此言誠致理之要，而盛德之言也。"禹聞而拜且俞之，蓋深信天下國家之本在身，而有契于皋陶者，正以交動于帝心也。下文知人，九德師師，即此庶明勵翼之可遠也。安民、五典惇庸，即此九族惇敘之可遠也。

皋陶曰："都！在知人，在安民。"禹曰："吁！咸若時，惟帝其難之。知人則哲，能官人。安民則惠，黎民懷之。能哲而惠，何憂乎驩兜，何遷乎有苗？何畏乎巧言令色孔壬？"

此皋陶推廣上文未盡之旨。先嘆美以啟帝聽，言人君迪德而脩身，以惇族勵翼固邇可遠在茲矣。然所云在茲者果何在哉？人有一之未知，則迪智之德未允，即庶明勵翼而功未可遠也。故所謂在茲者，在知人矣，民有一之未安，則迪仁之德未允，即九族惇敘而化未可遠也。故所謂在茲者，又在安民矣。惟知人兼安民，則允迪無餘蘊，而其功化之大亦不特謨明弼諧已也。禹曰："吁，嘆而未盡然之謂，若曰談何容易。如所言知人安民咸欲兩盡，如是惟帝堯如神之知，如天之仁心，猶難之，何也？蓋謂之知人，非苟知之而已，則必精于權度之本，自能照徹于人才之分數，而論官不失，乃可言知人也。謂之安民，亦非苟安之而已，則必真有愷悌之恩足以深入黎民之心志，而允懷不忘，乃可言安民也。然則知人安民豈易事乎？故迪德之君常患不能兼此也，若果能哲以知人，而又惠以安民，仁知兼盡，如此則雖至難用之人，吾且得而用之；雖至難化之民，吾且得而化之。彼驩兜之黨惡，有苗之昏迷，巧言令色孔壬之凶惡，皆不足爲吾治累矣。何憂，何遷，又何畏焉？如此分量，如此功用，固堯之所難也，而帝可以爲易哉！"

皋陶曰："都！亦行有九德。亦言其人有德，乃言曰載采采。"禹曰："何？"皋陶曰："寬而栗，柔而立，愿而恭，亂而敬，擾而毅，直而溫，簡而廉，剛而塞，彊而義。彰厥有常，吉哉！

此下三節，皋陶言知人也。自嘆美言知人難矣，然亦豈無其要乎？自人得天然自有之中，而不襍于氣稟之偏者爲德焉，隨其質之所近而見于持己應物者，其凡有九矣。今欲總言其人之有德，則非可以無試也。乃言曰："其人有

30

某事某事可驗焉。"蓋人于一事或可僞爲，徵之事事皆然，則有常而不容僞也。斯則觀德之要哉！禹聞之，九德之目何如？皐陶曰："所謂九德者，豈才性偶合之貴哉！蓋參和不偏之難也。彼含弘者寬也，而能鎮密以栗，非縱矣。巽順者柔也，而能方挺以立，非懦矣。謹厚者多不足于恭也，方且持儆恪于周旋，非愿而恭乎！幹治者多不足于敬也，方且存兢惕于謀爲，非亂而敬乎！循雅者疑于不斷，然堅忍而可忍，又何毅焉！侃直者疑于難親，然和平而不急，又何溫焉。不煩之謂簡，而廉隅存坦夷之中，非率易也。不撓之謂剛，而篤實存健制之內，非矯激也。以至行而勇往者強乎，然且義以爲上，絶無血氣之私矣。此九德也，有德不章，何以知其德章而不常，猶難語于德也。必其人也自大而九德之全，至小而一德之美，隨其多寡而見之行，又且日見之行也，則所云'載采采'者皆實德驗于身而可久，名世之英，清脩之彦也，不曰吉士而何？以此言其人有德，庶可以爲官人本乎！"

**"日宣三德，夙夜浚明有家。日嚴祇敬六德，亮采有邦。翕受敷施，九德咸事，俊乂在官。百僚師師，百工惟時。撫于五辰，庶績其凝。**

承上言哲而官人以終庶明勵翼之旨也。夫人于九德不皆全，或有其三，或有其六，惟上所用耳。如有三德章矣，且日日宣達之，緝熙不已，使德日以著，則三德章而有常也。寄以有家，必能朝夕浚治，光明其有家之政，可以爲大夫矣。如有六德章矣，且日尊嚴而祇敬之，飭厲不忘，使德日以謹，則六德章而有常也。寄以有邦，必能精明通達其有邦之政，可以爲諸侯矣。然三德爲大夫，六德爲諸侯，亦言其大法耳，非必以數拘也。天子者，一世人才之宗主也，九德之中苟有其一，皆當兼收并蓄，且隨其德之所稱，分布而用之，使各隨所長而施于事，則雖有三德之未備與夫一二之僅有者，咸得以事君之事，天下既無不事事之德，亦無不在官之賢，而千人百人之俊乂，所云吉士者皆在百僚、百工之官，不止在廷之庶明矣。于此之時，國家皆得其用，而九德參有其全也。夫六德之多，固三德者之所少，三德之有，咸六德者之所無。今既已同官矣，使以其多寡有無相師而交益焉，踐履相觀，精神相示，有者不以棄于無，而無者不以忌乎有,多者不以病乎少,而少者樂其資于多,無不切于反觀而憂其所不至,羣賢合聚之景自若此矣。夫其同官也固同道而相益,其同事也亦同心而共濟,但見百工天運而人從,時至而事起,乘四時之序以治五行之宜,或以節宣其用,或以調助其化,曾無有玩日而後時者。夫如是,則勵翼者廣,功崇于志,而業廣于勤,庶績咸爲之明備矣。豈特一二有家之浚明,有邦之亮采而已哉!然非真能知人而有以翕受敷施之,亦何能盡收天下之材器,洗濯天下之精神,而致此咸熙之氣象矣乎!

　　"無教逸欲有邦,兢兢業業,一日二日萬幾。無曠庶官,天工人其代之。

　　此終知人之謨而致其戒也。夫知人以九德之常,則可以觀人而翕受敷施之矣。然君身爲取人之本,而庶官乃治天之事,所係蓋甚重也。天子以逸欲教庶邦,則臣之怠且肆不可禁矣。故必無教逸教欲于有邦,而兢兢業業,慎脩允迪以爲勵翼之倡可也。何也?蓋以一日二日,時至淺也,而幾事之來至有萬焉,故凡一幾之至皆宵旰者所當自惕,而況一日二日之間,其藏大于細,隱難于易者,常紛至而難析,且循環而無端也。雖兢業以思永,猶懼日宣日嚴之未常也,矧可以逸欲乘之乎?庶官用非其人,則職之虛而曠者不可紀矣。必無以非人曠庶官,而百僚百工能哲,則官各極俊乂之選可也。何也?蓋天生萬物,欲有以治之,而不能自治,寄之于人焉。故百工之事雖皆人之所建立,而其實人綱人紀之施,或先天而開,或後天而承者。總之,心代天意,手代天事也,則雖俊乂以撫辰,猶恐庶明庶績之未凝也,況可以非人曠之乎?夫自嚴以幾,而嚴官庶以天則,所謂知人者盡矣。

　　"天叙有典,勅我五典五惇哉!天秩有禮,自我五禮有庸哉!同寅協恭和衷哉!天命有德,五服五章哉!天討有罪,五刑五用哉!政事懋哉懋哉!

　　此下二節言兢業,教臣天工無曠,固足以發知人之蘊與勵翼之謨矣,而所以嚴安民之謨,以廣惇叙之化于遠也者,亦不外于兢業天工之人也。蓋民生受天之中,則有動作威儀之則,能者養之以福,不能者敗以取禍,天道也。有相之道則存乎我耳。故有生即有五典,天叙之也。因物有遷,不能常厚矣,所以立之教化,勑正我五典,使倫常益厚者,則在我代之而已。有典,即有等級隆殺之禮,天秩之也。斯須去身,不能常用矣,所以立之制度,用我五禮,使品秩有常者,由我代之而已。夫在天則爲典禮,在民則爲衷,不可忽也必也。君臣同其寅畏,協其恭敬,聚精會神,相與兢業以和吾民之衷,使民皆調虞順擾于天之秩叙,而後可乎!教以安民者如此,至若民之衷者爲有德,天命此有德,則我有五等服以代天章顯之,使德勸焉。民不衷者爲有罪,天討此有罪,則我有五等刑以代天用之,使淫人懼焉。夫分之爲慶讓之典,合之爲政事之綱,不可怠也必也。君臣勉于公明,力于旌別,脩政立事,勤于日日以輔吾民之衷,使民皆鼓舞震耀于天之命討而後可乎。政以安民者如此,如是,庶乎惠而懷矣。

**"天聰明,自我民聰明。天明畏,自我民明畏。達于上下,敬哉!有土。"**

此終安民之謨而嚴之天也。今夫視聽莫聰明于天而非有視聽也,民所共見共聞者,天之聰明也。好惡莫明畏于天而非有好惡也,民所公好公惡者,天之明畏也。蓋天無心,在人之心,一人私見固不足盡必,衆心所同,公理所在,則天心也。曰天曰民,特上下之迹耳。以理以心,何上下之間乎?故有土者當敬之敬之!惇庸必寅恭,政事必懋勉,不可少忽于民之聰明好惡也。蓋不以民視民,則安民之道有不容不盡者矣,所謂兢業焉,而有邦無逸;人代焉,而天工無曠者。其亦所以安天之民也與!

**皐陶曰:"朕言惠,可底行。"禹曰:"俞,乃言底可績。"皐陶曰:"予未有知,思日贊贊襄哉。"**

此皐陶、禹交贊其謨,以廣帝之行也。皐陶既終其謨矣,而自信曰:"朕之言似非背于理而窒于行者,揆之于治道也亦爲順,而試之于施行也可矣。"此固皐陶微辭以望帝之行也。而禹即俞之曰:"乃言患不力行耳,行汝知人之言則官人之績可致,行汝安民之言則惠懷之績可致,豈但惠而可行已哉!"夫皐陶方自謂可行而已也。因禹許以可績,而復謙以自效,曰:"予何敢知其可績哉?惟以哲惠之德自帝所優爲而思日贊之,庶補于萬一而已。"蓋禹不知善之在人,皐陶不知善之在己,要于勉其君而已,古大臣同心之義如此夫!

# 益 稷 謨

帝曰:"來,禹!汝亦昌言。"禹拜曰:"都,帝!予何言,予思日孜孜。"皋陶曰:"吁!如何?"禹曰:"洪水滔天,浩浩懷山襄陵,下民昏墊。予乘四載,隨山刊木。暨益奏庶鮮食。予決九川,距四海;濬畎、澮,距川。暨稷播奏庶艱食鮮食,懋遷有無化居,烝民乃粒,萬邦作乂。"皋陶曰:"俞,師汝昌言。"

帝既聞皋陶之謨,又欲禹有言也。"来,禹、皋陶有盛德之言矣,汝亦固心謨弼者,亦昌言以告朕乎?"禹即拜以承之,都以美之,曰:"帝,皋陶昌言盡矣,予復何言哉!予固不能有加于皋陶底可績之言,而實有同于皋陶贊贊之心也,惟思日孜孜焉,克艱厥臣以祗承帝于不怠耳。"于是皋陶吁而問曰:"如之何日孜孜也?"禹曰:"治貴圖終,而汝當惟始。予思日孜孜者,豈無謂哉?蓋昔者洪水爲害,萬邦烝民皆昏眩而沉溺也。于時帝也,咨嗟于上,而予偕益、稷胼胝于下,始以水之險因夫山也,乃乘四載以相其便宜,隨九山以刊其木蔽,而土功可始矣。時則偕益以行,而民之阻于飢者,先進以鮮食之利焉,猶未也,繼以水之患失其墊也,乃決距川以歸之海,濬畎澮歸之川,而田功可興矣。時則暨稷以播,而衆之艱于食者,仍兼鮮食之奏焉。猶未也,山澤之利既漸積于天下,而有無之易遂勸勉夫烝民,予所以除患與興利者殆不遺餘力矣。夫然後,天地漸以平成,府事幾于脩治。觀諸烝民,始熙熙于粒食焉,非復艱食之嘆也。觀諸萬邦,始烝烝于作乂焉,非復俾乂之憂也。"蓋躬八年之勤,濟以二人之力,成功若此之難也,而孜孜其可忘耶?夫禹之言若嫌于屑屑自言功矣,不知述艱難之業,正以動儆戒之思。大臣爲國家長遠慮固如此,故皋陶俞其言而曰:"汝今叙述勤勞以規保治,此即禹之昌言也。君臣上下其師法此,無忘哉!"吁,一孜孜之意也,拜而進之,俞而師之,非盛德際,其誰有此乎!

禹曰:"都!帝,慎乃在位。"帝曰:"俞。"禹曰:"安汝止,惟幾惟康,其弼直。惟動丕應,徯志。以昭受上帝,天其申命用休。"

皋陶既俞禹昌言，而禹之孜孜未已也，乃自嘆美而呼帝以動之。曰："民粒邦乂，帝知其難矣。自今以往，其慎乃位乎！無忘其所可戒，而使天命人心之不可知也。"帝曰："俞。"真見乎在位之不可不慎矣。而禹因言其所以慎，曰："帝位之惟艱者，豈不以天命人心所係哉！夫天者，吾心之所自出。而民者，吾心之所動處也。慎位之功何如？天命係于民心，民心係于君志，心爲動之原，不得其止，心所由危也。必常靜以虛，順適乎道心之正，雖動亦靜，攸居乎天德之寧，庶豫吾內者足以定天下之幾康焉。由是，事乃心之迹，未善于動，亦心之所爲妄也。必惟幾以審其心之發于事者，而豫嚴于理欲之分。惟康以省其事之安于心者，而深憂乎悔吝之介，庶利吾外者，益以養其心之安止焉，而又輔弼之臣皆以格心正事，交致其直，則其慎位之功可謂至矣。而豈復一念一事不止于至善者，由是而有所動于民，皆世之公理，世之公情也。聖人有作，物咸覩之，過即化，存即神，有待君之志于未動之先者矣，其得民有如此者。由是以昭受上帝，則皆天與出王，天與游衍者也。令德既顯，天自申之，得其名，得其壽，且將式帝之休，于受命之後者矣，其得天有如此者。夫下而得民，則帝位出于民心所推戴者爲益安。上而得天，則帝位出于天心所寵綏者爲益固。要之，皆內外交脩所致也，帝其慎哉！"

**帝曰："吁！臣哉鄰哉！鄰哉臣哉！"禹曰："俞。"**

帝舜因聞大禹弼直之謨，有感于臣鄰之義，遂吁以發之。若曰夫所謂臣者，何爲也哉？昭德塞違莫要乎鄰，而臣寔爲之，則所以服大僚、宅百揆者，非當左右厥辟矣乎。惟兹鄰者，孰爲之哉？命官分爵莫親于臣，而鄰寔繫之，則所以胥教誨、胥保惠者，即我前後有位者乎。因臣而思其職，吾有感于直也。舉職而加之臣，吾有賴于弼也，汝禹亦有以弼直也哉！反覆咏嘆之間，帝之動禹也至矣！禹即俞以承之，以爲夫人莫不知有臣也，未知其切于鄰也。惟以鄰視臣，則有見于圖弼之不易矣，亦莫不知有鄰也，未知其賴于臣也。惟責臣以鄰，則有見于效直之當先矣，臣始發之，固以思效其鄰也。帝復嘆之，亦以致難于臣也，而臣何以圖稱也哉！

帝曰："臣作朕股肱耳目。予欲左右有民,汝翼。予欲宣力四方,汝爲。予欲觀古人之象,日、月、星辰、山、龍、華、蟲,作會;宗彝、藻、火、粉米、黼、黻,絺繡,以五采彰施于五色,作服,汝明。予欲聞六律、五聲、八音,在治忽,以出納五言,汝聽。

此帝詳臣鄰之義。予謂臣爲鄰者,非止若居之有鄰,乃此心厥止之鄰也。夫股肱耳目非與心最爲鄰近,而相應相助之至急者乎!若朕之股肱耳目是誰作之?臣作之也。其實何如?民行未中,予之憂也,兹欲左右有民,輔翼而振德之,豈予自能乎?惟汝明倫齊禮以扶人心之正,翼予以左右之可也。民功未布,予之慮也,兹欲宣力四方,經營而安定之,豈予自能乎?惟汝興利除害,以周四方之務,代予而力爲之可也。夫股肱固以翼爲作心之鄰者,然則汝非作朕股肱者耶?古人之象,禮制寓焉,予欲觀古人之象,如日、月、星辰之照也,山之重也,龍之變,而華蟲之文也,則繪畫于上衣,以象天之輕清。宗彝之孝也,藻之潔,而火之明也,粉米之養也,黼之斷,而黻之辨也,則絺繡于下裳,以象地之重濁。而其繪之繡之也,皆以五采之物彰施于繒帛,以成五色而作五章之服焉。此予意也,豈能自明哉!惟汝別服以昭德,德隆則服從而隆,德殺則服從而殺,衣裳在笥,乃罔不明可也。聲音之道,政治通焉。予欲聞六律所治之五聲,五聲所被之八音,以察政治之得失,聲和則政和,治可知也。聲乖則政不和,忽可知也。而其樂之作也,亦即以朝廷所出之五言,臣民所納之五言,協之律呂,屬之聲音,即以此作樂,以此考治焉,是予意也。豈能自聽哉?惟汝審樂以知政,治則相與保其和,忽則相與更其化,出納朕言,乃罔不聽可也。耳目固以視德爲心鄰者也,然則汝非作朕耳目者耶?臣所以爲鄰之義,其切如此。

"予違,汝弼。汝無面從,退有後言。欽四鄰。

申上二節言。夫臣既作股肱耳目四鄰矣,然則予之政教禮樂于厥止少有未安,此予心之違,即汝之違也。若遠小嫌而難相違拂,姑面從而退有後言,自悔其弼直之不盡,然無及矣。如四鄰之義何?其敬爾四鄰之職。夫股肱耳目之爲心用,豈有所勉而後誠耶?能敬自無不直之弼,而予免于違矣。

"庶頑讒說，若不在時。侯以明之，撻以記之。書用識哉，欲並生哉！工以納言，時而颺之，格則承之、庸之，否則威之。"

夫大臣者，羣臣之表也，汝弼直則羣臣宜皆在弼直中矣。庶頑讒說若不在時者，何以待之哉？射以觀德則侯以明之，扑作教刑則撻以記之，又列其過惡以識于冊，若此者，豈憎其人哉！蓋盛世人皆爲善，而爲惡者無以自容，非誅殺則流竄，能全其生者寡矣。故用此以激勵而教之，使之遷善改過，庶幾得並生于天地間也。然其改與否，何以知之？夫人心和則氣和，氣和則聲和，而其言可以被于樂矣。庶頑讒逸，心氣之最不和平者也，其說豈堪于音聲中聽玩之乎？故惟即其所納之言，使工師時時颺之，其爲優柔平雅之音與？則其人心氣已和矣。頑讒之心格矣，進而用之，作我臣鄰可也。不然，而其音忽以戾與？靡以濫與？是頑讒之心猶在也，因而威之，非過也，欲並生之而不可得也。凡此，皆汝宜以直倡之，而納言之颺，正所爲予聽五言以察治忽者，其謂我何哉！

禹曰："俞哉！帝，光天之下，至于海隅蒼生，萬邦黎獻，共惟帝臣。惟帝時舉，敷納以言，明庶以功，車服以庸。誰敢不讓，敢不敬應？帝不時，敷同日奏罔功。

禹不欲舜以威服頑也，故不盡然帝語，乃曰："俞哉！帝于庶頑讒說，明之以威，不若明之以德，玄德重華，帝德非不光也，襮之以威，而德之光有未完矣，必盡泯其所以用威者，而專明乎德，使帝德精華光于天下，至于海隅蒼生之地無不在德輝中，德之遠著如此，將見萬邦黎民之賢，素以弼直自許者，皆曰吾何不近帝之光乎！共思爲帝臣鄰，惟帝時舉而用之，不患無人矣。然何以用之哉？其始進也，當有言以效其信，則使之敷盡其言，因而納之，觀其所懷來者何如也。其既進也，宜有功以信其言，則委衆庶以事功而明以試之，觀所表見者何如也。明其有功與，則賜之車馬章服以旌之，非徒納之試之而已也。夫德輝無外，既有以來天下之賢；而課賞有方，又有以用天下之賢。將見人人知所感奮，不特賢者濟濟相讓也。雖不賢者亦自以爲得師，而無嫉妒之意矣。誰敢不讓于直乎？由是，不但賢者精白一心以應其上也，雖不賢者亦自以爲上之成

我期待我者何如,而敢負之,不以直心相敬應乎?至此,又安得有所謂庶頑讒
說者也。若帝不如是,務光其德以盡用賢士,而但欲格頑以威,將見朝廷行督
責之術,羣臣救過不暇,現在諸臣亦且遠近敷同,率爲誕謾,日進于無功矣。豈
特頑讒爲可慮哉!德威之效相懸如此,帝其純用德可也。"

"無若丹朱傲,惟慢遊是好,①傲虐是作,罔晝夜頟頟,罔水行舟,朋淫于
家,用殄厥世。予創若時,娶于塗山,辛壬癸甲。啓呱呱而泣,予弗子,惟荒度
土功。弼成五服,至于五千,州十有二師。外薄四海,咸建五長。各迪有功,苗
頑弗即工,帝其念哉!"帝曰:"迪朕德,時乃功,惟叙。"皋陶方祗厥叙,方施象
刑,惟明。

此戒帝以傲,而舉庶頑之尤者以動帝。曰:"夫德威相去之効如此,帝無
以己德爲已光而有滿心也,滿之心生,且流爲傲矣。帝慎無若丹朱之傲然,惟
慢遊是好,惟傲虐是作,罔晝夜頟頟而無休,罔水行舟不以道,使又且朋比小人
淫亂于家,傲之惡至此,帝堯所以用絶其世,不傳以天下,而帝受之也。帝其戒
哉!且予亦懲創丹朱之傲矣。予昔娶塗山氏,甫及辛壬癸甲四日,即往治水,
室家不敢顧焉。迨夫子啓始生,呱呱而泣,予亦弗子,父子不暇恤焉。惟大相
度九土之功,敷奠刊随不遺餘力也,而猶未也。蓋彊理宇内,乃人君之政事,予
則因地域之遠近輔成甸、侯、綏、要、荒五服之制,分五服言之,彊域所盡各有五
百里,合五服言之,自東至西,自南至北,相距各有五千里焉。而猶未也,九州
之内以護王圻,向固有牧以總之矣,今則每州立十二諸侯爲之師,使贊襄州牧
以糾羣后。蓋其地近,治之宜詳也。九州之外,迫于四海,向固有王官以主之
矣。今則每方各建五人爲之長,使統率番夷以順中國,蓋其地遠,治之宜畧也。
夫平水土,輔彊理,定經制,皆予懲丹朱之傲而爲之者。是以當今内外諸臣享
平成之利者,益廣其文命之敷,在彊理之内者,各效其甸宣之職,不惟州師盡相
糾之道,而羣后亦勤于撫牧,不惟五長盡統率之方,而番夷亦聽乎約束也。當

---

① 按:"慢"原作"嫚","遊"原作"遊",據《尚書正義》改。

此之時,惟茲有苗頑慢不肯就工,是亦德化之光未遠也。帝當深以爲念,專明德以感化之也哉!"帝曰:"方今天下,內而州司侯牧,外而五長番夷,皆蹈行我之德教,各迪有功。豈無自哉! 良由汝也。"由治水而弼服而建官,功績以次序而成故也。其頑不即功,如有苗者亦豈可以徒德化乎? 蓋有士師皋陶在矣,方敬承汝之功叙,同寅協恭,惟恐已叙者之有懷,而又慮即叙者之未究也。方施五等之象刑,而大小輕重懸法布令者,昭然若天象之惟明矣。象刑明則紀綱益正于朝廷,而風教益馳于天下。如三苗者,其行且即工也哉! 而予亦何能無念也。

夔曰:"戛擊鳴球,搏拊琴瑟以詠,祖考來格。虞賓在位,羣后德讓。下管、鼗鼓,合止柷敔。笙鏞以間,鳥獸蹌蹌。簫韶九成,鳳皇來儀。"

此史臣于典謨之終,記功成樂備,見有虞盛際也。昔后夔以典樂爲職,其自叙如此,曰:"樂者,象成者也。予奏《簫韶》于清廟而有以觀其深矣,自堂上而言,于鳴球戛擊之,于琴瑟搏拊之,立辨之詠依,登歌以克諧,疏越之音與人聲而相比,堂上之樂和矣。但見幽而祖考感殷薦而來格,明如虞賓與羣后而德讓,洋洋乎,濟濟乎,而孰知其所自乎! 自堂下而言,有管與鼗鼓焉,有柷與敔焉,有笙與鏞焉,作止有節,貫條理以相宜,吹擊異宜,隨詠歌以遞奏,而堂下之樂和矣。但見太和動盪,物類感而自馴;鳥獸無知,天機應而率舞,蹌蹌乎,而孰知其所以然乎! 夫上下間作,樂之一成也。進而一上一下者九之,則九成矣。但見聲出于氣者也,和氣在宇宙而聖樂自調。氣又通于聲者也,元聲在象簫而靈氣自應,雖鳳凰世不常有者,亦且覽德輝而下,作止有容,呈盛世之光華矣。豈止虞賓德讓,鳥獸蹌蹌已哉! 非甚盛德,其誰有此乎!"

夔曰:"於! 予擊石拊石,百獸率舞,庶尹允諧。"

夔他日又贊朝廷之樂之盛,曰:"帝樂感通之美,何止在廟見之哉! 抑在奏之朝廷,而身挹其盛,彼石音屬角,最難諧和,予以石之大者聲易斂,于予擊之以振其響;石之小者聲易揚,于予拊之以悠其韻,輕重審所施而赴節大小隨所叩以成文,蓋眾音並作,依我磬聲者耳,而何意其感通之妙耶。生人之外,但惟百獸焉耳。物非吾類,若不可以同氣求也,今皆天機鼓動而懽忻交通,自不知其形之舞也。語百獸則鳳凰、鳥獸可以槩見,何有一物之不和哉!天子之下但惟庶尹已耳。人各有情,若不可以一律齊也,今皆戾氣潛消而形神欲化,自不覺其情之諧也。語庶尹則虞賓、羣后可以類舉,何有一人之不和哉!帝樂感通之妙一至于此,若非吾君和德以爲之本,於,予能覩斯盛乎!"

帝庸作歌,曰:"敕天之命,①惟時惟幾。"乃歌曰:"股肱喜哉!元首起哉!百工熙哉!"皐陶拜手稽首,颺言曰:"念哉!率作興事,慎乃憲,欽哉!屢省乃成,欽哉!"乃賡載歌曰:"元首明哉!股肱良哉!庶事康哉!"又歌曰:"元首叢脞哉!股肱惰哉!萬事墮哉!"帝拜曰:"俞,往欽哉!"

此又記虞廷保治之心。昔帝舜當上下之交,而有感于天人之際,用保治之意作爲詩歌,而先有所述,曰:"今日受天之命可謂休矣!天命無常,其可忘戒勑之念乎!蓋自天命流行於晷刻則謂之時,一時不謹,患將長,惟時之勑可也。自天命潛伏於事端謂之幾,一幾之忽害將大,惟幾之勑可也。"是帝作歌之意在勑天也,乃形于歌曰:"股肱喜哉!元首起哉!百工熙哉!"蓋臣爲股肱,則君所資以治者也。爲股肱者,誠懽忻鼓舞,趨時赴幾,不以已治而懷苟且之念,是能勑天矣。則元首之志爲之勃然興起,而百工之事爲之熙然明備,是保治在臣,君特倚成焉耳,帝所以嚴之臣者如此。皐陶欲賡續帝歌,亦先述其意,拜手稽首颺言曰:"勑天要矣,爲君甚難,而帝其念哉!念之何如?趨事者臣,而率作興事者君也,人君當操率作之權,振之以大綱,而尤謹之以成憲,存治體以立治功可也。一不敬,將有怠于作而隳于憲者。是君始而興事,其敬之哉!赴工者臣,而省成功者君也,人君又當密考成之期,課績于三載,明試于四朝,以治法而維治人可也。一不敬,將有怠于省而隳于成者。是君終而考成,其敬之哉!此皆勑天之永念也,固明君之能事也。"而皐陶乃賡載歌,曰:"元首明哉!股肱良哉!庶事康哉!"蓋君爲元首,臣所以仰以主治者。夫爲元首者,敬于

---

① 按:"敕"原作"勑",據《尚書正義》改。

率作省成而明矣,將見知臨百官之上;而爲股肱者,皆謹作事以副省成,無不良
矣。神運萬幾之表,而庶事皆有成憲,有成功,無不康矣。而皋陶責難之意未
已也。又歌曰:"元首叢脞哉!股肱惰哉!萬事墮哉!"蓋爲元首者不明于率
作考成,而徒煩瑣瑣細碎,下侵臣職,則誰與其君任事者乎?股肱惰而無良,萬事
墮而不康,如是則天命未可知也。是保治之責在君臣特效法焉耳。皋陶所以
嚴之帝者如此,于是帝有味乎皋陶之言也,不覺屈己而拜之,曰:"君者,受天
之命而爲羣臣庶事之本也,如汝所歌,信乎良而康者必由君之明,惰而墮者必
有君之叢脞,不可誣也。然我爲元首,固當率作則敬,省成則敬,而元首之起,
百工之熙,又皆于股肱之喜有賴焉,則汝等往治其職亦必敬以勑命,敬以時幾,
使吾所謂起者真有喜,而汝所謂明者真有良,可也。"夫虞廷君臣賡歌也,見上
下之和焉。于交儆也,見上下之敬焉。所以保泰命于極隆,而簫韶之音甚盛難
繼也。

# 玉茗堂書經講意卷之三

## 禹　貢

**禹敷土,随山刊木,奠高山大川。**

　　此序禹治水之要也。一曰敷土,所以別九州。蓋天文地理區域各定,故星土之法則有九州,而在地者則山川爲之限隔,風氣不通,民生異俗,聖人因其自然而分之,計九州之來久矣。而云禹別者,堯遭洪水,天下分絶,使禹治之,還爲九州也。二曰随山刊木,蓋水之源必出于山,水之勢必因于山,山之脉絡即水之經紀也,故禹治水必随山勢之南北條,相水所出入及經畧便宜以爲施功之序。随山相度之時,刊木以開道路,以疏地氣,而後水功可興也。三曰奠高山大川以別州境,而爲治水之紀綱。如兗之濟河,以至梁之華陽、黑水,或界以山,或界以川,或表其二面,或表其三面。蓋州國之設有時而更,山川之形千古不易,如兗州可移,而濟河之兗州不能移。梁州可遷,而華陽、黑水之梁州不能遷,斯以經理萬世,非以定一時水道之出入而已。美哉,禹功明德遠乎!

　　**冀州**

　　此記禹治水先冀之地,以帝都在焉。君親之難固所當急,且三面距河,水勢尤甚,北臨大海,川流所歸,則又不容不先者。不言封域者,王者無外,且以雍、豫、兗三州而見,足知冀在雍河之東,兗河之西,豫河之北也。

**旣載壺口，治梁及岐。**

禹治冀州何如？河自西方積石之北流出塞外，已而東行凡二千餘里，陰山阻之，故折而南流入中國，在冀雍之間，夾河而南者皆山也。而壺口，山正當河流南入之道，迎而受之，蓋河口也。故禹治河始事于北屈之壺口，疏鑿之以開其勢，至于離石之呂梁，介休之孤岐，此二山者則又列峙于壺口西北，而河勢初來未有不橫突其處者。故呂梁未闢，河出孟門之上矣。禹乃鑿呂梁之山，闢其崇竦，疏其震盪，而孤岐乃冀之兩山險阨，河流所迍者，亦因而及之以廣其道，而河流望龍門而下矣。

**旣修太原，①至于岳陽。**

冀州水患，河爲大矣，而切近帝都者汾也。太原諸山，汾水出焉，其流則經于帝都霍山之陽，而在岐梁之南矣。鯀嘗治之，禹乃因其舊跡，于太原濬決之，則汾之自霍山而上者無蔽障矣。而直至西南霍嶽之陽，爲汾所經者，亦自此通彼而脩之，脩太原以通汾之原，至岳陽以順汾之下流，自此而合于底柱，汾固有入河之勢矣。河水治而冀之南脉安，汾水治而冀之中郊完矣。

**覃懷底績，至于衡漳。**

夫水治則土平，太行爲河北脊，其山脊諸州皆山險，直至太行之盡西處，爲覃懷，地始平廣，田皆腴美。然先是淇、淶交流爲患矣，至河水南治，而淇、淶亦平，覃懷之地沮洳盡去而底績矣，由是而北以至衡漳之地，乃清濁二障所合也，亦因河自大伾向北直流，而二漳橫而東注之矣。蓋覃懷、衡漳，其間地雖不一，而底績同也。

**厥土惟白壤。**

水土既平，則土亦可辨。河東大行，地勢全體皆石，而土載其上，色則惟白，性柔細無塊焉。不皆白壤，而白壤者多也。夫然則土化之法明而百穀可育，土會之宜辨而五物可征矣。

---

① 按："修"原本作"脩"，據《尚書正義》改。

禹　貢

**厥賦惟上上錯，厥田惟中中。**

色性既辨，可以物土之宜而制其利矣。以賦計之，約九州之歲入多寡較其高下，則冀州之賦惟上上錯。蓋冀地大人衆，物力浩穰，又天子所自治，人工故脩也。故其鄉遂正兵車之雄，秸米并虞衡之富，固爲第一矣。然地力年分之不同，或間出而第二焉，是賦無定法也。以田訃之，約九州之地力肥瘠，較其高下，則冀州之田惟中，視之豫中上則爲差薄矣，而視兗之中下猶爲差厚焉，是田有定制也。言賦于田之先，而又高于田四等者，賦非盡出于田也。賦不止穀，未并兵車亦出于田也。

**恒、衛既從，大陸既作。**

夫冀之水豈止河、汾，而土豈止覃懷、衡漳已哉。恒水出常山之曲陽，衛水出常山之靈壽，其源異矣。此皆水小地遠，可以緩治者，故至是而始從于道，恒東入滱，衛東入滹沱河矣。有大陸焉，過信澤之都，當匯澤之處，其地廣矣。然地平近河，有難急治者，故至是而始耕作焉，蓋冀之水土大小皆平矣。

**島夷皮服。**

夫冀州畿內之貢在賦中矣，其海曲之島夷在冀東北邊，如遼與朝鮮，不附庸于青，而徑屬于冀者，則以其東北方之文皮貢焉。蓋海已無災，既享中國聖人之澤，歲脩服貢，亦其畢獻方物之心。故禹因而定其貢惟皮服，見無取于奇玩也。

**夾右碣石，入于河。**

此冀州北方之貢道。蓋冀州三面距河，皆以達河爲至，而其北境之水若遼、濡、漳、易皆中高，不與河通，勢必從海入河，然海漫漶，其入河之道難以記識，而惟碣石之山數十里，其嶺有大石如柱石，高枕于海右者也。必遵海而南，又逆流而西，遠而顧之，碣石若在其右，轉掖之間惟舟之涉乎左，故見山之居乎右，行者析而西南，故見山之在其東北也，自是可以達河入帝都矣。

**濟、河惟兗州。**

兗州，濟水經其東南，兗實據之。據者，非止于濟，且跨而過之也。河水衝

其西北，兗實距之。距者，未至于河，即以河爲表識也。曰濟河，兗之疆界
別矣。

**九河既道，**

禹治兗成功何如？河至大伾折而北流，至大陸，而兗當其東，地平曠，無高
山大川之限，而當河勢之衝。禹乃播九河以殺其隘，而經流支流既順其道矣。

**雷夏既澤，**

兗州害，次莫甚于濟，雷夏蓋濟所鍾也。蓋向也高原亦水，澤不爲澤，今高
地水盡，而此乃成其爲澤也。

**灉、沮會同。**

水自河出有灉，自濟出有沮。向也河、濟未治，灉、沮何有于會同，今則灉
水下入于沮，沮水上承夫灉，合而向濟矣。

**桑土既蠶，是降丘宅土。**

夫水去則土平，宜桑之土，土之高者。向蠶畏濕，不可以桑矣。今既可樹
桑養蚕，土之高者平矣。宜宅之土，土之下者。向也平地皆水，民皆依丘陵以
居，今乃降丘而宅平土，土之下者平矣。

**厥土黑墳，厥草惟繇，厥木惟條。**

辨其土色則黑，性則土脉墳起，由是生物則草繇而茂，木條而長，蓋不止宜
桑已也。

**厥田惟中下，厥賦貞。作十有三載，乃同。**

夫兗州土色固非黃壤之正，其性墳，亦非塗泥之惡。故總九州較之，地美
未闕，其田中下矣，田在六等，則賦亦宜然，而厥賦則貞焉。蓋田雖中下，然地
最卑，而爲河流之衝，害最極而非他州之比，故其賦則下下，在君不失爲薄賦之
正，在民姑以待惟正之供耳。夫斂從其薄，宜取之以時也。而必遲之以作治十
有三載乃同于他州者，蓋水患初平，沮洳未必盡去，人地稀曠，生理自是惟艱。
故前夫此也，兗之民不得與他州並蒭畜之利；後夫此也，兗之民始及與他州同
納賦之常矣。

禹　　貢

**厥貢漆、絲,厥篚織文。**

兗地宜漆宜桑,則以爲罳貢服貢矣,而絲中之精織爲錦綺者則篚以貢焉。

**浮于濟、漯,達于河。**

貢賦之来何道哉? 過鞏北而受河者,濟也。至朝城而受河者,漯也。故兗有二道,或浮濟,或浮漯,皆可達河,從其近也。

**海、岱惟青州。**

青州之域,大海迴其東北,太山峙其西南,因其至海也,則以海爲識,因其距岱也,則以岱爲界。此青州之疆也。

**嵎夷旣畧,**

禹治青州何如? 嵎夷界在東表地之最遠者。今水土旣平,東畧無阻,亦旣爲之封畛矣,況近者乎。先土後水者,嵎夷之畧不繇濰、淄之道也。

**濰、淄其道。**

濰水出瑯琊箕縣,而淄出萊蕪之原山也。今則濰水北至都昌入海,淄水東至博昌入濟,皆順其故道矣。

**厥土白墳,海濱廣斥。**

辨其土,平地則色白性墳,海濱則彌望皆斥鹵也。

**厥田惟上下,厥賦中上。**

定其田于九州居第三等,賦居第四等焉。

**厥貢鹽、絺,海物惟錯。岱畎絲、枲、鉛、松、怪石,萊夷作牧。厥篚檿絲。**

定其貢則有鹽絺,服食所需,其海物非一,燕享所備,此制于通州者然也。絲、枲、鉛、松、怪石五者,可爲服食、罳用、棟宇,而岱山之畎所出爲美,故使貢焉。山桑之絲中琴瑟之絃,供繒帛之用者,惟萊夷所生爲良。今旣水土平,可以蓄牧爲生矣。故入篚以貢焉,此制于随地者然也。

**浮于汶,達于濟。**

至其貢賦之道,雖有濰淄,然濰水去濟遠,淄水則下流入海,惟汶出萊蕪原山之陽,西南入濟,故必浮汶而達濟,可由兗之南境入河達帝都矣。

46

**海、岱及淮惟徐州。**

徐州之域,東至海,北至岱,南及淮西。不言濟者,岱之陽,濟東爲徐;岱之北,濟東爲青,言濟不足以辨,故畧之也。七州皆止二至,徐獨載其三邊者,止言海岱則同于青,止言淮海則同于揚,①故必兼舉而其彊界始別也。

**淮、沂其乂,蒙、羽其藝。**

徐之川浸淮、沂爲大,而其流則漸乎蒙羽之山者也。淮、沂未乂,蒙羽皆水,何有于藝乎?今則淮至海州入海,沂至嶧陽合于泗,而凡自泗、沭而下者亦無不乂矣,由是蒙羽之山亦因淮沂乂而可種治焉。

**大野既豬,東原底平。**

徐故有澤名大野,其勢環乎東原之地者也。大野未豬,東原皆水,何有于平乎?今則濟通于洸、汶,而泗接于淮、沂,皆鉅野鐘之,而凡河以南諸水縱橫交絡,無不于大野乎相聯矣。由是東原在徐域中號爲平廣者,亦因大野豬而底于平焉。夫淮、沂乂而大野豬,則水之流止皆治;蒙羽藝而東原平,則土之高下皆平,禹功見于徐州者如此。

**厥土赤埴墳,草木漸包。**

土色則赤,性黏膩而脉起,土宜辨矣。且驗諸草木漸長而叢生,物性遂矣。

**厥田惟上中,厥賦中中。**

徐土埴墳,故田視九州爲第二,當時生聚,人工未及,故賦第五也。

**厥貢惟土五色。羽畎夏翟,嶧陽孤桐。泗濱浮磬,淮、夷蠙珠暨魚。厥篚玄、纖、縞。**

夫任土之貢惟良,而禮樂之用爲急,故禹之制貢于徐也,惟土五色,建大社則以立壇壝,建諸侯則以爲土封也。此一州固通貢也。夏翟,雉具五色者,其羽中旄旐之飾。羽山所以名,正以多雉,即以夏翟貢焉。桐好生下濕地,不生于岡,故生山之陽者難得,而孤生者爲尤難,孤桐中琴瑟之材,而嶧山之陽有

---

① 按:"揚"誤作"楊",據《尚書正義》改,下同。

之，即以孤桐貢焉。泗水濱有磬石若浮然，貴其聲之清越也，即以浮磬貢焉。乃若淮潭之蚌珠爲服飾，濟白之魚用以祭，斯皆淮夷所有，故使貢之。而幣之赤黑色者，玄也，齋祭端衮之服需焉。繒之黑經白緯者，纖也；純白者，縞也，祥禫即吉之服需焉。此皆淮夷所織，又篚而貢之矣，此随地所貢也。徐州之貢皆禮樂之資乎！

**浮于淮、泗，達于河。**

貢賦之道必泛舟于淮，由淮入泗，夫自淮而泗皆同于一道，由泗而往則分爲兩途，泗本與河不通也，故便于灉則由灉，灉出于河而入于泗者也；便于濟則由濟，濟乃入于河而又入于泗者也，達河則達帝都矣。

**淮海惟揚州。**

揚州之域，北至淮，東南至海。揚州，即今淮南、江南東西浙之地，自晉以下歷代史皆云五嶺之南，至于海，並揚州地。而杜氏《通典》按：《禹貢》物產貢篚，《職方》山藪川浸，皆不及五嶺之外。又按：荆州南境至衡山之陽，若五嶺之南在九州封域，則以隣接宜屬荆山，捨荆山屬荆揚，近臣之誤也。

**彭蠡既豬，陽鳥攸居。**

揚州合江東、江西諸水滙而爲彭蠡焉。今江漢已通，漢之南入而東滙者遇澤而暫止，江之東迆而北會者乘流而漸逝。其既豬乎，將見鴈随日陸之南北而來去于彭蠡之濱者，亦因洲渚之既平，欣蒲葦之可托，而自適其棲止之性矣。彭蠡豬而揚州之西南其無水患乎！

**三江既入，震澤底定。**

大江之外又別有三江焉，乃震澤之下流爲婁江、松江、東江，其海口易以淤塞，今則疏滌既加，奔趨自順，松江從東、婁二江以委注于海矣。夫三江之上流爲震澤，震澤又上受宣、徽、莒、雪諸水，合五湖而爲一太湖。是三江未入，震澤撼而不平；三江既入，則下流無壅盪之虞，而底于定矣。震澤定，而揚之東南其無水患矣乎！

**筱簜既敷，厥草惟夭，厥木惟喬。厥土惟塗泥。**

水患既平,生物自遂,節而爲竹,或篠或荡,皆已布生,蔓而爲草則惟夭,聳而爲木則惟喬矣。辨其土則下地多水,性湿淖而爲塗泥,非墳壚埴壤之可愛也。

**厥田惟下下,厥賦下上,上錯。**

田較之九州第五等,土性惡也。賦則下上而上錯,較之九州第七等,或間出爲六等,人工稍脩也。

**厥貢惟金三品,瑤、琨、篠、簜、齒、革、羽、毛,惟木。島夷卉服。厥篚織貝,厥包橘柚,錫貢。**

定其貢有二:有常貢者,金、銀與銅,其品有三,而足爲利用之需。惟瑤與琨,玉石不類而可爲爵佩之用。有箭竹之篠,其材中矢笴,有大竹之簜,其材中于樂之管及盛符節之器。有齒革羽毛取之犀象鳥獸者,而車甲旌旄之用以之。有楩梓橡樟取之山林原隰者,而棟宇器械之用以之。至于東南海島之夷,則以葛越之草服爲貢,而其貢之實于篚者,則島夷自有織文如貝之精錦焉,凡此皆常貢也。有非常貢者,淮南之橘柚,其來也必包裹珍藏,而其貢也又必待祭祀燕禮不可已,然後錫而徵之,不欲以口實疲民也。

**沿于江海,達于淮、泗。**

貢賦之來何道哉?蓋揚在東南,而冀遠在西北,必浮舟順流而下,沿江入海,又自海入,流達于淮,自淮達泗,既至于泗,則濟或因泗之西流,灉或因泗之上源,一如徐州之達帝都矣。

**荆及衡陽惟荆州。**

自揚州而西爲荆州,荆州以荆山得名也。故北距荆山,而南則包及衡山之陽,荆之地亦廣矣。

**江、漢朝宗于海,九江孔殷,沱、潛既道。**

荆州在梁、揚之間,其大水爲江爲漢也。禹功未加于梁,則漢不入江,江又不足受漢,未有朝宗于海之勢也。禹既導嶓岷于梁,則上原治矣。故江至東陵,北會爲淮、漢,至大別,南入于江,雖去揚州之海尚遠,而其勢已趨于海,猶諸侯朝宗天子,身雖未至,而身之所向有不能自已者。蓋上無所壅,而下有所洩也。由是洞庭、九江爲江、漢所經者,亦滔滔甚得其正。而沱、潛二水自江、漢別出者,亦旣順其道而入于江矣。

**雲土、夢作乂。**

以至雲澤跨江之南,其地卑。今則沮洳盡去,雖未遽可耕作,而已見其土矣。夢澤跨江之北,其地高,今則已可耕作,不特土見而已。蓋地卑則水落後而人工晚,地高則水落前而人工早。凡以江、漢之朝宗故也。

**厥土惟塗泥,厥田惟下中,厥賦上下。**

土性則塗泥,與揚同。其田下中,加揚一等矣。賦較他州則第三等焉。

**厥貢羽、毛、齒、革、惟金三品,杶、榦、栝、柏,礪、砥、砮、丹,惟菌簵、楛,三邦底貢厥名。包匭菁茅,厥篚玄纁璣組,九江納錫大龜。**

定其貢有常貢者,如羽、毛、齒、革、惟金三品,與揚州同。杶可爲弓弩之榦,栝、柏二木可爲棟宇器械也,礪粗而砥細,可以利。砮,石中矢鏃。丹,砂中繪象也。菌簵之竹,楛之木,備矢笴者。戎事尚精强,則使三邦致貢其最良者。菁茅以縮酒,祀事尚誠敬,故其來貢則旣包而又匭焉。玄纁之絳幣,璣之珠不圓者,組爲綬類,皆衣裳服飾之用,則篚而貢之。凡此皆常貢也。又有非常貢者,如大龜尺二寸以上,可爲國家之守,神足紹天明者,雖九江產之,而不可常得,或偶得之,則自下而納錫乎上焉。此非常貢者也。

**浮于江、沱、潛、漢,逾于洛,至于南河。**

其貢道大勢必浮江沱,迤邐而入潛漢,蓋荊州望帝都在河洛之北,洛在漢北,而漢在江北,自南迤邐,故自江沱入潛漢,此相通者也。漢雖近洛,而與洛不通,必陸行逾洛至南河,與豫同矣。

**荊河惟豫州。**

豫州之境西南至荊州之荊山,北距冀都之南河。

**伊、洛、瀍、澗旣入于河,**

豫之水以洛爲宗,天下之水,河爲宗。故出熊耳者伊也,出冢嶺者洛也,出穀城者瀍也,出澠池者澗也,各異其源而洛水實受三水之會,于是伊自洛陽入焉,瀍自偃師入焉,澗自新安入焉,西合于洛,以東至鞏而大河受之矣。

**滎、波既豬,**

至若濟溢爲滎,洛出別爲波,二澤之水雖未能随濟以入海,會洛以入河,然亦既蓄而後流,無奔決之患矣。

**導菏澤,被孟豬。**

菏澤在定陶,濟所經也。孟豬在睢陽,又菏澤所入也。菏澤不導則濟水固不治,然孟豬不被則菏澤亦無所洩矣。禹既導菏澤之流,又及孟豬之澤,使上下皆有所受而不溢焉,始則由菏澤至孟豬,終則由孟豬至于菏矣。

**厥土惟壤,下土墳壚,**

土則色不一也,性則惟壤,而下者墳壚。壤者,細柔無塊,與冀同也。墳者,土脉墳起,與青、徐、兖同也。壚者,粗疏而塊,與九州異也。

**厥田惟中上,厥賦錯上中。**

田爲第四等,賦爲第二等,而間賦則爲第一等。

**厥貢漆、枲、絺、紵,厥篚纖纊,錫貢磬錯。**

定其貢有常貢者,漆可以飾,枲、絺、紵可以服,而盛諸篚以貢者,則纖細之錦可以禦寒,此常貢也。有非常貢,必待錫命而後貢者,則有治磬之錯,以非常用之物故也。

**浮于洛,達于河。**

其貢道,豫在河南,涉河即冀矣。洛自来西中分豫境,其東半徑自入河,其西半則浮于洛,而後至河也。

**華陽、黑水惟梁州。**

梁州之域,雍有大華山,而梁在其陽,故東距華陽。黑水出其西徼,而梁西據之。

**岷嶓既藝,**

岷嶓二山,江漢發源處也。方江漢之源未滌,或泛溢二山下,其地有荒而不治者。今川源既滌，水去不滯，岷嶓之墟已可種治矣。

　　**沱、潛既道，**

　　上源既滌，下流自順，故或在郫之東而西入江，或在汶江西南而東入江，此皆江之別出而名爲沱者也。或在宕渠而西南入漢，或出安陽灊谷而西南入漢，此皆漢之別出而名爲潛者也。岷嶓源一滌，而凡沱、潛之在梁者無不導矣。

　　**蔡、蒙旅平，和夷底績。**

　　水治則土平，蔡、蒙二山，沫水逕其間，漹崖水脉漂疾，禹嘗多用其功矣。于是乎水患已退，可槎木通道，有事于祭告之禮。至于和夷，平地致功爲難，而今也已底有功，無沮洳之患，而地之高者下者平矣。

　　**厥土青黎。**

　　辨土色有青有黎，而性不一也。

　　**厥田惟下上，厥賦下中三錯。**

　　田較他州爲第七等，正賦較他州爲第八等，而或地力年分有上也，進而前之，襍出第七等。有下也，退而後之，襍出第九等，而視正賦爲有增減。

　　**厥貢璆、鐵、銀、鏤、砮、磬、熊、羆、狐、狸、織皮。**

　　梁之貢有璆爲樂器，鐵備器械，銀助國用，鏤資刀劍，砮以供矢，磬以備音，皆因所出而制貢也。又梁州多山，有熊、羆、狐狸，其皮制之可以爲裘，其毳毛織之可以爲罽，此則服貢也。

　　**西傾因桓是来，浮于潛，逾于沔，入于渭，亂于河。**

　　梁州貢賦之来，其東北徑浮潛矣。其西南之来，何道哉？西傾之山雖在雍州，而山南之地跨于梁州，故梁州貢賦必起陸輓，自西傾山之南因依桓水邊際而来葭萌之界，然後浮舟西漢之潛，從水道矣。然自潛至沔，沮以漾之枝津，非可一葦而航也，必舍舟而陸，南歷岡北，而後迆邐以接漢中之沔焉，自沔至渭，間以褒斜之谷，亦難一蹴而至也。以歷漢川，至褒水，而逾衙嶺之南溪，然後灌斜川以北入武功之渭焉，然渭界于雍，渭在西也，河迴于冀，河在東也，故不順流而下，亦不逆流而上，横截河水而渡之，即帝都矣。

**黑水、西河惟雍州。**

雍州之域,西據梁東之黑水,東距冀西之龍門河。

**弱水既西。**

西海之山有水焉,獨弱而向西,蓋性與勢之異常者,禹不強而東之,但道其正派,至合黎,餘波入流沙,而水之變者治矣。

**涇屬渭汭,漆沮既從,灃水攸同。**

夫水之變者,導固異其流矣。而水之常者,又導之同其流焉。雍之川莫大于渭,故雍之水皆歸于渭。出涇陽者涇,出沂縣者汭也,二水相合而南,同歸于陽陵之渭,則涇水者既受汭之趨流,復向渭以輸納,以此貫彼,若或爲之聯屬者矣。漆水出自同官,沮水來自宜君,小于渭者,則皆經華原而合派以從朝邑之渭矣。灃水發源于南,①勢與渭敵者,則皆至咸陽,而流亦相合于渭矣。

**荆、岐既旅,終南、惇物,至于鳥鼠。**

由是峙于富平者,荆也。峙于美陽者,岐也。今懷襄既去,告報行矣。此外有秦嶺之終南,武功之惇物,以至渭源之鳥鼠,其間山雖多,既旅猶荆、岐也。蓋自東而西,水土無不平也。

**原隰底績,至于豬野。**

幽有廣平之原,下濕之隰,平地致功爲難。今則沮洳去而致平成之功,至于休屠之澤,在武威地者亦皆蓄而復流,無復汎濫之虞,則地之卑者亦無不平矣。

**三危既宅,三苗丕叙。**

不特此也。聖人黜惡以遠爲罰,經理則不以遠爲間,故于三危之地亦既安定之,而三苗之在其地者亦爲之順序,有即功之漸矣。

**厥土惟黃壤。**

土色惟黃,性惟壤,皆得其正矣。

---

① 按:"灃"原誤作"澧",據經文改。

禹　　貢

**厥田惟上上,厥賦中下。**

田第一,土性貴也。賦第六,人工少也。

**厥貢惟球、琳、琅、玕。**

制其貢有球琳,美玉可做珪璋。琅玕,石之美者,可飾冠冕。此外無異物也。

**浮于積石,至于龍門、西河,會于渭汭。**

貢賦之来,其道有二:以東北境言之,河流見于積石,經于龍門,是爲冀西河也,則泛舟積石,順流至龍門以達西河,則帝都矣。以西南境言之,渭水東會于涇,涇屬于汭,是皆合流入河也。則或由漆、沮,或由灃、涇,[①]同會渭汭以達大河,則亦達帝都矣。

**織皮崑崙、析支、渠搜,西戎即叙。**

然不惟成功著于中國,且餘功及于外夷。獸之皮製之可以爲裘,獸之毳毛織之可以爲罽,孰以此来貢哉?崑崙在臨羌之界,折枝在河關之西,渠搜在朔方之地,是皆建國西方而爲戎落之域者。今以織皮来貢,則是幸水土之既平,追帝力之所自,而率服于功化者。蓋已盡流沙之內,黑水之外矣,豈止三苗丕叙已哉!

**導岍及岐,至于荆山,逾于河;壺口、雷首至于太岳;底柱、析城至于王屋;太行、恒山至于碣石,入于海。**

史臣序禹功既畢,天下山川分九州,南北以緯之;又合爲導山、導水,西東以經之,然後原委脉絡可見也。天下之水,其原皆出于山,而水之勢亦未有不因于山者,故大河北境則雍連于冀,其中諸山是河、濟諸水所經也。禹欲治河、沛諸水,則自河北諸山道之,雍州之岍則吳嶽也,汧水出其西而南入渭,汭水出其北而東入涇,禹導山始岍,乃東及美陽之岐,又東至富平之荆山,而渭之入河,涇、灃、漆、沮、汧之入渭,皆在目前矣。于是,禹乃逾于龍門之西河,而導山

---

① 按:"灃"原誤作"澧",據上經文改。

于冀,蓋河自塞外破長城而入也。壺口正在河東而當其衝,故冀州之功于是伊始。乃南至河東之雷首,雷水出焉。至于帝都之太岳,汾水經焉,太原、岳陽之脩在此時也。又于是而河中之底柱,澤州之析城,沁源之王屋,蓋禹導冀州南河之北,而沇水之入,覃懷之績,皆在目中矣。又于是而平陽之太行,曲陽之恒山,驪城之碣石,則淇、衛、漳、易諸水皆當有脉絡焉,至此則大河北境諸水施功有序,皆因山勢安流以入于海矣。

**西傾、朱圉、鳥鼠至于太華;熊耳、外方、桐柏至于陪尾。**

此導大河南境之山,不言導者,蒙道岍之文。至嶓冢乃更言導者,別起南條也。山川之脉皆起西北,每節皆自西起,上節導大河之北境,故自雍而盡于冀之東北,此節導河之南境,故自雍而盡于豫之東南。禹欲治伊、洛、淮、渭諸水也,導雍西之西傾山,爲桓水所出者,而由是東北爲天水之朱圉,河所經。首陽之鳥鼠,渭所出。又下鳥鼠而東行,至于太華,皆有以道之焉。夫太華之陰,乃北河與地絡之所會,而其陽則南河與地絡之所會也。蓋河勢自西破龍門而下也,太華諸峰積阻其南,則太河不得不折而東,于是渭率雍之諸水赴焉,洛率豫之諸水赴焉,此山水一大交會也。故過雍而豫,則上洛之熊耳爲洛之所經,嵩高之外方爲伊所經,南陽之桐栢至于安陸之陪尾,又淮所出所經也。四山皆接華山,而相連東南者皆有以道之焉。

**導嶓冢,至于荊山;內方,至于大別。**

此導江漢北境之山以導漢也。禹導梁州之嶓冢,漢所原也。而南漳之荊山,漢上之內方,至漢陽之大別,凡爲漢所經者皆于荊州導焉。

**岷山之陽至于衡山,過九江,至于敷淺原。**

此導江漢南境之山以導江也。岷山之陽在梁州南,江水出焉。衡山、九江、敷淺原在荊州南,江水經焉。禹欲治江,先導岷山之陽以疏其原。然此岷山之脉其北一支至長沙爲衡山,盡于九江之西南,與岷山相屬者也。禹則由岷山至于衡山亦道之,使江流之北向者可通也。其南一支至德安爲敷淺原,盡于九江之東北,與衡山相隔者也。禹則假舟楫,過洞庭之九江,至敷淺原亦道之,使江流之南向者可通也。

**導弱水，至于合黎，餘波入于流沙。**

既言山以爲水之經，又言水以爲山之紀，皆一時事。導水凡九，皆先南北，後東南。弱水最西北，又西流不經中國，故首言之。黑水雖在西河之南，然從雍、梁西界入南海，亦不經中國，故次之。河發源西北，又爲四瀆宗，中國之水以河爲先。江、漢皆發源于西，漢在江北，故次河。江在漢南，故次漢。濟雖發源河北，越河而南。淮又在濟南，濟、淮雖入海，與江、河爲四瀆，而源流短，故又次。渭、洛所經止于一州，皆不能入海，洛又在渭南，故居末。西海之山，弱水出焉，萬水皆載而東，此水獨弱而西，禹亦順而西之，不強使東也，但使正派至合黎，則其逆行者已順矣。其遠而無所事治也，固不必極之于西海，近而無能爲害者，亦任其餘波之入流沙而已矣。故于雍止曰既西，而于導水不曰入于西海也。

**導黑水，至于三危，入于南海。**

凡水色皆清，其流皆東，惟汾関之水黑色而南向，禹因導之，經于三危之左，放于南海之區，亦不強而東也。

**導河積石，至于龍門；南至于華陰，東至于底柱，又東至于孟津，東過洛汭，至于大伾；北過降水，至于大陸；又北，播爲九河，同爲逆河，入于海。**

此導河也。河千里一曲一直，其源在西北徼外，不可窮矣。積石其見處，故禹于積石施功，自積石北東行三千里，至夏陽龍門，地勢高險，河率破山以行，禹功于此最難也。折而南流，至華山北界，喬嶽綿連，河勢不得復南，轉而東矣。由是至底柱，至孟津，過洛水之内，至大伾之山，河始出峻，就平地而東者。又轉而北矣，由是過涷水，至于大陸，地益平，土益疏，禹乃散河爲九，北海近矣。然河既分而九，又自合而爲一，適與海潮相逆，而同爲逆河之名以入北海矣。夫由積石至龍門，雍河之東也，而冀之西河治矣。由華陰至大伾，豫河之北也，而冀之南河治矣。由洛水至逆河，兗河之西也，而冀之東河治矣。

**嶓冢導漾，東流爲漢，又東，爲滄浪之水，過三澨，至于大別，南入于江；東，匯澤爲彭蠡，東，爲北江，入于海。**

此導漢也。漢初爲漾,出梁番山,禹則自嶓冢導漾以濬其源,上源既疏,下流自順,由是東流至武都爲漢水,又東至武當爲滄浪之水,直過郢州之三澨水,至漢陽大別山而南入江,入江之後,東積漾迴之波爲彭蠡澤,又東流而下爲北江,至于静海入海焉。

**岷山導江,東別爲沱,又東至于澧;過九江,至于東陵,東迆北會爲匯;東爲中江,入于海。**

此導江也。江源出梁西徼外,南行三百里至茂州岷山,即自岷山導江以濬其源,其源既盛,始東別而東至成都爲沱水,由是受蔡、蒙、和夷沔、潛諸水,出西陵陝而東至于澧,過洞庭之九江,至岳州之巴陵,自是而往漢,固滙澤爲彭蠡矣。江則東行迤邐,且轉北向而會于匯,與漢合也。漢固東而爲北江矣,江則東流分播,復別一支爲中江,與漢同也。由是入于東海,而江漢之朝宗者至矣。

**導沇水,東流爲濟,入于河,溢爲滎;東出于陶丘北,又東至于菏,又東北會于汶,又北東入于海。**

此導濟也。沇源多伏流,至于王屋山下其源始見,禹即自此導之,此一見也。自沇而下則伏矣,東流至濟源爲濟,此又一見也,自濟而潛入于河,則又伏矣。復溢出于豫河之南而爲滎,此又一見也。自滎而至,則又伏矣。乃東至廣濟而出于陶丘之北,此又一見也。若斷若續而皆有源流,疾入疾出而随其氣脉,蓋至東流而至豫之菏,又東北而會青之汶,則見而不復伏矣。又轉爲北東之向,至博興入海而沇治矣。

**導淮自桐柏,東會于泗、沂,東入于海。**

此導淮也。淮出胎簪山尚微,至桐栢山始大。禹自此導淮而東則會徐之泗、沂,蓋沂先入泗,而泗又入淮,相去不遠也。又東至淮浦,入海而止矣。

**導渭自鳥鼠同穴,東會于澧,又東會于涇,又東過漆沮,入于河。**

此導渭也。渭水出渭源之南谷尚微,至鳥鼠同穴始大,禹導渭自鳥鼠同穴山始,由是而東,澧水南注之渭,則東至咸陽會于澧,又由是而東,涇水北注之渭,則又東至陽陵會于涇,既會澧、涇而渭益大矣。由是而東,漆、沮東北注之

57

渭，則又東至朝邑，過漆、沮，自鳥鼠至是幾二千里，而入于司空河，渭水治矣。

**導洛自熊耳**，東北會于澗、瀍，又東會于伊，又東北入于河。

此導洛也。洛水出上洛冢嶺山尚微，東南二百里至盧氏熊耳之西而始大，導洛自熊耳始，由是東北則有弘農替亭之澗、瀍，東則有熊耳之伊，其水與洛均也，洛則東北會于澗、瀍，又東會伊而與之合流焉，又轉而東北，自熊耳至華縣僅千餘里，而入河矣。

**九州攸同**，四隩既宅，**九山刊旅**，九川滌源，**九澤既陂**，四海會同。

此總著平成之功也。禹功既施，洪水害息，九州之土平治而無有不同者。攸同何如？四海之隩、水涯之地已可奠居，非特究之降丘，雍之三危而已，是地之卑者治矣。九州之山槎木通道，已可祭告，非特梁之蔡、蒙，雍之荆、岐而已，是地之高者治矣。九州不知幾川也，今則濬滌泉源，而無雍遏之患，不獨九江、九河之見于兗、荆矣。九州不知幾澤也，今則已有陂障而無奔潰之虞，不獨大野震澤之見于徐、揚矣。由是四海之水，若大若小莫不會同而歸于海，禹真有再闢乾坤之功也哉！

**六府孔修**，庶土交正，**底慎財賦**，咸則三壤，**成賦中邦**。

此總結九州之貢賦。天下之大害既除，天下之大利斯興，故水、火、金、木、土、穀六府，財用所自出也。今則或相制以洩其過，或相助以補其不及，六者皆大脩治矣。六者脩則天下之利源以開，禹乃因地利之興，而致經國之用，庶土有高下肥瘠不同也，則合九州庶土而交相質正焉耳。且辨其何物出於何州，而州所產又何者爲最良，固不敢責其所無，亦不敢盡其所有，常得者爲正，偶得者爲錫，隨地制貢，極慎而不敢忽焉。穀土亦有高下肥瘠不同也，則合九州穀土而咸品節之，辨其上中下，田之上者賦獨厚，下者賦獨薄，正歲爲常，間歲爲錯，隨田定賦，一成而不可變焉。蓋土賦或及于四夷，田賦則止于中國，聖人經國之義，取民之仁並見矣。

**錫土、姓**。

水土平，田制定，于是脩封建之法，各使守之。錫土者，賞其功勞，定其限制也。錫姓者，表其勳德，輯其分族也。封建已久，經洪水之患則限制多不明，而內外諸臣有水土之功則庸勞宜賞，此一弼成五服中一事也。

**祇台德先，不距朕行。**

通篇皆經制，此其精微處也。千萬年宇宙得我禹一經理之，禹跡方行，天下無違距者矣。顧所以躬行天下先者，不過我禹自敬其心德而已。九州殊貫，萬國異疆，此心同也，此德同也。禹惟先之以所同，故所過化，所存神，又孰得而違之哉？吁！禹之明德遠矣。

**五百里甸服：百里賦納總，二百里納銍，三百里納秸服，四百里粟，五百里米。**

此下大約言遠近征役朝貢疆理之宜正，所謂弼成五服也。五服，言服天子之事也。五百里甸服，都城以下四面各廣五百里，所謂王畿千里不以封者也。千里之內天子所自治，是爲天子之田，而畿內百姓所供事也。甸服之等何如？內百里最近都城，則其賦當併禾稿束之以納焉，禾以充廩祿，稿以飼國馬也。第二百里次近，其賦當納刈禾藁之銍。第三百里又次近，當納半藁去皮之秸，總銍秸，雖不如粟米之精輕，然亦去王城近，而便于輸也。故此三百里內之民不止于賦，而且有服，既自上其總銍秸。又爲四百里、五百里之民遞送其粟米焉，至第四百里則遠矣，但賦以去穗之粟。第五百里又遠矣，但賦以去穀之米，粟米精而輕，已易于遞將矣，而又內三百里之民爲之轉納焉，酌遠近之民爲賦役之差，所以制甸服者如此。

**五百里侯服：百里采，二百里男邦，三百里諸侯。**

甸服外四面各五百里爲侯國之服，而于其中又分爲三等，百里最近王畿而便輸將，則公卿、大夫、元士食邑之采，蓋畿內不以封，而凡卿大夫之食邑亦取于侯服矣。二百里則以封五十里之男，自三至五之三百里則以封七十里、百里之諸侯也。夫弱小在內，則內有所依，而外有所扞。強大在外，則內無所逼，而外又足以禦矣。

**五百里綏服：三百里揆文教，二百里奮武衛。**

侯服外四面各五百里爲綏服,以漸遠王畿而取綏安之義也。蓋内王域、外荒服各千里,而綏服介其中,故以内三百里講禮學、揆文教,以接侯甸之政,而撫要荒。以外二百里詰戎兵、奮武衞,以鎮要荒之變,而安侯甸也。由此而内其文教之所揆益精,由此而外其武衞之奮益張矣。蓋内非無武而文爲主,外非無文而武爲主,文武並用,乃帝王久常之術也。

**五百里要服:三百里夷,二百里蔡。**

綏服外四面各五百里爲要服,其文法畧于中國,要約之而已。于其中又分内三百里爲夷人所居。夷,易也,文法平易也。外二百里爲安置罪人之地也。

**五百里荒服:三百里蠻,二百里流。**

要服外四面各五百里爲荒服,此爲四遠之地,田野不井,人民不多,故謂之荒,所以經畧之者又簡于要服矣。其中三百里謂之蠻,蠻,漫也,因其俗而羈縻之。二百里亦以流徙罪人,不與同中國者。罪有輕重,故蔡與流有遠近,亦欲蠻夷漸染華風也。

**東漸于海,西被于流沙,朔南暨聲教訖于四海。禹錫玄圭,告厥成功。**

此史贊禹成功也。禹當此治定功成之日,加以躬行祗德之先,是以德化大行,東則漸于海。漸者,浸漬之深有入于島夷之中者在也。此則被于流沙,被者,覆冒之廣,有施于西戎之外者在也。朔南極處則暨之,地勢東西近而南北遠,故漸被與暨,因有淺深也。此其德振擧于此,而遠者無不聞;軌範于此,而遠者無不效已。蓋盡四海之内矣。禹可以歸而告成于帝矣。見君,錫以圭,重其禮也。圭以玄,象水色也。于以告厥成功,凡水土之平,貢賦之定,諸侯之建,五服之制,與夫德化方行于四海皆以告焉。一以終,傲予之命;一以始,保治之思也。

# 甘　誓

**大戰于甘,乃召六卿。**

此史臣序啟征扈之始詞。六卿,是六鄉之卿,與王朝六卿不同。天子之兵有征無戰,有扈不臣,至勞天子親征,宜自歸司寇可也,猶乃稔惡抗衡,將與天子大戰于甘地,王乃召六鄉之卿,使各率屬以征之焉。

**王曰:"嗟!六事之人,予誓告汝!**

此呼衆誓告之之詞。王曰:"嗟,上自六卿,下自軍吏士卒,凡在六卿之事者,予其誓告汝矣!"

**"有扈氏威侮五行,怠棄三正,天用剿絕其命,今予惟恭行天之罰。**

此告以伐罪之意。我何以討有扈氏哉?五行,天物也。関于人事,有扈威侮之,不知撫辰以敬養民之功。三正,天紀也。頒自朝廷,有扈氏則怠棄之,不知遵朔以謹著始之義也。由是獲罪于天,天用勦絕其命。今召汝六卿惟敬行天罰耳!

**"左不攻于左,汝不恭命;右不攻于右,汝不恭命;御非其馬之正,汝不恭命。**

此告以進退之法。我既奉天伐罪矣,可不聽我之命乎?兵車之法,一車之上甲士三人,車左者主射,右者擊刺,御者居中,各有我命也。而車左者不能"舍矢如破"以治車左之事,車右者不能"折馘執俘"以治車右之事,爲御者不能範我馳驅,御非其馬之正,是汝皆不敬我命,敗道也。六事之人戒哉!

**"用命,賞于祖;弗用命,①戮于社,予則孥戮汝。"**

此正以賞罰爲誓也。汝等左、右、居中者,若恭命,是用命也,我則于左祖之前賞之,有不敢自專者。若汝不恭命,是不用命也,我則于右社之前戮之,不但戮及汝身,而且戮及妻子,可無慎哉!

# 五 子 之 歌

西山真氏曰:"太康者,大禹之孫。而禹之功與天地並,甫及再世,太康以

---

① 按:"弗"原作"不",據《尚書正義》改。

盤遊之樂遽至失國，天命靡常，前人之功不可恃如此。自是羿專夏政，寒浞又殺羿而伐之，非少康君臣辛苦經營以復有夏之業，則禹不祀矣。太康逸豫以一朝而失之，少康布德兆謀四十餘年而後克復，失之易而復之之難又如此，後王戒諸！"

**太康尸位，以逸豫滅厥德，黎民咸貳，乃盤遊無度，畋于有洛之表，十旬弗反。**

史述五子作歌之由。太康，啟之子也。天子一日萬机，太康在位而不事事，若尸居然，以逸豫之故滅其君德，黎民固有二心矣，猶不省改，益遊畋無度，至逾河西南，畋于有洛之外，流連十旬弗反，是太康自絶其民，自棄其國矣。

**有窮后羿，因民弗忍，距于河。**

太康失德，民不堪其君矣，于是有窮之國之后羿者，因民不堪，乘釁而據安邑之都，距太康于河南之北，使不得返而廢之焉。曰因者，明禍本不在羿，而在太康也。

**厥弟五人御其母以從，徯于洛之汭。五子咸怨，述大禹之戒以作歌。**

此言五子哀痛之情也。太康既爲羿距于河矣，其同母之弟五人哀痛太康之國亡，奉侍其母以從，待太康于河洛之內，雖知無可返之勢，而猶有在望之私焉。斯時也，五子以宗廟社稷危亡之不可救，母子兄弟離散之不可保，感憤愁抑之情不能自已，述大禹之誡，作五章之歌。蓋叙其亡國敗家之由，以發其痛迫無聊之思耳。

**其一曰："皇祖有訓：'民可近，不可下，民惟邦本，本固邦寧。'**

此大禹之訓。其一章曰："太祖有訓，謂君于民，分雖疏而情則親，人君當以情之親而近之，若'父母孔邇'可也。不可以其分之疏而下之，使其遠而難合。何也？民雖微，實樹國之根本，近之則其心聯結，根本凝固，然後國有所據而安之。不然，本既先撥，而國隨失之，民可下哉！皇祖之訓如此，乃今知邦之不寧，下其民之故矣。"

**"予視天下，愚夫愚婦一能勝予，一人三失，怨豈在明！不見是圖。予臨**

兆民，懍乎若朽索之馭六馬，爲人上者，奈何不敬？"

此五子申結祖訓之意。天子以天下奉一人，孰不可以爲不可勝也？然予雖爲君，見天下愚夫愚婦一能勝予焉，何也？君失人心則爲獨夫。今予一人逸豫滅德，而盤遊無度，所失非一二矣，今日求爲匹夫不可得已。夫民心之怨，豈待顯然離畔而後圖之？即當于事幾未見之時，杜怨萌而消禍本，可也。今予以多失之君御顯怨之民，其危懼之甚，①凜乎若易絶之朽索而御易驚之六馬，其不折絶而奔裂者，未之有也。嗚呼！爲人上者，奈何逸豫不敬以失民心而至此極乎！

其二曰："訓有之，内作色荒，外作禽荒。甘酒嗜音，峻宇雕牆。有一于此，未或不亡。"②

此亦禹之訓。其二章曰："祖訓有之，人情豈能一無燕御哉？存不忘亡可也。若内色荒而多嬖，外禽荒而多畋，美酒而酗，好音而靡，峻宇彫墻而居必嵬麗，此六者皆失君德，傷民心，有亡道也。無論六者咸備，即有一于此，未有萬一不亡者。祖訓昭明如此，而猶然禽荒也，能無亡乎？"

其三曰："惟彼陶唐，有此冀方。今失厥道，亂其紀綱，乃底滅亡。"

此下五子自歌其意。其三章曰："今日以天下而都此冀方也，豈我始祖有此哉？惟彼陶唐之堯，克明開神聖之原，允執重困窮之戒，人綱人紀，乃得有此冀方也。唐一禪而虞，再傳而我祖，授守一道，以保此冀方也非一日矣。今失其道而亂其小紀大綱，乃致滅亡，冀方不可復反矣。"

其四曰："明明我祖，萬邦之君。有典有則，貽厥子孫。關石和鈞，王府則有。荒墜厥緒，覆宗絶祀。"

其四章曰："惟我皇祖，以明明之德爲萬邦君，其所經畫不惟爲一時萬邦謀，而又爲後世保萬邦計。彼其經綸法度，自有常行不易之典，有中正可準之則，以貽我子孫。無論典則之大者，即彼此通同，無折閲之石；人情兩平，無乖

---

① 按："懼"原作"惧"，整理時改回正體，下同。
② 按："于"原作"於"，《尚書》經文中"于""於"二字區别嚴格，"於"只作爲感歎詞用。

爭之鈞,不過以一貨物之輕重而立民信者。王府所藏亦有之,此其有典有則也亦已至矣。世守其緒,至今存可也。奈何再傳,荒墜厥緒,覆絕我宗祀,於貽厥之心何如哉!"

其五曰:"嗚呼曷歸? 予懷之悲。萬姓仇予,予將疇依? 鬱陶乎予心,顏厚有忸怩。弗慎厥德,雖悔可追?"

其五章哀愧之詞,曰:"天子以四海爲家,何往不可歸者? 而今見距河北,天下非我之天下矣,將安歸乎? 予懷之悲,蓋不自勝矣。人君以民爲子,何往不可依? 而今萬姓皆以我爲仇,民非我民矣,將誰依乎? 予心之爵陶,殆顏厚有忸怩,蓋憤愧無聊矣。此皆前日逸豫不能謹德,今雖悔咎,曷追哉! 此其思深,其情危,其言恫切而有余悲。家國之事一至于此! 故短歌聊以當泣,遠望聊以當歸也,豈不痛哉!"

# 胤　征

惟仲康肇位四海,胤侯命掌六師。羲和廢厥職,酒荒于厥邑,胤后承王命徂征。

告于臣,叙事時也。夫羿既距太康于河北,而自居河南十年,太康死,因立其弟仲康,天下大柄久在其握中矣。惟仲康肇位四海之日,即能憤國命之中衰,攬乾綱于既失,遂命胤國之侯爲大司馬,掌六師以收羿兵權。于是,次年有羿黨爲羲和者,廢棄其職,酒荒其色,胤侯遂承王命往正其罪,雖不明正首惡之誅,亦漸以移其羽翼矣。

告于衆曰:"嗟予有衆,聖有謨訓,明徵定保。先王克謹天戒,臣人克有常憲,百官修輔,厥后惟明明。

此下胤侯以王命誓師也。嗟予有衆,夫君人當以天心爲己心,而臣人又當以君心爲己心。古我聖王謨慮于一心,訓戒乎萬世。以其言則前事之不忘,而故實可徵也;明其言則後事之不迷,而天保可定也。先王何訓哉? 君職道揆,揆諸天而已。天戒之弗謹,則將怠逸戲渝,上失天心,何所不至哉!故先王不以災變委之數,而思天命在王德也,審幾于消息之微,以側身脩行者無不用其極焉。臣職法守,守夫常憲而已。常憲之弗有,則將改度擅政,上干天和,何所不至哉!故先王之臣人亦能不以災變委之國,而知王度即天則也,恪遵乎憲度之常,以奉公守法者無敢越志焉,然厥后之所責于臣人者,豈徒守常塞責而已哉!其必百官師師,各脩其職以輔后之所不逮,補察之益盡于臣鄰脩省之誠,協于上下。然後爲之君者,内無失德而純粹以精,外無失政而照臨益遠,兼臣下之視聽,憲皇天之聰明,信乎爲明明后,而天其定保之矣!夫以聖王畏天若此其至,而謨謀若此其明,羲和于天戒、于謨訓何如也?而可容于斯世哉!

"每歲孟春,遒人以木鐸徇于路:'官師相規,工執藝事以諫,其或不恭,邦有常刑。'

此又舉先王之令也。先王有謨訓矣,又恐百官之不脩輔也,每于孟春王正月之始,政令一新之初,命遒人以木鐸狥于道路,曰:"臣無進諫之忠,則君無聞過之益,百官脩輔能不重望爾臣哉!官師,以道事君者。以朝夕納誨以養君德之原,左右拾遺以詔王躬之闕,期以濟王人之不逮也。然度無微而不存,忠隨人而可效,百工居一,豈惟官師哉!百工,以藝事君者。必誦箴而諫,恐淫巧以蕩上心,因事以規,正無益之害有益,期以濟官師之不逮可也。其或官師不規,工不以藝事諫,是不恭上令者也。夫令之使言而又不言,非懷奸而誤其君,則怠事而曠若職,國自有常刑在矣。夫以人臣不恭之罪猶有常刑,而況羲和之于官師、于工,何如也?常刑其可赦耶!"

"惟時羲和顛覆厥德,沈亂于酒,畔官離次,俶擾天紀,遐棄厥司。乃季秋月朔,辰弗集于房,瞽奏鼓,嗇夫馳,庶人走,羲和尸厥官,罔聞知,昏迷于天象,以干先王之誅。《政典》曰:'先時者殺無赦,不及時者殺無赦。'

此數羲和違訓令之罪。夫先王訓謹于天戒既如彼,而令嚴于不恭又如此,羲和獨非人臣哉?顧乃顛覆其德,沉亂于酒,因以叛其所治之官,離其所居之次,如天行定紀,正其所司官次也。羲和始紊天行之紀,遠棄所主之司,罪已多矣。即如季秋月朔之旦,日月會次不相和集,而掩蝕于房宿,此君弱臣強之象,天戒極矣!當時不特君克謹于上,臣守法于下,雖樂官之矇瞍者亦進鼓音,蓋鼓聲揚也,取其扶陽以抑陰也。嗇夫小臣則馳馬,庶人在官者則步而走,各將弓矢幣帛之物,上下大小急于救日如此。羲和反尸居其官,若無聞知,則其昏迷天象以干先王之誅也,豈特不恭之戒已哉!且先王之政典有曰:"凡政有時,不可先也,不可後也。時未至,先時爲之。及時已至,乃後時不爲也,皆以典殺無赦。今日蝕,而羲和罔聞之,非後時者誅耶?"

"今予以爾有衆奉將天罰,爾衆士同力王室,尚弼予欽承天子威命。

夫羲和亂天紀,干後時之誅,即天罰也。今予以爾有衆奉將天罰,汝衆士必絕其他顧,同效力王室,尚弼予欽承天子之威命哉!

"火炎崑岡,玉石俱焚。天吏逸德,烈于猛火。殲厥渠魁,脅從罔治,舊染汙俗,咸與惟新。

此是行師之道。然奉天討罪,畏縮固不可,濫殺亦不可。崑岡有玉有石,猶人有善有惡,火炎崑岡,玉皆燼矣。今日奉將天罰,是天吏也,若有過逸之德,不擇善惡而戮之,害甚猛火矣。我惟殲除首惡,若夫脅從之黨迫于不得已者,迹非善而心未惡,我則宥之而不治。舊染污俗之人陷于不知者,今雖惡而初則善,我則赦之而使自新。此今日天吏奉天罰之本意也。

"嗚呼!威克厥愛,允濟;愛克厥威,允罔功。其爾衆士懋戒哉!"

此以軍法勵衆士。嗚呼!行師之際,當誅即誅,不姑息而輕縱,是威勝其愛,則人心警懼,士氣精明,不戰而信,其有濟也。若使當誅不誅,以姑息從事,是愛勝其威,人無紀律,不戰而信無成也。然則今日之事,利用威矣!汝衆士其勉力戒懼,同心一力,弼成天子之明威,誅惡保善,不縱天吏之逸德,勿以威爲可狎,愛爲可恃,期其必濟可也!

# 玉茗堂書經講意卷之四

## 湯　誓

王曰:"格爾衆庶,悉聽朕言![1] 非台小子敢行稱亂,有夏多罪,天命殛之!

湯伐夏,誓于衆曰:"來,汝衆!悉聽朕言。君臣之分等于天地,非我小子敢開征伐之端而爲亂分之舉,蓋有夏多罪,天命我殛之也!"

"今爾有衆,汝曰:'我后不恤我衆,舍我穡事而割正夏!'予惟聞汝衆言。夏氏有罪,予畏上帝,不敢不正。

夫天命殛罪,汝宜從天致罰矣。今乃憚征繕而有過言,曰:"我后不恤我衆,當秋,舍我穡事而往斷正夏,棄生民之急,圖可已之功,非恤民者也。"汝衆之言,我亦嘗聞之,而亦知穡事之當急矣。然汝衆知己事之小,不知天命之大,我畏上帝,不敢不往正其罪矣。蓋畏天之命,不暇恤汝之私也。

"今汝其曰:[2]'夏罪其如台?'夏王率遏衆力,率割夏邑,有衆率怠弗協,曰:'時日曷喪?予及汝皆亡!'夏德若茲,今朕必往!

我不敢不正夏罪矣。今汝又曰:"夏雖有罪,特暴彼民耳,而我亳衆生生自如也,其如我何?"不知夏人即吾人也。桀雖莫害亳民,寔害夏民矣。人情

---

① 按:"朕"原誤作"咲","咲"爲"笑"的異體字,據《尚書正義》改。

② 按:"汝"原誤作"爾",據《尚書正義》改。

莫不欲逸，夏王率意重役以窮民力；人情莫不欲壽，夏王率意嚴刑以殘民生。于是夏民亦率皆怠于事上而不協，民心散矣。乃至指日而言，曰："夏王自比于日矣，此日何時亡乎？若亡，則我寧與之俱亡。"蓋厭苦其虐，而欲其亡之甚也。夫夏惡德如此，我決往而殛之。蓋非不欲體亳民之心，實欲應天下民心也。

"爾尚輔予一人，致天之罰，予其大賚汝，①爾無不信，朕不食言。爾不從誓言，予則孥戮汝，罔有攸赦！"

此屬以賞罰也。夫予一人豈能獨致天之罰哉！爾衆庶其輔我也，輔予有功，予其大賚爾，爾無不信朕言，朕決不食言，蓋信賞也。爾若不從誓命而阻天之罰，予則有刑，甚且孥戮爾矣，蓋必罰也。賞罰如此，衆宜何從哉！

# 仲 虺 之 誥

**成湯放桀于南巢，惟有慙德。曰："予恐來世以台爲口實。"②**

史臣敘仲虺作誥之由也。成湯既順天伐桀，桀在南巢，因不極其誅，遂放于南巢。然其事固出于不得已，其心終不安。蓋以堯、舜、禹皆以道相揖遜而有天下，誠甚德事也。今我乃以征伐得天下，而又身始爲之，慙負古人多矣，且重有懼焉。曰我處君臣之變不得已而爲此舉，吾恐後世爲人臣懷二心者將以予寔其口，以爲放君之事我亦爲之，是我欲止亂于一時，反以開亂于後世也。予且奈之何哉？夫未放桀則憂在天下，既放桀則憂在後世，聖人之心如此哉！

**仲虺乃作誥，曰："嗚呼！惟天生民有欲，無主乃亂，惟天生聰明時乂。有夏昏德，民墜塗炭，天乃錫王勇智，表正萬邦，纘禹舊服，茲率厥典，奉若天命。**

仲虺作誥而首嘆息言，王之慙也，猶以德不若禹而有愧于萬邦耶？亦未觀天立君之意也。天生民，有血氣心知之欲，若無一人主治之，則人逞其欲而爭

---

① 按："汝"原誤作"爾"，據《尚書正義》改。
② 按："台"原誤作"治"，據《尚書正義》改。

且亂矣。天乃于生民之中，又生一聰明之人，耳目心神獨徹于理者，使爲生民主，以均齊畫一之，使人各得其所欲，亦各止其所欲，而遠于亂。此天立君意也。夫何有夏爲君不能聰明，且以欲自昏矣，不能乂民，且身爲主而身亂之，民墜塗炭矣。以此爲主，如吾民何？如天意何？于是，天以其乾剛錫王勇，使纖欲不得而係之，天以其清明錫王智，使毫欲不得而昧之，即所爲天生聰明者，天意豈止欲王爲殷邦七十里之治而已哉！蓋萬邦表儀在人主之一身，禹嘗奉天命以皇極典常之道爲德先而正之矣。桀行昏亂則萬邦不正，而禹服幾墜矣。錫王勇智，正欲使王剛健居中，大明在上，作儀表以正萬邦，而繼禹舊所服行之事，以此循率皇極彝倫不易之道，而天命爲典常所從出者，亦因以奉順之耳。此正所謂聰明時乂者也。天意如此，然則征誅揖遜者，時之變；而率行纘服者，理之常。王何以不若禹，而有慙色于萬邦之衆耶？

"夏王有罪，矯誣上天，以布命于下。帝用不臧，式商受命，用爽厥師。

且天之命王有不可辭者，帝天之命主于民心，夏王有罪，塗炭其民，又以民心不從，乃矯詐誣罔上天，如謂吾有天下，如天有日之類，託天布命于下，冀以惑衆聽而轉羣畔之心，不知矯誣之命，非天命也。故天不善其所爲，而用使我有商，以知勇受天命，率典表正，更新天下之耳目也。夫天以爽師命王矣，王又安得聽其塗炭而已乎！

"簡賢附勢，實繁有徒，①肇我邦于有夏。若苗之有莠，若粟之有秕，小大戰戰，罔不懼于非辜，②矧予之德言足聽聞。

且王之伐夏，不得不然者。桀既無道矣，又有簡慢賢德，黨附凶勢之人，寔多徒衆。而以始造之我國介于有夏衆惡之間，善惡相形，爲彼忌惡，如苗中有莠，勢必見鋤治也。如粟有秕，勢必見簸揚也。王之危一至于此。商衆之中，有不慢賢、不附勢者，或大或小咸爲王震恐，懼王陷非罪之地。當此之時，即王自晦其德猶不免，況王勇知之德宣朗流布，言之猶足聳人聽聞者，而豈簡賢附

---

① 按："實"原作"寔"，據《尚書正義》改。
② 按："不"原誤作"于"，據《尚書正義》改。

勢之徒所樂聞哉！然則，順天應人之師亦有不容自已者。不然，王之一身天人所賴，而棄之羣惡，且如天意何？如小大民心何？

"惟王不邇聲色，不殖貨利。德懋懋官，功懋懋賞。用人惟己，改過不吝。克寬克仁，彰信兆民。

所謂王德足人聽聞者，稱何德哉？昏德之朝，寔繁之衆，一時人心皆塗炭于聲色貨利之欲矣。惟王智勇，天機既深，嗜欲自淺。聲色，有國者所所易邇，王則不邇之，所以湛其聰明也。貨財，有國者易殖，王則不殖之，所以全其淡泊也。王心如此，本原之地澄徹矣。是以，人己之際，意度施爲，絕無一私得以留滯其間者。人有懋德，因而懋之以官，王無心也。人有懋功，因而懋之以賞，王無心也。人有一善，若己有之，曾無人我之迹。己有一過，應時改之，毫無係吝之私。其御衆也寬，則克寬，含弘之中節制在也。其長民也仁，則克仁，德澤之內法度行也。凡此皆從心源無欲中來也。然此克寬克仁之德，豈特毫民信之哉！凡此兆民無不彰彰然得于聽聞，而信□寬仁足以爲天下君者已，①盡庶邦之小大然矣。

"乃葛伯仇餉，初征自葛。東征，西夷怨。南征，北狄怨。曰：'奚獨後予？'攸徂之民，室家相慶。曰：'徯予后，后來其蘇。'民之戴商，厥惟舊哉！

王德足聽聞以彰信兆民如此。王猶未有征伐之心也，乃近亳之國有葛伯者，放縱不祀。問之曰："無以供粢盛也。"王命亳衆往爲之耕，使亳之老弱饋餉。王之寬仁葛伯至矣。葛伯乃仇餉者，而殺其饋餉之童子，其罪如此。王不得已而伐之。故伐罪之師寔自葛伯始，凡諸侯放縱如葛者，因移兵以伐之，但見東征西怨，南征北怨，皆曰："吾望王之寬仁亦已急矣，何獨先彼而後我乎？是王師未至而民望之切如此。"及王師所往之國，其民妻孥相慶，曰："塗炭之民，待我君久矣，君來吾復生乎。"是王師已至，而民悅之深如此。由此觀之，則知民之愛戴于商者已非一日之積，而商業之興也又豈在今日鳴條之役哉！

---

① 按：□疑爲"其"字。

王何以懟也？

"佑賢輔德，顯忠遂良，兼弱攻昧，取亂侮亡。推亡固存，邦乃其昌。

此懷諸侯之道。善善由重及輕，惡惡由輕及重也。夫得天下固不必慚，而君天下當盡其道，彼當時諸侯固有賢德忠良以不合于夏而見擯逐者，亦有弱昧亂亡以阿附于夏而未見討者。今王受命，正命德討罪一新之初，而人心激勸之候也。故諸侯中自有才德兼而爲賢者，王則佑之，不止恩遇之冠百僚，而凡所以成就其賢者無不至也。有德勝才而爲德者，王其輔之，不止禮命之次于賢，而凡可以造就其德者無不用也。諸侯中以身徇國者，非忠臣乎？王其顯之，策書鼎常使得光昭于百世矣。奉職守法，非良臣乎？王其遂之，忠信厚祿使得展布其四體矣。不然，而有才力弱者，則分職以兼之；知識昧者，則督責以攻之；背理而亂者，貶削以取之；不道而亡者，繆辱以侮之。弱昧亂亡，乃彼之自取亡也。兼攻取侮，惡惡不同而同于推其亡。賢德忠良，乃我之所當共存者。佑輔顯遂，善善不同而同于固其存。如是，則萬邦激勸。而近亡道者惕然奮，近存道者爵然興，邦其昌乎！

"德日新，萬邦惟懷。志自滿，九族乃離。王懋昭大德，建中于民，以義制事，以禮制心，垂裕後昆。予聞曰：'能自得師者王，謂人莫己若者亡。好問則裕，自用則小。'

夫推亡固存而邦其昌，此可以懷萬邦矣。然有本焉。夫王知勇之德足聽聞，而兆民允懷固也。然德無止法，民無常懷，憂勤惕勵，日新一日，德乃光輝，而萬邦人心係屬歸仰者亦常新而不厭。少或以己知己勇自滿，則怠荒乘之，德將損，而九族之離亦自此始矣。人心離合之機如此，可自滿乎？王當懋昭大德，剛健篤實，光輝日新，以是立中道于天下。中而謂之建者，民受天地之中以生，是以有動作、禮義、威儀之則，亦自大君身親立之，而後民得視以爲則也。建中之道何在？義者，宜也。事雖在外，而王裁常在內必也。事之可否，以義斷之，則大德之用以昭，而爲民立無過不及之中矣。禮者，理也。心雖在內，而物誘常在外必也。心之動定常以禮節之，則大德之體以昭，而爲民立不偏不倚之中矣。斯禮也，斯義也，豈直建中于民，雖垂之後王而此中固萬世無敝。欲制事也，則有我王之成義在。欲制心也，則有我王之定禮存。豈不有餘裕哉！凡此皆非自滿者可能也。我聞古人曰："人亦有得師者矣，外師之而心不得其所以師，非自得師也。能真知人之有餘，己之不足，精心遜志而師之，此能自得師者也。心益虛，德益尊，而天下益服，有王之道矣。不然，而謂人不如己，則勝己者遠，而諛己者親，亡之道也。"人亦有問者矣，或問之不盡其人，或少有所得而止者，非好也。誠知天下之義理無窮，己之聞見有限，孜孜焉其好問焉，則天下之善皆吾善，此中不已裕乎？不然，而自用焉，則一己之聰明幾何？吾見其日以小矣。由古人之言观之，則知建日新之德者，必先去自滿之心而後可也。不自滿而德日新，至于萬邦懷，則裕與王之效也。自滿而德不新，而九族離，則小與王之道也。王固無以懲爲也，又安可以自滿爲耶？

　　"嗚呼！慎厥終，惟其始。殖有禮，覆昏暴。欽崇天道，永保天命！"

　　篇終承上文嘆息言。始者，命之基。終者，命之定。慎之於始，而未必其終始之。不慎而能終者，未之有也。王欲長慮永圖而慎其終也，惟于今日受天命之始慎之乎！何也？人君有禮者封殖之，其昏暴者覆亡之。此上天福善禍淫之道也。夏以昏德亡，王以有禮興矣。然人心之明昧無常，天道之禍福相倚，上念不終，則舍有禮而入昏暴亦無難者。自今以始，當敬重天道，益務有禮之脩，常虞覆亡之至，則今日之天命可永保矣。所謂慎終惟始者如此。然則，王雖受命，正有無疆之恤在也，寧當以爲利而以得此爲慚耶？

# 湯　誥

**王歸自克夏，至于亳，誕告萬方。**

　　湯放桀，當有諸侯從之，不從行者必應多矣。既黜夏命，還至于亳，□內盡來，湯于此時大誥諸侯，以伐桀天人之義焉。

　　**王曰："嗟！爾萬方有衆，明聽予一人誥。惟皇上帝，降衷于下民，若有恒**

性,克綏厥猷惟后。

此言君道所係之重。王曰:"嗟! 爾萬方有眾,明聽予告。夫五常之性何從來哉? 是惟皇上帝生此下民,有生之氣即有生生之理,而天然大中之則亦因以降焉。故此下民不俟矯揉,凡順受天則以生者莫不有五者之常性。蓋天降而爲衷,即性之本原;民若而爲性,即衷之順受。要之,皆道也。但帝命雖同,民習有異,乃有不能安于其道者。茲欲變其習之異,返其性之同,使民和于衷,若于性,心安意遜,從容帝降之初者,豈民自能哉! 又豈復天所能哉! 惟夫爲人君者能建其中則能和民之衷,能盡其性則能盡民之性,身範物先之要,訓告品節之詳,有不得而他委者,君道係于天下,顧不重哉!"

"夏王滅德作威,以敷虐于爾萬方百姓,爾萬方百姓罹其凶害,弗忍荼毒,並告無辜于上下神祇。① 天道福善禍淫,降災于夏,以彰厥罪。

君道所係之重如此,是人君以綏猷爲德也。夏王滅德作威以布虐爾眾,則不止失綏猷之責而已,汝眾被其凶害,不忍荼毒,並告無辜于上下神祇,以冀其極已。夫福善禍淫,天道也。夏王淫虐,故天降災以彰其罪,將使其不復爲天下君焉。

"肆台小子將天命明威,不敢赦。敢用玄牡,敢昭告于上天神后,請罪有夏。聿求元聖,與之戮力,以與爾有眾請命。

此下言己奉天伐罪以救民也。天爲民亡夏矣,故我小子奉將天命明威,不敢赦桀。然大事敢自專哉? 敢用玄牡,敢昭告上天神后,以請問罪于夏,遂求元聖伊尹,能體上天生民之心者,同致死力,爲爾有眾請更生之命于天。夫問罪則請罪,吊民則請命,皆得請于帝而後行耳。予一人豈敢專哉!

"上天孚佑下民,罪人黜伏,天命弗僭,賁若草木,兆民允殖。

夫請罪請命,予一人聽于天,而未敢必也。幸而上天信果佑愛下民,我師一至,罪人竄伏,則請罪者得矣。夫夏王有罪,而既伏其辜,萬姓無辜而卒蒙其

---

① 按:"祇"原作"祇",據《尚書正義》改。

佑，乃知上天福善禍淫之命果無僭差。而向之憔悴者，賁若草木之回榮。蓋兆民信已生殖，而我所以爲爾衆請命者亦幸得所謂矣。

**"俾予一人輯寧爾邦家，兹朕未知獲罪于上下，慄慄危懼，若將隕于深淵。**

此下湯自嚴畏以嚴諸侯也。夫夏德昏亂，爾諸侯邦家渙散而不輯，搖動而不寧，惟后綏獄之義幾乎泯矣。今罪人既黜，天俾予一人綏獄和衷以輯寧爾邦家，深惟付予之重大，非寡昧之所及也。未知己得罪于天地與否，蓋一身之獲戾猶有可知，至于輯寧萬邦，責備甚大，未知戾所從獲也。此中慄慄危懼，若將墜于深淵矣，然則爾諸侯可不同心以濟乎？

**"凡我造邦，無從匪彝，無即慆淫，各守爾典，以承天休。**

夫汝等諸侯皆舊邦也，然夏命已黜，商命維新，侯邦雖舊，今日咸與更始矣。凡我造邦，自今以始，宜何如哉！開國承家，自有常典，常典之外即爲非彝，即爲慆淫也。朕與庶邦，致治無毀法而從非常，持身無恣情而就逸樂，惟以予一人受新命，而汝諸侯亦因以新造邦，此亦天之休美汝庶邦也。廢典則天之休不可承矣，必各守典常之道，遵制揚功以承受此新造之天休可也。如此，予一人輯寧之責亦有濟哉！

**"爾有善，朕弗敢蔽。罪當朕躬，弗敢自赦。惟簡在上帝之心，其爾萬方有罪，在予一人；予一人有罪，無以爾萬方。"**

此又言己之責重，以終上綏獄獲戾之意。夫爾諸侯能守典承休，若爾有善也，我則佑輔顯遂而不敢蔽。若罪當朕躬，亦痛自尅責，敢自赦哉！而若者，蓋以爾之有善，我之有罪，歷歷簡閱在上帝之心。善者，天以察而休之，雖欲蔽之不可得。有罪者，天以察而威之，雖欲自赦而無從也。夫爾有善，止于爾躬之善矣。若所謂當朕躬者，豈必朕躬有可指之罪而後爲罪哉！蓋天降衷于民，而以克綏之責付予一人，必使天下之大，上下各順其性，始爲不得罪于天耳。若萬方之民少有不若性之罪，是朕一人不能爲君教養之不至，所以自棄于恒性之外，而不能自逭也。然則萬方有罪，罪不在朕躬而誰哉？若朕躬少有不克綏獄之罪，則予一人自取耳，於萬民何與？而敢自赦乎？夫以一人之身臨蒞萬方，

74

而盡萬方之罪皆歸其身，必盡天下人人無罪，然後己無罪也。論至此，則獲戾于上下，亦豈難哉！朕所以危也。

"嗚呼！尚克時忱，乃亦有終。"

湯誥將終，意猶未已，嘆息言，今日與汝惟新，咸有其始，然終之寔難。予君臣庶幾于是忱信焉，在予不徒言之，信能行其所知，而輯寧于上矣。在汝亦不徒聽之，信能尊其所聞，而相與守典于下焉。則朕躬免于罪戾，固長無隕淵之虞，而汝善足以造邦，亦永有承休之慶，予君臣乃亦有終也哉！

# 伊　　訓

惟元祀十有二月乙丑，伊尹祠于先王，奉嗣王祗見厥祖，侯、甸、羣后咸在，百官總己以聽冢宰。伊尹乃明言烈祖之成德，以訓于王。

此史臣敘事始也。太甲即位改元之年十有二月乙丑日，既即帝位，則上焉烈祖固當祭告，下焉羣臣皆當撫臨。然居喪三年不祭，禮也。伊尹爲大臣，故合祠商先王，奉嗣王以即位，改元之事祗見厥祖成湯，蓋攝而告廟也。居喪三年不言，禮也。伊尹爲冢宰，故侯、甸、羣后咸在與祭之位，百官總攝己職以聽冢宰之命，蓋攝而臨羣臣也。方嗣王在廟中之時，先王臨之在上，羣臣列之在旁，正可乘其初心之虛而感動之。伊尹明言烈祖脩人紀、戒風愆之成德以訓王，使知嗣成德以保成業也。

"曰：嗚呼！古有夏先后，方懋厥德，罔有天災，山川鬼神亦莫不寧，暨鳥獸魚鼈咸若。于其子孫弗率，皇天降災，假手于我有命，造攻自鳴條，朕哉自亳。

此以夏事始之。曰："嗚呼！天人相與之際豈不微哉！古有夏先后，禹方其建極懋德之時，則五紀序而庶徵休，無天災矣。無論百姓寧，即山川鬼神亦莫不寧，流峙其有常，幽遠其無恫也。無論百姓若，及鳥獸魚鼈亦以咸若，飛走適其處，鱗介順其生也。禹方懋德而即獲天休如此，及其子孫桀不循先王之懋德，則所謂罔有天災者不可憑藉，而天竟降之以災矣。然天不能自攻桀也，假手我烈祖有天命者以攻之，非烈祖之攻之也，造可攻之釁者由桀積惡于鳴條，國必自伐然後人伐之也。而我烈祖之興亦不在攻桀之日，始于脩德亳都，王不待大身正而天下歸之也。是二代天命人心之禍福由于德不德如此，殷鑒其何遠哉！”

　　“惟我商王，布昭聖武，代虐以寬，兆民允懷。

　　夫旣命湯誅桀矣。惟我商王奉天攻伐，陳著其不怒之威，不殺之武，而夏旣伏其誅矣。由是鳴條多虐政，則代之以寬，蕩滌簡易，與民更始，兆民始知商王志在救民，而徯后來蘇，無不信而懷之者。此先王所以得天下也。

　　“今王嗣厥德，罔不在初。立愛惟親，立敬惟長，始于家邦，終于四海。

　　承上言先王以德得天下如此。今王初廟見即位，所以接續先王之德正在斯時也。夫嗣德之時固以初服爲始，而嗣德之功又以孝弟爲始，士庶人之德一身一家之愛敬而已。天子之孝弟必始于家邦，終于四海而爲盡也。然豈必人喻而户說之哉！所以立愛之表者惟自親始，廟貌不忘而家法是守者，天子之孝也。所以立敬之表者惟自長始，懿親不遺而耆耇是順者，天子之弟也。若此者，正以自盡其孝弟耳。然此理此心推之四海而準者也，將見立此形彼，表植影隨，始而家邦，終而四海，人雖不同，而其親同，則其愛同；其長同，則其敬同也。愛敬盡于一身，德教加之四海，豈非初服嗣德第一義哉！①

　　“嗚呼！先王肇修人紀，從諫弗咈，先民時若。居上克明，爲下克終，與人不求備，檢身若不及。以至于有萬邦，兹惟艱哉！

　　此下正舉先王之成德以感動王也。今王嗣德，所以當立愛敬者以先王成德，亦不外愛敬而已。嗚呼！人紀者，愛敬之寔相維于上下人我之間者也。夏先后敘彝倫，後王廢之矣，我先王敬脩復之，振綱維于已墜焉。何以言之？忠言易逆，老成易疏，孰能從而順歟？先王則以諫臣，吾藥石也，固有導之而使言

①　按：“義”原作“义”，整理時改爲正體。

者,安有言之而少咈乎？老成,吾典刑也。蓋雖親之,尤恐疏者,況敢違之而不順乎？上之臨下易于蔽,下之事上易于欺,孰能明且忠歟？先王則時乎爲君,用人行政而不惑,智臨得大君之宜矣。時乎爲臣,蒙難進賢而不怠,往塞盡王臣之故矣。以至與人易以過求,檢身易于自恕,此人情所不免也。先王之與人也,罷使其長,彌縫其短,無求備焉,不以責己者責人也。其檢身也,急于趨善,周于防失,若不及焉,不以恕人者恕己也。先王所以脩人己者如此,是以德日以盛,業日以廣,天與人歸,由七十里以至于有萬邦也。然則,先王有天下雖由聖武布昭之一舉,而原其所自則身心之所自盡,平生之所累積,所謂朕載自亳者,固非一朝一夕之故也。夫善積之難而墜之易,天下得之難而失之易。今王坐享基業之大,無先王積累之勤也,求所以嗣之者宜何如哉！

**"敷求哲人,俾輔于爾後嗣。**

先王惟其得天下也難,故其慮天下也遠。以爲吾貽後嗣以大業,而不廣貽以哲人,後世子孫必有不嗣吾德以敗者。于是廣求天下孝弟直言之士,致之有位,使輔爾後嗣嗣德而保艱難之業也。是先王之立治人以輔後之爲人君者,其意固已遠矣。

**"制官刑,儆于有位。曰:' 敢有恒舞于宮,酣歌于室,時謂巫風。敢有殉于貨色,恒于遊畋,時謂淫風。敢有侮聖言,逆忠直,遠耆德,比頑童,時謂亂風。惟茲三風十愆,卿士有一于身,家必喪。邦君有一于身,國必亡。臣下不匡,其刑墨。具訓于蒙士。'**

然犯顏而諍,亦臣子之所難也。又立治法以戒後之爲人臣者焉,制官府之刑,儆有位之士,使知不忠則有刑也。其辭曰:"歌舞固情理所不能無,然有節可也。敢有恒舞于宮,酣歌于室,則與巫覡歌舞以娛神者無異,而人將化之,是謂巫風。貨色遊畋亦情理所必有,然有制可也,敢有殉貨色,恒遊畋,則過而無度,人將效之,是謂淫風。聖言、忠直、耆德皆文獻也。頑童,少年無知而亂政者。敢有侮聖言,逆忠直,遠耆德而惡其所當好,比頑童而好其所當惡,則是倒置背理,人將效之,是謂亂風。惟茲三風十愆,雖愆有大小,卿士有一于身,家必喪。邦君有一于身，國必亡。又況卿士、邦君而上者乎？故凡臣下有位者，若遇天子有一于此而不能隨時匡救，是貪官也，其刑與貪墨同。蓋使已用者有所儆于今也。至于童蒙始學之士，亦必以風愆之戒，不諫之刑，詳具而訓告之。蓋使未用者有所儆于後也。夫以先王立法儆臣，無非爲臣訓後嗣計如此，吾王宜何如以慰在天之念哉！”

“嗚呼！嗣王祇厥身，念哉！聖謨洋洋，嘉言孔彰，惟上帝不常，作善降之百祥，作不善降之百殃。爾惟德罔小，萬邦惟慶；爾惟不德罔大，墜厥宗。”

篇終總結上文而應篇首天命人事禍福相誡之意。致嘆言嗣王于風愆之戒，一或蹈之，其自視此身若何？其敬厥身，無萬一似之也。蓋不輕視其身，則不敢以身試敗亡之事矣。王其心念之，無忘哉！蓋先王以風愆之戒慮于心，聖人之謨也，其心爲天下萬世計者深而廣，何洋洋耶！風愆之戒著爲令，至美之言也，其言于大小興亡之際烔而悉，何孔彰耶！謨訓之善如此，王所以當敬念也。況以天命人事禍福觀之，尤有不容不敬念者乎！以天命言之，上帝去就無常，惟能敬念而作善，則善氣應而天降百祥。苟不敬念而作不善，則不善之氣應而天降百殃矣。以人事言之，爾勿以能戒一風一愆之德爲小而不爲，萬邦之懷或此基之。爾勿以不戒一風一愆之不德爲非大而可爲，覆宗之慘或起于此，天人禍福之機可畏如此，吾王安得不敬念哉！能敬念先王謨訓，則成德嗣而大業永，可以長對先王在廟之靈也哉！①

# 太 甲 上

**惟嗣王不惠于阿衡。**

伊尹受托孤之責，居阿衡之位，阿以保王躬，衡以平王政，《伊訓》篇終惓惓矣。惟嗣王不順其訓也，尹能已于諫善乎！

① 按：此處原本衍一“之”字。

伊尹作書，曰："先王顧諟天之明命，以承上下神祇，社稷宗廟罔不祇肅，天監厥德，用集大命，撫綏萬方。惟尹躬克左右厥辟宅師，肆嗣王丕承基緒。

此示以得天下之自，欲太甲知所重也。伊尹于是作書以告王，曰："人主欲知守成之道，當思創業之難。今日之天下，王亦知其所自乎？我先王之爲君也，日新又新，常目在此天之明命。蓋天命人以性體，本自光炯不昧，靜固湛然清明，動亦隨處觸露，常見于前，人自不惺惺耳。先王則時時存養，凝然心目之間，念念矜持，儼然物則之內。蓋此心虛靈瑩徹，無毫微之私，而天神天明無所不在矣。故以此心承上下之神祇，以此心承社稷宗廟，自無不敬焉。蓋天地百神之靈即明命之昭赫，而祇肅將承之際，猶顧諟之存著者也。夫天人之際間不容髮，先王顧諟天之命，天亦鑒先王之德，用集大命而使之撫綏萬方。惟時尹躬又身能左右成湯，以居民衆，奔走于吊伐之時，周旋于輯寧之日，先王創其業，尹躬贊其成，故嗣王得以大承基業，所受者先王之命，所撫者先王之民也，惡可忘先王而不念，忽尹躬而不惠耶？"

"惟尹躬先見于西邑夏，自周有終，相亦惟終。其後嗣王罔克有終，相亦罔終。嗣王戒哉！祇爾厥辟，辟不辟，忝厥祖！"

此做以前代之事，又見己之不足恃也。夫自古危亡之國，未始無忠信之臣，不聽用，則不得不至于俱亡。君不君，而云相可恃者，未之有也。夏事則尹躬先見之矣，其爲先君者，以實心行實政，于凡克勤克儉、有典有刑之家法皆能敦固謹密，守而不遺，則得以終其天命，而當時爲之相者亦得席君之慶以終矣。其君嗣王以矯誣暴忽而夏祚不能有終，則爲之相者亦惻心喪亡之不暇，亦不能有終。夫相之終否係于君如此，嗣王其以無終爲戒哉！當敬爾爲君之道，以周自終而流慶于吾相可也。若爲君而不能忠信以盡君道，亦必以不終辱厥祖矣。我爲相者亦何所賴以終乎？然則臣亦不可專恃也。

王惟庸罔念聞。

尹作書告王顧諟之談，不終之戒，其意甚精，其語甚痛，非尋常告君比也。王宜有動于中矣，乃視其言爲尋常而無所念聽，意以得天下豈必由于顧諟，保

79

天下豈必在忠信，尹于此又不容無言矣。

**伊尹乃言，曰："先王昧爽丕顯，坐以待旦，旁求俊彥，啓迪後人，無越厥命以自覆。**

伊尹乃言曰："先王當昧爽之時，乘夜氣之清以起日新之學，洗濯澡雪，大明其德，使明命之全體極其呈露，而大用即以顯行。斯時也，雖夜猶未旦，然其發見于精神性術之微者，惟恐不速流露於政迹矣。蓋常坐以待之，不遑寧也，其爲善之勤如此。又以後人未必皆勤于善，而賴以啓迪之者俊彥也，則又旁求俊彥以開啓後人之知，使不昧乎丕顯之心傳，以導迪其行；使不惰乎待旦之家法，其慮後之遠又如此。先王之心無非欲顧諟明命，而永王業于無窮耳。苟越明命而覆亡，是自亡也。"王于先王宜思其勤善之心，明體其旁求之意，毋爲不德，顚越明命以自取亡可也。

**"慎乃儉德，惟懷永圖。**

既動以先王，又直指其受病之原而藥之，欲無越命自覆也。宜遵何德哉！人主生長深宮，坐享洪業，未嘗知憂，未嘗知懼，侈心易生焉。雖以家法在前，保傅在下，猶且自覆及之矣。此不慎儉德之故也。王其謹于儉德，一念一事以明命相儉約而無敢踰越，蓋所懷者非一己之私娱，一時之快意，而天下萬世無窮之福也。然則德雖多，莫先于儉矣，天下大計亦莫長于儉矣。王其是謹是懷也乎！

**"若虞機張，往省括于度，則釋。欽厥止，率乃祖攸行，惟朕以懌，萬世有辭。"**

然慎儉德以圖永，何所從事哉？蓋人主萬幾，不可輕發，自有法度在也。不深省其度之所在，則舉動之間既無本原，復無成法，此人主所以不知儉也。蓋儉者，謹度之謂也。若虞人之田矣，弩有機而矢有括，弩機既張，矢加于上，若可發矣，必往省其括尾受弦之處，合于法度，然後高下有準，釋弦發矢無不中矣。今王之度何在哉？蓋明命在心，莫不有至善之所而不可遷，所謂止也。惟不敬則此心無主，靜則昏昧，動則擾亂，無由知其所止矣。必常欽肅存省此心之天，則使其靜亦定，動亦定，則旣省于自然之度，而立率行之本矣。因以省于已然之度，而致欽止之用焉。蓋汝烈祖顧視明命，待旦而行所行，皆所止也，皆成度也。王惟循之而行，則制事制心有準據之實跡矣。凡此皆以不侈其心，而儉德之能慎也如此，則動無過舉。近可以慰悅尹心，托孤之責以塞，而相有惟終之慶矣。遠可以有辭后世，儉德之聲以流，而王無越命之譏矣。此之謂永圖也。吾王可輕發而不省耶？

**王未克變。**

王于伊尹之言至此不能無動，但未克變其舊習，伊尹固知此非可口舌所能回，須有以處之矣。

**伊尹曰：“兹乃不義，習與性成。予弗狎于弗順，①營于桐宮，密邇先王其訓，無俾世迷。”**

伊君自審其大計，曰：“吾觀王所爲乃不義之事，積習若性成矣。然皆不順義理之人誘之耳，我不可更使人狎習此等人也。但孤忠不能勝羣誘，徒言不能開久迷，將因終喪之際，營宮于桐以居之，使近湯墓，一以起其哀思，一以絕其狎習。蓋不得已而以此訓之，無俾終此身世迷而不悟也。”

**王徂桐宮居憂，克終允德。**

尹既營桐矣，王往此居憂，則如見先王之在前，而無羣小之在側，則善心油然以生，而污習脫然以除。向雖欲變而未能，今則處仁遷義，終能實有其德，而不至于世迷矣。此不言之教，達變之權，自非伊尹開國元老大公至正者而能之乎？② 而敢行之乎？

# 太　甲　中

**惟三祀十有二月朔，伊尹以冕服奉嗣王歸于亳。**

---

① 按：“于”原誤作“予”，據《尚書正義》改。

② 按：“大”原作“太”，據文義改。

三祀十有二月朔日,正太甲終喪明年之正朔也。尹乃以衮冕吉服迎王歸亳,前日爲居憂之主,今日爲生民之主也。至是則尹之心白,而烈祖之靈遠矣。

作書曰:"**民非后罔克胥匡以生,后非民罔以辟四方。皇天眷佑有商,俾嗣王克終厥德,實萬世無疆之休。**"

尹于王歸之時,而致喜懼之意。乃作書以誥,曰:"民以君爲心,民非君則渙散無統,不能相正以生,民固不可無君矣。君以民爲體,君非民則孤立無助,無以爲君于四方,是君尤不可無民也。君民相須如此,始吾王之有狎也,甚非民所以望君,與君所以辟四方之意也。如是則無論萬世後,即今日之天心未可知也。幸而皇天眷佑有商,陰誘王衷,能終其德。蓋民始有君,而君亦不至于遠其民也。豈特一時之休哉!將萬世藉其餘慶而有君有民,勿替引之矣。尹何幸而見此休,王亦思以保此休耶!"

王拜手稽首曰:"**予小子不明于德,自底不類,欲敗度,縱敗禮,以速戾于厥躬。天作孽,猶可違;自作孽,不可逭。既往背師保之訓,弗克于厥初,尚賴匡救之德,圖惟厥終。**"

尹雖幸王終厥德,而王未敢自保,乃求師訓以圖終也。王拜手稽首,致敬師保,曰:"君自有君德也,予小子不明于德,自致不類前人,奉身有度,我以多欲,故興作而亂法度。律身有禮,我以縱肆,①故放蕩而隳禮義,以速取罪戾于身,何所自逃耶?夫天作孽禍猶可脩禳脩救以違去之,自爲不善而致孽禍,無可逃而免也。則前日之罪戾,信我之自致而不可逭矣,天亂□□□也,背師保作書口陳之明訓,不能厥德矣。今而後庶幾賴師保匡救之德以圖終,使負過于前者,或可釋罪于後,幸無予棄也。"

伊尹拜手稽首,曰:"**修厥身,允德協于下,惟明后。**

此尹望王克允德也。迎其悟機而拜手稽首,曰:"吾王以不明于德自咎,盍亦求所謂明君之德乎?吾王又知速戾于厥躬,盍亦即此脩厥身乎?試思王

---

之一身，所以辟四方也，動静必以禮度脩飾之，蓋寔用其力，德誠諸身，非止爲一時之感發愧悔而已，則自然有以厭天下臣民之望，繫遐邇愛戴之心，脩身至此，則始也固曰自底不類，而今則置其身于克明克類之歸。始也固曰不明于德，而今則滌其德于日新又新之地，信乎惟明后能之矣。蓋惟明后，智足以決向往，而力足以極高明，非懷二三之見而汩其身于迷悟之間者所能也。”

“**先王子惠困窮，民服厥命，罔有不悅。並其有邦厥鄰，乃曰：‘徯我后，后來無罰。’**

既期以允德協下而證以先王也。先王之德固無所不允矣，且自其誠于愛民者言之，心皆視爲赤子，政尤先于困窮，以其無告而猶惠，所難及也。其父母生民之心真切懇至如此，□允德也。故誠足動民，服行其教令無不懽心者不止本邦，並其有邦厥鄰之民政令所不及者，皆以先王爲君，曰：“待我君，我君來，其免于橫罰乎？”先王允德協下如此，真明后也哉！

“**王懋乃德，視乃烈祖，無時豫怠。**

既舉湯事，因勉王法之，曰：“先王允德協于下矣。然其德之所以允者，以其懋昭大德自身始也。王欲爲明后，必也懋勉乃身之德焉。然德有準的，然後有所期而至，王其視乃烈祖爲的也。蓋日新又新，昧爽待旦，烈祖所以懋其德如此。勉勉我王，惟一以烈祖之心爲心，烈祖之事爲事，慎不可有一時之豫怠焉。豫怠者，非必如向之欲且縱也。第斯須之怠緩懈弛，即非慎脩，即非允德。蓋習氣易乘，明命易失，精進之意少微，而烈祖之風即遠矣，可無戒哉！”

“**奉先思孝，接下思恭，視遠惟明，聽德惟聰，朕承王之休，無斁。**”

此告以懋德之所從事，正脩身也。王之所懋者，何德哉？人君一身，上而先王臨之，所當崇奉也。王欲奉先，其德在孝思，所以懋孝之德而已。想其音容，繼其心法，無敢有一事之變亂也。下而羣臣視之，所當接遇也，王欲接下，其德在恭思，所以懋恭之德而已。遇以端凝，應以冲遜，無敢有一毫之縱狎也。天子見萬里之外，視豈不貴遠？然視之德在明，不明則褻近者得而蔽之矣。王欲視遠，在思以懋明之德焉，無一私所蔽王心之靈，乃天明也，而視斯遠矣。天子置輔弼之臣,聽豈不貴德,然聽之德在聰,不聰則非德者得而亂之矣。王欲聽德,在思以懋聰之德焉,無一私以塞王心之虛,乃天聰也,而聽斯德矣。凡皆懋德之所從事也。王能是,則脩身不愧于明后,允德克視于先王,乃所謂萬世無疆之休也。朕于此將承順吾王之休,知無不言,言無不盡。蓋臣言之而君行之,君行之而臣盡言之,君無有不豫怠,臣何有于厭斁而不相與以共圖厥終也哉!

# 太 甲 下

**伊尹申誥于王,曰:"嗚呼!惟天無親,克敬惟親。民罔常懷,懷于有仁。鬼神無常享,享于克誠。天位艱哉!**

伊尹既告王以懋德視烈祖矣,而又申言之。嘆息王所踐之,天位也,王亦知其難乎?人君上事天,期于天之親。下治民,期于民之懷。幽事鬼神,期于鬼神之享。然三者亦何可必哉!致之有道,則如響斯答。不然上下幽明之交,其文雖具而感通係屬之機已絕,安得而強有之?故天于人無親,所親者敬也。蓋天之主宰曰帝,人之主宰曰心,敬又吾心自作主宰處也。一呼一吸未有不與元化通,天之日監在茲也。"敬之敬之,無二爾心。"曰往曰明,天自親之矣。民亦何常懷?懷于有仁。蓋天下之人各父其父,各子其子,惟元后一之。故君民者,天下大父子也。雖以勢而相持,寔以恩而相固,惟有仁心者能以父母天下爲王道,民始懷之矣。鬼神亦何常享?享于能誠。蓋鬼神之德本誠之不可掩,而幽明之交全恃此心之不容間也。故誠者,聚我之精神以接彼之精神,未有我無其誠而彼有其誠者。故于神明之道在于平居積誠,不愧屋漏,祭則致戒致齋,若見所祭者,然後鬼神享矣。天民神在彼雖有不常之機,而敬仁誠在此則有可常之道。是三者固人君所當盡也。由是觀之,居天位者必克當天心,于以得民懷而鬼神享,然後可以稱天子,以父母萬民而爲宗廟社稷之祭主。不然,天心去之,而民離神吐矣。何以爲君天下?蓋亦艱矣,居之者豈可易而爲之哉！

"**德惟治，否德亂。與治同道，罔不興；與亂同事，罔不亡。終始慎厥與，惟明明后。**

夫有克艱之心，當慎與治之道，敬誠仁皆心德也，德則三者有常而治，無此德則三者無常而亂。人主莫不欲治而惡亂，欲治而不與治同道，不可得也。惡亂而不能不與亂同事，不可免也。古之興王，因時制宜，事未必同，而其道同。古之亡君，不必論其道，而其亂之事亦無以大相遠也。故與治同道，如敬天誠神仁民，爲君道之大端大本者，一一如古人，則未有古以此道興，而今獨不然者也。若與亂同事，則不必昏主，即有賢君而所爲偶一二與亂同事，皆亡之道，不亡者幸耳！故與不可不慎也。然治亂之機係于明察，始之不易，終之尤難，始而與治，固可以興。終而與亂，亡亦隨之矣。必也慎之又慎，常以古之興亡存著於心，一念一事期與同道，惟恐忽焉。蓋始終不易其所與也，則不特正始之明，而爲明后，且常保此圖終之明而爲明明后矣！王欲圖厥終也，其慎厥與乎！

"**先王惟時懋敬厥德，克配上帝。今王嗣有令緒，尚監茲哉！**

夫王欲慎所與，寧有切于先王者哉？先王所以興治者無他，惟是懋勉以敬其德，顧諟天之明命以事神臨民，罔不敬以日躋也。敬德之極遂至克配上帝，與於昭在上者精神相對越焉。若先王者，可爲興王之師，明后之的也。今王嗣先王，配帝之令緒，其尚鑒先王配帝之懋敬德哉！鑒其懋敬，則仁誠在中，由是永言配命，而神人不能外矣。

"**若升高必自下，若陟遐必自邇。**

此下四節即與治之事，畫一以告王，欲于人情所易偏處矯之也。夫先王敬德配天，亦從日新又新而進也。如常情慕其高遠而急于攀趨，非序也。若升高必自下，若陟遐必自邇，德不可以遽升，故受之以漸也。

"**無輕民事，惟難；無安厥位，惟危。**

人情常以民事爲輕，而不知在民則甚難也。王毋易而輕之，當思其終歲勤動猶恐不得衣食焉，能思其難，則知懋敬以圖其易矣。人情常以君位爲安，而不知爲君亦甚危也。王無享而安之,當思其幾微不謹,亂亡爲之立至焉,能思其危,則知懋敬以圖其安矣!

"**慎終于始**。①

人情亦欲圖終而多忽于始。王于大小舉動欲慎其終,惟于舉動之始懋敬而慎之,蓋始即終事之始,而終即始事之終,未有始姑爲之,待終而後成者也。

"**有言逆于汝心,必求諸道;有言遜于汝志,必求諸非道**。

人情喜順而惡逆,而不知天下之言固不一也。其中有逆心者,雖未必皆道,但忠言多逆,當先以明主興治之道求之耳。如其言與治同道,則不遜乃遜也。又有遜志者,亦未必皆非道,但諛言多甘,當先以亂亡之非道求之耳。如其言與亂同事,則不逆乃逆也。若逆心而先以爲非道,遜志而即以爲道,則却忠受諛,將至于有都、俞而無吁、咈矣,惟忘其言之逆順,而一揆諸道,言乃可得而聽矣!

"**嗚呼! 弗慮胡獲,弗爲胡成。一人元良,萬邦以貞**。

然欲矯偏以興治,其功效何如? 嗚呼! 道以思而得,先王昧爽之神也。苟不以興治之理慎于思,則道與心不相入,竟何得耶? 道以行而成,先王待旦之勤也。苟不以興治之事力于行,則道與身不相習,竟何成耶? 思行不可已如此,誠能誠于思而又力于爲,則心之神明無一理不可照,身之力量無一善不可體,一人之德信可謂元良矣。夫道者能悅諸慮,能効諸爲,能通天下之志之理也。一人元良,表儀正矣。萬邦之人,其念慮云爲有不歸于正者乎? 夫曰元良則仁敬誠備也,萬邦貞則天民神合也。所謂與治同道,罔不興哉!

"**君罔以辯言亂舊政,②臣罔以寵利居成功,邦其永孚于休!**"

此又戒其恃能思能爲之过,而因示己志也。夫始終慎厥興,君道也。君慎無以己之辨慧輕變先王舊政,則君盡君道矣。君周相惟終,臣道也。臣慎無以寵利之故而自居于成功,則臣盡臣道矣。君臣各盡其道,則國家有寧一之規,

---

① 按:"慎"原作"謹",據《尚書正義》改。
② 按:"辯"原作"辨",據《尚書正義》改。

士君子有廉耻之節，一代紀綱風俗終將賴之矣。邦信其永有休美乎！然尹居成功之位，固思所以自決其志。而王身任圖終之責，其慎無再逞于辯言也哉！

# 咸 有 一 德

**伊尹既復政厥辟，將告歸，乃陳戒于德。**

此史官敘尹陳戒一德之由也。太甲居桐，尹攝其政。至是，冕服迎歸，已復政于其君，將告老而歸私邑，不欲以寵利居成功也。又恐太甲德不純一，及不任一德之人，則且以辨言亂舊政矣，乃以一德陳戒焉。伊尹堯舜其君之心，老而不忘也。

**曰："嗚呼！天難諶，命靡常。常厥德，保厥位；厥德靡常，九有以亡。**

此先以天命見當一德。嗚呼！天難信，何也？以其命之去就無常耳。然命雖不常，常于有德，人君之德苟純而不已，則天命常而保其位，德不常則九有以亡，位不保矣。然則無常者其中有常，而難信者其中有信也。

**"夏王弗克庸德，慢神虐民，皇天弗保，監于萬方，啓迪有命，眷求一德，俾作神主。惟尹躬暨湯咸有一德，克享天心，受天明命，以有九有之師，爰革夏正。**

天命係于常德，何所徵也。夏王不能常德，慢神虐民，故天棄弗保，所謂德靡常，九有亡也。民不可以無君，天乃監視萬方之中，而啓迪其有一德可以受天命者眷顧之，使爲百神主焉。時無有能當天心者，惟尹躬固天民知覺之先，暨湯亦天錫智勇之主也，咸有一德，故能當天眷求之心，受天顯休之命，以有九有之師而革夏正也。此非以常厥德，光啓厥位者乎！

**"非天私我有商，惟天佑于一德；非商求于下民，惟民歸于一德。**

承上言受天明命。非天私我有商，我商君臣一德，天自不能不佑之耳，以有九有。非商求于下民，我商君臣一德，民自不得不歸之耳。是一德者，天人合應之機也。

咸 有 一 德

"德惟一,動罔不吉。德二三,動罔不凶。惟吉凶不僭,在人。惟天降災祥,在德。

此承上文推一德感應之理。夫觀夏商之際,可見爲君者當一德矣。夫德一而已,雜以人則二三,一則無動不吉,二三則無動不凶,惟吉凶在人,所以若是不爽者,以天之降災祥在人君德何如耳。一者,吉德也。天降之祥,故罔不吉。二三,凶德也。天降之災,故罔不凶。天命信係于德矣,或吉或凶,王宜何從哉?

"今嗣王新服厥命,惟新厥德,終始惟一,時乃日新。

至是勉太甲以新德。新德即常德,常即一也。今王復政之初,先王所以受天之明命,又自王新服之矣。新命而不新德可乎?亦當洗除習氣,鼓舞心神,使德與命俱新可也。然德何如耳而新乎?蓋德者,無始無終之理也。新德者,日新又新之學也。吾王今日悔悟之,始可爲一新矣。終之不圖,德且日蔽而不新矣。必也自始至終惟此一德,不敢乘以二三,則其性體妙用,接續精瑩,是乃所以爲日新之道也。德無日而不新,則命亦與日而俱新,天之明命,君之明德,交相發越者也。

"任官惟賢材,左右惟其人。臣爲上爲德,爲下爲民,其難其慎,惟和惟一。

此欲王資一德于臣,以終前尹躬咸有之意也。夫明主莫不欲日新其德,而常不克終者,以無一德之臣,則不二三于己,亦必二三于人也,況望其所取以成德哉!故任中外之百官惟其賢,有德才,有能者。非賢才,寧不備其官也。左右大臣惟其才全德備之人,非其人,猶不宜在左右也。所以然者,以百官左右之臣處上下之間,各有所爲耳。其爲上也則爲王之德,大則保佑王躬以養一德之原,小則奔走王事以達一德之用,初非阿焉以爲上也。其爲下也則爲王之民,或調德元于內以燮和天下,或承德意于外以潤澤四方,初非苟焉以爲下也。臣職所係之重如此,任之可不謹乎?未任之先不知所以防之,則小人得以倖進,而爲一德之累也深矣。必以人未易知,遲回于名器之間而登進之也難,參

88

酌乎人己之間而聽察之也慎，則小人無自進，而爲德爲民之業可期望于登用之始矣。既任之後，不知所以任之，則君子無以盡心，而爲一德之資也孤矣。必相濟以道，而獻可替否之惟和，相知以心而自始至終之爲一，則君子盡其長，而爲德爲民之效可見于信任之後矣。此固一德之功，新德者所當知也。

**"德無常師，主善爲師。善無常主，協于克一。**

夫百官、左右一德之輔有其人矣，然取人惟善，亦安可不以一爲要乎？天下之善不同，而同謂之德，則天下之至不一者，德中之善；而能一其不一者，心中之德也。是以德無定名，執一而師，則德非其德矣。但隨其善之所在而主之以爲師耳。蓋德自一本而萬殊，故當求之于不一也。然所謂主善爲師者，又豈執一而主之哉？若有常主之善，是又有常師之德矣。豈知應迹無窮，天機盡變，所謂善者亦何定主焉？要唯協乎能一耳。能一者，心能止乎天則而無二三之雜，所謂至善處也。以此權度而參合天下之善，則知歸一者爲善，不歸一者雖善弗善矣。蓋德自萬殊而一本，故當會之于至一也。一而能通萬，而能當然，則德無常者乃所以常厥德，而善不一者乃所以致一與！

**"俾萬姓咸曰：'大哉！王言。'又曰：'一哉！王心。'克綏先王之祿，永底蒸民之生。**

此言一德之應驗。夫王德日新，而又協一以取善，則德無不一矣。德溢而爲言，政令之出，所以鼓舞萬姓者，蓋王之心聲也。使心有疵累，于理之畔際不能周，則言亦有偏，安能包涵盡天下之理乎？今使萬姓咸曰："大哉！王言。"則其所感必有不盡于言者矣。夫王者之言，人人得而見其心。二三之心，言且自疑，人誰得而信之。王者心凝于一，固有不言而信，信在言前者。故又莫不曰："一哉！王心。"蓋咸知其一于新，不二三于所染也。克一以協天下之善，不二三以間天下之善也。至于萬衆知王心之一，而王一德之感深矣。不但是也，受天明命，先王以一德綏天祿矣。王能一德，則上而先王之祿，其克綏之乎！以有九有。先王以一德定民生矣。王能一德，則下而烝民之生其永定之乎！夫有一德工夫則有一德效驗，王亦思以至于是哉！

"嗚呼！七世之廟可以觀德，萬夫之長可以觀政。

此申以德政不可掩，見不容不一德也。嗚呼！太祖之廟居中，而三昭三穆列諸左右，七世之廟也。七世之後親盡則遷，惟有德之主百世祀而不祧，于此可以觀德矣。王者爲萬夫長，人自爲心，惟有德政之君能合萬夫爲心，于此可以觀政矣。夫德政不可掩，天下後世之公如此。① 王者遠畏後世，則思七世之廟當爲大宗。近畏當時，則思萬民之上當爲明主。然則一德以善其政者，自不容緩矣！

"后非民罔使，民非后罔事。無自廣以狹人，匹夫匹婦不獲自盡，民主罔與成厥功！②"

此又一德之全功也。夫君之所取者民也，君非民則兩貴不能相使，是君有須于民也。民之所事者君也，民非后則兩賤不能以相事，是民有須于君也。夫君須民以使，則民之有善，君皆得而用之也。民須君以事，則民之有善，皆願以奉其君者也。又況協一以取善，初何間于君民者而可忽之乎？是必無自以爲廣，而狹小匹夫匹婦之善爲不足盡，何也？天以一德賦人，散爲萬衆，故匹夫匹婦雖若所知之狹，然離而聽之則愚，合而聽之則聖也。況爲民之主，自當盡民之用以共成一德之功乎？若徒自廣以狹人，使匹夫匹婦有一善不得以自盡于上，則一理之散于萬善者，民主已虧其一矣。一者之有虧，即萬者之未盡全，而何以成一德之功？又何以稱民主哉？故當無自廣以狹人也，王能取善于臣，而又無間于民，然後萬善舉，而一德之功成矣！

---

① 按：原本衍"之公"二字，據文意刪。
② 按："主"原誤作"王"，據《尚書正義》改。

# 玉茗堂書經講意卷之五

## 盤 庚 上

**盤庚遷于殷,民不適有居,率籲衆慼出矢言。**

盤庚以耿圮河水而遷殷,宗廟、朝市皆已改造,但民未肯往有其居耳,盤庚盡呼民之遷爲憂者,誓告以利害焉。

**曰:"我王來,旣爰宅于茲,重我民,無盡劉,不能胥匡以生。卜稽曰:'其如台!'**

誓言曰:"我先王祖乙來都于耿,固重我民之生,豈虞有今日之事,置于盡劉之地,民適不幸罹水災,邑居圮壞,昔之比閭什伍,今皆自避水,蕩析離居不能相聯相恤,事勢危急甚矣。爲之君者,坐視而不爲之所,豈先王昔重我民之意哉!爰稽之卜,亦曰:'此地無計能活我民矣。'是耿不可居,決當遷也。"

**"先王有服,恪謹天命。茲猶不常寧,不常厥邑,于今五邦。今不承于古,罔知天之斷命,矧曰其克從先王之烈。**

如卜言天命當遷矣。不觀先王乎?先王如成湯、仲丁、河亶甲、祖乙,遇國有大興作、大變動,未嘗敢狥己見,亦未嘗苟狥衆情,必恪謹乎天命,天命所在,先王謹從事也。以不輕動如古先王,猶不敢常安,不常其邑,由亳而囂而相而耿而邢,于今五遷邦矣,豈好勞哉!不得已也。以今日理勢,若不承于古而圖遷,則歲有水敗,民失生意,天之斷絕我命尚不能知,矧曰其能興治從先王之大烈乎? 不遷之害如此。

**"若顛木之有由蘗,天其永我命于茲新邑,紹復先王之大業,底綏四方。"**

夫事有勞且難而不可憚者,今日是也。今若遷則易危爲安,若將仆之木復有由蘗乎,天將永我國家之命于殷,紹復先王之大業而致安四方者,皆在此遷也。蓋耿圮河水,而風氣不完,生靈蕩析,天之命我先王者將不在于耿矣,承古而遷,則斷命于耿者,延命于殷也。由是中興治道,先王盛烈大業庶幾其紹復之乎? 夫國都者,天下本也,國都不安,于四方何有? 今旣還都故亳,則本根無蕩搖之虞,可以居重御輕,可以從容鎮定,而致四方于奠安也。遷都之利如此,敢不恪謹天命,而起圖其業乎?

**盤庚斅于民,由乃在位,以常舊服,正法度。曰:"無或敢伏小人之攸箴。"王命衆悉至于庭。**

上文諭民之辭明矣。然民不欲遷,豈其中無利害之實哉? 皆在位者倡游言以惑之,其間有能審于利害而欲遷者,則又爲在位者所排擊阻難,不得自達。故盤庚教民必由在位,而其所以教在位者不過以常舊服、正法度云爾。蓋先王有服,五遷邦矣。當是時也,民無惑志,而有言必達于上,臣無匿指,而有願必同于民。此舊服也,即國家之法度也。在位者欲阻廢法度,則不得不托于民情,于是動相惑以浮言,而使民言之搖于下,又且隱伏其攸箴,而使其中情不得聞于上。如此,則反若盤庚之欲遷爲違衆而廢舊服者,其計亦狡矣。盤庚明極事情,故不作爲一切之法以整齊之,亦惟以先王舊事正今遷都之法度,而所以正法度者,亦惟曰:"爾諸臣無或敢伏小人之攸箴。"則遷與不遷孰吉孰凶,何去何從,民情必有所歸,國是必有所在,羣臣之計自破,國家之法自行矣。于是王命臣民悉至于庭聽命焉。

**王若曰:"格,汝衆! 予告汝訓汝,猷黜乃心,無傲從康。**

羣臣利瀕河之地,沃饒自豐,憚遷徙之勞,恋恋百年之業,不忍舍之而去,因此不惕予一人,不肯聽一人之作猷,此其從康傲上之本情也。是心不黜,雖百論無益,故盤庚首告其臣曰:"來,汝衆! 予告汝訓,今汝等不肯從遷之心,何心哉? 一則傲上之命,一則苟安之私。今日須謀去汝此心,慎無傲上從康也。"

"古我先王,亦惟圖任舊人共政。王播告之修,不匿厥指,王用丕欽,罔有逸言,民用丕變。今汝聒聒,起信險膚,予弗知乃所訟!

此正以常舊服正法度也。舊人世勞王室,習上下之情者。古我大王有大政事,豈一人爲之,亦惟圖任舊人共政耳。然先王委托舊人之重,而舊人亦不負先王之托,彼誕敷文告,樂聞箴言者,王之指意也。舊人奉承于內,凡小人之箴言無不以達于上,則一人之美意亦得下通于民,不至隱上德而不宣矣。舊人承上以信如此,故王用大敬之,以終圖任也。至于非上意下情,而變幻事理以搖衆聽者,皆浮逆之言也。舊人宣化于外,原君上爲民之情以相開諭,而不參以一己之私心,據民間利害之實以相倡導,而不惑以從康之左見。蓋罔有過逸言矣,舊人先民以信如此,故民用不變,以象上指也。今汝亦我之舊人,而我之圖任共政猶先王也,奈何在內則攸小人之攸箴,匿厥指矣。在外則不和吉言于百姓,有逸言矣。夫惟忠信足以起人之信也,今汝聒聒爭訟,上匿下謗,非所以起信也,率以傲上從康,險詖膚淺之說耳。難乎! 上下人之信矣。且使事理確然誠有所當爭,則訟言之可也。予弗知乃所訟,果弗得已乎? 汝大愧汝舊人矣。

"非予自荒茲德,惟汝含德不惕予一人。予若觀火,予亦拙謀,作乃逸。

先王有作而舊人從,今我有作而汝臣訟,豈我寡謀輕動,自荒茲德耶? 惟爾傲上從康,含蔽朕爲民更新之德,不惕予一人耳。爾得無以予爲可欺耶? 予視汝不惕之情,明若觀火,何所不知。論法則刑汝可也,而我猶不忍,以故汝無惕心,是我亦姑息拙謀成汝之過也。

"若網在綱,有條而不紊。若農服田,力穡乃亦有秋。

此下四節,申前無傲從康之戒也。夫汝含德矣,然以義言之,君以出令,令無不從,理之常也。不若網在綱乎! 大綱既舉,衆目從張,乃得有條而不紊也。

汝獨可以傲上乎哉！即以利論之，民生在勤，勤則不匱，事之常也。不若農服田力穡乎！本業既力，穡事乃成，乃亦有秋也。汝獨可以從康乎哉！

　　“汝克黜乃心，施實德于民，至于婚友，丕乃敢大言汝有積德。

　　夫一時在位之臣，其婚姻僚友必以富室巨家擅膏腴之地，①就居止之積，在位之臣與之黨比而憚遷，心之所爲實在此，而猶爲之辭曰：“不遷實于民計便。”又乘無知小民一時安土之情，而誑之曰：“我實爲爾計也。”此之施虛德于民，抑不思大水時至，都邑淪沒，爾之婚姻僚友其將焉往？是爾之爲之者反以害之，姑息之言爲虛德耳。故予前已告汝謀黜乃心矣，汝庶幾克黜乃傲上從康之心，公爲斯民長遠利害計，以施實德于民。都邑既定，百姓安居，爾之婚姻僚友豈不同其福。如此處事，汝乃敢告大言曰：“在先王時，我祖父率民以遷，今我又率民以遷，是世有實德及人，可謂有積德矣。”如此豈不快乎！②

　　“乃不畏戎毒于遠邇，惰農自安，不昏作勞，不服田畝，越其罔有黍稷？

　　夫汝知服田力穡乃亦有秋矣，汝乃不畏河圯大害于遠邇，而憚勞不遷，則必無永建乃家之利。如惰農不強力爲勞苦之事，不事田畝，安有黍稷可望乎？汝信可以黜從康之心矣。

　　“汝不和吉言于百姓，惟汝自生毒，乃敗禍姦宄，③以自災于厥身。乃既先惡于民，乃奉其恫，汝悔身何及？相時憸民，猶胥顧于箴言，其發有逸口，矧予制乃短長之命？汝曷弗告朕，而胥動以浮言，恐沈于衆，若火之燎于原，不可嚮邇，其猶可撲滅？則惟爾衆自作弗靖，非予有咎。

　　汝知若網在綱，當以吉言先百姓矣，乃敢不調其善言于百姓，則豈特戎毒于遠邇哉，惟汝自生毒耳！不止于不和，乃欲敗禍奸宄，內外淫亂，亦非以災人，正以自災其身耳！何也？臣者，民之先。而傲上者，下之惡也。不和吉言而敗禍奸宄，是汝帥也，帥先其民以惡矣。然則災毒之來，乃汝自奉其痛，汝悔

---

　　①　按：“僚”誤作“隙”，據文意與下文改。
　　②　按：“如”誤作“加”，據文意改。
　　③　按：“宄”誤作“究”，據《尚書正義》改。

身亦何及哉！所以乃奉其恫者何如。我視小民之中，間有能審利害之實而欲遷者，猶相顧以言箴規于上，但箴言欲發之時，即有汝等過言以排擊阻難之，不得自達耳。汝等逸口尚能制此小民，況我爲君，乃制汝生殺之命乎？爾奈何敢傲上，不以小民之箴言告朕，顧乃相與動相民以浮言，一則恐衆人以禍，謂遷都不利；一則沉衆人以惡，謂罪比于罰也。然爾之浮言搖動，勢若可畏，以我制命之權而殄滅此浮言，亦無所難。譬若火之燎于原，勢雖不可嚮邇，猶可得而撲滅之，無謂觀火之明，終于拙謀之不斷也。汝至此時則惟爾自作弗靖，所謂自生其毒，自災其身，自奉其恫，豈予之過哉！汝亦可以黜傲上之心矣！

"遲任有言曰：'人惟求舊，器非求舊，惟新。'

引此結前圖任舊人，起下不敢動用非罰非德之意。且汝之傲上從康而不遷者，殆未知我圖任舊人之意耳。遲任有言，國家用人（與用舊求）惟求舊人用之，①以其習見祖父之風，能體國家之意也。若夫用器則惟求新者耳。觀遲任之言，則我用汝臣亦求舊意也，汝亦有以付我求哉！

"古我先王，暨乃祖乃父胥及逸勤，予敢動用非罰？世選爾勞，予不掩爾善，茲予大享于先王，爾祖其從與享之。作福作災，予亦不敢動用非德。

夫我所以圖任舊人者，蓋自昔我先王已及汝祖汝父同心共政久矣。事終，相與同其逸。事始，相與共其勤。是汝祖父乃我先王之功臣，汝又爲功臣子孫，則真我舊人也乎！方人惟求舊，豈敢無罪而動用非罰以加汝乎！非惟不敢動用非罰而已，且以乃祖乃父安國家、定社稷之勞，錄於先王，尊於後世，使汝有勞固當世世簡之，豈至予之身忍獨不簡而掩爾之善乎？然之未効勞，我故不能私也，何也？茲予大享于先王，爾祖以胥及逸勤之故，其從以享之，凡後人之有功者、有罪者，先王鑒臨在上，汝祖質之在旁，作福作災，靈爽具在，予亦豈敢以私意動用非德乎？蓋賞罰之不私，汝世臣所宜効命也。

———————

① 按：此句文意不通，據語意和"器惟求新"的解說，當爲"國家用人惟求舊人用之"

　　"予告汝于難,若射之有志。汝無侮老成人,無弱孤有幼,各長于厥居,勉出乃力,聽予一人之作猷。

　　以我之待汝如此,汝臣何以稱任使耶？我告汝以遷都之事,事勢固已重大,而人情又易傾搖,誠哉其難也！然予豈以難自止哉！我志必遷,若射之必于中矣,汝等又安得復以爲難乎？蓋今日之事,小民中若老成、①若孤幼,皆有當遷之言箴其上者,汝毋侮其老成以爲老夫耄矣,無能爲也。毋弱其孤幼,以爲童子無知,不足謀也。但當各舍一時苟安之利,爲永建乃家之計耳。夫君出謀者也,臣出力者也,其勉出乃力,去從康之心,以聽我一人必遷之謀,無傲焉可也。如是,庶幾哉！相及逸勤,而我圖難之志遂矣。

　　"無有遠邇,用罪伐厥死,用德彰厥善。邦之臧,惟汝衆；邦之不臧,惟予一人有佚罰。

　　此申前賞罰以勸戒夫予于舊人不敢動用非德非罰矣。其于賞(當當)罰者何如？②夫賞罰有遠邇,非法也。予之賞罰無有遠邇,惟論其功罪焉。私心之臣用罪也,我則罰之至死,何赦于近親乎？實德之臣用德也,我即賞以彰其善,何蔽于疏遠乎？若此者何如也？永天命而紹先業,邦之善,不自善也,是汝衆用德之故,則用德者,安得而不彰？天命斷而大業隳,是邦之不善,非自不善也,惟予一人。夫罰其當罰之故,則用罪者亦安得而不罰耶？

　　"凡爾衆,其惟致告,自今至于後日,各恭爾事,齊乃位,度乃口,罰及爾身,弗可悔。"

　　此以終上文勸戒也。夫我賞罰之意如此,凡爾在庭之衆其惟以我之命出而轉相告戒。自今至于後日,各恭汝所服之事,謹職役以奉上,無從康也。齊汝所居之位,不離官次以待命,無傲上也。法度汝所言,言則稽舊服之法度,無逸口也。如是則用德而賞矣,不然,罰及汝身,可悔哉！

---

　　①　按："老"誤作"者",據經文改。
　　②　按：此句衍兩"當"字,"當"爲"賞"之誤。

# 盤　庚　中

**盤庚作，惟涉河以民遷。又話民之弗率，誕告用亶，其有衆咸造，勿褻在王庭。盤庚乃登進厥民。**①

殷在河南，耿在河北，盤庚起于耿都，思欲涉河以民遷殷，而民尚有猶豫，趨事未齊者，盤庚仍不以政令齊之，惟以話言大告之，反覆開喻，極盡懇欵之誠焉。又以將遷之時，行止參差，恐民聽言之不整也。故于有衆咸至，而戒以毋得褻慢在王庭焉，然後登進其民，命之使前而誕告之。上用誠，下用敬，雖合倉皇遷徙之際，其君民意象何如哉！

**曰：“明聽朕言，無荒失朕命。**

盤庚告民曰：“汝必精白一心，明聽朕言，無荒失朕命，尊其所聞可也。”

**“嗚呼！古我前后，**②**罔不惟民之承保，后胥慼，鮮以不浮于天時。**

此述先世君民相體，乃一篇之大意也。嘆息言，古我先王如成湯、仲丁、河亶甲、祖乙之爲君也，一遇天時之災，罔不惟民生之敬，兢兢業業以圖遷，爲民更生計也。故民亦皆保恃其君，而同致憂勤以從遷焉。君民一心，上下一體，人和既足以回天意，人謀又足以奪天機，故卒能轉危爲安，去害就利，雖有時水患，鮮不有以勝之也。

**“殷降大虐，先王不懷厥攸作，視民利用遷。汝曷弗念我古后之聞，承汝俾汝，惟喜康共，非汝有咎比于罰。**

此申上文言己圖遷之意。昔當殷時，天降河水大虐，先王不敢安居，其所以起而遷都者，惟視民利在遷而已。先王事，爾民共聞也，爾何不以所聞先王者而念我于今日乎？今我所以敬承汝命而俾汝以遷者，惟喜與汝共去危就安，亦即先王承命利作之心耳。非謂爾民有罪，而以河南爲流放罪人之所，以謫遷

---

① 按：“民”誤作“明”，據《尚書正義》改。
② 按：“后”原誤作“後”，據《尚書正義》改。

爾也。爾民乃不一念我以先王之事乎?

　　"予若籲懷茲新邑,亦惟汝故,以丕從厥志。

　　此節言君之體民,下二節言民不體君也。汝民謂先王之遷,從民志也。
今我民不欲遷,上強我耳。殊不知汝民本心利于遷,惟惑于一時浮言,則有
若我之強汝耳,使其求之本心,則予之所以招呼懷來汝于茲新邑者,實亦惟
承汝之故,以大從汝志,雖似違汝言之所不樂,實從汝心之所不言也,豈真強
汝耶?

　　"今予將試以汝遷,安定厥邦,汝不憂朕心之攸困,乃咸大不宣乃心,欽念
以忱動予一人。爾惟自鞠自苦,若乘舟,女弗濟,臭厥載。爾忱不屬,惟胥以
沉,①不其或稽,自怒曷瘳?

　　計遷已久,成遷在今,今予將試以汝遷,以安定厥邦。蓋汝等安定,則邦已
安定矣。夫遷都一舉,萬衆動移,朕亦爲此展轉于心久矣,汝宜保后胥慼也。
今汝既不憂朕心之攸困,皆大不宣布其心,欽敬思念以保后于誠心,感予一人,
然亦自取窮苦耳。何也?治裝必行,如乘舟必濟,若趑趄不前,如乘舟弗濟,必
敗所載,豈止臭厥載而已。若汝從上之忱,復狐疑而不屬,則豈復有濟理乎?
惟胥及溺而已。利害若此而不知稽,今雖自悻怒,庸損于鞠苦乎?

　　"汝不謀長以思乃災,汝誕勸憂,今其有今罔後,汝何生在上?

　　且汝不爲後日謀於先,于今保聚之樂則謂我無憂也。我有生在天也,而不
思胥溺之禍,垂及今之小以安而自狃者,乃大以憂而自勸也。今之有生于上,
乃後之無生于上也。夫怒不可瘳,而憂以自勸,汝何自誤至此哉!

　　"今予命汝,一無起穢以自臭,恐人倚乃身,迂乃心。

　　此申前宣乃心也。夫不遷之害如此,今我命汝一其心,以誠連屬,無起二
三之穢惡以自取臭焉。所以然者,蓋是非無兩在,利害無兩從,汝今既從我而
將遷矣,使爾心不一,吾恐浮言之人又將乘間相惑,得以倚偏汝之身,迂僻汝之

――――――――――――――――

　　①　按:"沉"原誤作"忱",據《尚書正義》改。

心,身心非所自有,而是非利害又且茫無中正之則矣。如起穢正以自臭,豈能臭他人哉!予命汝一者,使穢無從起也。

"予迓續乃命于天,予豈汝威,用奉畜汝衆。

夫能一汝之心,則知予之心矣。予惟以汝何生在上,故及今水患未至而遷,以迎續汝命于天也。然則我今日豈以謫遷之威脅汝哉?用以奉養汝衆,引諸生全之地耳。予之心,此其一也。

"予念我先神后之勞爾先,予丕克羞爾,用懷爾然。

予又念我神后五遷之時,爾先民之勞多矣,不可忘也。故我今日圖大能羞養爾衆,引于生全之地者,以懷念爾爲先民子孫,不忍棄之故耳。予之心,此又其一也。汝獨不知自續汝命,自懷汝先耶?

"失于政,陳于茲,高后丕乃崇降罪疾,曰:'曷虐朕民。'

此言君不圖遷則得罪于湯,所以嚴之己而起下文也。夫爲民圖遷,大政也。若我失圖于政,而久于茲耿,如此,我高后蓋首亳都以承其民者也,在天之靈必大降罪疾于我,曰:"汝爲人君,何爲不圖遷而虐害我民至此耶?"是我不爲民遷,固無辭于先王之罰矣。

"汝萬民乃不生生,暨予一人猷同心,先后丕降與汝罪疾,曰:'曷不暨朕幼孫有比?'故有爽德,自上其罰汝,汝罔能迪。

此下二節,嚴之民也。夫不爲民遷,我得罪于高后矣。若予爲民續命謀遷,而汝萬民乃不樂生,與我一人謀同心焉,則非予之罪也。我先后必大降與汝罪疾,曰:"朕幼孫不爲虐汝矣,汝何不相與同心以遷乎?"故爾有此失德,我先后自上其罰汝,汝將何道免耶?是不從君遷,亦難免先王之罰矣。

"古我先后既勞乃祖乃父,汝共作我畜民。汝有戕則在乃心,我先后綏乃祖乃父,乃祖乃父乃斷棄汝,不救乃死。

且汝不從遷,豈惟得罪我先王哉!古我先王既勞汝民之祖父,保后同遷矣。今我繼先王爲君,則汝皆我所畜之民,當如汝祖父之事先王者事我可也。汝有戕害妨國大計,則在汝不宣不一之心,雖則藏在乃心,我先后在天之靈固已知之矣，必即懷來汝祖汝父，謂汝子孫不從君遷，我將崇降罪疾，汝祖汝父亦以義不可容，乃斷棄汝命，不救汝死于先王之前矣。是汝不從遷，且難免汝祖父之責罰矣。

**"兹予有亂政同位，具乃貝玉。乃祖乃父丕乃告我高后，曰：'作丕刑于朕孫！'迪高后丕乃崇降弗祥。**

此又嚴之臣也。非惟民不從遷，難免責于民之祖父，凡我治政之臣所與共天位者，不體君安民，惟總于貝玉，乃祖乃父雖愛子孫之甚，亦不得廢公義矣。乃大告我高后曰："我子孫爲臣不忠，棄義即利，不肯率民以遷，其作大刑戮于朕孫，于是啟迪高后，大降不祥也。夫臣不從遷，且難免責于先后先臣矣。"爾民尚何聽其浮言，迂倚而不屬于忧哉！

**"嗚呼！今予告汝不易，永敬大恤，無胥絕遠，汝分猷念以相從，各設中于乃心。**

此又申予命汝一之意也。夫古今利害，神明責罰，既爲民言之矣，又歎息言我告汝民以遷都之難，事體人情誠非易事，然豈以難自阻哉！耿圯河水，我心之所大憂恤者，汝當永敬體悉我心，無相絕遠而誠之不屬也，何也？安定厥邦，我之所圖者大也，汝必爲君分圖之，謀長以居，聽予一人之作猷也。用懷汝然，我之所念深也。汝其爲君分念之，欽念以忧以紓朕心之攸困也，斯爲有永敬之實矣。然不能中爾之心，亦安能敬君之心乎？蓋利害之所在，即是非之所在，自有不偏不二之則本在人心，何待于設也。正緣心動于偏，則中之理亡矣，必各以此中設之于心，使此心卓有定主，所見自有折衷，而人之倚乃身、迂乃心者，自不煩于恐矣。然則設中者，又永敬之本也，以此從遷，亦何難乎？

**"乃有不吉不迪，顛越不恭，暫遇姦宄，我乃劓殄滅之，無遺育，無俾易種于兹新邑。**

此嚴明號令以防害遷者。既誘民從遷矣，又恐遷徙在道之時，奸人乘隙生變，故號令之曰："乃有不善而爲不道之人，顛隕踰越不恭上命，面從遷徙而中道放逸皇惑者,及暫時所遇爲奸爲宄,乘虛抵隙而劫掠人在道者,皆不善不道人也,我小則劓之,大則滅其種類,不使更生稂莠于新造之邑也。"

**"往哉！生生,今予將試以汝遷,永建乃家。"**

此篇終飭以起行也。蓋將遷之時,恐人猶懷舊土而未知新居之樂,故告之曰:"汝萬民乃不生生,徒以耿爲家耳。豈知此乃不可久之家乎？汝其往新邑哉！迓續于天而有生在上,可以保聚而樂其生年,可以展布而興其生事,生生之樂何如也！故我今日將以汝遷者,正欲汝生生于此,以永立乃家,爲汝世世計無窮耳。區區沃饒之利,視此生生永建之利,孰多孰長也？而當更戀之乎？其即從予往哉可也！"

# 盤 庚 下

盤庚既遷,奠厥攸居,乃正厥位,綏爰有衆。

盤庚既遷新邑,既小定其官府、民廛、井邑之居矣。蓋百官上下各雖分已素閑然,遷徙動搖之餘,亦各隨便頓置,上下不暇以次也。至是乃始正其分守之位,因而呼集臣民,慰其勞而安其心也。

**曰:"無戲怠！懋建大命。**

今國家新造,正命脉攸係之際也,其可仍前傲而失之戲,從康而失之怠耶？惟以國家大命雖在于天,而立之自我,相與各勉于勤,臣務其職,民力其生,上下精神鼓動一新,使國家大命更從今鼎建也。不然,一切苟且之習勝,而紀綱風俗自此微矣,其可哉！

**"今予其敷心腹腎腸,歷告爾百姓于朕志,罔罪爾衆,爾無共怒,協比讒言予一人。**

此開釋其疑也。爾臣民多有疑懼者,以未知我志耳。今我將此心腹腎腸一一布露,盡告爾百姓以我志所在焉。夫汝往日未遷之時,傲上從康,有罪矣。我今舉不欲追罪爾衆,爾不必更懷怒怨,彼此協比讒言我一人,謂我于事定之後猶有罰罪之行也。惟聽我志之所告耳。

　　"古我先王，將多于前功，適于山，用降我凶德，嘉績于朕邦。

　　我志何在？在古先王之績耳。古我先王成湯，以契居亳，民皆安其居，遜其倫，厥功大矣。而後之屢遷，前功幾墜，故欲增脩前人之功于不替，乃復尋彼前迹，適彼亳都，依山遠水，崇厚爽塏，用能下去河德之凶災，消斯民沉溺重墜之疾，開一代敦龐凝固之風。于此行王德，于此釐耿命，嘉美之績煥在新邦，而前功果于是乎多矣。

　　"今我民用蕩析離居，罔有定極，爾謂朕曷震動萬民以遷？

　　夫先王都亳，以降凶德如此，今耿爲河圮，我民四散避水，蕩析離居，無有定止。我之圖遷，亦正爲民陶此而德也。汝乃謂我何故震動萬民以遷耶？①

　　"肆上帝將復我高祖之德，亂越我家，朕及篤敬，恭承民命，用永地于新邑。

　　此正言己志也。夫圖用舊人而致嘉績以多前功者，此高祖之德也。凶德屢搖，而高祖之德浸微矣。肆上帝不泯我高祖之德而將復之，以治及我國家，使多功美績視諸前而有光，長治久安及于今而未艾，故我與一二篤敬之臣，深知體國而無戲怠者，相與敬承斯民將絕之命，決意遷殷，用長居于此新邑，庶幾亦多于成湯之功也。

　　肆予冲人非廢厥謀，弔由靈各，非敢違卜，用宏茲賁。

　　此申彼此之情以釋其疑懼也。爾陞民不欲遷，而予冲人必欲遷，似乎廢汝謀矣，其實非廢爾衆謀而不用也。汝衆之中自有篤敬之臣、箴言之民以爲當遷者，我今決遷，究竟所至，正是用汝謀之善者耳。是我雖違衆而實從衆也，汝何疑于我乎？我卜曰："其如台矣。"而爾臣民不欲遷，似違卜矣，其實非敢違卜也。汝意亦曰：草率遷都，而國勢因之搖動，不若仍居故土以俟水患之自定而安，重鎮撫之以弘此大業于無疆耳。是汝雖違卜而實愛國也，我何疑于汝

────────

　　①　按："謂"原作"爲"，據語意改。

102

乎？汝、我之志明白洞達，可以安然于上下之間矣。

"嗚呼！邦伯師長，百執事之人，尚皆隱哉！

此下告臣也。嘆息言新遷之民，生理未復，凡我庶邦之伯，官師之長及大夫以下百執事，庶幾惻然憫痛此民也哉！

"予其懋簡相爾，念敬我衆。

且汝臣知朕志耶！我今黾勉精力，簡擇汝等可任而任之，不可任而舍之，予以勸導鼓舞，爾臣相與憫念，敬承民命，措之安居樂業中耳。

"朕不肩好貨，敢恭生生，鞠人謀人之保居，敍欽。

予所以懋簡相爾者何如？羣臣中有具貝玉者，意不在民，不念敬我衆者也，我則舍之不任矣。有勇于敬民，以民之生生爲事，使鞠人有養者，謀人自營者，各得保其居止，此能念敬我衆者也，我則敍而用之，欽而禮之矣。所以懋簡相汝者如此。

"今我旣羞告爾于朕志若否，罔有弗欽。

夫所任若彼，所不任若此，朕志不難知也。旣進告汝矣，汝臣惟能如我所勉，斯可謂之能順朕志。而昔之不從遷，不足謂之不順朕志也。二者，汝深念之，無有不敬可也。

"無總于貨寶，生生自庸。

欽予之志何如？君子不以一身爲利，而以民生爲利，無或如故習總于貨寶也。惟一意爲民，敢恭生生，使貧富各足爾庸多矣。雖無貨寶，其何傷乎？蓋貨寶與民功不俱聚，爲彼則失此，君子非無賄之患，而念民生之難也。故汝敬我志之所否，無總貨寶是矣。敬我志之所若，生生自庸是矣。

"式敷民德，永肩一心。"

此又終期之。夫敢恭生生，此及民之功也，亦爲民之德也，民功民德皆在汝一念痛民之心耳。今汝欽朕之志，恭民之生固已敬布民德矣。然豈一時然哉！必久任此心，不雜他好，民之生生無窮，心之恭生生者亦無窮也。如此，予志且有終乎？而新都大命自此永建矣。

# 說 命 上

　　王宅憂,亮陰三祀,旣免喪,其惟弗言。羣臣咸諫于王,曰:"嗚呼! 知之曰明哲,明哲實作則。天子惟君萬邦,百官承式,王言惟作命,不言,臣下罔攸稟令。"

　　高宗喪父小乙,居于亮陰。亮陰即梁闇,天子居喪之次也。古者,諸侯、大夫遭喪,居倚廬。倚者,謂于中門之外東墙下倚木爲廬。大夫、士不降,諸侯加圍障,天子則又加梁楣,故謂之諒闇也。三祀之内,百官聽于冢宰,天子不言,禮也。三祀之外,免喪矣,而惟不言,禮之過也。故羣臣咸諫于王,曰:"嗚呼! 人君全體虛靈之性,造極淵微之學,其于性理事幾皆先天而知,是曰明哲。然豈徒自明哲已哉! 將以式命四方,凡萬幾權度于焉折衷,于焉取正,實以作則于天下也。故雖盛德之君不容無言矣。今天子即吉,君臨萬邦,百官皆洗心傾聽,以待王言之出而奉以爲法,正明哲作則時也。王今日言則可以爲號召天下之大機,可以爲飭正人心之大典,而臣下有所奉行,苟蘊德不言,則政教之發,百官無所稟令而行矣。寧無負天生明哲之心,百官承式之望乎?"

　　王庸作書以誥,曰:"以台正于四方,台恐德弗類,①兹故弗言。恭默思道,夢帝賚予良弼,其代予言。"

　　高宗因羣臣之諫,乃用所以不言之意作書以誥,曰:"我非不欲言也。居天下之上,必有德而後有言,以我作則而正于四方,恐明哲之德不類于先王,故不敢易于言,而惟恭敬靜默以澄心,聚神致思夫明哲者何所明,而作則者是何則也。幸而夢寐之間,神通上帝,若賚予以良弼焉。蓋道與之貌,而天與之形也,其庶幾代予以言矣。然則予何言哉!"

---

　　① 按:"台"阮元勘本《尚書正義》作"惟",宋本《尚書正義》、宋本蔡沈《書集傳》中皆作"台",湯氏據《書集傳》來,故不改。

**乃審厥象，俾以形旁求于天下。說築傅巖之野，惟肖。**

高宗之夢蓋有日矣，徧觀羣臣，默加求訪而未得。故因言及之，且意天下之必有是人也，乃追想夢中之象，而以物色旁求于天下，所在無似也。至于虞虢之間，說築居傅巖之野，其地僻，其人微也。取圖驗之，惟肖焉，精神氣色宛在丹青矣。至是則前日之夢若非夢，而恍惚之中有真；今日之見非始見，而象帝之先有契。君臣異遇一至此哉！

**爰立作相，王置諸其左右。**

高宗得說，與之語，果聖人，于是立爲相焉，代言寄之矣。尚未暇及于朝政庶事也，而王先置說于左右焉。蓋君心，天下本也。置諸左右，可以論思于淵默之中，補闕于幾微之際，此高宗得命相之本也。

**命之曰："朝夕納誨，以輔台德。**

高宗既置說左右矣，乃命之曰："相爲上爲德，況台德又弗類乎？必或朝或夕，無忘獻替以輔我德，啓發其機，涵養其性也。"

**"若金，用汝作礪；若濟巨川，用汝作舟楫；若歲大旱，用汝作霖雨。**

我之望汝誨也，豈不切哉！若金然，用汝作礪，磨其鈍資而發其精輝也。夫金非礪，止于不成器而已。濟川無舟楫，將若之何？若濟巨川然，用汝作舟楫，引我望洋而登于彼岸也。巨川無舟楫，止于不濟而已。大旱無霖雨，將若之何？若大旱然，用汝作霖雨，轉我生意之微而沛以迎機之潤也。我之望汝，朝夕漸以深如此。

**"啓乃心，沃朕心。**

汝當何以付吾望也，納誨輔德而已。汝有誨，則在乃心啓而後盡也。朕有德，則在朕心沃而後滋也。汝必大開心中之蘊，或朝或夕，知無不言，言無不盡，于以沃朕之心，斟酌飽滿而無深微不入之處，優游灌注而無扞格不二之機，真如江河之浸，膏澤之潤，渙然心釋，怡然理順，誨之所納者盡，而德之所輔者深。予之望始爲不虛矣。

**"若藥弗瞑眩，厥疾弗瘳。若跣弗視地，厥足用傷。**

且啓心沃心有不得不然者。蓋人臣言必苦口，而後使君過除也，苟汝心啓之不盡，即有誨也，而非苦口之言矣，心之病無由去矣。如藥不至瞑眩，疾不瘳也。人君心有見處，而後視履詳也。苟朕心沃之未至，則雖有行也，而非有見之行矣，履之錯所必然矣。如跣不視地，足用傷也。然則汝安得不相啓沃也乎？

**"惟暨乃僚，罔不同心以匡乃辟，俾率先王，迪我高后，以康兆民。**

夫左右朝夕固以己事君矣。而爰立作相，則卿士而下皆其僚屬也，又有以人事君之道焉。必不獨啓乃心已矣，以及乃僚亦罔不同啓沃以正其君，而凡政教之有違德者，相匡救焉。若此者，而豈徒哉！蓋以高后成湯表正萬邦，而遺安民之迹于後，我先王太甲而下固嘗蹈之以安民矣，茲惟率屬匡辟，俾率循先王所以蹈成湯政教之迹以安兆民，使禮樂教化蔚然于安居樂業中也。如此，則德庶其克類，而可正于四方矣。此非宰相下統百官，上佐天子之事哉！

**"嗚呼！欽予時命，其惟有終。"**

高宗命說矣，又嘆息言以己事君，以人事君，朕命如此，其欽予此命，必啓心納誨，必同心匡辟，其惟有終，而無負此命可也。

**說復于王曰："惟木從繩則正，后從諫則聖，后克聖，臣不命其承，疇敢不祗若王之休命？"**

此說答"欽予時命"之言，因以廣其從諫之量也。說復命于王，曰："輔德匡辟，王固欲臣之諫也。然諫非難，受諫爲難。木非生而皆正，從大匠之繩則可得而正矣。君非生而皆聖，從臣下之諫斯可得而聖矣，諫可不受乎？夫爲后者，惟無從諫也，若果能從諫以成其聖德，則主聖臣必直，雖不命臣言，猶且竭精神，露情愫以承之，況今輔德匡辟之命詳切如此，誰敢不敬順王之美命，以自負聖明之期者乎？然則吾王固當受諫，無患臣之不諫也。不然君雖命之，亦安必臣之得終其命乎？"

# 說 命 中

**惟說命,總百官。**

史將敘說進諫,先以委任之重言之,相職在總百官,人君命相固有常職,然權之輕重亦視其人之等差。惟傅說立相矣,而高宗又命以總百官,則任之重也,所謂皆聽命于冢宰也。

**乃進于王,曰:"嗚呼! 明王奉若天道,建邦設都,樹后王君公,承以大夫師長,不惟逸豫,惟以亂民。**

傅說將言憲天,而先起以明王奉天之意。進戒于王,曰:"嗚呼! 天道之行于萬象品物也,高卑大小皆有定序。古昔明王奉順天序而制禮,奉順何如?即天下之地而分建大邦小邦,又即各邦之中而參設大都小都,邦既建矣,主之不可無人也,則樹后王爲天子者,居大邦以主天下。樹君公爲諸侯者,居小邦以主其一國,皆有君道焉。都既設矣,處之亦不可無人也,則于后王之天下,承以大夫師長,使處大都以贊治。君公之下承以大夫師長,使處小都以佐理,皆有臣道焉。夫制爲君臣之禮,以尊統卑,以下承上,皆明王奉順天道而爲之也。若此者,非以天下奉一人徒逸豫而已。惟以天有惠民之心,不能以自爲,君有奉天之責,不能以獨運,是惟體統嚴而分守有定,脉絡貫而經理益周,君以贊天,臣以贊君,凡以治民焉耳。后王而有明王之思也,其求端于天哉!"

**"惟天聰明,惟聖時憲,惟臣欽若,惟民從乂。**

夫君臣皆有奉天治民之責,而君者,臣民之則也,天又君之則也。爲君者豈可自用其聰明哉![1] 惟天在上,非有所視聽也。然出王游衍,信而無私,神而有常,清通之德無微不徹,何聰明也! 天之聰明無所不在,人雖稟天虛靈,而一私少萌,則于耳目間事即有不見不聞者矣。惟聖君法天聰明,所以照百官,

---

① 按:"聰明"原作"聰民",誤。

察萬民者,一以天則行之,此中湛然無有纖翳。天下雖大,影响不齊,皆在吾心體中矣。以此代天言,代天工也,則天者固聖人之耳目,而聖王者即時人之耳目也。天則所在,聖人不能違,而況于臣乎?又況于民乎?是故朝信道,工信度,邦都之臣自不能異其議矣。國不異政,家不殊俗,邦都之民自不得行其私矣。惟聖憲天,故宣聰明。惟臣民憲聖人,故不能出聰明之外。如此,所以謂奉若天道以乂民者,其分始盡矣。

　　"惟口起羞,惟甲胄起戎,惟衣裳在笥,惟干戈省厥躬。王惟戒茲,允茲克明,乃罔不休。

　　此憲天所當戒者。謂言語本以文身也,輕出不謹,則千里之外違之,反以起羞矣。甲胄本以衛身也,輕動不謹,常有所備在此而患生在彼者,反以起戎矣。二者所以爲己,而常慮其患于人乎。衣裳以命有德,輕予不當,然後悔而褫之,褻矣。惟常謹于在笥,待人而後與也。干戈以討有罪,輕動失威,然後悔而戢之,晚矣。惟省于在躬無闕而後動也。二者所以加于人,而當審于己乎!吾王憲天,惟于此四者戒其輕可也,若主信能致戒于此,而克明其號令賞罰之則焉,然後其惟不言,言乃雍,天言也,而足以作令矣。賞乃不僭,刑乃不濫,天命天訓也,而足以勸懲矣。豈有不休者乎?若夫不戒不明,未有能休者也。

　　"惟治亂在庶官,官不及私昵,惟其能。爵罔及惡德,惟其賢。

　　此憲天用人也。夫照臨百官,乃憲天聰明之大者,惟天工之治亂何在乎?在大夫師長之庶官也。庶官治則天工治,庶官亂則天工亂,庶官所係之重如此,可以不謹乎?王者以天聰明照天下士,論定而後官之,任官而後爵之。官者,其所攝事。而爵者,其所秩之位也。官以待能,非爲私昵也。王之論官,慎無或有心而私所親愛者,惟其能理天事官之耳。爵以待賢,非爲惡德也。王之班爵,罔或失察而及于奸邪,惟以賢有德者爵之耳,如此則天無曠治乎?

　　"慮善以動,動惟厥時。

　　此憲天而動也。天道時行物生,人心效動亦皆有天則,所謂至善也。而時即天則之流行而不滯者,動不慮善,善不如時,非聰明也。必將有動也,不敢以

□動也。淵密以思，當而後動焉，而所爲善動者又惟其時，先天後天，消息隨宜，乃所謂善也。此天聰明之盡者乎？

"有其善，喪厥善。矜其能，喪厥功。

此憲天所以持滿也。天道，有而不居，是以不去也。惟聖憲天，則日新之謂盛德，善何足有乎？苟自有其善，則以實視其有而不復虛待有，己不加勉而所得之善且虧矣，故喪厥善。富有之謂大業，能何足矜乎？苟自矜其能，則是以一己之能爲能，而不以天下之能爲能，人不效力而已，成之功且墮矣，故喪厥功。夫自有之善，自矜之能，皆人之作聰明也，必天聰明，自虛而無盡矣。

"惟事事乃其有備，有備無患。

此憲天而爲備也。天道常先于未然，人事止期于無患耳。故人主或先天以立法，或後天以盡制，皆事也。若但用人之聰明，則疏于事而忘備，或反以其事而生患者有之矣。必以天聰明，事其事，而凡萬幾之大小無不悉其機宜，周其要會，乃爲平日有備耳。蓋但據現在以豫將來，則可謂有備矣。事既有備，則可以消未萌，可以弭卒至，何患哉！

"無啓寵納侮，無恥過作非。

此憲天以窒慾也。正大者，天之性情也。聖主用情，有所愛則天下以爲恩，不愛則天下以爲威也。何至啓寵納侮乎？況人主尊居人上，本不宜有侮之者，而侮乃生于所寵。夫寵本非以求侮，而小人幸恩已極，則以爲常，然而相戲弄者，勢也。夫人主私有所寵，已非天光下霽之體，而甚至于納侮，將何以令天下？見乎吾王甚無苟于嚬咲，輕于恩澤，偶以開寵幸之門，而反以招細人之侮也。光明者，天之心體也。聖主有過動，則與天下共見之，既改，與天下共證之。何至恥過作非乎？況人君偶或一失，夫豈至于爲非者，而非常生于恥過。夫恥本安于過也，而思以文飾其媿，則以爲當然而故終之者，情也。夫人主一有所過，已非天則順動之宜，而況至于遂非，何以爲天下則乎？吾王慎毋安于隱愧，護于私慝，恥一時之過，而反以作矯誣之非也。此二者皆非聰明之主所必有，而天聰明者所必戒也。

"惟厥攸居，政事惟醇。

此憲天宅心也。夫心者，天之所居。政事，又所居之所出也。不惟其居，而惟其政事則有醇有疵矣。誠知求天之政事，當求天于心也。惟一私不搖，一念不遷，安然道心之正，湛然天德之寧，由是即心即政，即事即心，所居惟天聰明，所出亦惟天聰明，未有王心純粹以精，而王政王事之流露者乃小有疵礫也。此政本也。

"黷于祭祀，時謂弗欽。禮煩則亂，事神則難。"

此憲天以事神也。先王憲天聰明，通于幽明之故，爲之祭有時，不可瀆也。祭有禮，不可煩也。若瀆于祭祀，常常而祭焉，則是近而狎之，反爲不敬矣。若禮煩而過于陳設俯仰，然則反無品節而亂矣。二者，非所以交于神明也。以是事神則難矣。蓋神以聰明正直，精靈配天，事之以時以禮，猶無常享是懼，而況瀆且亂乎！

王曰："旨哉，說！乃言惟服，乃不良于言，予罔聞于行。"

高宗有動于說之言，嘆曰："旨哉！有味乎憲天之言也！信可措于行，以之戒己，罔不休。以之用人，罔不當。以之處事而事宜，以之宅心而心正。今日予有所聞于行者，深賴汝之良于言也。使爾蘊此妙旨而不言，則予于身心舉措之際，將何所聞而服行哉？旨而可行，朕心知之矣。"

說拜稽首，曰："非知之艱，行之惟艱。王忱不艱，允協于先王成德。惟說不言，有厥咎。"

說遂責高宗以行，而拜稽首曰："臣爲王言憲天矣，王以爲旨且良，王既知之矣。然而感悟于敷陳之頃，雋求于傾聽之時，此固恭默之所優，而明哲之餘事也，不足爲難。必非徒知之，實允蹈之，則真能憲天者也，乃爲難耳。然行之難，在不忱耳。王能確然以臣言爲必可行，以天爲必可憲，則志至氣至，行之自不見其難矣。夫行由忱而力，則德由行而成。天生聰明者，先王之成德也。憲天聰明者，吾王之成德也。蓋非徒行之，信合于先王成德矣。至此則有言即服，臣何爲而不旨于言也。有言即行，臣何爲不良于言也。此時不言，所謂有君而負之,厥罪大矣。蓋王之德無窮,而臣之意亦未有窮也。王不以行爲難,臣豈當以言爲難哉！王但行之,使臣得盡言之可也。"

# 說　命　下

王曰:"來,汝說！台小子舊學于甘盤,既乃遯于荒野,入宅于河,自河徂亳,暨厥終罔顯。

此高宗歷敘廢學之因也。來,汝說。我小子舊嘗學于甘盤,既而先王欲吾習知民事,遂退而遯于荒野,又入若于河,後入于亳,遷徙不嘗,①因以廢學。于學之理終無所明也。

"爾惟訓于朕志。若作酒醴,爾惟麴糵。若作和羹,爾惟鹽梅。爾交修予,罔予棄,予惟克邁乃訓。"

夫學終罔顯,我之志或迷于所往矣。爾惟訓之,啓其向往之機,開以從入之路,俾其終顯可也。然其相資之切何似乎？若作酒醴,非麴糵不成,爾惟我之麴糵焉,甘苦之言並入,而後君志爲之釀成也。若作和羹,非鹽梅不和,爾惟我之鹽梅焉,醎酸之義適調,而後君志爲之和平也。夫我望汝訓志之切如此,汝當何如哉？必也損予之太過,而援其所不及,可否剛柔交相濟以脩我之德,真若麴糵鹽梅交故其用而各成其中可也。汝勿以學終罔顯,行之惟難而棄我,我尚能力行汝之訓志也,惟汝盡言哉！

說曰:"王,人求多聞,時惟建事。學于古訓,乃有獲。事不師古,以克永世,匪說攸聞。

此說欲高宗反己以爲學也。說曰:"王,人君以務學爲急務,學以思古,爲先王以感舊學而求訓志也,意在求多聞哉！夫人求多聞于人者,何也？不過欲廣有所得,以建永世事業耳。然所謂學者豈有外訓志,而所謂訓者,亦豈能有

---

① 按:"不嘗"疑當作"不常"。

加于帝王之謂乎？蓋學于人師，而不自學于古訓，則理無所證，心無所得，一離其師，而學終罔顯矣。惟古訓者布在方冊，不與人而存亡，隨身心而體驗者也。盡心而學于古訓，深究其脩己治人之理，乃可漸次而有得焉。蓋前事之不忘，後事之師也。不然，而徒求建事，不師古訓，以能永世無愆，非說所聞矣。然則古訓不可不學明矣，王其亦自學古訓以訓志乎！"

"惟學遜志，務時敏，厥修乃來。允懷于茲，道積于厥躬。

惟學何如？古訓者，古人之精神在也，心不虛而平，則不能深入其理，必也遜順其志，而有所不知不能，抑心下意以迎之，惟恐一念不虛，而與微妙之訓相牴牾也。而所以遜志學古者，又且時敏以進焉，如此而脩，則其所脩者理脈漸以通，心境漸以明，古訓中之精意乃若有所來矣，而猶未也。起此念者多，持此念者少，信能念茲在茲，有細密之功，有精進之意，潛心既久，取數日多。蓋時有所來，時有所集，而道之在古訓者且積于厥身矣。

"惟斆學半，念終始典于學，厥德修罔覺。

此學之全功也。學以立體，固學矣。至于以所學治人，則脩道之教，所以達用，亦居學之半焉。蓋合明德、新民，乃爲大人之學。而作君作師，其理一于古訓中備也。始而自學，固當允懷。終而教人，又豈可以他念乎？必也終始念念常在于學，學之于意知心身，亦學之于家國天下，始終此志之遜，此時之敏也，如此久之，體驗益廣，融貫益深，隨體用以發其機，合內外以成其性，往之脩而來以積者皆精義入神，利用安身，而莫知其所以脩矣。夫自始學而典念皆學也，乃來而罔覺，則所獲深矣。此于多聞之求何如也！而永世之事，其亦以此建哉！

"監于先王成憲，其永無愆。

此學之近的也。心學之妙固得于古訓，而建事之法當學于先王，蓋我先王能自得師而建中垂裕，其所以事克永世者有成法焉，亦自學古中來也。學以古訓而不以成憲，或有愆于時者矣。必也以古人之道貫通先王之法，而終不敢以不遜之志紛更之，以不敏之志墮廢之，則舉動皆有所準，經久自無所差。蓋脩罔覺,固已無愆,而循法而治,其永永無愆矣。夫終始典學而德罔覺,回視廢學而終罔顯者,何如監成憲而永無愆,則與事不師古而罔克永世者,所獲孰多也?王其古人之學而先王之監哉!無徒求多聞于人也。

**"惟說式克欽承,旁招俊乂,列于庶位。"**

即王交脩之言求多聞之意,豈不欲說廣招俊乂士哉?顧王心無所得,而動有所愆,則雖有俊乂,亦不得而用之矣。王誠德脩罔覺而事見于無愆也,則學術精神相得于上下,黜陟臧否不至有異同,說于此時用能敬承王意,旁求俊乂布列于庶位,鹽梅麴糵代自有人,而甘盤之後當不止一象求之說而已也。此說之至願而有不易以自遂者,可徒望說以交脩而不望學以爲臣展布之地哉!

**王曰:"嗚呼!說,四海之內,咸仰朕德,時乃風。**

此後別是一段,乃高宗感動傅說以輔己作聖而說自任也。王曰:"嗚呼!說,人心之觀瞻在朝廷,朝廷之輕重在輔相。台德蓋弗類矣,而四海之內皆仰朕德,若曰中興之治其在茲乎!若此者,豈其朕德風之哉,惟乃風耳。啓帝心于夢寐,得良相于丹青,爰立以來增重多矣。是以風采流聞,海宇動色,而傾心仰朕,若將朝夕見德化之成也。"

**"股肱惟人,良臣惟聖。**

四海仰德,既汝風矣。然非輔君作聖,何以慰其仰乎?夫君臣相須,舟楫鹽梅未足以喻也。人非股肱不成其人,股肱惟人矣。亦猶君非良臣無以作聖,必有良臣焉,則啓沃盡而君爲從諫之聖也,聰明開而君爲憲天之聖也。股肱良而元首聖,所賴豈淺淺哉!

**"昔先正保衡,作我先王,乃曰:'予弗克俾厥后惟堯舜,其心愧耻,若撻于市。'一夫不獲,則曰:'時予之辜。'佑我烈祖,格于皇天,爾尚明保予,罔俾阿衡專美有商。**

君臣惟聖,不觀先正乎?昔先王正保衡作起我先王成湯之治,其自言曰:"予既爲堯舜其君出矣,而吾君不爲堯舜之君,非君不能堯舜,乃予不能以堯舜之道使之也。其心愧耻,若撻于市矣。"予既爲堯舜其民出矣,而萬方之內設有一夫不得其所,非君之罪也,是我不能納之于堯舜之治,予之罪也。保衡之任如此。是用能佑我烈祖以一德相師,以見知相輔,致堯舜之道于其君,以故治化格天,與天之盡物者相流徹也。蓋君果爲堯舜之君,民果爲堯舜之民,夙昔所以自任者誠無負,而有商良相之美,保衡專之矣。今汝所任者,亦保衡之任也,庶幾精白一心以相保助,使我同德于烈祖,而重格于皇天,無使阿衡獨擅股肱之烈于我商家可也。如是,說真有良臣之風矣。

　　“惟后非賢不乂,惟賢非后不食。其爾克紹乃辟于先王,永綏民。說拜稽首曰:‘敢對揚天子之休命。’

　　此又敘君臣相遇之難而深責望之,且說知君臣相遇之難乎! 自古君臣相與,君擇臣,臣擇君也。君必待賢而治,有其君而無其賢,則治不可致,君遇臣之難也。賢亦俟聖主而食,有其臣而無其君,則祿不可縻,臣遇君之難也。夫以其相遇之難也如是,而我乃得汝于夢寐之中,則后遇賢矣。汝應我于旁求之際,則賢遇后矣。蓋自幣聘以來,惟此丹青之遇固千載盛事也。其汝必能保予以繼汝君于先王之盛德,若保衡之克俾其君爲堯舜也,于以永安四海之民,使仰德化者真見德化之有成,亦若先王之民無一夫不獲焉。必如是,乃爲匹休保衡,以對于天下,且無負我君臣相遇之盛矣。此固予所深望,而說亦優爲者哉。說于是拜稽首,而言曰:“輔君以紹先王永綏民,此天子之休命也。說敢對揚此天子之休命。蓋堯舜君民今雖未見于行也,而自信其力量之所到則固,內之可對于己而無歉,外之可揚于人而非誇矣。說之復高宗者如此,惟后惟賢,信能相與以有成哉!”

# 高 宗 肜 日

**高宗肜日,越有雊雉。**

　　高宗于祭七廟之明日,又祭禰廟,非禮也。越有雊雉入廟,鳴于鼎耳,天告以宗廟之失,審矣。

祖己曰："惟先格王正厥事,乃訓于王曰:惟天監下民,典厥義,降年有永,有不永,非天夭民,民中絕命。

祖己將欲訓王而先述其意,曰:"事本于正王祭禰廟,王之事失矣。王心在祈求年,心之失也。今我惟先格王非心,然後正其豐昵之事焉。"祖己乃訓王,曰:"天監視下民,豈有私哉!主于義耳。所行義則降年永,不義則不永。其不永者,非天夭折其民,民自以非義中絕其命耳。天命不可求如此。然則行王之義而已!禱祀豈永年之道哉!"

"民有不若德,不聽罪,天既孚命正厥德,乃曰:'其如台?'"

夫天監民在義,而義則民之德也,民有棄德而不順者,或又忽正言而不服其罪,天亦未即絕之,既以妖孽爲符信而譴告之,天心可謂仁矣。乃又曰:"妖孽莫如我何。"而終不若德,不聽罪也,如是而天降不永,豈非民之自絕乎!

"嗚呼!王司敬民,罔非天胤,①典祀無豐于昵!"

此正事也。嗚呼!王爲萬民主,職在敬民,使民如承大祭者,王之義也,王之事也。徼福于神,非王事也。況祖宗七廟,無非天之胤嗣,王祀其可獨豐于禰廟乎?此王事之失也,王其政之哉!

# 西 伯 戡 黎

西伯既戡黎。祖伊恐,奔告于王。

史敘祖伊危迫告王之因。謂西伯文王受命專征,因黎不道,伐而勝之,是周家功業稍高,王兆漸著。殷祖伊者,祖己之後,世臣也。念周興,殷將亡,恐懼,自其私邑奔告,悮②王焉。

曰:"天子,天既訖我殷命,格人元龜罔敢知吉,非先王不相我後人,惟王淫戲,用自絕。"

---

① 按:"胤"原誤作"民",據《尚書正義》改。
② 按:"悮"當爲"悟"。

曰:“天子,天旣絕我殷命,似不復以王爲子矣。何以知之? 格人通徹天心,元龜紹介天明,皆能先知吉凶者,今皆罔敢知吉,則天絕我可知。非先王在天之靈不佑我後人,惟王淫戲,用自絕于天耳。雖先王愛子孫之甚,亦安所禱乎?”

**“故天棄我,不有康食,不虞天性,不迪率典。**

王旣自絕于天,故天棄殷,不有康食,屢無年矣。無食,故骨肉相棄,不虞天性矣。民飢盜起,法不能禁,不迪訓典矣。天之棄我一至是哉!

**“今我民罔弗欲喪,曰:‘天曷不降威? 大命不摯?’今王其如台?”**

天已棄我矣,而今我民又無不欲殷亡者,皆曰:“天何不即降威于殷,而受大命者何不至也。”今王其無如我何,不復能君長我矣。夫民又欲天速亡殷如此,臣恐王之無日哉!

**王曰:“嗚呼! 我生不有命在天。”**

祖伊之言痛矣,王乃曰:“嗚呼! 民雖欲亡我,但我之生獨不有命在天乎? 是祖伊恐,而王殊不自恐也。”

**祖伊反曰:“嗚呼! 乃罪多參在上,乃能責命于天?**

祖伊不復有言,而嘆曰:“嗚呼! 不得罪于天者乃可責命于天,今汝淫戲自絕之罪多列在上,天棄久矣,乃能責命于天耶?”

**“殷之即喪,指乃功,不無戮于爾邦。”**

夫殷旦夕亡矣,何者? 指汝所積之事狀,無非淫戲者,必不能免戮于汝邦矣! 柰之何哉!

# 微　子

**微子若曰:“父師、少師,殷其弗或亂正四方,我祖厎遂陳于上,我用沈酗于酒,用亂敗厥德于下。**

此微子惟始悲終以謀于箕子、比干也。若曰:“父師、少師,殷之無道,無望其或能治正四方,反正之期萬分無一也。然殷之天下乃我祖成湯脩德創業,致功陳列于上,世世守之可也。至于我乃用淫酗于酒,亂敗其德于下,忝厥祖哉!”

“殷罔不小大好草竊姦宄,卿士師師非度,凡有辜罪乃罔恒獲,小民方興相爲敵讎。今殷其淪喪,若涉大水,其無津涯。殷遂喪,越至于今。

惟不能正治天下,故民無小無大皆好草竊爲姦爲宄,而上之卿士亦皆相師非法,縱其奸盜,無有得罪者。而小民漫無畏懼,方且起而相爲敵仇,紀綱蕩然矣。今殷淪喪之形若涉大水,茫無津涯可泊也。不意殷遂喪,至于今日乎!

“曰:父師、少師,我其發出狂,吾家耄遜于荒。今爾無指告予顛隮,若之何其?”

此更端以問救難之策。父師、少師,我其發出顛狂無道,吾家老成人皆避荒野,惟父師、少師在耳。汝乃無所指告我以顛隕隮墜之事相引于淪喪之時,我將如之何哉?坐視國家之變,殆非我臣子之心也。

父師若曰:“王子,天毒降災荒,殷邦方興沉酗于酒。

此箕子答微子沉酗于酒之語。曰:“王子,汝殷用沉酗敗德于下者,人事不至于此,實天毒降災以荒亂殷邦,且殷方興而淫酗于酒,其醉未艾也。”

“乃罔畏畏,咈其耇長舊有位人。

此答發狂耄遜之語,言耄遜于荒。夫耄者,耇長舊有位人當敬畏者也。殷方酗狂,曾不畏所當畏而反逆之,欲不去也得乎?

“今殷民乃攘竊神祇之犧牷牲,用以容,將食無災。

此答草竊之語。今民豈特草竊已哉,乃至祀天地之犧牷牲禮之最重者,亦公然攘竊,有司用相容隱,民將食之,且無災也。

“降監殷民,用乂讎斂,召敵讎不怠,罪合于一,多瘠罔詔。

此答相爲敵仇之語。予謂小民方興,相爲敵仇,此非自小民始也。下視殷民,凡上所用以治之者,無非斂民仇怨之事。夫上既斂下以讎,則下必敵上以讎,是上召之也。而紂方且召敵讎不怠焉,不特紂也,君臣濟惡,罪合于一,故民雖多飢殍,而無所訴告,安得不相爲敵讐也哉?

**"商今其有災,我興受其敗。商其淪喪,我罔爲臣僕。詔王子出迪,我舊云刻子,王子弗出,我乃顛隮。**

此答淪喪顛隮之語。夫顛隮之策,我非無此心也。蓋商今其有災,我生適當其敗,但我爲宗室大臣,商其淪喪,我當與國俱亡,斷無臣僕他人之理。若王子一身,宗祀絕續所係,告子以去爲道,且我前日勸帝乙立子,後旣不果,紂必懷忌,舊日所云適以害子。王子若再諫而不出,必且及禍,我商家宗祀始隕墜而無爲後者矣。至于國家顛隮,尚何言哉!

**"自靖人,自獻于先王,我不顧行遯。"**

且吾與子決去留矣。今國家事勢更無可留,惟自盡其義之所當爲與分之所得爲者,即以各人自靖之志,人自獻于先王耳。然則子之所自靖自獻者,在存宗祀矣,則行遯可也。若我決不顧行遯,是非自處以狗國,而教子以避禍也。我宗室大臣又異于子,子決不可不去,我決不可去也。不然,何以告我先王于地下哉!

# 玉茗堂書經講意卷之六

## 泰　誓　上

**惟十有三年春，大會于孟津。**

此史記武王得人心也。武王即侯位以来，不替事君之心，至十有三年春，商罪貫盈，天人共厭，乃不得已興吊伐之師。及師至孟津，而諸侯各以兵来會，人心丕應，其見聖人舉動之公乎！

**王曰：“嗟！我友邦冢君，越我御事、庶士，明聽誓。**

武王誓師曰：“嗟，我友邦冢君越我邦之御事、庶士，明聽誓。”

**“惟天地萬物父母，惟人萬物之靈，亶聰明，作元后，元后作民父母。**

此原天立君爲民之意。且爾等知君之所以立乎？惟天地之大無不生育，固自然爲萬物之父母，非作而爲之者矣。人於萬物間獨得其氣之正而能保其性之全，故爲萬物之靈，而於人類中又獨得正氣之盛而能保其全性之尤者，則能極天下之聰明，而作大君于生靈之上。作元后豈徒然哉！人之生也，方各親其親，各子其子，而作元后者則兼覆而子育之，乃所以體法天地作民父母也。然則非亶聰明能作民父母者，豈當作元后乎？故宜有代作之者矣。

**“今商王受弗敬上天，降災下民。**

此下三節數紂之惡。夫天立君以爲民也，今商王受不知上天父母生民之

119

心而弗敬之，又無作父母之意而降災下民矣。

“沈湎冒色，敢行暴虐，罪人以族，官人以世。惟宮室、臺榭、陂池、侈服以殘害于爾萬姓。焚炙忠良，刳剔孕婦，皇天震怒，命我文考肅將天威，大勳未集。

慢天虐民之實何如？紂沈湎於酒，冒亂女色，本原之地污矣，是以其心迷亂，敢行暴虐之事。罪人宜止其身則刑及親族，①官人當公其選則因父兄而寵任子弟。又惟瓊宮、瑤室、高臺、廣榭、障陂、穿池，如是侈靡服用以殘害爾萬姓。忠良當敬，敢焚炙之。孕婦當護，敢刳剔之。敢行暴虐如此。此虐民實慢天也，皇天震怒，命我文考敬將天威以專征伐。惜乎！大功未集而萌矣，予敢忘肅將之命乎！

“肆予小子發，以爾友邦冢君觀政于商。惟受罔有悛心，乃夷居，弗事上帝神祇，遺厥先宗廟弗祀，犧牲粢盛既于凶盜。乃曰：“吾有民有命。”罔懲其侮。

我小子發猶未忍遽伐之也。以爾諸侯之向背觀政之得失于商，今諸侯背商歸周，則商政可知矣。而紂無悔心，乃夷踞，弗事上帝神祇，慢神之尊者；遺厥先宗廟弗祀，慢神之親者。犧牲粢盛且盡于凶盜矣，慢神一至此哉！乃曰：“吾有民社，吾有天命，不祭何傷？”無有懲戒其侮慢之意，不能改而反甚焉，天威其可已乎！

“天佑下民，作之君，作之師，惟其克相上帝，寵綏四方，有罪無罪，予曷敢有越厥志？

此武王自任君師之責也。且我今日伐商，一以天從事耳。天助下民，與民以形，又慮其困於形，則爲之君以長之。與民以性，又慮其失於性，則爲之師以教之。天佑民至矣，作君師者宜何如？惟其助上帝之所不及，以政教寵愛四方而安定之，此君師責也。然則今日有罪當討，無罪當赦，皆有天在，我曷敢過

① 按：“刑”原作“形”，據文意改。

之,心赦有罪而及無辜耶?予不能已於討罪矣。

"同力度德,同德度義。受有臣億萬,惟億萬心。予有臣三千,惟一心。

此言伐商之必克。《兵志》有言:"凡勝負之理,力同則校平日之德,優者勝;德同則校今日之義,直者勝。"今紂雖有臣億萬,亦億萬其心。予之臣止三千,然一心也。兵力不在人而在心,則紂與予之力且不同矣,況德義乎!

"商罪貫盈,天命誅之,予弗順天,厥罪惟鈞。

承上言予有三千臣之心,必將伐商矣。蓋商罪未極,猶可原也,今紂罪已極盈滿,天命誅之必矣。我不順天誅紂,是越厥志而稔民患也,罪不與紂均乎?此予所懼也。

"予小子夙夜祗懼,受命文考,類于上帝,宜于冢土,以爾有衆底天之罰。

承上言予不順天而罪均。予小子用是畏天之威,夙夜敬懼,不敢自寧,此天所嘗命我文考,肅將而未集者也。故往受命于文考之廟,以卒其成功,祭告天地之神,不自專也。然後以爾友邦冢君、御事、庶士致天罰于商,而釋惟均之懼焉!

"天矜于民,民之所欲天必從之,爾尚弼予一人,永清四海。時哉!弗可失。"

此勉衆輔己也。蓋天矜怜民,民之所欲,天必從之。今民欲亡紂,天意可知爾,衆尚輔我一人掃紂穢德,盪滌一新,而四海永沐惟清之化可也。且民欲天從,天人合發,此其時矣。若失其時,是天矜于民,而我乃後之也,其可哉!爾尚弼予以往可也。

# 泰 誓 中

惟戊午,王次于河朔。羣后以師畢會,王乃徇師而誓曰:"嗚呼!西土有衆,咸聽朕言。

惟戊午日,王師已渡孟津,且不直抵商郊,師貴重也。乃止於河北之地,當是時，八百諸侯咸會，王乃撫循其師而誓之曰："嗚呼！西土有衆，咸聽朕言。"

"我聞吉人爲善，惟日不足；凶人爲不善，亦惟日不足。今商王受力行無度，播棄犁老，①昵比罪人，淫酗肆虐，臣下化之，朋家作仇，脅權相滅，無辜籲天，穢德彰聞。

我聞古語曰：吉人之爲君也，一心在善，故見善之無盡，凡親賢遠奸，仁民寡慾，終日孜孜，其心猶爲不足也。若凶人爲不善，亦惟日不足，非極其分量不已矣。善惡各無怠時，故吉凶不可相易，使爲善有足，心當足之時有不善矣。爲不善有足，心當足之時有善矣。今商王受正所謂凶人也，惟日不足，力行無度之事，如老成人當親也，則放棄之。罪人當斥也，則親比之。且淫溺醉怒以肆虐下民，力行無度如此，故臣下亦化紂惡，各立朋黨以相仇讎，協上權命以相誅滅，無辜之人呼天告冤，而穢德顯聞于上矣。

"惟天惠民，惟辟奉天。有夏桀弗克若天，流毒下國，天乃佑命成湯，降黜夏命。

此先原湯革夏以起下浮桀光湯之意。蓋嘗觀之天矣，惟天愛民，亦惟君奉天以愛民，即作之父母，作之君師也。昔夏桀不能順天惠民，流毒下國，天乃佑湯，降黜夏命矣。天不容桀之殘如此。

"惟受罪浮于桀，剝喪元良，賊虐諫輔，謂己有天命，謂敬不足行，謂祭無益，謂暴無傷。厥監惟不遠，②在彼夏王。天其以予乂民，朕夢協朕卜，襲于休祥，戎商必克。

承上言天意必克商也。桀罪大矣，商受逆天之罪又過于桀，何如？元良如微子則剝喪之使去國，諫輔如比干則賊虐以剖心，受何心哉！徒謂己有天命，故不事天。謂敬不足行，故不敬身。謂祭無益，故慢神。謂暴無傷，故虐民。此其罪之根也。夫紂所監視者初不在遠，惟在夏王桀耳。桀有罪，天以湯治

---

① 按："犁"原作"黎"，據《尚書正義》改。
② 按："監"原誤作"鑒"，據《尚書正義》改。

民。今紂多罪，天其以我乂民乎！① 蓋夢在吾心，精神足以傳天意；卜在寶龜，至公所以紹天明也。使夢卜有吉有不吉，天意未可知也，昔卜興師吉矣，今渡河之日又得吉夢，協朕之卜，重有休兆，天以予乂民，信哉！伐商其必克矣。

"受有億兆夷人，離心離德。予有亂臣十人，同心同德。雖有周親，不如仁人。

此即人事明克商也。夫戎商必克，不獨天意，而人情賢於夢卜矣。受有億兆平常之人，已徒多矣，且離心離德，無有忠於所事者。予有治事之臣十人，已不為寡矣，又皆同心同德，其忠一也。衆，其如心之可恃乎？商之孫子其麗不億，雖云親矣，而元良正士無一其中，不如我所獲仁人皆賢也。親，其如仁之可恃乎？是驗之於人事，又必克商矣。

"天視自我民視，天聽自我民聽，百姓有過，在予一人。今朕必往。

此合上天人言必往也。夫天意人事必克商矣，且以民心察天意，予自有必往之勢也。善惡無所不見，天之視也，然天何視哉？不過自我民之視為視耳。善惡無所不聞，天之聽也，然天何聽哉？不過自我民之聽為聽耳。天心不在人心外如此。今百姓皆有過責，謂我一人何不急正商罪，則天之視聽實監臨朕矣，朕即不畏民，不畏天乎？今朕其必往至商郊，終天罰也。

"我武惟揚，侵于之疆，取彼凶殘，我伐用張，于湯有光。

承上言必往，以應前日舉伐桀之事。今日已在河朔，我之武威奮揚，已侵紂之疆界矣。誠以紂天下之殘也，直欲取其殘以謝天下，使伐止一人，利及四海，而殺伐之功因以張大耳。然則我雖代湯之後，其亦於湯有光乎？蓋湯固公天下之心，猶自有慚德也。天下後世因我之再舉，而諒湯之始事，湯之心始為之益白矣。

"勗哉！夫子。罔或無畏，寧執非敵，百姓懍懍若崩厥角。嗚呼！乃一德一心，立定厥功，惟克永世。"

① 按："乂"原作"義"，據經文改。

此勉將士也。夫戎商必克矣,然天下事每成於畏而敗於忽,勉哉! 爾將士無或以紂之衆叛親離,势不足畏而有忽心,寧执心以爲非我所敵而有畏心也。所以然者,今百姓畏紂之虐,朝夕不保,凛凛乎若崩其頭角。然人心危懼如此,將士可不勉哉! 嗚呼! 爾將士其必如一德一心以立定吊伐之功,使天下得永長其世,非若向之若崩厥角而朝不謀夕可也。

# 泰 誓 下

**時厥明,王乃大巡六師,明誓衆士。**

時戊午之明日,將至商郊,戰期迫矣。雖必克而行,亦臨事而懼,王乃大巡六師,明誓衆士焉。

**王曰:"嗚呼! 我西土君子,天有顯道,厥類惟彰。今商王受狎侮五常,荒怠弗敬,自絕于天,結怨于民。**

我西土君子,汝知今日之舉乎? 天有顯道,其體昭然日用間,而其上下親疏之類又皆有條有紀,鏊然而不可紊者,五常是也。紂非不知之,但狎侮耳,所以行於五常間者,一惟任其胸臆,荒棄怠惰,全然不知天顯民彛可畏,是以天未絕紂而紂自絕于天,民非故怨紂而紂結怨於民也。

**"斮朝涉之脛,剖賢人之心。作威殺戮,毒痛四海。①　崇信姦回,放黜師保,屏棄典刑,囚奴正士。郊社不修,宗廟不享。作奇技淫巧以悦婦人。上帝弗順,祝降時丧。爾其孜孜,奉予一人,恭行天罰。**

其狎侮五常以自絕于天者何如? 受冬月見朝涉水者,謂其脛耐寒,斮而視之。賢人如比干強諫,謂其心有七竅,剖而視之。大作刑威,以殺戮爲事,毒病四海。奸邪則尊信之,師保之尊則放黜之,先王之法屏棄不由,忠正之士囚奴不禮,郊社廢而不脩,宗廟棄而不享。惟作奇技淫巧如炮烙之刑以悦妲己。狎

---

①　按:"痛"原作"痛",據《尚書正義》改。

侮天常如此,故上帝不順其所爲,斷然降是喪亡矣。是紂自絶于天也,爾衆士其勉奉予,敬行天罰哉!

"**古人有言曰:'撫我則后,虐我則讎。'獨夫受洪惟作威,乃汝世讎。'樹德務滋,除惡務本。'肆予小子誕以爾衆士殄殲乃讎,爾衆士其尚迪果毅,以登乃辟。① 功多有厚賞,不迪有顯戮。**

以結怨於民言之。古人有言曰:"以恩撫我則我之后,以威虐我則我之仇。"由此言觀之,獨夫受之虐,乃汝父子兄弟世仇也。古人又言曰:"樹德如樹嘉禾,務其滋長,勿使廢坏。除惡如除稂莠,務絶根本,勿使復殖。"由此言觀之,今紂正衆惡之本也,故我大以汝衆士殄殲汝世仇,汝衆士其庶幾蹈行殺敵之果,期外鋭也;致果之毅,期中堅也,以成汝君除惡之功。汝能迪果毅,而功多則厚賞,否則有顯戮矣!可不迪哉!

"**嗚呼!惟我文考,若日月之照臨,光于四方,顯于西土,惟我有周誕受多方。**

此下以文考自勵以勵將士也。紂惡固爲天人所共去,而文王之德實爲天人之所同歸。嗚呼!天下化紂之惡,惟我文考"緝熙敬止",於,所謂"天有顯道,厥類惟彰"者,真能章而顯之。有若日月之照臨,故遠而光四方焉,友邦其時敘也。近而顯西土焉,江漢其化行也。然則多方之受,非周其誰?蓋所憑藉者有文考之德在矣。

"**予克受,非予武,惟朕文考無罪。受克予,非朕文考有罪,惟予小子無良。**"

夫造周既本於文考,然則今日予若克受而有此多方也,豈予之武,實我文考無得罪於天與民也。萬一受克予而不得有此多方,則非朕文考有罪,惟予小子無良,不能振揚文考之光耳。予小子能無自惕,而西土君子固嘗親被文考之照臨者,其忍視予之無良也哉!

---

① 按:"辟"原誤作"辞",據《尚書正義》改。

牧　　誓

# 牧　　誓

**時甲子昧爽，王朝至于商郊牧野，乃誓。王左杖黄鉞，右秉白旄以麾。曰：**
**"逖矣！西土之人。"**

惟甲子，乃二月四日昧爽，武王以是朝至于商郊之牧野，去朝歌七十里耳，乃發誓命焉。王乃先正己之容也，左手杖黄金所飾之鉞，示無事于誅。右手秉白旄之旗，示有事于教。乃進衆人而勞之，曰："自西土至商郊，逖矣！爾西土之人哉！既慰勞之，然後誓命發焉。"

**王曰："嗟！我友邦冢君、御事、司徒、司馬、司空、亞旅、師氏、千夫長、百夫長，**

此呼華夏從征之人誓之也。嗟爾之從我征者，以親言之，有友邦焉。以尊言之，有冢君焉。以我國之御事言之，司徒主民，率徒庶以從者；司馬主兵，治軍旅之誓戒者；司空主土，治壘壁以營軍者。以本國之庶士言之，爲卿之二以佐卿事者亞乎，此大夫也。爲卿之屬以分卿事者旅乎，此士也。若夫師氏以兵守門，出入皆有所司。千夫長、百夫長以兵帥人，部領各有所寄，是皆或會于孟津，或起于西土以贊我大事者也。

**"及庸、蜀、羌、髳、微、盧、彭濮人，**

此又呼蠻貊從征之人而誓。越自諸臣之外，爰及八國之人，有庸、蜀焉，僻處江漢之隅，而庸在其南，蜀在其西，皆與周隣也。有羌、髳焉，□據西南之境，羌在西蜀，髳在巴蜀，皆周之蔽也。以至接髳戎之壤有微，居西北之陲有盧，帶盧夷之境有彭，爲西南之戎有濮。此八國之人皆慕義，而從受我約束者也。外内華夷，其明聽我之誓乎！

**"稱爾戈，比爾干，立爾矛，予其誓。"**

此肅容以作其聽誓之心也。夫欲精聽朕命，其先整肅汝容乎？戈以擊刺，司戈者則執而舉之。干以扞敵，司干者則兩而比之。矛以交戰克敵，雖曰長而不可舉,必立之地焉。若然,則軍容齊肅而無緩散不屬之形,士氣精明而無昏弱不揚之勢,予於此時其有誓命焉!

王曰:"古人有言曰,牝雞無晨,牝雞之晨,惟家之索。

誓辭曰:"古人有言,牝雞代雄晨則家道盡,婦奪夫政則國亡。蓋陰陽反常,妖也。"

"今商王受惟婦言是用,昏棄厥肆祀弗答,①昏棄厥遺王父母弟不迪。乃惟四方之多罪逋逃,是崇是長,是信是使,是以爲大夫卿士,俾暴虐于百姓,以姦宄于商邑。

承上言今商紂國政惟妲己言是用,故心志惑亂,所當陳之祭祀棄而不报,王父之弟與同母之弟棄而不以道遇之,乃惟四方多罪逃亡之人是崇是長,是信是使,是用以爲大夫卿士,使暴虐百姓,以姦宄于商邑,商其索哉!

"今予發惟恭行天之罰,今日之事不愆于六步七步,乃止齊焉。夫子勖哉!

此告以坐作進退之法。紂自取天罰,予發惟恭行天罰耳,豈敢過于殺僇哉!爾眾士當知用兵之法矣。師以克前爲勇,然或輕進之心生,師行且失律矣。汝於兩軍合戰之際,少不過六步,多不過七步,乃止齊焉,使三軍之足如一人焉。夫子勖哉!戒輕進也。

"不愆于四伐五伐、六伐七伐,乃止齊焉,勖哉夫子!

此告以攻殺擊刺之法。夫師以克敵爲功,然或貪殺之心生,戰陳且無列矣。爾於兵刃既接之時,少不過四伐五伐,多不過六伐七伐,乃止齊焉,使三軍之手如一人焉。勖哉夫子!戒貪殺也。

"尚桓桓!如虎如貔,如熊如羆,于商郊。弗迓克奔,以役西土。勖哉夫子!

此勉其武勇而因戒其殺降。夫節制之師非廢勇也,爾庶幾桓桓,其盛威

① 按:"肆"原本作"四",據《尚書正義》改。

如虎貔熊羆,奮武商郊之地也。然亦以迎擊不知天命者耳,苟有見休而来者,商人則吾人也,勿迎擊之以勞我西土之人。勗哉夫子!威與仁,其各有當也。

"爾所弗勗,其于爾躬有戮。"

夫我既相勗至三矣,而猶不勗,是不奉予致天罰也。其于爾躬有僇矣,可不勗哉!

# 武　　成

**惟一月壬辰旁死魄,越翼日癸巳,王朝步自周,于征伐商。**

史記興師之始。十有三年一月,建寅之月。壬辰旁死魄,初三日,明日爲癸巳日。王朝步自周,于征伐商焉。

**底商之罪告于皇天后土,所過名山大川,曰:"惟有道曾孫周王發,將有大正于商。今商王受無道,暴殄天物,害虐烝民,爲天下逋逃主,萃淵藪。予小子既獲仁人,敢祇承上帝,以遏亂略,華夏蠻貊,罔不率俾。"**

此紀伐商告神之詞。武王興師,舉告神之禮。方王師未出,則盡數商罪告于天神地祇;及王師已出,則盡數商罪告于所過名山大川。其告神之祝詞曰:"我周王世爲有道之令主,則我周發實爲有道之曾孫,將欲興師大正商罪,蓋商受暴殄上天所生之物。如酒池肉林之類,害虐衆民,且隱賊保奸爲天下逋逃之主,猶魚聚淵,獸聚藪,紂亂謀如此。天命罰之,予小子既得仁人如十亂者,敢敬承上帝命,遏絕亂謀,使不復爲天人害。斯時也,内而友邦冢君之屬,外而髳、微諸人莫不率從,欲正商罪者,不止同心十人而已。"

**"惟爾有神,尚克相予,以濟兆民,無作神羞。"既戊午,師逾孟津,①癸亥陳于商郊,俟天休命。甲子昧爽,受率其旅若林,會于牧野,罔有敵于我師。前徒**

---

①　按:"逾"原本作"渡",據《尚書正義》改。

倒戈，攻于後以北，血流漂杵，一戎衣，天下大定。乃反商政，政由舊。釋箕子囚，封比干墓，式商容閭，散鹿臺之財，發鉅橋之粟，大賚于四海，而萬姓悦服。

承上言人心固相予以濟矣。以惟爾天地山川之神，庶幾相助予克紂以濟此兆民，無不克相予以爲爾神羞可也。王既告神矣。乃於戊午日，師渡孟津，迨六日，陳于商郊，時紂師未至，襲之可矣。武王以帝王之興，自有天命，我既奉天以伐之，自當得天以勝之，紂師未至，是天命未至也。故且蕭兵商郊，待紂師至而克之，所以俟天休命也。至甲子昧爽，牧誓方畢，而天休至矣。但見紂率其旅如林之盛，會于牧野，然皆離心離德，無有肯敵我師之意。其平民強使前驅以當兵鋒者，反攻其在後之惡黨以走，乘機搆會，自相屠戮，遂至血流漂杵。故武王之兵不待血刃，但着戎衣而天下大定矣。商命既黜，周命維新，於是與天下更始，反商紂之政而由湯舊焉。是時，箕子在囚，王爲釋之。比干已死，王爲封其墓。商容屏居，過而式其閭。紂有鹿臺之財，鉅橋之粟，皆民膏血也。王爲散之，發之以大賚四海，而萬姓之民見武王新政與民同好惡如此，莫不心悦誠服，真若時雨之澤也。

厥四月哉生明，王来自商，至于豐。乃偃武修文，歸馬于華山之陽，放牛于桃林之野，示天下弗服。

此下定商歸周，竣事也。四月始生明之日，武王来自商郊，至都豐鎬，以勘亂在武而飾治以文。乃弛其威武，專脩文教。車戰之馬，任載之牛，昔有事于武者，今焉用之。乃歸馬華山之陽，放牛桃林之野，以示天下，使知自今以始與民休息，不復服牛乘馬以事于兵矣。其偃武如此，然則武果聖人之得已哉！

既生魄，庶邦冢君暨百工受命于周。

夫周命維新，天下臣工俱受新命。既生魄之日，庶邦冢君暨内之百工，昔受命于商者，今皆受命于周，稟新王之制度矣。

丁未祀于周廟，邦、甸、侯、衛駿奔走，执豆籩。越三日庚戌，柴望，大告武成。

武王既覲臣，乃率之以行祭告禮。謂伐商之事向固受命文考，而今可以反命矣。于丁未日，祀周先王之廟，于時近而邦、甸，遠而侯、衛，正在周，新受命也，皆速奔走，执豆籩以助祭焉。又以伐商之事，昔固求相於天地山川，而今可以报告矣。越三日庚戌，燔柴以祭天，望秩以祀山川，而周廟之禮，柴望之舉，皆大告以武功之成也。

王若曰："嗚呼！羣后。惟先王建邦啓土，公劉克篤前烈，至于太王肇基王迹，王季其勤王家，我文考文王克成厥勳，誕膺天命，以撫方夏，大邦畏其力，小邦懷其德。惟九年，大統未集，予小子其承厥志。

武王既告神矣。斯時也，諸侯咸在，不述締造之艱，亦何以知王業之所由興乎？王曰："嗚呼！羣后。我周之有今日，豈一朝一夕之故哉，所由来遠矣！惟我先王后稷以灶食民功，膺有邰之寄而建啓邦土矣。數傳至公劉，又能治民庶富，以篤厚前人之烈焉，然未有王兆也。至于太王以愛重民命，獲如市之歸，而肇基王迹矣。且傳至王季，又能積功累仁以勤勞王家之業焉，然未成王功也。惟我文考承累世締造之餘，而能成前人未成之功，增益其王迹之基，開大乎勤勞之績，篤烈者于焉而益光，建邦者于焉而式廓也，其所以成之者何如？大受天命，尊爲西伯，始得專征伐之權，以撫安一方之夏。方夏之中，大邦常以力自雄者，至是畏文王遏強之威而不敢自横。小邦常以德望人者，至是懷文王扶弱之德而得以自立。文考威德所以克成厥勳如此。惜乎九年而崩，大統未集，予小子其承前人安天下之志，而集成今日之大統也。夫我周之興始于烈祖，繼于文王，而終之以今日也，豈偶然哉！"

"恭天成命，肆予東征，①綏厥士女，惟其士女篚厥玄黃，昭我周王。天休震動，用附我大邑周。"

承上言予惟承志也。敬天必欲黜商之成命，東征以安士女，士女胥慶，篚玄黃以迎王師，使我周王之德益以昭焉。此豈我周有求於士女，士女有私於我周哉！蓋天眷顧我周之休，默有以震動其士女，故士女相率歸附我周，②而奉

_____

① 按："肆"原作"四"，據《尚書正義》改。
② 按："率"原作"卒"，據文義改。

幣昭德自有不容已矣。羣后其亦知我周之王也,天命哉!

**列爵惟五,分土惟三。建官惟賢,位事惟能。重民五教,惟食喪祭。惇信明義,崇德報功,垂拱而天下治。**

此記武王政治之本末,脩文之實也。天子統理萬方之初,不容無封建之典,故列爵則公、侯、伯、子、男之五等,分里則百里、七十里、五十里之三等,分封其有法矣。天子照臨百官之始,不容無任人之規,故其建公、卿、百執事之官,惟求有德之賢,位禮、樂、刑、政等事,惟求有爲之能官,使其有要矣。五教,人心所係也,則建學立師,首布明倫之典,於庶政之中猶重此焉。食、喪、祭,民生風俗所關也,則養生喪死各極品節之詳,自五教之外惟重此焉。信義行于己者不可不立。信易薄也,則惇之,而動本于至誠。義易晦也,則明之,而事昭乎至當,則信義乃可得而立矣。官賞加于人者,不可不行也。德則崇之,使人知所以尊德。功則報之,使人知所以勸功,則官賞始可得而行矣。夫武王經理天下如此,復何爲哉!萬邦懷矣,庶政和矣,人紀已脩,風俗已厚,俗已勵,而善已勸矣,豈不垂衣拱手天下自治乎?蓋治法詳於有爲,治化享于無爲,此又武王之所以爲文也。

# 洪　　範

**惟十有三祀,王訪于箕子。**

史記《洪範》所由作。惟武王當十有三祀,正天命維新之日,以天下不可一日無君,爲君不可一日不知道,幸而箕子乃一代遺才,天道所寄以不絕也,躬就其家訪問焉。是年即位,即於是年訪道者,不自尊且不自聖也。

**王乃言曰:"嗚呼!箕子。惟天陰騭下民,相協厥居,我不知其彝倫攸敘。"**

王以天道難明,乃言曰:"嗚呼!箕子。天人高卑異位矣,而造化默以安定下民,故下民之生,人物倫理莫不各有當止之則,雖日用冥行,利害相攻之際,而其中隱然常不可移易者,則天有相迪而妙合之,使人自有其居而不相離也。然是居也,即有常之彝,有序之倫,而陰騭相協,固所謂天敘也。然有相之道亦存乎我矣。今我雖居代天相民之任,至於經綸秩序之法,所以立體,所以致用者,我曾不知也。箕子心通天道者,盍爲我言之? 庶因民以見天則,而則天以知王事也。"

箕子乃言曰:"我聞在昔,鯀陻洪水,汨陳其五行。帝乃震怒,不畀洪範九疇,彝倫攸斁,鯀則殛死。禹乃嗣興,天乃錫禹洪範九疇,彝倫攸叙。"

箕子因武王天道之問,有志乎道統之傳,乃言曰:"王知厥居之相協定於天,豈知彝倫之攸敘亦天乎? 我聞在昔堯時,使鯀治水,鯀乃爲堤陻塞洪水而逆其性。水者,五行之先,而五行者,萬事之本也。水之一行不順,而餘四行俱汨亂其陳烈矣。帝乃震怒,洛不出龜,大法九類不畀于鯀,無由以明治法,而彝倫敗矣。鯀既殛死,禹乃嗣興,順水之性,五行皆治。夫禹之治水若有契於先天,故天不愛道,若有心於神禹,於是龜文錫洛,極其數,自一以至九,燦然別也。因而第之,治世之大法著焉。固大禹法象之成,能宣上天至教之貞觀耳。由是以知其中數五,衆數之宗主也,知彝倫之敘本于一人。其外數八,中數之體用也,知彝倫之敘通乎三極。蓋人綱人紀咸有此法以敘之,而惟天陰騭相協之心,此其益昭矣。然則,彝倫之敘有由然哉!"

初一曰五行,次二曰敬用五事,次三曰農用八政,次四曰協用五紀,次五曰建用皇極,次六曰乂用三德,次七曰明用稽疑,次八曰念用庶徵,次九曰嚮用五福,威用六極。

此箕子述禹所第之疇也。九疇之綱何如? 洛龜之文,其數有九,一、三、七、九位乎四正,二、四、六、八位乎四隅,而五則居中,一陰陽奇耦而已,初未有文字也,禹也心融神會,因數明理,乃次第效法之,而各配以治天下之法焉。彼其位居坎而間於六八者,一也。一,奇之數莫先焉,故曰初。禹以爲天之道惟五行爲大,蓋天首以此生養人也,其氣密運於天而不息,其材變合於世而不窮,人君致用成化皆此爲之,故以五行第於初一。位居坤而間於七九者,二也。

二,耦之數莫先焉,故曰次。禹以爲人之道惟五事爲切,蓋天以此接五行之氣
而成其人者也,以之事心必敬,以之事身必敬,人主踐形盡性皆此爲之,故以五
事第於次二。三,位在《震》,禹次之爲三,而其疇曰"農用八政",言人君不止
敬一身之事,而且欲厚天下之事,惟農之以八政之用,則凡經理垂制,俯而盡於
民情者,皆因天之大務也。四,位在《巽》,禹次之爲四,而其疇曰協用五紀,言
人君不止厚在民之政,而實欲齊在天之政,惟協之以五紀之用,則其曆象明時,
仰而觀於天文者,皆合天之精意也。五,居中央八數之中,而有皇象焉,有極義
焉,禹第之五而疇之曰"建用皇極"。蓋前而一二三四皆經常之疇,法天而治
人者也。后而六七八九皆權變之疇,即人以驗天者也,而五皇極則居天人之間
爲常變之主,故當立至理之準於中,使八方環向取則,亦猶北辰爲列宿之極,王
畿爲四方之極可也。以至位于《乾》者六乎,禹次而疇之曰"乂用三德",①言
盡變也。順而治之,其德一,不故矯之以爲異;拂而治之,其德二,不苟徇之以
爲同。蓋用德以時,乃所以達天之德者也。位於《兌》者七乎,禹次而疇之曰
明用稽疑,言極深也,神有所不通則通之以神物,謀有所不定則定之以鬼謀。
蓋決疑以明,乃所以紹天之明者也。次八之位在《艮》,禹則有驗用庶徵之疇。
蓋王運于下,天運于上,常相符也。協氣之調非一,皆可以考王事之得。精祲
之盈不齊,皆可以考王事之失。雖稽疑之明又莫明於此矣。次九之位在
《離》,禹則終以嚮用五福、威用六極之疇焉。蓋君有君之勸懲,天有天之勸
懲,君之賞勸有盡,而以天之五福勸人則無盡;君之刑威有窮,而以天之六極威
人則無窮。雖庶徵之驗又莫驗於此矣。大抵九疇之序,順而言之則五行爲始,
五行不言用者,眾用之所自出也。錯而言之則皇極爲統,皇極不言數者,眾數
之所爲宗也。前四疇所以成就此皇極而立體,後四疇所以維持此皇極而致用,
皇極體立用行,天下之彝倫可得敘矣。

　　一、五行:一曰水,二曰火,三曰木,四曰金,五曰土。水曰潤下,火曰炎上,

---

　　①　按:"乂"原作"義",據經文改。

**木曰曲直，金曰從革，土爰稼穡。潤下作鹹，炎上作苦，曲直作酸，從革作辛，稼穡作甘。**

　　此下推衍九疇之實，而各有所增益以盡其旨。初一五行之疇何如？萬物之本有生于無，著生於微，及其成形，亦以微著爲漸，故五行先後亦以微著爲次，皆陰陽燥溼爲之也。自其陽陷于陰而爲溼之流者，水也，天一所生，體最微，故一曰水。自夫陰麗于陽而爲燥之灼者，火也，地二所生，體漸著，故二曰火。得陰之穉而爲溼之凝者，木乎？天三生之，其形實，故三曰木。得陽之穉而爲燥之凝者，金乎？地四生之，其體固，故四曰金。至若天五所生者土，而土之質大，蓋陰陽之冲氣、燥溼之融成者也，故五曰土焉。萬物之生其初皆水，其終皆土，此水所以首五行，而土以終五行也。然有五行，自有五性，水性滋潤者，陰之所以澤萬物而陰凝，故又就下也。火性炎热者，阳之所以爆萬物而阳浮，故又上騰也。木屬阳，阳欝而發散，其性或曲而盤錯，又直而森聳焉。金屬阴，阴歛而柔順，其性或煆煉而皆從，又器使而可革焉。土之德則於是初種而稼，又既歛而穡，豈非土會陰陽之全，故不惟發生五穀，而又能成熟之乎？此蓋其性質流行，各著化生之迹；氣機妙合，皆神順布之能，自然而不敢强，其蘊固如此也。由是蘊之而爲味，水潤下而浸漬之極，所作之味必鹹，溼之凝也。火炎上而焦灼之極，所作之味必苦，燥之化也。木曲直，其味作酸，木本發散而酸能收歛者，陽極而陰也。金從革，其味作辛，金本收歛而辛能發散者，陰極而陽也。土性稼穡，其所作之味甘，土得五行之中氣，故得五味之中和也。是蓋醞釀於二五之精，而皆足以利用調劑于生克之化，而均有以滋生，不待作爲而然，其味固如此也。夫天生斯民，既五材並用，而政在養民，亦首於六府之脩。人君首以此順治天下，則永無汨陳之失，而有攸敘之化矣。

　　二、五事：一曰貌，二曰言，三曰視，四曰聽，五曰思；貌曰恭，言曰從，視曰明，聽曰聰，思曰睿；恭作肅，從作乂，明作哲，聰作謀，睿作聖。

　　此詳五事之疇。夫次二敬用五事矣，其義何如？人之生，陰陽精氣而已。精之凝爲貌，貌澤屬水，始生而即具者也，故居一。氣之出爲言，言揚屬火，既生而後發者也,故居二。精之顯爲視,視散,木也,既言而後能視,故居三。氣之藏爲聽,聽收,金也,既視而後能聽,故居四。至若思者,主精氣,通陰陽,而一心貫徹于四事,猶土之在四行也,故居五焉。五事原于天,固有自然之叙矣。然非形聲之具而已,含于中而有德,作于外而爲用,不可不敬也。故貌者,心之形也。篤恭具不顯之體,恭非貌之德乎?言者,心之聲也。和順爲所含之真,從非言之德乎?目爲心視也,貞觀不眩而其德爲明。耳爲心聽也,至虛而應,而其德爲聰,以至探天下之幽而盡其藏,研天下之幾而入其微。心之睿也,而思之德其在此矣。是蓋有物有則,形生而德即具者也。由是恭之作也,威儀之則可畏可象焉,不亦蕭耶?從之作也,德音之秩有倫有要,不亦乂耶?明則精神靈莹,可以觀物而作哲矣。聰則權度精切,可以方物而作謀矣。以至誠精之極,無思而無不通,入德之微不思而自能得。人之聖也,思之睿實爲之矣。是蓋感物而動,德流而用,自妙者也。五事之德與用如此,叙彝倫者亦身先之以敬乎?

三、八政:一曰食,二曰貨,三曰祀,四曰司空,五曰司徒,六曰司寇,七曰賓,八曰師。

此詳八政之疇。三八政何如?以緩急为次第也。食者,民之急,故一曰食之政,樹畜漁佃在焉。貨者,命所資,故二繼以貨之政,通工惠商在焉。知生則當知所以报本反始也,三曰祀之政,外內之祭在焉。以至四民不可無居,四曰司空之政。逸居不可無教,五曰司徒之政。弼教不可無刑,六曰司寇之政。自食貨至司寇,内治詳矣。於是七曰賓、八曰師,所以維外治也。朝聘會遇之政行而天下親,賓者,亦司徒之緒也。伍兩軍師之政行而天下威,師者,亦司寇之餘也。凡此八政,皆因天之所以相協者而行之。夫是以生死無憾而内外寧也。以此厚民,彝倫其叙矣。

四、五紀:一曰歲,二曰月,三曰日,四曰星辰,五曰曆數。

此詳五紀之疇。四五紀何如?寒暑相推,天有四時之行也,則序其自春以夏,由秋以冬,而紀之曰歲,歲無不統,故居一。精魄相周,天有十二月之變也,則定其三五之朔，循其九道之交，而紀之曰月，月統於歲，故居二。麗天少遲者，日行之纏度也，則循其初末之晷，積其大小之餘，而紀之曰日，日統於月，故居三。經緯次舍，月與日皆行於星辰之位也，則列其恒眾之名，分其距會之次，而紀之曰星辰。星小於日月，而辰爲日月所經所會者，故居四。至若歲日月星辰之在天，其運有數也，則步算其所歷，而計氣朔早晚以爲曆，以授時焉。歲、月、日、星、辰，經也，曆數所以緯之也，故五曰曆數。凡此皆因天以合天，而不爲合以求天也。人主之協用者如此。

五、皇極：**皇建其有極，斂時五福，用敷錫厥庶民。惟時厥庶民于汝極，錫汝保極。**

此衍皇極之疇。五皇極之義何如？人君以渺然之身履至尊之位，四方面內環觀之，此天下之至中也。位居天下之至中而後可以爲四方至極之標準，所謂皇極身教也。夫皇之不極則五福不臻，君亦無以與其民矣。今皇建其極也，則人主之中德可以會天地之中氣，而五福之来，皇極有以斂之矣。非徒斂之，又敷散之以錫厥庶民。蓋極者，天下之公理，得此極者即爲天下之公福，人主能造就之，諷動之，使民履善迪吉。則錫之極者，乃所以錫之福也。有錫則有受，民何以受君之錫乎？有受則有答，民何以答君之錫乎？吾知君之五福亦備矣。民何以錫君哉！惟于汝所錫之極相與受而保之，無敢失墜，是即民所以錫君，而亦民所以答君之錫也。

**凡厥庶民，無有淫朋，人無有比德，惟皇作極。**

承上君民相與之機如此，然則君不可不建極矣。蓋天下之庶民與臣至不一矣，人各有情，情各有偏，於是朋比生焉，此亦非臣民之不極也。皇不爲之作極，臣民無所的以爲中耳。若夫徵諸庶民則有正朋而無淫朋，觀之在位則有正德而無比德，此豈臣民皆自知有極哉！良由君以至正之德立天下之中，爲臣若民作此極，故有所準望不差爾。上不錫極，下終無所受而保也。極之建，皇之不可以已夫。

**凡厥庶民，有猷有爲有守，汝則念之。不協于極，不罹于咎，皇則受之。而**

**康而色，曰予攸好德，汝則錫之福，時人斯其惟皇之極。**

此下言造就人才也。夫皇者，一世人才之宗主，既已作臣民極矣，而臣若民其材質、其觀感不齊也，非隨其人造就之，亦何以納之極哉！誠以天之生才難矣，庶民中不可以成德槩也，然亦有精於萬物者，有優幹理者，有持雅操者，皆質之可以語上者也。汝其存而念之，加予於錫類之仁，又有弗協於所作之極，亦不淪於朋淫之咎者，其質可導而上下者也。皇其矜而受之，曲成以容保之，度苟斯人也，感念受之恩，得進脩之趣，觀其色，粹乎其安和也；聽其言，確乎其好德也。此雖未與皇極爲一，然其志已效矣。豈惟念受已哉！夫汝固以錫之康寧之福矣，錫之攸好德之福矣，于此則錫以富之福焉。則是人也，進善之機既發於其始，而爲善之力又輕于其終，益將欣然曰：大君養人以善也，吾何爲不善乎？皇者域民以中也，吾何爲不中乎？進而與極爲一也不難矣。夫以王者成人如是其難，用心如是其至，此其爲建極錫福也夫。

**無虐煢獨而畏高明。**

此終上節，起下節也。夫王者造就人才，豈特凡庶民已哉。庶民中雖爲煢獨者，有善焉亦當念受，錫福固不可忽而虐之也，又豈惟庶民，雖進而庶民之上者，有位尊顯而爲高明者，苟人有比德，亦豈容遂畏之哉！造就裁成之術正當自高明始也。

**人之有能有爲，使羞其行，而邦其昌。凡厥正人，既富方穀，汝弗能使有好于而家，時人斯其辜。于其無好德，汝雖錫之福，其作汝用咎。**

此以有位言。凡有官政之人，有智能、有施爲者，豈宜曰材如是，是亦足矣。而不使之有所進乎？蓋材敏幹濟得於天資，而涵養踐履成於學力，且人之才既有餘，行易不足，必有以激勵鼓舞使進其行于皇極之中，則官使皆全材而國昌矣。蓋天生人才本足以供一代之用，顧人主所以養才何如耳。然不先有以富之，亦何以羞其行於極乎？凡厥正人，先事後食，固其自待之心，但既富而後責其爲善，則亦君待士之道。不能富之使有好于家，外有王事之勞，而內有室人之責，而望其心力之專於國，此恐非所以責之人人也，其不營私而免於罪者鮮矣。然所富者亦在於好德者耳，不好德之人而福亦加焉，則反以其富爲汝用咎惡耳，此又不可不審也。

**無偏無陂，遵王之義。無有作好，遵王之道。無有作惡，尊王之路。無偏無黨，王道蕩蕩。無黨無偏，王道平平。無反無側，王道正直，會其有極，歸其有極。**

此舉敷言之訓。王者錫福臣民矣，其無朋比者矣。然非敷布爲言以感動之，亦何以入人心，而興其保極之思乎？敷言有之，皇極之用一也，以其制事之宜則曰義，以其用情之公則曰道曰路。人惟偏陂好惡之私一生于心，則不知皇極之所由行矣。凡我人民無偏陂乃心，必遵王之義，至中至平者乎？好可有，而作好之心可無也，其遵王之道以公好乎？惡可有，而作惡之心可無矣，其遵王之路以公惡乎？此因心以制其行者也。皇極之體一也，由寬坦有蕩平之名，由經常有正直之名。人惟有偏黨反側之私少見於事，即乖于皇極正大之體段矣。凡爾臣民，其見諸事君無偏而不中，無黨而不公，王之道廣遠，何蕩蕩也！無黨而不公，無偏而不中，王之道坦夷，何平平也！無反而背常，無側而斜行，王之道不偏不倚，何正直也！此制行以成其體者也。夫皇建有極，固欲汝臣民之會且歸也。惟不能無邪心，則于極也背而馳矣。凡汝臣民必偏陂好思之不少作于心，而真見夫王義道路之由行，聚精會神，期于所建之極可乎？心知會極矣，而外不能無過事，則于極也猶未能歸而一也，凡爾臣民必偏黨反側之不少見于事，而克成其蕩平正直之體，欲净理還歸於所建之極，可乎？皇極敷言之訓如此，此皆所以使人吟咏而得其性情者也。天下臣民即此而諷詠之，不有恍然而悟，悠然而得也哉！臣民所以保極，而自無朋比也。

**曰皇極之敷言，是彝是訓，于帝其訓。**

承上而贊之。曰上帝何言哉？“陰騭下民，相協厥居”而已。皇何言哉？建其有極，使人法之而已。然會於不言者，嘿化之妙。感之以言者，鼓舞之機。故反復咏嘆。引人會歸者，借聲音之神以流暢其敷錫之化者也。斯理也，本於天命人心之正，切於日用躬行之實，是天下之彝倫也。惟其爲彝倫之訓，故其訓也推之四海而皆準,傳之萬世而無弊,訓莫大焉。夫彝倫之理,雖上帝不能諄諄然命人而相協之,牖示之,行事者則何其明也。今皇之所敷者帝之理,則所代者帝之言,謂非帝之訓,而何敷言至于爲帝訓,而天子之光若帝臨矣。

**凡厥庶民極之敷言,是訓是行,以近天子之光。曰天子作民父母,以爲天下王。**

夫在君也,是彝是訓;故在民也,亦是訓是行。蓋不特詠之口而不忘,亦且體之心與事而不違。夫性光在人,非有位分之限也。體之至,則心體日净,天機日著,亦可以近天子道德之光華矣。蓋心會王心而行歸王則,故有迹不相及而心親,分不相望而德親者矣。惟能近天子之光也,故能親切而咏嘆之,若曰明明天子,人皆仰其爲天下王矣。豈知其作民父母以爲天下王乎!誦其訓,知其心,蓋非以民待民,以子視吾民也。念赤子之無知而從容諷化以作天下之君師,望厥子之惟肖而反覆提斯以立天下之向往。蓋徒爲天下王,則見其尊而天子之光若遠;惟作民父母以爲天下王,則見其親而天子之光始可得而近矣。吾何幸而爲王者民,又何幸而爲王者子耶!夫君有敷言,民有頌聲如此,此所謂君民相與之盛也哉!五皇極無餘蘊矣。

**六、三德:一曰正直,二曰剛克,三曰柔克。平康正直,彊弗友剛克,燮友柔克。沈潛剛克,高明柔克。**

此衍三德之疇也。六三德何如?皇極者,立本也。三德者,致用也。聖人不能爲時,能不失時而已。故德有正直焉,粹然坦然而無待於相克,此大中之德,聖人本心也,故居一。德向一中,而分則有剛有柔,始起而相克矣。故有剛克之德,或以剛克剛,或以剛克柔,陽剛,君德所宜也,故居二。有柔克之德,或以柔克柔,或以柔克剛,柔道亦君人所不廢也,故居三。然何以用乂哉?[①] 道德一,風俗同,此平康之世也。人心各正,吾亦待之以正;世道本直,吾亦待之

---

① 按:“乂”原本作“義”,據文意改。

以直,政無矯舉,教無曲成,蓋與天下相安於皇極中耳。是正直之德,所用以治世道之常者也。然世道自平而趨不平,故主德從不用而趨有用,蓋自習氣之偏有強梗弗順于極者則用剛勝,奪之以威,近其心。有和柔委順不梗於極者則用柔勝,予之以惠,立其氣。蓋政以治之,將平天下之習於皇極中矣。又若性質之過,有沉深潛退不及于極者,則用剛克揚厲之,使有奮心。有高亢明爽過乎極者,則用柔克抑下之,使有遜志。蓋教以化之,將平天下之質於皇極中矣。是剛柔之德,所用以治世道之變者也。是則王直之用一,剛柔之用四。時之不必於有爲者,聖人以無爲治之;時之不能以無爲者,聖人以有爲治之,順天則以正中,效陰陽而制化。時乎時乎！其聖人之所用乎。

**惟辟作福,惟辟作威,惟辟玉食。臣無有作福、作威、玉食。**

此嚴馭世之大權也。然欲用德者,其以權乎？德以世用,固不可無三。而權以用德,又不可有二。故福也、威也,正人主所以用天下之具;而玉食者,正臣民所以奉一人者也。然惟辟作福,禮樂自天子出也。惟辟作威,征誅自天子出也。惟辟玉食,九州之珍惟天子御也。下此則人臣矣。於三者,惟受君之賜耳,豈得而有之乎。如此,則權戴德而行,德乘世而用,平則與之爲平,克則與之爲克。然則權者,德之所藉,乃聖人之所寶也。

**臣之有作福作威玉食,其害于而家,凶于而國,人用側頗僻,①民用僭忒。**

此著失權之患,見不一其權也。② 苟人君不寶惜其權,而使公卿、③大夫、諸侯者,萬有一焉。竊而用之而有作福作威玉食,則卿大夫必害于汝之家,諸侯必凶于汝之國矣。大夫諸侯既如此,則大小諸臣□之側頗僻而亦用僭忒。威福玉食者,殆不止一二臣已也。如此,則汝之家、國、臣若民且非汝有也,又安得用三德操縱治之哉？是故,皇建極者,必當以至一之權行兼三之德,而後可以造就人才也。

---

① 按:"僻"原誤作"辟",據《尚書正義》改。
② 按:此處三"不"字相連,衍兩"不"字。
③ 按:"公卿"原誤作"不卿"。

**七、稽疑：擇建立卜筮人，乃命卜筮。**

此詳稽疑之疇。七稽疑何如？蓍龜至公而後能紹天明，亦必其人至公而後能傳神物之意。故稽疑以卜筮爲重，卜筮以人而重。必擇人之無私者掌占筮之事，然後國有大事，必須洗心齋戒以傳天命者，乃命其人卜筮以定吉凶、決猶豫矣。苟非其人，豈可寄以神明之命哉！

**曰雨，曰霽，曰蒙，曰驛，曰克。**

此列卜兆之體也。國有大事，卜人定龜矣。其兆何如？明火以藝荊，定墨以觀體，當其見於鑽灼之間，而其所食之墨文，有滋濕溫潤而兩者，兆爲水；有光明宣朗而霽者，兆爲火。有恍惚翳昧不明者曰蒙，兆爲木。有稀疏錯落不續者曰驛，兆爲金。有左右上下脉理交入若相勝者曰克，兆爲土。是卜兆之體不同而五行之氣以寓，使其類應也，固可以知吉；使其乖錯也，亦可以知凶。而稽于卜者，茲焉準矣。

**曰貞，曰悔。**

此列占卦之體。國有大事，筮人先筮矣，其卦體何如。夫筮三變而成爻，六爻而成卦，當其奇耦具而扐揲成，則有貞有悔矣。曰貞者，事方來而始著，有始之義焉。于未動之卦則爲在內之三爻，于既動之卦則爲所遇之本體。蓋雖確然固而不移也。曰悔者，事已過而復形，有終之義焉。于卦之不動則爲外爻而上體是居，于卦之既動則隨所之而變體是值，蓋紛然易而不居也。是有陰陽，即有老少之殊，有老少即有貞悔之體，因卦體定吉凶而稽疑于筮者，茲焉準矣。

**凡七：卜五，占用二，衍忒。**

此卦卜筮之用。夫總而言之，卜筮之體凡七。分而言之，其雨、霽、蒙、驛、克五者，爲卜用。其貞、悔二者，爲占用也。其用將何如哉？蓋以事不能以無差，疑不能以自決，惟于卜筮推衍焉。蓋因用以濟民，行而無過差，可疑者則不敢以瀆矣。

**立時人作卜筮，三人占，則從二人之言。**

洪　　範

此言聽卜筮之要。夫卜筮異體而同用如此，然將何所適從哉？蓋立至公無私之人以爲卜筮之官，專以一人，不能盡神明之微；偶以二人，未免有適莫之異，故或卜或筮必各立三人以相參考。若三人同辭，固大善矣。若二人同辭，而一人異占，則從二人之言，善均從衆也。

**汝則有大疑，謀及乃心，謀及卿士，謀及庶人，謀及卜筮。汝則從，龜從，筮從，卿士從，庶民從，是之謂大同，身其康彊，子孫其逢，吉。汝則從，龜從，筮從，卿士逆，①庶民逆，吉。卿士從，龜從，筮從，汝則逆，庶民逆，吉。庶民從，龜從，筮從，汝則逆，卿士逆，吉。汝則從，龜從，筮逆，卿士逆，庶民逆，作內吉，作外凶。龜筮共違于人，用靜吉，用作凶。**

此言稽疑之序而及其應夫聽卜筮之要如此。今欲行卜筮如何？汝有大事近係汝身之休咎，遠係子孫之禍福，行之不能無疑也。汝則有大疑，先已謀及乃心矣，謀及卿士，觀朝議之何如；又進庶人於外朝而親問之，察輿情之安在；終則謀及卜筮，以觀鬼神之依違也。此先人後神，稽疑之序也。蓋天下事，有我所欲爲而人不悅，有人所欲爲而己不從，亦有己與人皆疑其不可而天地鬼神自以爲可者，是皆於卜筮決之。蓋人則有欲，而卜筮無私，筮猶出於人，而龜則純乎天也。故稽疑之序固以人謀爲主，而稽疑之應則以神謀爲斷。使誠國占一大事也，汝則從，卜筮從，卿士、庶（士）人從，②上下同謀，人神贊決，是之謂大同矣，而其應何如？吾知大事既定，王躬以寧，身其康強，在斯舉也。不特吉在汝身，將有子孫亦逢其吉者。蓋舉事既大則憑藉必遠，大同之吉誠不止目前之占已也。此外則有不得大同者矣。若汝則從，龜從，筮從，而卿士、庶人不從，然以至靈之告祥，而又至尊之謀合外內之舉，亦吉也。外此，而卿士從，龜筮從，汝則逆，庶民逆，吉。庶民從，龜筮從，汝則逆，卿士逆，亦吉。蓋五者之中，三從二逆，從之理多，則吉之所在也。然三從之中，必龜筮之從爲可若，汝則從矣。但龜從而筮則逆，卿士逆，庶民逆，是神謀間異，人謀共阻，本不可以

①　按："逆"原誤作"逸"，據《尚書正義》改。
②　按："庶士"之"士"當爲衍文。

142

舉大事,但筮短龜長,作內而祭祀則吉,作外而征伐則凶。若人謀從矣,而龜筮共違于人,則用静吉,舉事凶也。蓋人謀能料其事之可否耳,若氣數推移之變有出于意料之表者,則非人謀所能逆知,惟神知之耳。故無心者罔敢知吉,則有心者難定其祥,是故利用静也。卜筮吉凶之應如此,明以稽疑,又何皇極舉事之不定哉!

**八、庶徵:曰雨、曰暘、曰燠、曰寒、曰風。曰時五者来備,各以其敘,①庶草蕃廡。②**

此演庶徵之疇。八庶徵何如? 徵陰陽也,時而已。陰陽交則蒸而成雨,散則開而成暘,水火之屬也。陽進則舒而成燠,陰進則慘而成寒,木金之屬也。以至陰陽之周旋,吹扇爲風,風通于四氣,非土之屬乎? 此五者各自有定候,曰時也,此其在天者矣。而其來也,合之則貴備焉,分之則貴叙焉,皆其所謂時也。有如歲月日之間,五者之来不少不多,初無一之不備;且不先不後,初無一乖期,則五氣可謂休矣。其效何如? 天機既順,物機自神,雖至露生庶草,得氣之微者,亦莫不感休氣以蕃廡矣。③ 況大者乎? 此歲氣之吉也。

**一極備凶,一極無凶。**

夫五者所以相濟生成也。正可時来時去,不可常有常無。若一者極備則来而不去,一者極無則去而不来,所謂恒而不時也,如此人物俱受其災,故凶也。此五氣休咎之應也。

**曰休徵:曰肅,時雨若;曰乂,時暘若;曰晢,④時燠若;曰謀,時寒若;曰聖,時風若。曰咎徵:曰狂,恒雨若;曰僭,恒暘若;曰豫,恒燠若;曰急,恒寒若;曰蒙,恒風若。**

夫五氣有休咎矣,而其所以徵者則由乎人。蓋人之五事即天之五氣也,且

---

① 按:"敘"原作"序",據《尚書正義》改。
② 按:"廡"原作"蕪",據《尚書正義》改。
③ 按:"廡"原作"蕪",據經文改。
④ 按:"晢"原作"哲",據《尚書正義》改。

以五氣之休而徵五事之得者言之，貌作肅也，則淵靜而不狂，雨以時若矣。言作乂也，則理暢而不僭，暘以時若矣。蓋貌與雨爲水，言與暘爲火，類也。視作晢則意象昭融，而無猶豫之惑矣，故燠以時順之。聽作謀，則沉幾凝密而無急疾之患矣，故寒以時順之。蓋視與燠爲木，聽與寒爲金，類也。以至思睿而作聖，則心機鼓動，無有蒙而不通者，故時風若焉。蓋土在人爲思，〔在〕天爲風，①均一清通之氣而已，所謂五者來備而各以叙者也，此休徵也。反是，而爲五氣之咎，則爲五事之失徵矣。貌疏狂不肅也，無凝注之意而恒雨。言僭差不乂也，無晦默之意而恒暘。視不晢，則猶豫矣，無爽滌之意，故燠恒。聽不謀則急縮矣，無和緩之意，故寒恒。以至思不通而蒙，則風不止而霾，蓋恒風矣。此所謂極備極無，咎徵也。天人相與之際微哉！

**曰王省惟歲，卿士惟月，師尹惟日。**

此正言念用庶徵也。夫天人相與之際，象其事矣。而當其事者，非皇極君臣責乎？彼王統卿士而卿士統師尹，猶夫歲統月而月統日也。故五事有得失而庶徵有休咎，其所當省者亦各有等焉。莫尊于王，而所省則係于一歲之利害者也。蓋王者既無所不統，則凡歲功之虧全在王事之得失，自當容心于其大者矣。次有卿士，位稍卑而所統者則有限，故順天以考變理者獨於一月之利害所係耳。是雖未凝於王者，而月亦吾所省者矣。又次則師尹，職愈降而所及者益無幾矣，故因時變以驗分職者，獨于一日之利害所係耳。是雖未同于卿士，而日亦己所省矣。尊者省之大而要，卑者省之小而詳，上兼乎下之憂，不分乎上之責，各象其事，各引其過，上下之分雖殊而儆懼之心則一，固非謂王累於月日之微，而卿士、師尹漫無歲之省也，此其爲皇極君臣也哉！

**歲月日時無易，百穀用成，乂用明，俊民用章，家用平康。**

此言得所省，休徵之效也。君臣各有省念矣，誠使驗於歲月日之間，雨、暘、燠、寒、風之時來備以叙，無相易也，是謂休徵，則其所感豈止庶草之蕃已

---

哉！百穀以時發育者，氣化齊而生理遂，穀用成矣。政治以時興作者，五辰撫而庶績凝，乂用明矣。俊民相時而動者，天地交而賢人出，不已章乎！家視時而安者，氣候正而比屋寧不平康乎！休徵所感如此，君臣於此省之，知五事之得矣。

**日月歲時既易，百穀用不成，乂用昏不明，俊民用微，家用不寧。**

此言失所省，咎徵之害。使驗於日月歲之間，雨、暘、燠、寒、風之時極備極無，既易其叙，是謂咎徵，則其凶何如哉！百穀因以不成，不有康食也。治因之昏不明，庶事隳也。俊民因之微，賢人隱也。家因之不寧，天下亂也。咎徵之害如此，於此省之，其知五事之失哉！

**庶民惟星，星有好風，星有好雨。日月之行則有冬有夏，月之從星則以風雨。**

此言民無所省，以專其責于君臣也。夫王與卿士、師尹之省固惟歲月日矣，若庶民何所省哉！其休咎皆上之人代民省耳。夫庶民依乎上，猶繁星麗乎天，何也？民有欲不能自遂，而王又無爲也，遂之者卿士、師尹耳。猶星有好不能自從，而歲又無爲也，從之者日月耳。是故，星有好風，亦有好雨者，好風者箕乎？好雨者畢乎？日月何以得從其好也。遲疾相推，日自有常行也，而東井牽牛則冬夏懸其至矣。晦朔相禪，月自有常行也，而黑道、赤道則冬夏殊其交矣。是冬夏者，日月之常行，非故爲從星而行，然星之好自然與其常行相值而得所好也。蓋日行於晝不可見，而月行於夜有可徵，其東北行而入于箕，則陰陽扇而多風，是星有好風，而月之從星則亦以風矣。其西南行而入于畢，則陰陽蒸而多雨，是星有好雨，而月之從星則亦以雨矣。月固不能外風雨之本好以從星，星豈不賴月之有常行以從其好哉？然則日月有常行以成歲事，猶卿士、師尹有常職以成王事也。以常行從星之異好，猶以常職從民之異欲也，若夫民則何所行而何所自省哉？故知念用庶徵者，乃王與卿士、師尹之不容已者耳。

**九、五福：一曰壽，二曰富，三曰康寧，四曰攸好德，五曰考終命。**

此演福極之疇。九、五福何如？五福以緩急為序，一曰壽，有壽而後能享諸福故也。二曰富,富而後可以享壽故也。心康而無憂,體寧而無疾,然後可以享富與壽,故居三。好德而身心乃安,所貴于富壽者此耳,故居四。五則曰考終命,考者,成也,成其終命,則存順沒寧,不止壽而已矣。此五福者,皇極之所歆所錫者也。惟皇以此自嚮于極,且令天下嚮極也。

六極:一曰凶短折,二曰疾,三曰憂,四曰貧,五曰惡,六曰弱。

六極則以重輕爲先後也。不考終命爲凶,不壽爲短折,禍莫大焉,故居一。身不康爲疾,有疾則不凶短折,亦何聊哉?故居二。心不寧爲憂,憂而生,何愈於疾乎?故居三。四曰貧,即無憂,然不如富之多賴矣。五曰惡,則剛之過爲暴戾、爲強梁也。六曰弱,則柔之過爲懦怯、爲無斷也。剛惡柔惡不同,均無好德之福矣。是六極也。皇之不極,則君與臣民並惟此矣。人君其因以自威,而因以威臣民哉!

# 玉茗堂書經講意卷之七

## 旅獒

**惟克商，遂通道于九夷八蠻，西旅厎貢厥獒，太保乃作《旅獒》，用訓于王。**

武王克商之後，威德廣被，九夷八蠻莫不作王，而向所不通之道爲之自通。時有西旅國者，亦通道中之蠻夷也，致貢其所產四尺之犬曰獒，是固慕德威而自至，非有窺覦之意者。太保則以自西旅貢之雖以表尊王之義，自人君受之，不免啟玩好之端，況創業之君固後嗣所儀刑，而朝廷舉動尤四方之觀望。於是作《旅獒》一書，訓王以陳其無可受焉，以防微也。

**曰："嗚呼！明王慎德，四夷咸賓，無有遠邇，畢獻方物，惟服食器用。**

嗚呼！王亦觀古明王之事乎？明王以德者，鎮服華夷之本，不可不慎也。精養於本原之地，嚴持於舉動之間，不以盛德爲可娛，不以細微爲可忽，明王慎德如此。是以四夷慕德，咸賓服來朝。然其至也，無遠無近，盡獻其方土之物，而方物之貢亦惟貢服食、貢器用而已。蓋明王慎德，本無玩好之私，故四夷來賓亦無珍異之獻。今獒之爲物，於服食器用何居也而受之乎？

**"王乃昭德之致于異姓之邦，無替厥服，分寶玉于伯叔之國，時庸展親，人不易物，惟德其物。**

然明王受所貢之方物，又不敢私之于己也，乃昭示以德所致之方物于異姓

147

之邦，蓋非必無寶玉也，而必以方物者，示服遠也。若曰："惟朕一二甥舅，其知此物之所自致也乎？"而受此方物之用，其無廢"大邦惟翰"之事，以益明有尊也。又分以德所致之寶玉於同姓之國，蓋非無他物也，而必以寶玉者，示加禮也。若曰："惟予一二諸父，其知此分之所由來者乎？"而受此寶玉之後，其時篤"宗子維城"之思，以益明有親也。明王寓意於物如此，是以當時諸侯受賜者，不徒以服食器用之物觀之，而深信其爲慎德之致，見君之物有如見君之德焉，而率服展親以輔慎德之化者自不容已矣。夫方物之微，上以德昭，下以德重，獒何物哉！上下非所以爲德矣。

**"德盛不狎侮，狎侮君子罔以盡人心，狎侮小人罔以盡其力。**

此戒玩人也。夫明王慎德以積小高大，蓋甚盛德矣。德盛則心無限量，而動有法則，不狎侮於己，亦不狎侮于人，若心有狎侮，終非盛德事也。將狎侮君子乎？君子以心事人者，亦即貌以事君，不能盡其心矣。將狎侮小人乎？小人以力事上者，彼亦怠以事上，不能盡其力矣。蓋君以禮使人者也，如見大賓，如承大祭，猶恐心力不爲我盡，況能強其爲慢君使乎？然則，德盛而益不可不慎也，是君子小人之望也。

**"不役耳目，百度惟貞。**

此戒玩物也。物之誘人，常因視聽而入，此非耳目之役於物，乃心之役于耳目也。必以耳目聽命于心，不以心役于耳目，凡百爲之節，從耳目感應者皆爲本心天則之正而後可也。蓋役者，遷而不正。貞者，正而不遷。百度惟貞，則耳目皆聽心之用矣。

**"玩人喪德，玩物喪志。**

此申上二節，反覆論狎侮之弊。夫狎侮君子小人，是玩人也，豈特心力之不盡已哉！始因德之有未盛而狎侮人，卒乃并其未盛之德而失之矣。役耳目，是玩物也，豈特百度之不貞已哉！始因志役于外而猶知有物，久則物舍其中而無復有志矣。玩心一生，所喪若此，可無慎哉！

**"志以道寧，言以道接。**

承上言內外交脩，正慎德之原也。心之所之為志，玩物喪志矣。而志者，所以貞百度之本，不先有以寧之，終難免于玩物矣，何以寧之？以道可也。未發則知止而能定，已發則率止而惟康，有道心之安，無人心之危，則志不以役動，而聽言有本矣。人之相通以言，玩人喪德矣，而言者尤所以效，心力之精不思所以接之，終不免于玩人矣。何以接之？以道可也。逆志者，求諸道。遜志者，求諸非道。接其有道之言，無接其非道之言，則言不以狎受而持志有資矣。此內外交脩，尤德之所為謹也。

**"不作無益害有益，功乃成。不貴異物賤用物，民乃足。犬馬非其土性不畜，①珍禽奇獸不育于國。② 不寶遠物則遠人格，所寶惟賢則邇人安。**

上文因玩物而及玩人之失，此節因寶物之戒，而又歸重於寶賢。總之，端好尚以慎德也。凡屬於妄作者，皆無益事也，關於君德民生者，皆有益事也。世主多于有益之事不肯為，而惟無益是為，故心志分而功廢矣。然則有益無益常相與廢者也，必不作此無益以害有益之事，則既不分功於無益，即得竟其功於有益，而治功乃可得成矣。凡出於希有者皆異物也，屬於服食器用者皆用物也，世主多於用物不知貴，而惟無用者以異見貴，故征求多而民詘矣。然則異物用物相為興耗者也，必不貴異物以賤常用之物，則既不費民財於異物，又得專民力於用物，民乃可得而足矣。猶未也，犬馬以土性為良耳，③非其土性，則與人異心而不相習，其可畜乎？鳥獸以茂對為常耳，若珍奇者則致之，自遠而無所用，其可育乎？遠人之至必以遠物嘗人主之志也，玩物則為其所嘗，而外夷輕中國矣。能正志不役物，而視遠物澹如也，則正大之情足以威稜乎殊俗，而遠人格矣。邇人之安常在賢人接明主以道也，玩人則無以盡其心，而百姓阻膏澤矣。惟盛德不狎侮，而於賢人是寶也，則有益之政相與謀布於邦中而邇人安矣。然則葵何益乎？何用乎？以為犬則非土也，以為獸則已奇也，以為寶則

---

① 按："性"原作"姓"，據《尚書正義》改。
② 按："珍禽奇獸"誤作"珍奇禽獸"，據《尚書正義》改。
③ 按："性"原作"姓"，據《尚書正義》改。

非所以爲寶也。此而畜之育之，不其遠於民功，而損於盛德也哉！

"嗚呼！夙夜罔或不勤，不矜細行，終累大德。爲山九仞，功虧一簣。

此正戒王也。嗚呼！臣所陳皆慎德事也。勉勉我王，自夙而夜，無萬中有一不動焉，所以然者，人主有人綱人紀之大德，有一事一節之細行，少有不勤，即有慎大德而失矜於細行者矣。不知德者行之積，而鉅者細之積也，故明王競競然日致其行，業業然日務其德，然後行積而名顯，德彰而身尊，無小大德，當慎一也。若忽爲細行不矜惜而持守之，終爲盛德累矣。蓋一節之有疵，即全體之未純，況忽微之漸啓，或圖大之將替也。不猶爲山九仞而功虧于一簣乎？一簣能虧九仞之山，則細行不可以不矜矣，細行不可以不矜則夙夜不可以不勤矣。勤者，無所不慎者也，而可忽於受礜之細哉！

"允迪兹，生民保厥居，惟乃世王。"

此見謹德之言當迪也。夫不矜細行而累大德，近則小民難保，遠則後嗣何觀。王誠以臣之言爲必可行，凡所以慎德者，真能無夙夜、無小大敢玩焉，即明王之慎不過是矣。效豈其微哉！吾知天下大定，生民固已奠厥居矣。今則主德清明，治功成而民足，朝廷安靜，遠人格而邇安，凡此生民，其安居于盛德之世矣乎！大統既集，今日固已爲王矣。今則作事可觀，後世得以循法而動；積慎不敗，後世得以蒙業而安。惟王子孫其世爲守德之王矣乎！然則脩之一身者爲甚小，而造福於生民者則甚大，勤于夙夜者雖甚邇，而燕翼于萬世者則甚遠。王甚允迪厥德也哉！

# 金　　縢

**既克商二年，王有疾弗豫。**

武王既克商二年，定鼎未固也，而身遘不豫，事勢亦危矣。

**二公曰："我其爲王穆卜！"**

太公、召公因王有疾，乃曰："君父有疾之時，非臣子自安之日，我其爲王致敬共卜其安乎?"

**周公曰:"未可以戚我先王。"**

此托詞以卻二公之卜。周公雖以二公雖請于廟而穆卜,未必能盡憂君危國之詞,且雖用朝廷大卜之禮,如後王及百執事皆與聞也。事體重大,人心動搖,故公不顯言其意,而但設詞以卻二公。曰:"父母惟其疾之憂。未可以王之疾聞于宗廟而憂我先王也。"

**公乃自以爲功,爲三壇同墠,爲壇于南方,北面,周公立焉,植璧秉珪,乃告太王、王季、文王。**

周公既卻二公之卜,乃自以祷武王之安爲己事,何如?宗廟不敢輕告矣,但築土爲壇者三,同一除地之墠,坐北向南以爲棲神之地,別爲一壇於三壇之南方,北面,周公自己立之以爲奉神之所,置圓璧於壇,执桓珪於手,而具禮神之物,乃告太王、王季、文王而致告神之詞焉。必告三王者,太王肇基,王季其勤,文王克成,皆以安天下爲心者也。武王能纘三王之緒,則三王必念武王之疾,故於此請命也。

**史乃册祝,曰:"惟爾元孫某遘厲虐疾,若爾三王是有丕子之責于天,以旦代某之身。"**

此下四節皆祝詞。公自以爲功矣,史乃受公命爲册,祝曰:"惟爾元孫某遇暴惡之疾,一身之安危係天下之理亂。然元孫是天之元子,而爾三王是元孫之祖考,若爾三王是有保護元子之責于天下,不可令其死也。必不可保,則請以旦代某之身,庶不爲國家憂爾。"

**予仁若考能,多材多藝,能事鬼神。乃元孫不若旦多材多藝,不能事鬼神。**

且旦何爲而可代也?蓋事祖考者,非有才藝不能,予素有仁愛之性,承順祖考,又精力強固而多才幹,裁處精當而多藝,能幽冥之中可備役使,能事鬼神矣。乃元孫某不如旦多才多藝,不能事鬼神,是元孫之死不若旦之死,而旦之生則不若元孫之生也。

**乃命于帝庭,敷佑四方,用能定爾子孫于下地,四方之民罔不祇畏。嗚呼!**

151

**無墜天之降寶命，我先王亦永有依歸。**

乃元孫受命於上帝之庭，作君作師以師治佑助四方，因當時之所休也，且創業垂統，用能定爾子孫于下地，使四方之民無不祇肅汝子孫，是又後世之所依也。任大責重如此，未可以死也。嗚呼！爾三王必任保護之責，毋令其死以墜失天降敷佑之寶命，則不特子孫有所依，我先王后稷以下之宗祀亦永有依歸，而廟食無窮矣。

**今我即命于元龜，爾之許我，我其以璧與珪歸俟爾命。爾不許我，我乃屏璧與珪。**

此欲三王決其許否。然爾神在天之靈其許否，未可知也。今我即命于元龜乎？元龜告吉，是爾許我任保護之責則寶命不墜，宗祀有依，我其以植壇之璧與所秉之珪歸以俟元孫之安，而他日得以事神焉。若元龜告凶，是汝不許我任保護之責則寶命必墜，宗祀無依，我乃屏藏其璧與珪，雖欲事神，不可得也。爾三王其命我何哉！

**乃卜三龜，一習吉。啟籥見書，乃并是吉。**

公既與三王決許否矣。乃灼三龜三卜之，而兆一因其吉。既卜之後，開籥見卜兆之書，乃并云此兆之吉。三王之許我可知矣。

**公曰："體，王其罔害。予小子新命于三王，惟永終是圖，茲攸俟，能念予一人。"**

公乃自幸曰："我觀卜兆之體，有吉無凶，王之疾其無害乎！我小子新受命于三王，而永得以遂我請代之圖矣。我其以璧與珪歸俟王躬之安。蓋三王能念我元孫一人而保護之也。得不爲宗祀喜乎！"

**公歸，乃納册于金滕之匱中，王翼日乃瘳。**

公自卜所歸家，卜史乃以册祝之文納于金滕之匱中。公歸明日，王疾遂瘳，忠誠感神如此。

**武王既喪，管叔及其羣弟乃流言于國，曰："公將不利于孺子！"**

此《史記》周公避居之由。武王疾瘳後，四年始崩。時成王幼而周公攝也,管叔爲周公兄,反出外監殷,不得入秉大政,固已不平於公矣。而武庚正欲反周爲殷者,因而搆之,管叔頑冥,遂與弟蔡叔、霍叔造無根之言流布國中,曰:"公外名假攝,而意在即真,將不利于孺子矣。"一則危動成王,使疑周公而不專其任。一則動搖周公,使公內愧而解攝以去,公去則己之奸遂行矣。

**周公乃告二公,曰:"我之弗辟,我無以告我先王。"**

公聞流言,乃告太公、召公,曰:"流言方起,正主少國疑之時,尚不避位而去,則上無以釋君心之嫌疑,下無以解人心之危懼,而於自靖之義亦有所未盡者,他日將何自獻而告我先王於地下耶? 今我之避,求無愧於神明而已。事之有無,吾何辨哉! 吁! 公一避則變不起於王室,既得以成終始之大忠,志可達於先王,又何以成其始終之大孝也。"①

**周公居東二年,則罪人斯得。**

流言之始,成王未知罪人爲誰,及公避位居國之東二年,以待王之察也。時久事明,王始知流言者管、蔡也,而罪人斯得矣。奸雄流謗之極密,大臣孤忠之難明,固如此哉!

**于後,公乃爲詩以貽王,名之曰《鴟鴞》,王亦未敢誚公。**

公於罪人既得之後,乃爲四章之詩以貽王,而名之曰《鴟鴞》,以惡鳥之取子比武庚之敗管、蔡,以惡鳥之破巢比武庚之敗王室,而因原其育子之恩勤,作巢之勞瘁以感王也。王於此時雖未能即知公之爲是,亦未敢遽(信)公之爲非,②蓋感晤之漸矣。

**秋大熟,未獲,天大雷電以風,禾盡偃,大木斯拔,邦人大恐。王與大夫盡弁以啟金縢之書,乃得周公所自以爲功代武王之說。**

此下敘公歸之由。夫王雖未敢誚公,公之忠誠猶未白也,天心其容已乎? 是年秋,禾稼大熟,未及斂,天乃發驚雷爍電迅烈之風,禾則盡偃,大木斯拔,天變異常,邦人大恐,王與大夫以天變不自作也,乃盡弁冠肅容以開金縢世藏龜

---

① 按:"何以"疑當爲"可以"。
② 按:此處當奪一"信"字,語意方暢。

卜之占書,將卜天變之所在。於是偶得卜史前昔所納周公之冊所書周公命龜之事,始知周公自以爲功代武王之說焉,此雖天意,亦三王寧考之靈哉!

**二公及王乃問諸史與百執事,對曰:"信! 噫,公命我,勿敢言。"**

二公及王既得公代武王之說,乃問諸史與百执事,欲知其詳也。諸史百执事對曰:"此事乃公忠誠懇切,可以對天地,質神明,信有之矣。"已而嘆息曰:"噫! 此冊祝請命之書、乃公意令我爲之,但當冊祝之日,正人心搖動,固已不敢言,及流言之起,又值國家危難,益不敢言耳。"

**王執書以泣,曰:"其勿穆卜! 昔公勤勞王家,惟予冲人弗及知。今天動威以彰周公之德,惟朕小子其新逆,①我國家禮亦宜之。"**

於是王感晤天變,而迎公以歸也。执祝冊之書以泣,曰:"卜以決疑,不疑何卜? 今日天變有自来矣,其勿穆卜。昔公勤勞王家,綢繆拮据,真有如公詩所陳者。雖至先王遘疾,國家危疑之時,而猶自以爲功,至願以身代,勤勞甚矣。惟我冲幼不及知,使公反以流言避位,盛德幾乎晦矣。今天動威,正以彰顯公勤勞之德。蓋不卜而天意可知也。惟我小子其親出郊外迎公歸,此於國家崇德之禮亦宜然也,而豈爲過哉!"

**王出郊,天乃雨,反風,禾則盡起。二公命邦人,凡大木所偃,盡起而築之,歲則大熟。**

王既感悟,遂出郊外俟公之歸,不徒先之以衮衣之使已也。天乃下雨而反其烈風,凡禾爲風所偃者盡起,凡大木所偃之禾未能自起者,二公命邦人盡起而築之,歲則大熟。蓋天既有心於君相,亦因以造福于斯民矣。夫周公祷疾而神許之,蒙晦而天彰之,公誠精之至,甚盛德也哉!

# 大　　誥

**王若曰:"猷大誥爾多邦越爾御事,弗弔天,降割于我家不少延。洪惟我**

---

① 按:"逆"原本作"迎",據《尚書正義》改。

幼沖人嗣無疆大歷服，弗造哲迪民康，矧曰其有能格知天命？

此周公傳王命，大誥多邦以征武庚、三叔之意。必大誥者，所以昭太公而一眾志也。王若曰："猷大誥爾多邦諸侯及爾御事，我固期天心之我眷也，不意不爲天所恤，乃降害我家，使武王遂喪，不少延待。大思我以沖人嗣無疆之歷數而尊爲天子，嗣無疆之歷服而富有四海，任大責重如此。若苟且目前，不能除害安民，爲時勢義理曉然易知之事，尚弗能造於明哲以迪民安靖，況曰天命之難諶者，其能格而知之，通極天心以守歷服于無窮乎？"此所以必當盡人事以奉天討也。

"已！予惟小子若涉淵水，予惟往求朕攸濟，敷賁，敷前人受命，茲不忘大功，予不敢閉于天降威用。

承上言詞，欲已而不能已。惟我小子未更于事，遭此多難，恐不能造哲格天，若涉淵水，罔知所濟，然予終不敢自沮，而惟往冀所以濟也。濟之道何如？典章法度，國家之神氣精彩所在，何其賁也，不能施于所當施，法紀不明，無以示四方矣。我惟脩典明法，布此賁飾之王度於天下，無使晦闕焉。于以恢張前人所受之命，而歷服愈爲之無疆也。夫光賁之典，休顯之命，皆先王安天下之大功所在也。今幾何時，若無敷揚振起氣象，則先王之大功委地矣。予若茲其敷之者，正以不忘先王安天下之大功，四海永清，萬世一日也。夫以我當盡人事以終武事如此。今武庚闕王章，而于天命固天威所必用也。予豈敢閉抑天降之威用而不行討乎？討之正所以"敷賁，敷前人受命"也，蓋敷則不閉，閉則不敷。敷者，造哲於人事而不閉者，所以格知天命也。

"寧王遺我大寶龜，紹天明即命，曰有大艱于西土，西土人亦不静，越茲蠢。

此以卜言也。我所以不敢閉天威者，亦以卜不可違耳。思昔寧王遺我以國之大寶龜，以其可紹介天之明命，而定天下之吉凶也。寧王方崩之時，即用寶龜以從卜時事之吉凶，而兆辭有曰："異日東土且有亂，將有興師動眾大艱難之事于西土，而西土之人亦不得安静。"龜之所告如此，當是時，蓋不虞有武庚之叛也。及今武庚果蠢蠢然而動于東土，則不能無勞于西土之征，而所謂大艱不靜者，信矣！是事之未然者，卜已可驗于前，而今事之已然者，尚可違於後乎？

"殷小腆誕敢紀其敘，天降威，知我國有疵，民不康，曰：'予復！'反鄙我周邦。

此推武庚蠢動之故也。且武庚土狹民微，特小厚之國耳，乃敢叛亂，大紀其既亡之統緒，是雖天降威于殷而速亡之，然亦武庚知我國有三叔疵隙，民心因之不安，故乘機生變，敢大言曰："予將恢復殷業！"而反鄙邑我周邦，仍前日之以服事殷也。夫曰天降威，則予不敢閉矣。曰民不康，則予當迪民康矣。

"今蠢今，翼日，民獻有十夫予翼，以于敉寧武圖功，我有大事休，朕卜并吉。

夫殷固有可伐之罪，而予又有必克之理。武庚蠢動方始于今日，民獻十夫即集於明日，輔我以往撫定商邦，使蠢動者靜不得肆，因以繼寧王大定之功。夫國家舉事已不必常是則從眾，眾不必常是則從賢。賢者，民心國計之主，固朝廷之蓍蔡也。十獻爲王，可謂眾矣。不卜而吉可知矣。況人謀鬼謀又有大同者乎？我今有征伐大事，斷乎獲師貞之吉矣，何也？卜之云吉，不特一龜爲然，而三龜并然也。夫大艱不靖，天明已兆于前，則伐商必克，天威必信于後矣。

"肆予告我友邦君，越尹氏、庶士、御事，曰：'予得吉卜，予惟以爾庶邦于伐殷逋播臣。'

且朕卜并吉，不特今日爲汝羣臣言之，向當得卜之初，即以告我外之友邦冢君，及内之尹氏、庶士、御事，曰："予今日得吉卜矣，可以動大事，成大功。予惟以汝庶邦往伐殷逋播之臣，撫寧而繼圖功也。"我前日所以告汝者如此。

"爾庶邦君越庶士、御事罔不反，曰：'艱大，民不靜，亦惟在王宮邦君室，越予小子考翼不可征。王害不違卜？'

然我雖以吉卜告爾，爾庶邦君及庶士、御事無不復我曰："事或出于易，小猶可舉也。禍或起于他人，猶可言也。今勞師動眾，而事之成敗猶不可知，何甚艱也！邦之安危係此一舉，何其大也！事勢不可征矣。且不靖雖由武庚，亦惟在王之宮，邦君之室，兄弟相瘉，變自內出，理勢不可征矣。且非特予小子諸臣謂不可征，及予小子之父老敬事者，亦咸謂不可征矣。夫濟大事以人謀為本，人謀有所不從，則神謀不可深信，王何不違卜勿征乎？"爾之所以反我者如此。

"肆予沖人永思艱，曰：'嗚呼！允蠢鰥寡，哀哉！予造天役，遺大投艱于朕身。'越予沖人不卬自恤，義爾邦君越爾多士、尹氏、御事，綏予曰：'無毖于恤，不可不成乃寧考圖功。'

此破其艱大之說也。然豈惟羣臣以為艱大哉？肆予沖人亦永思其艱矣，但嗟此四國信然蠢動，害及鰥寡，深可哀哉！造哲迪康，在憫人窮者，固不容以艱大自沮也。且此之艱大，雖予所造實天所使，事雖大，天固以大而遺於我身矣。事雖艱，天固以艱而投于我身矣。有推之不能去，逃之不能免者。越予沖人畏此天命，我固不暇以艱大自恤也，然以主憂臣辱、君勞臣逸義言之，豈特我當憂天憂民而力成艱大之功哉！我既以告我友邦君越尹氏、庶士、御事矣，則爾等之義所謂食人之祿者當分人之憂，析君之爵者當成君之事，爾邦君越爾多士、尹氏、御事，但當安我曰："事雖艱大，王宜無勞于憂，我諸臣義當分憂者，誠不可不相與勠力艱大，以成乃寧考所圖安天下之功，以此慰我，則不卬自恤者不止予一人，而牧寧武圖功者不止于十獻，此固予告爾庶邦之心，而亦爾諸臣之義也。不此之出，而徒以艱大沮我，為人臣當如是乎？"

"已！予惟小子，不敢替上帝命。天休于寧王，興我小邦周，寧王惟卜用，克綏受茲命。今天其相民，矧亦惟卜用。嗚呼！天明畏，弼我丕丕基。"

此破其違卜之說。且汝羣臣欲我違卜而勿征，夫卜如之何其可違也？已，予惟小子，以卜則占事之一術而已，不知龜以紹天之明，卜之所在，天命所在也。卜伐武庚而吉，是上帝命我矣。我其敢廢之而不用乎？所以然者，亦以卜不可違耳。昔天意休美寧王，興我小邦周，由百里而有天下，豈有言以相命耶？

寧王惟卜是用耳。卜伐商而吉，此所以克綏受茲命，而周王見休也。不特昔寧王有大事用卜也，即今天相佑一小民，使之避凶趨吉，況亦惟卜是用耳。若不用卜，無以知天之相也。夫上至先王，下至小民，無不用卜，我敢不用乎？嗚呼！以是知今日之卜，天明也，天明見于卜，從之則吉，違之則凶，誠可畏矣。天何意哉？正以無彊歷服，此丕基也。武庚不靖，丕基危矣。今之卜吉，將以堅我艱大之志，壯我圖功之謀，而幽贊丕基，一興邦相民之意耳。羣臣乃曰："王曷不違卜？"亦不畏天明也哉！

**王曰："爾惟舊人，爾丕克遠省，爾知寧王若勤哉！天閟毖我成功所，予不敢不極卒寧王圖事，肆予大化誘我友邦君。天棐忱辭，其考我民，予曷其不于前寧人圖功攸終？天亦惟用勤毖我民，若有疾，予曷敢不于前寧人攸受休畢？"**

此申釋艱大并前考翼不可征之語。故專呼而告之，曰："夫考翼者，皆嘗逮事寧王而爲舊人也，爾必大能遠省前日伐殷之事，爾豈不知武王創業亦以艱大自勤勞哉！既知武王之勤，當有以終其勤矣，而況天意之有在乎？當今四國蠢動，氣化否塞而不通，事勢艱難而不易，天之閟毖我國家甚矣，正欲使我奮發平定以轉否爲通，轉難爲易，固成功之所也。天意愛我若此，予不敢不伐武庚以極卒武王所圖吊伐之事。卒寧王圖事者，所以卒天事也，故友邦君不知天意，我則以天意大化其滯見，而引以大義從征者，豈天真有辭以示人哉？其輔我以忱信之辭，而的然謂大功之當圖者，豈徒見之卜詞哉？亦不過考之民言耳。民獻十夫以爲可伐而翼我以往，則天意輔我昭然矣。予曷其不于前寧人輔武王所圖安定天下之功，而伐武庚以終之乎？終寧人之圖功，所以終天功也。然天意不特閟毖我，棐忱我也，天亦惟用此事變動說我民，使我於四國之害如人有疾，速攻去之，非可養患於身也。天意矜民若此，予曷敢不於前寧人輔武王所受歷服之休，而伐武庚以畢之乎？畢寧人之受休，所以永天休也。然則所謂予造天役者，真不暇以自恤。而不可不成寧考圖功者，亦汝舊人所以爲寧人計也。何考翼亦言艱大，而忘寧王之勤哉？

王曰："若昔朕其逝,朕言艱日思。若考作室,既底法,厥子乃弗肯堂,矧肯搆? 厥父菑,厥子乃弗肯播,①矧肯穫? 厥考翼其肯曰:'予有後,弗棄基。'肆予曷敢不越卬敉寧王大命?"

承上言曷敢不卒事、終功、畢休者,非獨天意,殆人事也。若朕本意,則昔者已往征之矣,所以至今者,亦言其事之艱大而日思之,非泛然而議,卒然而動也。亦真有不得不終者耳。以作室喻,父既底定廣狹高下之法而規模草創矣,堂之搆之,厥予責也,今乃不肯爲之堂基,況肯爲之造屋乎? 以耕田喻,父既廣去萊棘而田野粗辟矣,播之獲之,厥子責也,今乃不肯爲之播種,況肯俟其成以至于刈獲乎? 爲其子者如此,則父之敬事者其肯曰:"我有後嗣,能弗棄我田舍之基業乎?"蓋必無以慰考翼之心矣。天下如室與田,寧王之勤則底法而菑也,今日敉寧之事則堂且播也,歷服守成則搆且獲也,今不能卒事,不能終功,不能畢休,則於寧王之勤謂何? 於人子之責謂何? 責在我身,我何敢不及,我身往伐武庚以撫安武王之大命,使丕基得以不搖,而況今日之堂播,異日之搆且獲也,寧王在天之靈,其以朕爲不棄基乎? 爾羣臣奈何曰艱大而沮予之逝也!

**"若兄考,乃有友伐厥子,民養其勸弗救。"**

此正責臣終武功也。天意人事,我當終前功矣。汝羣臣爲君之輔者,獨不思所以救民患乎? 蓋寧考之於天下。若父兄矣,四國皆其友邦,百姓皆其赤子,而爾羣臣猶諸民養也,父兄有友攻伐其子,爲之民養者,其但勸彼攻伐而不救其子乎? 如此,既非所以報兄考之德,亦非兄考所以畜民養之意也。四國允蠢,害及鰥寡,而汝但曰:"艱大,不可征!"則無乃不救,而幾於勸乎非義矣。

王曰："嗚呼,肆哉! 爾庶邦君越爾御事,爽邦由哲,亦惟十人迪知上帝命,越天棐忱,爾時罔敢易法,矧今天降戾于周邦,惟大艱人,誕鄰胥伐于厥室,爾亦不知天命不易。

此責羣臣不知天命,亦釋前違卜之意。嗚呼! 艱大之事成于勇,沮於畏。

---

① 按:"肯"原誤作"克",據《尚書正義》改。

今日東征，其舒放而無畏縮哉！爾庶邦君及汝御事，汝知往日之事乎？昔者，寧王伐商，賁命一新，而萬邦丕爽者，曷由哉？皆由明哲之輔耳。明哲爲誰？亦爲亂臣十人，蹈履至到，①心與天通，能知禍福於機先。及周德日隆，天休滋至，所謂棐我周之忱者，初無形聲之可驗，而十人與武王同心同德，固有以悟其式教用休之意於不言之表矣。十人格天知命如此，以此輔武王爽邦，其於造哲迪康之事固無難也，爾於是時猶不敢違越武王法制，憚於征役。況今武王崩，天降禍於周，首大難之四國，大近相攻於其室，蓋同室之鬬也，比武王爽邦之時，其事勢危迫何如者？今爾"考翼不可征"則不特易我之法，而又言"曷不違卜"，則爾亦不知天命之不可違易矣。視十人迪知帝命之心何如？視汝昔時不敢易法之心又何如也？

**"予永念曰：天惟喪殷。若穡夫，予曷敢不終朕畝？天亦惟休于前寧人。**

此申前天意菑田畢休之說也。我常念曰：天之除惡也止其身，豈若穡夫之去草必芟夷蘊崇之，使無易種而後已哉。惟人自作餘孽則有盡滅之道，如穡夫去草必盡而畝始終也。然則武庚不反，則天之所欲亡者紂而已。罰弗及嗣，雖人理，實天道也。此寧王所以封武庚意也，而武庚竟不畏天保國，一旦爲滅祀之舉，乃知天之喪殷，若穡夫不盡除之不已，則我亦安敢不終朕寧王之畝耶？我之所以終畝者，不特天欲畢休于寧王，是天亦惟欲休羨於前寧人，不使有除惡不盡之累耳！予爲朕畝計，汝獨不爲寧人休耶？

**"予曷其極卜，敢弗于從，率寧人有指疆土。矧今卜并吉，肆朕誕以爾東征，天命不僭，卜陳惟若兹。"**

因上終朕畝、天休、寧人之言，而決之以卜也。謂大事以人謀爲本，我亦何敢盡用卜，敢不從爾勿征之語乎？蓋佐武王以開疆土，寧人之功也。率循寧人之功，則當指畫而定其疆土，無使歷服之內得竊據於他人也。事理顯然如此，卜而不吉，固將伐之。況今日卜并吉乎？肆朕大以汝東征，天命不僭，往必克

---

①　按："到"疑當爲"道"。

矣。蓋卜之所陳已如此矣。卜無僭辭，則天無僭命，此朕所以必往也。

# 微 子 之 命

**王若曰："猷！殷王元子，惟稽古崇德象賢，統承先王，修其禮物，作賓于王家，與國咸休，永世無窮。"**

此成王命微子爲殷後而期望之。若曰："猷！殷王元子，崇有德之先王，立象賢之子孫，古制也。我惟稽古以成湯爲有德之君而崇以世祀，以汝象湯之賢而命以主祀焉。我所以命汝者，豈徒然哉！蓋殷之禮物正先王之迹所留也。于以統承先王之令緒，脩其正朔服色以備三統焉。先代之裔與當代之臣不同也。于以作王家之賓，不爲臣屬以成三恪焉。凡此皆以崇德象賢故也。然豈一時已哉！蓋我周文謨武烈，定一代之典禮，文昭武穆垂百世之本支，其休固無窮矣。今則欲汝脩明禮物以備一王之法，使文獻之足徵者與我周敷賁之美相爲昭焉。作賓王家以別一王之後，使我客之戾止者與我周主器之美相輝映焉。蓋一世二世以至永世，休無窮也。此今日崇德象賢之意哉！"

**"嗚呼！乃祖成湯，克齊聖廣淵，皇天眷佑，誕受厥命，撫民以寬，除其邪虐，功加于時，德垂後裔。**

此言其崇德也。嗚呼！我封汝於宋，固以崇德也。而乃祖成湯何如哉？齊，無不敬。聖，無不通。廣則溥博，淵則靜深，皆心體之蘊通極天人而爲功德本也。是以皇天眷佑而大受天命於其身，上得天矣。小民則寬撫之而除其邪虐於天下，下得民矣。四者著于事而可大爲功，則奄甸萬姓，當其時有成烈也，所濟何其廣乎！四者蘊于身而可久爲德，則賢君六七，至于今猶象賢也，所傳何其遠乎！乃祖之德崇而祀之也宜哉！

**"爾惟踐修厥猷，舊有令聞，恪慎克孝，肅恭神人。予嘉乃德，曰篤不忘。**

**上帝時歆，下民祇協，庸建爾于上公，尹茲東夏。**

　　此言象賢也。謂汝象賢者何耶？齊聖廣淵，①湯之道也。爾惟踐履脩舉其道，舊有令譽，非今日矣。汝所以踐脩者何心哉？亦汝之孝心也。蓋非恪慎，何以能孝？不能孝則忽於神人，雖有先王之猷，而忘踐脩之意矣。汝惟有致恪致慎之心，而能此孝道，故於祖考神人爲能凜承七世之廟，而靜密以致其肅；敬念六百之祚，而曲折以行其恭。天下未有恪慎肅恭之人而忽先猷於不脩不踐者也。夫汝有孝德如此，予惟嘉美汝德，曰：“汝之孝德篤而不忘恪慎，一心肅恭，一廣非止，舊有令聞，雖淪喪之時，而所以自靖于先王者如故也。是以孝心徹于上帝，而時歆可以廟者，可以郊者矣。孝德感于下民，而祇協宜于神者，宜于民矣，是能像成湯之賢者也。故我庸建汝于上公之位，以治此東夏之民，奉湯祀于不墜焉。”

　　**“欽哉！往敷乃訓，慎乃服命，率由典常，以蕃王室。弘乃烈祖，律乃有民，永綏厥位，毗予一人世世享德，萬邦作式，俾我有周無斁。**

　　此歷戒勉以盡職。吾之命汝者不苟，則所望者亦甚不輕也。汝惟存恪慎肅恭之心于開國賓王之日，其敬之哉何則？尹茲東夏，自有常道以正民也，汝往之國，必敬敷五典之彝訓，而專以教化爲大務焉。建于上公，自有定分以正己也。汝往之國，必致慎九數之服命，而不以舊坊爲無用焉。以是而蕃王室，德澤堅于保障，法制肅于干城，而於朝廷稱東蕃矣。此以盡忠也。以是而弘烈祖，恢綏猷之家法，廓守典之聖謨，而於先德益象賢矣。此以盡孝也。以之律乃有民，教淑其心，禮定其志，粹乎下民之祇協也。以之永綏厥位，宜民以受祿，守典以承休，安然上公之爵位也。然不特蕃王室而已，毗予一人而上教以明，王度以舉，廣吾力之所不逮矣。不特弘烈祖而已。世世享德而定保有訓，貽謀有典，爲後世之所憑藉矣。不特律汝有民，雖萬邦之廣，以此式之，君民之大德可師，事上之小心足法，而六服羣辟莫不矜式者，于焉在也。不特綏爾厥

───────────

　　①　按：“廣”誤作“度”，據經文改。

位,雖我周之寵以此固之,嘉彝訓之不忘,念侯度之能肅,而與國咸休,無有厭斁者于焉在也。凡此,皆汝職也,予蓋有厚望哉!

"嗚呼! 往哉惟休! 無替朕命。"

此勅遣就國也。嗚呼! 汝往之國,當盡心于敷訓敬典以與國咸休,無或不敬,而廢我所命,庶於崇德象賢之意無負哉!

# 康　誥

**惟三月哉生魄,周公初基作新大邑于東國洛,四方民大和會,侯、甸、男、邦、采、衛百工播民和,見事于周,周公咸勤,乃洪大誥治。**

此史臣敘周公作洛之始詞,乃《洛誥》之文而錯簡在此。周公攝政七年,惟三月哉生魄之十六日,公承王命往營成周,初基作王城下都于東國洛。是作也,不能不賴于臣民,但見四方民不辭勞,大來和會于東土,一時之民勤矣。侯、甸、男、邦、采、衛之百工,又因民心之和,播布而鼓舞宣暢之,使之見在執事于周,一時之臣勤矣。惟時公實總率其事者,亦皆勤於思營作爲役書,乃大誥臣民以營洛之事,使民知所以趨事,而臣知所以導民焉。

**王若曰:"孟侯,朕其弟,小子封。**

此武王將誥康叔而以此啟其聽。王若曰:"汝康叔位則爲諸侯長,親則我同母弟,年則幼冲也。爲諸侯長則宜有以帥先矣,爲同母弟則宜有以展親矣,汝惟小子,宜聽老成人之教矣。"

**"惟乃丕顯考文王,克明德慎罰。**

此二節示以得封之本。爾知周業之所由造乎? 當殷之季,舉世皆昏,惟乃丕顯考文王以"德者,感人心之本也"。爲能明而務崇之,以純粹之心布精華之治,無一念之少蔽也。以"罰者,正人心之具也"。爲能慎而務去之,以哀敬之心精由裕之典,無一念之少忽也。明德則民感而入于德,謹罰則民服而出于刑,文王所以造周者如此。

"不敢侮鰥寡,庸庸祗祗威威顯民,用肇造我區夏。越我一二邦以修我西土,惟時怙冒,聞于上帝,帝休,天乃大命文王殪戎殷,誕受厥命越厥邦厥民。惟時敍,乃寡兄勗,肆汝小子封,在茲東土。"

承上言文考惟德明而罰慎,故煢獨高明一承之以敬,生成肅殺一順之以則,其明德也望道未見,故視民如傷。鰥寡,人所易忽而有不侮之心,惟不侮于細民,因不侮于君子。能者當用則用其所當用,賢者當敬則敬其所當敬,凡以爲仁民助也,皆明德事也。有罪當威則威其所當威,蓋慎罰也。有是明慎之心,故政教光輝顯著于民,用能始受區夏之地,爲西伯之尊。由是越我一二友邦,聞明慎之風,皆漸以脩治而顯于隣邦矣。至盡西土之眾被明慎之澤,亦皆怙之如父,冒之如天,而顯于西土,顯于民,即顯于天,昭其聞于上帝,帝用休美其所爲,而大命文王殄滅大殷,以大受天命,及其萬邦之萬民皆服其德刑而由于理。蓋不特一二邦而已,文王所以造周如此。及汝寡德之兄,雖不敢望文孝之明德慎罰,①然不敢不勉焉。文考作之,寡兄述之,故汝小子封得以有此東土也。夫豈生而候者哉!然則汝今日之就封,當念其難而思其本也。

王曰:"嗚呼!封,汝念哉!今民將在祗遹乃文考,紹聞衣德言,往敷求于殷先哲王,用保乂民。汝丕遠惟商耇成人,宅心知訓,別求聞由古先哲王,用康保民。弘于天,若德裕乃身,不廢在王命。"

此下欲康叔明德也。嘆息言,封,念哉!今殷民習脩和時敍之德久矣,一旦見文王之子來相臨治,必以能敬述文王明德之事望之,且汝封聞文考明德之言熟矣,一旦離父兄之側,恐舊聞不相承續而異聞或有疵間。今汝治殷民,惟在敬述文考明德之事,以繼續舊聞文王明德之言而躬親服行之,然後足以副民望也。然爾之所往商故地也,商賢聖之君六七作,明德遺風豈無存者,必於其地敷而求之。蓋商民之情素安乎殷先哲王之德,循而行之,以保乂商民可也。然商賢聖明德之君必有耇成人明德之輔,耇成人之言初若無味,惟大有以思

---

①　按:"文孝"據文意及下文疑作"文考"。

之，則自得其言中之理，可以宅乃小子之心，使心安于理，而且知以訓民于德也。猶未也，殷、周治民之德亦相承古先聖明德之遺也，又別求聞乎古先聖王明德之道而由之，以康治民德焉。夫治民之德，其中義理無窮，而汝封本之家學，參之國俗，遡之古先則多識前言往行以大其畜，而此心之天爲德所從出者已恢恢而有餘矣。若是則隨德之所明，爲身之所動，綽有餘資矣。蓋身心一原，弘則俱弘者也，是能不廢王命，而明德之望其副矣乎！

王曰：“嗚呼！小子封，恫瘝乃身，敬哉！天畏棐忱，民情大可見。小人難保，往盡乃心，無康好逸豫，乃其乂民。我聞曰：‘怨不在大，亦不在小。惠不惠，懋不懋。’

承上治民言。君民之勢少以貴高自待，視民休戚即不甚切於身，必真知百身爲一身，若疾痛之在乃身，一如不敢侮鰥寡可也。汝其敬哉！敬即此心常惺，此德常明也，而無痛不覺。忽則昏，而一膜之外與己不相關矣。夫天之威不測，而有常者理，何也？誠則輔之也。人情之好惡雖大暑可見，若易於知天矣，然不知小民雜而多望，鄙而易怨，至難保也。故欲盡得小民之心，不可不往敬以盡乃心，欲盡乃心則不得不動其身于明德，遠而稽，近而述，無以自安之，故忘敬勉之心而好逸豫爲也。必如此，乃其合於古先文考所以明德治民之心，而難保者保矣。不然，而少有自康，即心有所不盡，而於乂民之事必有所不办者。① 我聞曰：“人之怨不在事之大，亦不在事之小，惟在順理不順理，勉行不勉行耳。”不惠不懋，雖小致怨，況其大者乎？凡是莫不積小而成大，故無小而不當敬以盡心也。至於無不惠，無不懋，心乃盡而民乂，乃可謂明德矣。

“已！汝惟小子，乃服惟弘王應保殷民，亦惟助王宅天命，作新民。”

王告康叔以明德之事至矣，猶以明德未至新民格天，是明德之未至也。故以新民終之。乃曰：“吾詞欲已而不已。汝惟小子，汝所當爲之事豈不重哉！豈止爲汝國保民已哉！弘明德之天而盡心小民之保，我之德意也惟在廣上德

---

① 按：“办”疑當作“辨”。

意而承宣之，以和順保乂殷民，調其可見之情，協諸同明之德而已。若然者，又豈特自不廢王命，以自新其民已哉！弘王之意即助王之道也。蓋我雖受天命而清四海，然殷民未固則定鼎之猶虞，殷俗未移則餘風之猶扇，宅命新民未可知也。今汝能和保也，則殷民安，天命與之俱安。正位凝命，永有棐忱之慶，而王所以宅天命者惟汝助之矣。殷民變，四方之民因之丕變，耳目精神發更新之會，而王所以作新民者亦惟汝助之矣。如此，則所謂天之可畏，民之難保者，予可以無憂，而汝之明德遠矣，其亦所以自盡其事也哉！

王曰："嗚呼！封，敬明乃罰。人有小罪非眚，乃惟終，自作不典，式爾，有厥罪小，乃不可不殺。乃有大罪，非終，乃惟眚災，適爾，既道極厥辜，時乃不可殺。"

此下示謹罰而以犯罪之情首之，正人所易忽而難明者也。夫明德固以新民，民有難新者，罰其可已乎？蓋罰者，民命國脉所係，必敬慎以明其法意，可也。敬明何如？如人有小罪，非是過悞，乃其故爲亂常之事，用意如此，罪雖小而情則重，若宥之則惠奸矣，乃不可不殺焉。又人有大罪，非是故犯，乃其過悞，出于不幸，偶爾如此，且既自稱道盡輸其情，不自隱匿，罪雖大而情則輕，若刑之恐濫及矣，時乃不可殺焉。夫不以其罪爲生殺而必以其情，此法外意也。敬明於此二者，則法意無不可明者矣。

王曰："嗚呼！封，有敘，時乃大明服，惟民其敕懋和。若有疾，惟民其畢棄咎。若保赤子，惟民其康乂。

承上言慎罰足以感人心也。嗚呼！封，民所犯有輕重，而情法權衡於其間，蓋不止罪重情輕，罪輕情重者爲然，而凡大小取舍皆有一定之倫次也。惟本明德以慎罰，權衡正於我而清明在躬，乃能於次序之間，聽之必以情而正之必以法，情法相得而使人服，則民其相戒勅而勉於和矣，何也？所謂大明者，非曰明之而已，亦以誠則明，且誠能動物也，故上之人欲民去惡，容有不誠，至于己有疾而欲去之，其心未有不誠者。惟以去疾之心去民之惡，愀然而調治之，惟恐其棄咎之不速且盡也。蓋刑雖痛苦，實所以爲德也。由是民感其誠曰：

166

"上欲我去疾如此,我何爲自留其疾乎?"不必刑罰——及其身而畢舍其咎矣。至於上之人保全善民,容有不誠,若己有赤子而思保之,其心未有不誠者。惟以保赤子之心保民之善,煦然而護字之,惟恐其無知之有故且誤也。蓋罰雖嚴而心衛之以慈也,由是民感其誠曰:"上保全我如赤子,我何爲不自保其身乎?"殆若赤子——聽其親而迪康以乂矣。夫誠以治惡保善則大明服也,畢棄咎、康乂則勅懋和也。如此,然後爲有敘之刑乎!

**"非汝封刑人殺人,無或刑人殺人;非汝封,又曰劓刵人,無或劓刵人。"**

此戒其狥己。刑之大者刑殺,小者劓、刵,非汝封得以刑殺劓刵人。蓋小大之獄皆天討也,自有定情,自有定敘,若以汝封之意行之,則有不待詳其情,不能順其敘者矣。故天下事皆不當以己爲也,而况於刑乎! 汝封其戒矣!

**王曰:"外事,汝陳時臬司師,茲殷罰有倫。"**

此欲其以殷法治殷民,亦謹罰也。夫用法於己固不可有所狥,示法于人尤不可無所準。汝今於有司決獄之外事,不用更爲一切之法也。衛居殷墟,周承殷後,刑書相因,吏民相習,殷罰中之有倫次者,固多可法者存也,汝但陳列是法而昭布之,蓋條列之初,因事而示之法,使有司聽決之際,用法而比其事,使亦不至輕重之失倫也。夫以殷法從事殷人,其有不聽者乎?

**又曰:"要囚,服念五六日,至于旬時,丕蔽要囚。"**

夫外事者,有司聽之耳。至于殺人要獄,則汝封主斷之事,非止有司事也。死者不可複生,報決雖有定時,而一二日之間何暇思慮,必服膺念慮之間。議獄也,而求其入中之出。緩死也,而求其死中之生。不但服念一日二日,而且至于五六日,甚又至于十日、三月之久,所以爲囚求生之道者無不用,其情有可以生則幸也。蓋至卒無可生之路,然後以殷法大斷其要囚,則我與死者兩無憾矣。夫囚情未得則服念焉而無敢折獄,已得則丕蔽焉而無敢留獄,民其無冤滯矣乎!

**王曰:"汝陳時臬事,罰蔽殷彝,用其義刑義殺,勿庸以次汝封,乃汝盡遜,曰時敘,惟曰未有遜事。**

承上言汝之聽獄既取是法與事比並而陳之，必法與事相當，而後斷以殷之常法矣。然泥古而不通，不可也。又當用其刑殺之宜於時者，然趍時而狥己不可也。又當顧人之所犯何如？不可曲法以遷就汝封之意，如此刑其有敍矣。然矜喜之心生，怠惰之心必起，將復有失刑之咎也。故使汝刑殺盡順於義，雖曰是有次敍，汝當惟自謂曰："我全未有順義之事焉。"以此心聽刑，則不敢輕視人命而苟且獄辭，刑罰無不中矣。

"已！汝惟小子，未其有若汝封之心，①朕心朕德惟乃知。

然平日處心又用刑之本也。故將言用罰之重典，而先指其良心以感動之。已！汝惟小子，年雖少而心則善，慈祥惻怛本乎天性，雖老成人亦未有若汝封之心者，是爾心之德，朕知之矣。然朕亦有不忍之心，朕亦有好生之德，此心此德自天而生之，自文考而傳之，汝在家庭之久而復心心相映，則亦惟汝知，朕心朕德矣。蓋寡兄之所勗，即乃心之所含者也，推乃心體朕心，罰其有不慎乎！

"凡民自得罪，寇攘姦宄，殺越人于貨，暋不畏死，罔弗憝。"

此將言下二節而先以此形之。蓋強寇之當刑，人人知之，至於子弟之無家法，臣下之收人心，此則當刑，非凡人所喻也。王曰：凡民顯然犯法，自得大罪如寇攘奸宄，殺越人以取財貨，強狠亡命，暋然不知畏死者，此人無不憎惡之，人無不知此人之當罪也。然豈特此等之當罪當憝哉！商俗薄惡，乃有深於此者矣！

王曰："封，元惡大憝，矧惟不孝不友，子弗祇服厥父事，大傷厥考心；于父不能字厥子，乃疾厥子；于弟弗念天顯，乃弗克恭厥兄，兄亦不念鞠子哀，大不友于弟。惟弔茲，不于我政人得罪。天惟與我民彝大泯亂，曰：乃其速由文王作罰，刑茲無赦！

此正用罰以正殷俗也。寇攘之人固為大惡而大可惡矣，然少自畏死者不為也。至於殷餘民俗，父子兄弟之間往往不親不遜，傷化原而滅生理，尤為可

---

① 按："若汝"原本誤作"居爾"，據《尚書正義》改。

惡者乎。如爲子者不能敬事其父,大傷父心,故於父不能自愛其子,乃疾惡其
子,是父子相夷也。爲弟者不念天生長幼顯然之序,乃不致敬其兄,故兄亦不
念父母鞠養之勞,大不友愛于弟,是兄弟相賊也。父子兄弟至於如此,雖與強
禦自得罪者不同,然爲政者當有以罪之也。苟不於我爲政之人而加子弟以不
孝不子之罪,則恬不知戒,而父子兄弟之間且有不忍言者,俗流失政敗壞,天所
與我民彝必大泯滅而紊亂矣。刑其可緩乎!曰汝其速由文王所作之罰,刑此
不孝不弟之人,無赦可也。蓋文王威所當威,而當殷彝泯亂之日,必且作爲不
孝不弟之刑,此刑未行於東土也,汝其由之,則東人著於子弟之倫矣。

　　"不率大戛,矧惟外庶子訓人,惟厥正人越小臣諸節,乃別播敷,造民大
譽,弗念弗庸,瘝厥君,時乃引惡,惟朕憝。已!汝乃其速由茲義率殺!

　　此用罰以治臣也。夫民之不率教者,自有文王之大法矣。況臣爲民之視
效而不守王法者乎?彼外庶子掌正汝之公族以訓人爲職,乃風化之所係。庶
官之長乃綱紀之所關,小臣之有符節行事者乃職守之所寄,自有奉君教人之法
在也,乃以私意小慧別布教條,違道干譽,不念其君,因不用其君之正法,人臣
如此,其於君上之體統教化最相妨病,是乃長惡于下而教民不率也。元惡固人
所共憝,而此等罔上之臣,罪甚于民,惟我所深惡也,刑可緩乎?汝其速由文王
之義罰,而率以殺之可也。蓋文王威所當威,而居方伯之位,則凡臣之不忠皆
其義所得誅者。此義尚未明於東土,汝其由之,則東人著于君臣之義矣。

　　"亦惟君惟長,不能厥家人,越厥小臣、外正,惟威惟虐,大放王命,乃非德
用乂。

　　承上文責備康叔也。諸臣固民之表,而爾實君長一方者,則又臣之表也。
夫爲君長者,父子兄弟之間克正,則能厥家人矣。由家以及朝廷,則能厥小臣
外正矣。如是,則一國莫敢不出於正,又何暇於威虐而以非德用治哉!惟君人
而不克君,長人而不克長,於是不能教率,內無若其家人何,外無若諸節小臣、
外庶子、正人何,乃徒罪人之不孝、不弟、不忠也,而速刑速殺,惟威虐是事,大
放棄明德慎罰之王命,而欲以非德治也,治其可冀乎?汝惟以德乂焉可也。

　　"汝亦罔不克敬典，乃由裕民，惟文王之敬忌。乃裕民曰：我惟有及，則予一人以懌。"

　　汝爲君長而欲以德用乂也。其亦師文王乎！夫有時而用殷罰，有時而用文王之罰，則疑於無常，即用文王之罰也，一則曰速由，再則曰速由，則疑於不裕。殊不知法由古先，至我文王講畫至精至備，皆天討不易之定理。所謂典也，汝亦罔不能敬守之。而所謂速由者，亦將由是以求裕民之道，以從容調順之。蓋刑罰中有德化，初非以操切之也。然裕民豈徒以文王之法哉！惟以文王之心裕民也。文王以不敢侮鰥寡之心行威威之典，視民如傷，敬之至也。罔敢知獄，忌之至也。慎罰之中有明德焉，此文王所以裕民也。汝之敬典，亦惟念念事事一以此心爲法，乃期裕其民。曰我惟有及於文王，蓋敬如文王，故無不盡之侮，而國人所以迪彛教也。吾則未能盡逊時敘，而猶恐矜忽之心或生，庶惟有及於文王之敬矣乎！忌如文王，故無不勤之戒，而有夏所以致脩和也，吾則無或刑人殺人，而猶恐任法之意或過，庶惟有及於文王之忌矣乎！如是，斯爲盡敬典之道，終祇遹之意，而予一人以懌乎！蓋予所望於汝者，以德用乂而罰務去之，汝能如是，予望慰矣！

　　王曰："封，爽惟民迪吉康，我時其惟殷先哲王德，用康乂民，作求。矧今民罔迪，不適不迪，則罔政在厥邦。"

　　此節欲以其德行罰也。民之不率，邦有刑矣。然我明思之罰以輔政，非所恃以爲政也。惟當明德以導民于仁讓孝友吉康之地，俟其不從而後罰焉。然何所法以導民哉？殷先哲王自成湯而下皆以德迪民，有不專恃于殷罰者，我承其後，其惟用殷先哲王之德以安治民，而與之作述匹焉。是以殷先王之道道殷餘民，乃迪吉康之要法也。況今殷習雖靡，而民彛猶在，道之仁讓孝友，無不從者。然則，民不吉康，非民之不適，乃爲政者不以德迪之耳。夫有邦有政止是道民吉康耳。若不能以德道民而徒罰是用，尚何政事之有乎？政人而至于罔政，此吾之所甚懼也，所以不敢不作求商先哲王也。

　　王曰："封，予惟不可不監告汝德之說于罰之行，今惟民不静，未戾厥心，迪屢未同，爽惟天其罰殛我，我其不怨。惟厥罪無在大，亦無在多，矧曰其尚顯聞于天。"

承上節作求迪適之說而嚴之天也。封，我爲天人主，惟不可不監視殷先哲王德，而思與作求，以汝同有宅天新民之責者，故告汝以明德之說于刑罰之時，蓋欲以德行罰，無以罰行罰也，所以不可不監者，何也？天生民，使君迪之，非使民自定而已。今惟民不安静，未定其心，迪之雖屢而猶未同。總之，所以迪民者未至也，我明思天其將罰殛我，蓋不罪民而罪其迪民者，我其敢怨？惟民之罪不在大與多，微少有罪，即在朕躬。況曰今庶羣不孝友，不仁讓，腥穢之德其尚顯聞于天，罪亦大且多矣，而爲君者尚敢有辭。我所以不可不監而以汝告者也。

王曰："嗚呼！封，敬哉！無作怨，勿用非謀非彝，蔽時忱，丕則敏德，用康乃心，顧乃德，遠乃猷裕，乃以民寧，不汝瑕殄。"①

此欲其不用罰而用德，正終前裕民以懌之意。封，敬哉！敬之何如？蓋怨無大小，惠懋爲先，任刑而不任德，其於民也爲作怨，其於國也爲迫促。不遠之謀，其於治也爲非常可用之法，故必無作可怨之事，勿用不遠之謀，非常之法，惟當措刑不疑，而斷以此心尚德之誠，無爲末俗因循之論所遷改，無爲後世駁雜之政所凌夷，于以大法古人之敏德，不止惟文王之德言，求殷王之德迪，而凡所以丕惟商耈聞由古先者，無不用其誠焉。若此者，將以何用哉！蓋古人緩於刑而敏於德者，其心固安於德，其心固稽於中，而其謀固出於遠大，汝未能然也。故用丕則以安乃心，使汝封之心順適于古人之天也。用丕則以遠乃猷，舍一切刑名之近謀，規古人心德之遠謀也。夫作怨而非謀非彝，甚非所以裕其民也，安心於德而作謀於遠，則所謂若德裕乃身者已通之於義民，而所謂以由裕民有不止於敬典，蓋且純任德化，馴習調娛，使不靖之民居然吉康之地，孝友仁讓之風也。至此，德真能務崇，罰真能務去，所謂予一人以懌矣。其不汝瑕疵

① 按："殄"原誤作"珍"，據《尚書正義》改。

而殄絕也哉！

　　王曰："嗚呼！肆汝小子封，惟命不于常，汝念哉！無我殄享，明乃服命。高乃聽，用康乂民。"

　　此二節承上不汝瑕殄而以天命人心結之，亦終前保殷民、宅天命之意也。惟天命不于常，德裕則國命以長，刑促則短之矣。所謂棐忱而可畏者。汝其凝命是念哉！毋使我殄滅汝所享之國可也。念之何如？明德謹罰，正汝侯國所服受之誥命，亦既聽之矣。必精白一心以明汝所服受之命而不迷于所行，聳惕一心以高汝之聽而尊其所聞，用以安治其民，使歸于德而外于罰也。若然，則天命常而無殄享矣！

　　王若曰："往哉！封，勿替敬典，聽朕告，汝乃以殷民世享。"

　　汝明服命，高乃聽矣。豈特今日聽命之初然哉！往國以後，必勿替其所敬之常法，惟聽我所命而服行之。如是而天命有常，以無我殄享也。非天命之自爲常，而我之能不殄也。是汝能康乂殷民，民之所享，天必享之，天之所享，君必享之。以此垂典，以此保世，蓋子孫長有此東土無絕也，是用此殷民世享矣。至是而與弘王保殷民、宅天命者咸休矣乎！

# 玉茗堂書經講意卷之八

## 酒誥

**王若曰:"明大命于妹邦。**

此篇武王告康叔毖其臣民之酒也。商紂酗酒,而妹其都邑,酗尤甚也。今其地既入于衛矣,我將發大命以教之焉。

**"乃穆考文王肇國在西土,厥誥毖庶邦庶士,越少正、御事,朝夕曰:'祀兹酒!'惟天降命,肇我民,惟元祀。**

此舉文王毖臣之言也。我之大命豈無所本乎?昔我穆考文王肇國在西土之日,以方伯統庶邦,憂其臣之湎也,誥毖庶邦之庶士及少正御事之臣,朝夕叮嚀之曰:"人之於酒惟祭祀之時昭苾芬以感神明,然後可以歆神之賜。此外,不可常用也。"所以然者,惟天生黍稷,降民命,始令我民作酒者,非爲欲人沉湎也,亦惟爲大祭祀灌獻之禮而已,酒既爲元祀作,則用酒亦惟於祀,明矣。

**"天降威,我民用大亂喪德,亦罔非酒惟行,越小大邦用喪,亦罔非酒惟辜。**

夫酒之作由于天命,而酒之禍亦出于天威。蓋飲之有度而受福,則亦天之降命,飲之無度而受禍,則固天之將威矣。故以我民而大亂威儀心志以喪德者,亦無非酒惟行,無論小民越大小邦喪亡,亦無非酒惟辜,凡此皆天降威也。

知降命之天，又知降威之天，則庶邦宜怵於酒矣！

"**文王誥教小子，有正有事無彝酒，越庶國飲惟祀，德將無醉。**

此专戒臣之小子者。文王既誥羣臣，而其中又有小子血氣未定，尤易縱酒，故文王又專誥教之。本國小子有以官爲守者，有以職爲事者，常於酒，無乃不常於政事乎？必恪乃官職，毋常於酒，以及庶國之小子亦惟于祭祀時有旅酬之禮，有享尸之燕，於此而飲可也。此外可常飲乎？雖祀而飲，亦以德將之，內定其心，外檢其儀，使志足宰氣，理足勝物，而不至醉焉。如此，庶幾正事之臣矣！

"**惟曰：我民迪小子，惟土物愛，厥心臧，聰聽祖考之彝訓，越小大德，小子惟一。**

文王既告臣，又告民，以爲我民之爲父老者習見殷酗之不臧也，平日訓導其子孫，常曰："惟土物愛，其心自臧。"土物者，稼穡也。凡民逸則淫，淫則忘善，勞則思，思則善心生。況於祖父子孫，世其本業，不見異物而遷焉，則龐雜奇邪之行自塞，而雍和淳固之意自存，厥心所以臧也。爾民祖父常以訓教其子孫，則入于耳者已熟矣。爲子孫者當聰以聽之，入于心者始恪也。且我民以酒喪德者，初必以謹酒爲小德，無害於事，但於身心倫理之大德用力足矣。不知以謹酒爲小德，正病之根源也，小而不戒，必至惰其土物，①遷其善心，以至喪亂大德，豈小失乎？知湎酒非小失，則知謨酒非小德矣。故當惟一視之，小德即大德也。如此，則能聰聽祖考之彝訓矣。

"**妹土，嗣爾股肱，純其藝黍稷，②奔走事厥考厥長。肇牽車牛，遠服賈，用孝養厥父母，厥父母慶，自洗腆致用酒。**

此武王教妹土之臣民正大命也。夫西土之民去殷都遠，然文王已教之愛土物，聽祖考如此，況妹邦民乎？爾妹土之民久染酗逸之俗，今以後當嗣續汝四肢之力。夫治稼穡，奔走事其親長，小民之分竭力耕田，供子弟之職而已矣。

---

① 按："惰"疑作"墮"。
② 按："黍"原誤作"恭"，據《尚書正義》改。

何暇酒乎？夫農商皆民之業，力其本，不妨兼事其末也。或敏於貿易，牽車牛遠出爲賈，以商之所得孝養父母，父母必曰："幸哉！有子如是。"父母慶矣，由是歲時伏臘，乃可自洗潔腆厚，致用酒，欣勤苦之餘閒，敘天倫之樂事，要不爲過也。此我所以命妺土之民者乎！

"庶士有正越庶伯君子，其爾典聽朕教，爾大克羞耇惟君，爾乃飲食醉飽。丕惟曰：爾克永觀省，作稽中德，爾尚克羞饋祀，爾乃自介用逸。茲乃允惟王正事之臣，茲亦惟天若元德，永不忘在王家。"

夫西土庶邦之臣去殷都遠，文考已有元祀、德將、正事、天威之戒矣。況妺土之臣乎？汝庶士之有官守及百君子之爲官長者，其常聽朕恝酒之教哉！且朕教汝恝酒，豈盡無飲酒之時乎？如養老，國之大禮也。國老有德有爵者，汝養之東膠。其引戶校年而爲庶人之老，及死國事者之父母，則庶老也，汝養之虞庠。由是执醬执爵，割牲奉俎，而大能極饋獻，致醉飽之誠！此時禮有勸飲酳酳，爾乃飲食醉飽，亦無害也。不特養老，又有事神之大禮焉。夫明則事人，幽則事神，而事神尤難。心者，神明之舍，交於神明之本也。其德本不偏不倚，本無過不及，此心之精神處也，一弗觀省則私生於意之不及矣。我大惟曰："汝當常常觀省此心，使從微至著，悉稽于中德而無少差，則虛靈湛而正直全，庶幾能進饋祀以通於神祇，爾當此之時，亦可自副於燕樂也。蓋祭祀而灌獻者，其正也。祭畢而飲福燕毛者，其副也。酒雖不正爲燕飲設，然成祭而飲，各沾神休，亦"飲惟祀"之意也。夫臣大小不同，各有王事，汝能於此二事之外不復沉飲，則信爲王治事之臣，不廢時失事矣。不特爲王正事已也。能謹酒如此，則心志威儀勉勉令德，亦惟天順此元德，有隆福，無降威，而祿位永不忘在王家矣。諸臣其典聽朕教哉！"

王曰："封，我西土棐徂，邦君、御事、小子尚克用文王教，不腆于酒，故我至于今克受殷之命。"

此下因文考言殷事也。酒之謹甚微而関于天命者甚大。我西土輔佐文考往日之邦君、御事、小子尚克用文王教，邦君、御事則飲惟祀，小子則祀茲酒，故能德政無荒，光輔文考，至我得席餘休，受殷大命也。汝等其監於殷周之際哉！

王曰：“封，我聞惟曰，在昔殷先哲王，迪畏天顯小民，經德秉哲，自成湯咸至于帝乙，成王畏相，惟御事厥棐有恭，不敢自暇自逸，矧曰其敢崇飲？

此舉商興廢以監也。王曰：“封，文考固以悆酒使朕受殷命矣。然汝亦知殷事乎？我無他聞也，在昔殷先哲王成湯以天鑒之顯赫，小民之碞險，皆可畏也。湯既心畏之，且蹈迪其畏焉。迪畏何如？德者，正天顯所在，治民之本也。湯則日新建中，經其德而不變焉。賢者，天顯所資，治民之輔也。湯則嚴惟丕式，秉其哲而不惑焉。此其迪畏家法，見於脩己用人之間如此，故自成湯咸至于帝乙，莫不法成湯之經德而自成其君德，法成湯之秉哲而敬畏其輔相。其君既皆迪畏之心矣，而當時成湯，以後諸御事之臣，其輔君也亦以迪畏爲心，而責難敬事以輔成君德，而自成其可畏之相也。夫有商家法，君臣之間迪畏天民，日不暇給，況曰其敢崇飲乎？”

“越在外服、侯、甸、男、衛、邦伯；越在內服，百僚、庶尹、惟亞，惟服宗工；越百姓里居，罔敢湎于酒，不惟不敢，亦不暇，惟助成王德顯，越尹人祗辟。

承上御事而及外內諸臣也。商之迪畏不特君相，凡御事而下，及在外服則有侯、甸、男、衛四服之諸侯，與夫邦伯爲諸侯之長者，或分藩，或統率，皆外臣也。及在內服則有百僚，如庶官之長者，惟亞官之副貳者，惟服宗工，奔走任事，各屬其長者，百官之著姓。國中與退休而里居者，或在工，或係籍，均之內臣也，合此內外之臣，亦皆以酒足以喪德喪邦，不敢湎于酒，不惟有所畏而不敢，抑且有所迪而不暇，不暇何爲哉？惟以成就君德，王德固以顯矣。而所以宣序其德於外，匡飾其德於內，使王德之精無瑕疵，無遏佚，而成其德暉者則非吾君一人之爲，而內外諸臣之責也。誰能下勉以自效于君耶？又以厥棐有恭，尹人固祗辟矣，而所以紓其外顧之憂，分其內治之責，俾御事之恭有專思，有眾益，而終其篤棐者則非吾相一人之爲，而我外內諸臣之責也。誰能不勉以自副于相耶？夫人各其事則有暇也，人皆以吾君吾相之事爲事，而尚有暇于飲酒乎？商君臣內外皆迪畏無逸如此，商先王之享有大命，不亦宜乎！

"我聞亦惟曰:在今後嗣王酗身,厥命罔顯于民,祗保越怨不易,誕惟厥縱淫泆于非彝,用燕喪威儀。民罔不盡傷心,惟荒腆于酒,不惟自息乃逸。厥心疾很,不克畏死,辜在商邑,越殷國滅,無罹。弗惟德馨香祀登聞于天,誕惟民怨,庶羣自酒,腥聞在上,故天降喪于殷,罔愛于殷,惟逸。天非虐,惟民自速辜。"

殷後王如先王,殷雖至今存可也。我聞亦惟曰:在今後嗣王紂沉酗其身於酒,故命令不著于民,其所祗保者惟作怨之事,不肯悛改,大惟縱淫泆于非彝,用安逸而喪威儀。民知國亡,無不痛傷心者,而受于斯時,心爲酒使,方且荒惑,益厚於酒,不思自息其逸,力行無度,其心忿疾強狠,殺身而不畏。蓋罪自朝歌本邑,以及殷之大國皆且以酒滅亡矣。夫上帝之祀以德則馨,無德則穢,紂無德馨而大惟民怨之氣及羣酗腥德上聞于天耳。故天降喪于殷,不復愛殷,惟紂以酒逸故也。天豈虐殷哉!惟殷自速其罪耳。商以畏興,以逸亡,如此可無監哉!

王曰:"封,予不惟若茲多誥。古人有言曰:'人無于水監,當于民監。'今惟殷墜厥命,我其可不大監撫于時?

承上言予所以歷述商事者,非但如此多言而已,惟深欲以殷惟監戒也。古人有言,以水爲監見形容耳,若以人爲監見吉凶。今惟殷所以墜厥命者,我其可不以之爲大監戒,以撫安斯時乎?此我所以多告也。

"予惟曰:汝劼毖殷獻臣,侯、甸、男、衛,矧大史友、內史友、越獻臣、百宗工,矧惟爾事服休、服采,矧惟若疇圻父薄違,農父若保,宏父定辟,矧汝剛制于酒!

此欲康叔以身毖臣也。我固大監殷以撫時矣,能無望汝之任其責乎!予惟曰:今茲妹土有殷之賢臣,昔仕商而今里居者,爾之隣國有侯、甸、男、衛爲爾所監者,汝當用力謹毖其酒,勤勤于羞耇羞祀之戒焉。夫殷臣諸侯固欲知所戒矣。況爾之友有太史掌六典、八法、八則者,內史掌八柄者在王朝則冢宰之二,①在汝則友也。及其臣之百宗工皆民表也,可無毖於酒。然此特所友者。

———

① 按:"二"當爲"貳"。

况汝國諸大夫之中，有爾之所事，不以臣禮畜之者，而服休坐而論道，服采起而作事，皆民之重也，以可無毖於酒乎？然此皆汝臣也。况汝之疇匹，若圻父司馬而迫逐違命，若農父司徒而順保邦民，若弘父司空而經界以定地法，雖爲大國三卿，而皆受命王朝列于内六卿者，尤民之具瞻也。可不劼毖之乎？斯則遠近卑尊無不制其酒矣。矧汝一身又衆所視效者，能無剛制于酒乎？蓋毖諸臣而劼，不過禁于酒禍之流；自制酒而剛者，乃所以止酒敗之原也。然則饋祀羞耇之命，在汝尤當典聽之矣。

"厥或誥曰：羣飲，汝勿佚，盡執拘以歸于周，予其殺！

此嚴之民也。既謹毖臣民矣，毖而不從者，何以處之？其或有人告汝曰：商民不農不賈，非有鄉飲禮事也，無故羣飲，必有奸矣，汝勿佚，盡執其羣，歸於周，予其酌而殺之焉！

"又惟殷之迪諸臣百工，乃湎于酒，勿庸殺之，姑惟教之。

此嚴其臣也。殷民羣飲者殺之矣，又惟商受道迪爲惡，而終不務德，將治事之諸臣百工，在殷獻臣之外者，雖未能遽革湎酒之習，然非百姓羣飲之比，勿庸執拘之例以殺之，其惟以我毖酒之語叮嚀教之，可也。

"有斯明享，乃不用我教辭，惟我一人弗恤弗蠲，乃事時同于殺。"

此励以當罰之典也。若諸臣百工湎酒者，我既不遽同于殺，而姑惟教之矣。有能用我教詞，不復自湎者，則仍爲國家治事之臣，仍爲天順元德，我則明享之，不忘在王家矣。如有不用我教詞而湎酒猶故也，則惟我一人不恤于汝，不潔汝所爲，時則同汝于羣飲執殺之例矣。予之當罰如此。封，宜爲諸臣言之也。

王曰："封，汝典聽朕毖，勿辯乃司民湎于酒。"

此又言毖臣以爲毖民之倡也。訓而賞罰加焉，朕命也。汝當常聽我毖臣之命，而毖殷諸臣以化民也，使汝不能毖臣之湎，則民方將湎焉，羣飲之風殺之不禁矣。信乎，化民自化臣始哉！

# 梓　　材

**王曰：“封，以厥庶民暨厥臣達大家，以厥臣達王，惟邦君。**

此欲康叔通上下之情。武王曰：“封，上下之情貴於通而病於隔。然通之有道焉，大家之情視臣民爲向背者也，得罪於臣民則得罪於巨室，惟能於庶民及羣臣處置得宜，巨室之心自服矣。非以庶民暨厥臣達大家乎？天子之情視臣民以取舍者也，不能其大夫，國人何以事君？惟撫臣民、安大家而得乎眾心，則可以獲上矣。非以厥臣達王乎？若此者，惟邦君爲然。蓋邦君分國于王，即分之以大族數家以共鎮此社稷，所謂君之宗之。蓋宗以族得民也，衛有七族矣，臣則命卿圻父以下，民則殷餘民也。是惟邦君，上有王，中有大家厥臣，而下有庶民，則所謂以臣民達大家，以臣達王者，亦惟邦君事耳。汝封宜何如以通其情耶？”

**“汝若恒越曰：‘我有師師，司徒、司馬、司空、尹旅，曰予罔厲殺人，亦厥君先敬勞，肆徂厥敬勞。肆往姦宄殺人歷人宥，肆亦見厥君事，戕敗人宥。’**

此欲其寬刑辟也。夫立國之初宜示維新之化，殷餘之俗宜開曠世之恩，汝若常發越，謂羣臣言，我有官師爲師之，司徒、司馬、司空，正官之長及眾大夫當體我意，惟以衛民當以德化，欲無厲殺人耳。既以意示之，即當以身先之，亦在厥君先恭敬而重民命，勞來而開民心。吾知君行之，臣必效之，肆往無不恭敬勞來民者矣。由是而肆往姦宄者，殺人者，罪人所過者，此要囚之服念于汝者，察其有可原之情，減等宥之，而使其維新。吾知臣亦見厥君事，於戕敗人爲輕罪之決，於有司者可宥亦宥之矣，君宥其大，臣宥其小，刑辟未有不寬者也。

**“王啓監，厥亂爲民，曰：‘無胥戕，無胥虐，至于敬寡，至于屬婦，合由以容。’王其效邦君越御事，厥命曷以引養引恬，自古王若茲監，罔攸辟。**

承上言先王命監之事，以見刑辟當寬也。汝爲孟侯，有監之責焉，非自我始也。古先王固立監以監視萬國矣。誠恐邦國有戕虐民者，而立監以宣察之，其治爲民而已。故其命監之詞曰："刑以輔治耳，爾等監國，無與庶邦君御事等相與戕虐其民哉！哀敬之心，至于人之寡弱者亦使敬得其所聯屬之意，至於婦之窮獨者亦使各有所歸，必保合其一國之民，率由此敬屬之心以容保焉。"王之意所以責效各邦君御事者，其命何以哉？正以民不能自養自恬，所以引生養安全者，邦君、御事責也。非監，其孰與督之哉？夫自古王者命監皆以爲民，如此則我今日之命汝亦可知也。汝今爲監，其必體敬屬之心，發君先之念，無用刑辟以先自戕虐人可也。

"惟曰：若稽田，既勤敷菑，惟其陳修，爲厥疆畎。若作室家，既勤垣墉，惟其塗墍茨。若作梓材，既勤樸斲，惟其塗丹雘。

此望康叔以成終之責。天下事莫爲之先則不章，莫爲之後則不成，我欲爾通人情，寬刑辟，盡此治國之理者，何哉？亦惟曰：我之於衛既已除惡本於其始矣，而區畫旌別以成去惡之全功者在爾封也。若治田然，既勤以廣去草棘矣，惟其陳列脩治，爲疆畔以正經界，畎以通溝洫可也。我之於衛既已立國于始矣，而慎固藩屏以成立國之全功者在汝封也。若作室家，既勤其短垣高墉矣，惟其塗墍以飾之，茨以覆之，可也。我之于衛既已立綱陳紀於其始矣，而脩明典章以成制度之全功者在汝封也。若作梓材，既勤爲樸以具其質，斲以致其精矣，惟其塗以丹雘，發其采輝可也。吾望汝成終如此。若上下之情不達，而合由之化不弘，則於三者謂何？而何以副吾望哉！

"今王惟曰：先王既勤用明德，懷爲夾，庶邦享作，兄弟方來，亦既用明德，后式典集，庶邦丕享。

此是周臣告君之詞。因上文"王若茲監"與下文"已若茲監"而錯簡在此。周臣欲君以德懷諸侯，以德和迷民也。今臣之進于王，惟曰：先王文、武建萬國以親諸侯也，非徒巡御之以威，燕報之以禮而已也。勤用王心之明德以懷協之，照臨之有體，顯比之無私。蓋以精神相感動，以恩意相聯屬，使身雖在外，乃心罔不在王室也。是以庶邦諸侯感明德之懷者，自然協于享上，若兄弟然，比肩鴈行，方方而至。或以陳王功，或以展歲事，翼翼雍雍，真無方之不懷不夾者也。先王之明德遠矣，而故典在也。今之諸侯非即先王之諸侯乎？王能用明德，式舊典以和輯諸侯，則諸侯亦且大享上矣。蓋君守先王之典，臣亦自有先臣之典，在兄弟方來，豈不居然在鎬之盛觀哉！

**"皇天既付中國民越厥疆土于先王。**

此將言王以德和民懌命，而先之以此也。諸侯當以德和迷民，尤當以德和也。先王有德得天，既以中國民之眾及以疆土之大付之矣。

**"肆王惟德用，和懌先後迷民，用懌先王受命。**

皇天以中國民人疆土全付于先王，先王既受命矣。然疆土如故，而迷民未新，先王在天之靈猶未悅也，亦惟用王心之德以和懌先後此迷民。蓋民非本迷，染于舊習深耳。若忿疾而棄之，督責而使之，是亦迷之道也。王以德意和融悅樂其心，使之欣然於德而不能自已，或先之以啓其悟，或後之以贊其成，如是而民有終於迷者乎？夫克相上帝，寵綏四方者，先王之志也。王能如此，則先王受命在天之靈，其慰懌矣！

**"已！若茲監。惟曰：欲至于萬年，惟王子子孫孫永保民！"**

已乎！王其鑒觀于茲。臣所以欲王監者，何哉？誠以諸侯維屏也，民邦本也，本固而屏樹，人懷而天親，丕若有夏歷年，臣心未已也。式勿替有殷歷年，臣心猶未已也。惟曰欲至于萬年，王之子而子，孫而孫，世世享德，永保皇天所付中國民而已。

# 召　誥

**惟二月既望，越六日乙未，王朝步自周，則至于豐。**

此記成王以作洛之事告先王。昔周公攝政七年，①惟二月庚寅，望後越六日乙未日，乃二十一日也。成王以作洛重事，乃朝步自周，至于豐，蓋文武为受

---

① 按："政"原誤作"故"。

命之君而告之，所以慎重其事而不專也。

**惟太保先周公相宅，越若來三月惟丙午胐，越三日戊申，太保朝至于洛，卜宅，厥既得卜，則經營。**

此王以相洛之事任大臣。然宅洛告廟雖人君之事，而相洛經營實大臣之責，故成王在豐，周公上相未及行，而召公先行相三途獄鄙之會，以考天地之宜，瞻有河、洛、伊之衝，以審陰陽之合。於是，召公承命自豐迆邐而來，從容道路之間，至三月惟丙午月出之胐，越三日戊申之朝，而召公至洛師焉。以作洛大事當稽謀自天也，乃命元龜以卜王城下都所在，厥既得卜，定王城于澗、瀍之間，定下都于瀍水之外，則從橫以經之，周遍以營之，裁度其城郭、宗廟、郊社、朝市之位，事雖未舉，而規模之廣狹高下已先定矣。

**越三日庚戌，太保乃以庶殷攻位于洛汭，越五日甲寅，位成。**

此召公相洛以成位。夫經營既定，力役可興，自戊申越三日之庚戌，太保乃以已在洛之庶殷攻位于洛水之汭，定廣狹，平高下，昔之經營者今則舉其事矣。又自庚戌越五日之甲寅，則見其廣狹已定，高下已定，左祖右社，前朝後市之位咸麤具其成矣。夫卜宅而得卜，先天而天不違也。攻位而位成，使民而民悅也。召公經理于始者如此。

**若翼日乙卯，周公朝至于洛，則達觀于新邑營。**

此周公至洛以觀位。甲寅之異翼日乙卯朝，周公至洛，則徧觀于新邑之所經營成位焉，蓋知天地美氣咸萃于斯，而將有以成之也。

**越三日丁巳，用牲于郊，牛二。越翼日戊午，乃社于新邑，牛一、羊一、豕一。**

此告神營洛也。公既達觀新邑營矣，以作洛大事當告於神，自乙卯越三日丁巳，用牲于郊以祭天地，祭尊以簡爲誠，則二牛焉。自丁巳越異日戊午，乃社于新邑，以祭社，祭卑以豐爲貴，則共以太牢焉，皆以作洛告也。

**越七日甲子，周公乃朝用書，命庶殷侯、甸、男、邦伯。**

此示人以作洛也。公既告神矣，然不爲役書，無以赴功而屬役也。乃于郊社之後，規畫勤勞，作爲役書，凡規制曲折之詳、餼用程期之細皆具焉。于戊午之七日甲子朝，乃用書以命殷眾與夫侯、甸、男、邦伯，使臣知所以播民和，而民亦各知所事也。

**厥既命殷庶，庶殷丕作。**

承上言。公既以役書命殷庶矣，但見殷庶之民皆相鼓舞，大来役作焉。其四方民與侯、甸、百工又可知矣。周公之成終者如此。

**太保乃以庶邦家君出取幣，乃復入錫周公，曰："拜手稽首，旅王若公，誥告庶殷越自乃御事。**

此召公托周公達王之意。然洛邑事畢，周公將歸宗周，召公欲陳戒成王，以爲非幣無以將敬君之禮，非書無以致責難之忠。乃以向者庶邦家君之来，各有贄見之幣，今則出而取之，乃復入錫周公，而因以書并與之，且言曰："予於此拜手稽首，以此書幣陳之王及托我公，公歸爲予致之。"然陳王及公之意何爲哉？蓋作洛爲化殷之地，君身實化殷之原，茲欲誥告庶殷，戒怙侈而式化之，此非臣下所能也。表正潛移，其機必有所始，其責必有所歸，越自乃御事也，我之致誥正以告王盡此道，我之奉幣正以供王能此道。公亦同此意者，旅王其容已耶？

**"嗚呼！皇天上帝改厥元子，茲大國殷之命，惟王受命無疆惟休，亦無疆惟恤。嗚呼！曷其奈何弗敬？**

此言天命無常，一篇綱領也。後數百言，大旨不過欲王敬德以祈今休，保天命耳。嘆息言商紂以天元子受大國殷之命，皇天上帝亦既改之矣，天不可恃如此。今王初繼文武受天命，亦以元子統大國，則在今日固有莫大之休，然今日所受即前日之所改，又有莫大之憂也。嗚呼！王奈何不敬乎！敬者，心之精神，治本也。天命所以凝也，動靜一以敬，始有休而勿恤矣！

**"天既遐終大邦殷之命，茲殷多先哲王在天。越厥後王後民，茲服厥命厥終，智藏瘝在，夫知保抱攜持厥婦子，以哀籲天，徂厥亡，出执。嗚呼！天亦哀于四方民，其眷命用懋，王其疾敬德！**

承上意言。且天命何常？而敬德實有不可緩者。天既遠絕大邦殷之命，而此殷多先哲王精爽在天，宜若可恃以庇者，及其後王後民商受茲服其命而爲君，卒致賢智者退藏，病民者在位，民之爲天者，因不聊生，但知保抱携持其婦子，哀號呼天，往而逃亡，出見拘执，無地自容。嗚呼！天雖不忘先王之有德，而亦重哀四方民之無辜，故轉其眷命以歸勉德之文武，而殷命於是遞終。雖有先王在天之靈，亦未如之何矣！今王受命，一日不敬德，則一日之天命未可知也。雖文武在天之靈可若何？王其速于敬可也！

**"相古先民有夏，天迪從子保，面稽天若。今時既墜厥命。今相有殷，天迪格保，面稽天若。今時既墜厥命。**

此即夏商興王之事以見天命不可恃也。不惟有商，相古先民禹，天固啓迪之，方懋厥德矣。又從其子而保之，使啓能敬承禹，於此時亦面考天心而順之，知天之迪德則祗德，知天之保子則傳子，天人相與之盛如此，宜若可爲後世憑藉者。今時已墜厥命，而夏鼎久移矣。今相有殷之湯，天固啓迪之，使有一德，又從其革正夏命而保之，欲其順天應人，湯於此時亦面考天心而順之，知天之迪德則日新，知天之格保則格夏，天人相與之盛如此，宜若可爲後世憑藉者，今時已墜厥命，而殷社既虛矣。夫以禹、湯盛德大業猶不可長恃如此，則今日豈可恃文武眷命而不疾敬德乎？

**"今沖子嗣，則無遺壽耇，曰其稽我古人之德，矧曰其有能稽謀自天。**

夫二代之墜命者，遺老成也。蓋敬德必稽於老成，而老成每不便於沖主，雖日在左右，嚴之而不親，則無從受其益也。今沖子嗣，其無遺壽耇乎？壽耇何以不可遺也？興亡之監莫備於古人之德，而吉凶之理莫嚴於天人之事，猶可見而知之。至於古人之德，非與古人同其用心者不能知也。老成人事體閱歷之久，其於古人之德爲德心，爲德政，皆能證其淵微而悉其行事。蓋雖今人與居，而竆古人與稽也。是老成人，國之典刑也。古人不可遺，老成人其可遺哉！況曰其又能進此而稽謀自天也。蓋古人之德猶可聞而知之，至於天謀爲能，非心與天通者不能稽也。老成人學問淵源之深，其於國家之謀或先天，或後天，皆能窺其玄機而出于帝則。蓋雖與人爲徒，而實天爲徒也。是老成人，國之蓍蔡也。天不可遺，老成人其可遺哉！王能於壽耉稽焉，亦可以相古先民而面稽天若矣。

"嗚呼！有王雖小，元子哉！其丕能誠于小民，今休。王不敢後用，顧畏于民嵒。

此言元子所係之重，當敬德祈天也。嘆息言王年雖幼，乃天之元子哉。人心天命所係至重大也，其必大能馴擾調虞，誠知小民，以成今日之休美矣。蓋無疆惟休，昔之休也。小民誠和，則太平日奏而景命日新，不爲今日之休乎！少緩於敬德，小民之心已不可知矣。王其疾敬德，以顧畏民心之嵒險而誠和之也。此其爲元子哉！

"王來紹上帝，自服于土中。旦曰：'其作大邑，其自時配皇天，毖祀于上下，其自時中乂。'王厥有成命，治民今休。

承上期王必效也。夫今休之治，舍洛邑其何以行之哉？王自舊邦來此新邑，以元子繼天出治，當自服行誠民之事于土中，不復受成大臣已也。此非臣之私言，旦嘗言之矣。曰："王作大邑，郊廟、朝市之森列，非徒據勝麗以重威而已，其自是天地之中，陰陽之會，可以對越上帝，君師之命，以夙夜毖祀上下神祇，是洛邑爲上帝神明主而作也。而猶未也，其自是四方之中，圖治以和恒萬民，是洛邑又爲治民而作也。"觀旦之言固以自服望王矣。王誠能以配天毖祀之心出紹帝之政，以中乂之言證土中之治，則文武受命猶爲未成。至王紹上帝，天命始一成而不改也。夫誠民至于有成命，即可以徵文治之精華，表太平之盛際，所謂誠民今休者，乃信乎其今休也哉！

"王先服殷御事，比介于我有周御事，節性惟日其邁。①

此與下條乃自服之要領。宅洛以化殷爲重，故特言之，治道知所先後，則回人心、變風俗如轉圜也。故欲有事於殷，則先服殷御事諸臣，殷御事素以貴

---

① 按："邁"原誤作"遇"，據《尚書正義》改。

得民、以族得民，正殷人所視也。然何以服殷御事哉？見在周工居新邑者，皆周賢御事也，惟以殷御事親近副二周之百工，相與共事以節其性。蓋性本有節，奢麗相夸，始無節矣。與正人居，事有所觀，意有所制，好惡之節如水得防，將有日遷善而不自知者。蓋以人治人，此轉移風俗之妙機也。

“王敬作所，不可不敬德。

相觀而善雖在於臣下，觀而化則本於君王。其以敬作所，在宮雍雍，〔在〕庙肅肅，①無一處不置其身於敬中。蓋天命所在，王不可不敬德也，能敬則無論服殷御事，而所謂越自乃御事者固先有其本矣。

“我不可不監于有夏，亦不可不監于有殷。我不敢知曰有夏服天命惟有歷年，我不敢知曰不其延，惟不敬厥德，乃早墜厥命。我不敢知曰有殷受天命惟有歷年，我不敢知曰不其延，惟不敬厥德，乃早墜厥命。

所謂王不可不敬德者，何哉？我不可不監于夏，亦不可不監于殷耳。所監者何？我不敢知曰，夏殷服天命惟有歷年，我亦不敢知曰不其延，所可知者惟後王不敬厥德，乃早墜厥命，所謂天迪從子保與天迪格保。今时既墜厥命者，皆以不敬德故耳，王可不敬德乎！

“今王嗣受厥命，我亦惟茲二國命，嗣若功，王乃初服。

承上言天命不常，有墜有興，不過自彼而移之此耳。殷墜厥命，今王嗣受之矣。孰不以爲此文武之受命也，而我則謂此命亦惟即夏之所傳於商，商之所傳於周者，若循環然，非一家之器也。故嗣其命，亦不可不嗣其功。自古以来興亡不一，受命者多矣。惟敬德歷年，乃受命之有功者，命有不常而功不可泯，能嗣功乃真能嗣命者也。況王今日自服土中是乂，中天下，定四海，嗣天命之一初乎？有功之嗣亦其時矣！

“嗚呼！若生子，罔不在厥初生，自貽哲命。今天其命哲，命吉凶，命歷年，知今我初服。

---

① 按：“在”字據上文和文意補。

承上嘆息言王知初服所係之重乎？王之嗣功在於初服，譬則人之生子無不在於初生，成性之智雖出帝之降衷，哲命之貽實由己之豢養。爲政亦猶是也。且，今日天之命王也，其以哲乎？或吉或凶乎？歷年乎？皆非人之所得知，所知者，今日之初服耳。初服能謹，是自貽哲命，而吉與歷年皆天命之矣。不然，則所謂我不敢知者，猶夫夏、商也，初服可不謹哉！

**"宅新邑，肆惟王其疾敬德！王其德之用，祈天永命。**

此下謹初服也。今王宅新邑，正初服也，天命之永不永在此時也。失此初而不敬，後欲敬之無及矣，必乘此一新之初而速敬厥德，所謂以敬作所者，一日不可緩也。于焉用是德以誠民，使民心安而天命亦安，以祈天永命如此，則能嗣厥功，而天其命哲、命吉、命歷年矣。

**"其惟王勿以小民淫用非彝，亦敢殄戮用乂民，若有功。**

此下三節即用德祈天也。然果何如而後謂之用德乎？德之反爲刑，疾于敬德則當緩於用刑，其惟王勿以殷小民敢於過用非法之故，而亦敢以殄戮治之。蓋民氣方戾，逆而治之，無功也。惟小民自有天性，順而導之，則民易從而有功矣。

**"其惟王位在德元，小民乃惟刑用于天下越王顯。**

所謂若有功者何如？其惟王爲天子乎？位固冠天下矣，惟在疾于敬德，德亦有乎天下焉。夫首天下以德則能服天下以心，小民乃惟則而象之，徧爲汝德于天下矣。夫位在德元，王固顯矣。刑于天下，則天下人之德皆王一人之德，豈不亦顯乎？至此，則民自誠和而無淫用者矣，所謂若有功也。

**"上下勤恤，其曰我受天命，丕若有夏歷年，式勿替有殷歷年，欲王以小民受天永命。**

今王嗣夏商之命無疆惟休，亦無疆惟恤矣。然非君臣勤于所恤，何以有濟哉！其必上下一心，王固憂勤于上，而臣與旦及諸御事亦皆憂勤于下也。若曰夏有天命歷四百年矣，商有天命歷六百年矣，使夏殷世世誠民，雖至今存可也。我周世世嗣德，則歷年之數又豈僅僅或如夏，或如商而已哉！固欲我周受命丕若有夏歷年,式勿替有殷歷年,兼之而未已也。如是亦可謂天之永命矣。而以何者受此命哉?欲王以小民受天永命而已。蓋小民雖小,而天心之仁愛在焉,天命之明威係焉。小民之心誠,永命得而受也。小民之心不誠,永命不可得而受也。然則舍民之心,何以受天永命乎?舍此德之用,又何能以此小民乎?敬德誠民,真王所不容已,而上下所宜共勤者也。

**"拜手稽首曰:予小臣敢以王之讎民、百君子越友民,保受王威命明德,王末有成命,王亦顯,我非敢勤,惟恭奉幣,用供王能祈天永命。"**

此總一篇大旨。承前拜手稽首奉幣致誥之禮也。公拜手稽首曰:"予小臣敢以王之讎民、百君子越我周之友民合二代之眾,保受吾王之威命明德,蓋敬德見于政令,足以整肅人者爲威命。敬德見於教化,足以昭明人者爲明德,皆相與保受之,以奉王威,以觀王德,使無敢違墜者,小臣事也。若王則當致敬於威命明德之原,使臣民之所保受者,天亦保受之,以終有此一成之命也。夫今日王新服命固已顯矣。若終有成命,萬世而後,王不亦顯乎!此則王之所自服也,我小臣豈敢以自勤哉!惟於敬德誠民而祈天永命,此吾王之所必能者也。我惟於王臨幸新都之時,敬取庶邦入慶之幣以恭奉王,郊見上帝,助薦其馨香而已。蓋供王祈天者臣,真能祈天者王也。此臣所以拜手稽首而旅幣于王之意乎!"

# 洛　　誥

**周公拜手稽首曰:"朕復子明辟。**

周公相洛告成,授使者以復王之詞,乃拜手稽首以致禮,曰:"洛邑之作,子明辟以命朕矣。今卜吉已定,君命可無負也,朕其復子明辟焉。"

**"王如弗敢及天基命定命,予乃胤保,大相東土,其基作民明辟。**

此先敘相洛之意。吾王承天意治洛以作民明辟也,其鼎建而大功始焉,天之基命也。告成而大業終焉,天之定命。吾王退托自處,如弗敢及知天之基命定命，而時以命予，予乃繼太保奭以往大相視東土，何者可爲王城？何者可爲下都？使天命自是而基且定焉，庶幾爲王始作民明辟之地，圖自服之功，而啓維新之治也。營洛之意如此。

"予惟乙卯朝至于洛師，我卜河朔黎水，我乃卜澗水東，瀍水西，惟洛食。我又卜瀍水東，亦惟洛食。伻來以圖及獻卜。"

此正大相東土之事。我之大相東土者何如？予惟乙卯之朝至乎東洛京師之地以作洛，基命大事也，聽命于卜。河北黎水之地，殷民所爲近也，卜之不吉，天意在河南矣。我乃卜澗水東、瀍水西以爲王城，蓋洛之中也。但見史先定墨而灼，龜之兆正食其墨而告吉，王城基且定矣。又卜瀍水之東以爲下都，蓋洛之左也，灼龜之文亦食其墨而云吉，下都基且定矣。然王在鎬洛有圖焉，王未知也，故遣使進洛之地圖，何爲王城，何爲下都，形勝規模宛若王之親履其地也。卜有兆焉，王未知也，故遣使獻卜之兆詞，澗瀍惟洛食，瀍東惟洛食，明命嘉符若王之親受于天也，此朕復乎明辟者乎！

王拜手稽首曰："公不敢不敬天之休，來相宅，其作周匹休。公既定宅，伻來來，視予卜，休，恒吉，我二人共貞，公其以予萬億年敬天之休！① 拜手稽首誨言。"

此王拜手稽首，授使者復命于公也。曰："夫基命定命，予不敢知，而基之定之者公也，公何以基命也？天命我周朝諸侯，臨萬民，此天休矣。公念天休隆重，不敢不敬承之，于是來相視洛邑，卜王城以朝諸侯，②下都以臨萬民，爲周對答天休之地，公基命之美意如此。公既得卜，而定王城、下都，此定命也，乃遣使來示我以卜之休美而恒吉，一則曰洛食，一則曰洛食，是卜兆之休，公不敢自當，而與我二人共當之，公之此意豈徒爲一再傳計耶？據卜觀圖，見規模之宏遠，氣勢之竣龐，殆欲我萬億年於斯朝諸侯，臨萬民，以敬承上天之休命也。公定命之美意又如此，即此以承敬承之心，則圖卜之間誨言在也。謹拜手

---

① 按："敬"原誤作"爲"，據《尚書正義》改。
② 按："侯"原誤作"之"，據文意改。

稽首謝公之誨言，蓋感公之德非拜首所能盡，而答公之誠有因拜稽以自見矣。使者其爲我達於公乎！"

周公曰："王肇稱殷禮，祀于新邑，咸秩無文。

此周歸鎬京，告王以宅洛之首務。蓋祭祀之事，主祭者可以達精明之德，格君心之道莫要于此。助祭者可以起顯若之心，萃天下之道莫要于此。故周公曰："吾王臨鎮新都，他務未遑，當始舉異常之盛禮，祀於新邑，于以告成事而报神賜，于以定基命而祈鴻休，不可以或後焉！然禮何如斯盛哉！天地神祇社稷宗廟載在祀典者，敘而祭之，禮之常，非盛也。必祀典所不載，凡可以義起者皆敘而祭之，斯爲盛禮而王今日之首事也。"

"予齊百工，伻從王于周，予惟曰：'庶有事。'

此示以馭臣之大權。今王將往洛邑，予整齊百工，精擇其人，使從王于周。予惟謂之曰："王臨新邑，大命一新，非小小號令而已，庶幾有鼓動人心之大政事乎？予但微示以意，其事則惟王命之也。"

"今王即命曰：'記功宗，以功作元祀。'惟命曰：'汝受命篤弼。'①

承上言臣既示以意矣，今王即命羣臣，曰："汝羣臣中有功之尊顯者，我定其功次而記載之，他日太烝之舉，功臣皆與享也，而以功最尊者冠焉。夫論功莫先於宗，言宗，凡功臣皆在列矣。报功莫重於祀，言祀，餘慶賞不待言矣。然自功之心一起，宦成之氣或衰，又惟命羣臣曰：汝受記功元祀之命，無遂已也。自今始，尤當感激國恩，勉思職事以厚輔王室，使新都之績隆於舊都可也。于激勸之大典寓整飭之大機，此非吾王今日所有事乎！"

"丕視功載，乃汝其悉自教工。

此下二節言記功不可私也。夫記功一時事也，天下瞻仰在此一舉。蓋王於是功非但載之而已，播之朝廷，勒之宗廟，固將以大示天下，而昭在百工之耳目者也。使所記出於公，登名者果顯庸，爲冠者果最績，則百工之視斯籍也，皆

---

①　按："弼"原誤作"粥"，據《尚書正義》改。

服其功次之無私,而推讓感奮無有不公矣。使所記出於私,或以恩倖紀,或以親故錄者,則百工之視斯籍也,亦皆怠於賞,列之無紀而快望邀求,無有不私矣。是百工公私乃汝其悉自教之也,記功所係重乎!

"孺子其朋,孺子其朋,其往,無若火始燄燄,厥攸灼敘,弗其絕。

夫記功而教工係焉。然則孺子之記功也,其可少有比黨之私乎!少有比黨之私,則自是而往無所不私,流弊將有不可勝言者,有若火然,始雖燄燄尚微,而其灼爍,次第延爇,不可撲滅矣。王其戒哉!

"厥若彝,及撫事如予,惟以在周工。往新邑,伻嚮即有僚,明作有功,惇大成裕,汝永有辭。"

此告以脩內治也。孺子宅洛,殷禮記功,而後政教當脩焉。道之有常者曰彝,治本也。法之有成者為事,治具也。二者予居攝所嘗順而撫之矣。今則王自服之初也,其所順民彝而教以化之,及撫國事而政以治之者,當如我之若撫焉。然有治人,斯有治法,欲無改予之政,其無改予之人乎!見在周官,即予所整齊者,固嘗輔我若彝撫事者也。王往新邑,不可參以私人,惟以見在輔我之人同往,使此百工知上意向,在于如予時若彝撫事也。莫不各就有僚以盡職,稱上指焉。其各就有僚何如?治功以精明起也,則相與明白奮作以赴其功,雖若彝撫事之間未嘗棕核太急,而一時文學法理之士咸精其能,庶治功不減于予時矣。治體以渾厚存也,則相與惇厚博大以成其裕,雖若彝撫事之際未嘗寬緩不振,而一時仁人長者之意得流其風,庶治體不薄于予時矣。由是萬世而下言治功治體者必曰王,王亦永有辭哉!

公曰:"已!汝惟沖子,惟終。

此承上起下之詞。公曰:"已,今日之基命定命始於文武,汝以幼沖嗣之,其思所以終之乎!蓋必推教工之意以御諸侯,廣新邑之治以裕遠民可也。"

"汝其敬識百辟享,亦識其有不享,享多儀,儀不及物,惟曰不享。惟不役志于享,凡民惟曰不享,惟事其爽侮。

此以敬馭諸侯也。夫洛邑之作所以朝諸侯,況臨鎮新都,正諸侯朝享之日乎？夫諸侯固多誠於享矣，亦有不誠於享而爲不享者，非敬則先自怠，何能照臨諸侯也？王其齋莊中正，澄凝淵穆之中，清明在躬，志氣如神，固識百辟之享，而亦識其間有不享者。所謂不享者，豈曰物之不足哉！蓋朝享有物有儀，玉帛庭實各視其秩者，物也。本尊敬之心，詳曲折之度者，多儀也。百辟成享，正在多儀，物特儀之將耳。苟玉帛庭寔之物雖存，而升降俯仰之儀不盡，則是儀不及物，雖享而謂之不享。蓋有輕心，故有惰容也。夫諸侯，國人所視也。諸侯心不周于享，則凡民效之，惟曰上所重者物耳，不必心于享也，舉國無享上之心，則諸侯怠玩政事，而凡民亦無法守，豈有不差爽僭侮，隳王度而爲亂者哉！諸侯不享之害如此，王其敬識之於微矣！

"乃惟孺子頒朕不暇，聽朕教汝于棐民彝。汝乃是不蘉，乃時惟不永哉！篤敘乃正父，罔不若予，不敢廢乃命，汝往敬哉！茲予其明農哉！彼裕我民，無遠用戾。"

此以敬裕遠民也。夫洛邑之作固以裕遠民也，然裕民之事無窮，而先後之間有敘。我昔之若彝撫事也，中夜以思，待旦而行，固已汲汲不暇，而就其中撫事，即所以若彝也。王其取我所不暇者次第頒行，而於我所教汝輔民常性者，其聽之無忽焉。所以然者，以治亂之機係於棐民彝耳。使汝不勉輔民彝，則民失常性而天命隨之，乃自是不永矣。我前教汝若彝撫事如予者，亦非若予而已也。汝正父武王自有八政五教輔民彝之道，我不過篤敘之耳。使汝能敦篤不怠而次第頒行之，無不如予篤敘可焉。則新都之民順汝彝訓，固不敢廢汝命矣。夫不蘉則天命不永，篤敘正父則乃命不廢，治亂之機如此，王往洛邑，其敬之哉！蓋敬則能篤敘也。若我則退休明農，而平日所不暇者藉汝以少休矣。但使王於彼洛都真能若予篤敘，從容調順吾民於彝教之中，則豈止洛中之民不廢乃命已哉，將見太和元氣在成周宇宙間，蓋無遠不至也。至是則天命永，而文武之王業終哉！

王若曰："公明保予沖子，公稱丕顯德，以予小子揚文武烈，奉答天命，和恒四方民，居師。

此王答公教王宅洛之言，見一一領契之也。王若曰："宅洛之事，予冲子未知所行也。公則顯明我而啟之知，保佑我而掖之行，其所明保予者皆大明德事也。其事何如？前而文武之烈要在增光而發揚之，苟止欲持循，則浸隳其舊矣。公謂冲子惟終，是舉大明德，以予小子益闡揚之，使上不忝於文武矣。上天之眷要在進脩而奉答之，苟無以稱塞，則將墜其命矣。公謂乃時不永，是舉大明德以予小子奉答之，使仰不愧於天矣。四方之民要在和調恒久，若非以久道化之，終不成治安之業矣。公謂彼裕我民，是舉大明德，以予小子和恒四方民，從容彝教之中，以安眾心而使之靖，俯不怍于人矣。"

**"惇宗將禮，稱秩元祀，咸秩無文。**

此亦明保之事。至若報功之禮，予小子所宜厚也，公教以記功元祀，是舉大明德，以予小子惇重功宗之大禮，而舉其功敘之最顯者為元祀焉，明有以報於羣臣矣。祀神之禮，予小子所當先也，公教以肇稱殷禮，是舉大明德，以予小子行告報之盛禮，凡祀典所不載者皆秩序而祭之焉，幽有以對於百神矣。凡此皆公所以明保冲子者也，我之倚賴公何如哉！

**"惟公德明光于上下，勤施于四方，旁作穆穆，迓衡不迷文武勤教，予冲子夙夜毖祀！"**

此敘周公德教之盛，而寓留之之意。然追惟公德教，豈特今日然哉！惟公之德本性命之精，極制作之備，上下則明光焉。覆載之間皆其昭灼而無遺，四方則勤施之，經緯之域皆其流行而不息。夫明德所在，即和敬所在。明光勤施則合上下四方，無非和敬之著，公德之作治不可以方所定者，是以道化蒸被，太平自應，天清地寧，民雍物盛，宇宙之內無一物之低昂，華夷之表無一隅之折閱，所以迎治平之盛者始方將而未艾也。若此者，正以不迷失文武所勤之教於天下。蓋文武宣重光，奠麗陳教，而公德明光勤施，則文武所勤之教益朗徹也。公之德教加於時者如此，則揚文武烈，奉答天命，和恒四方民，居師者，惟公在矣。我小子夫何為哉！但早夜之間，肇稱殷禮，咸秩無文，謹于祀事而已。蓋成王知周公明農之語，故詳敘其功，而默寓其留之之意也。

**王曰："公功棐迪篤，罔不若時。"**

王至此乃明言留之。曰公之功昭盛德以不迷文武之教，舉大德以開示宅洛之事，其輔我啓我可謂厚矣。然公之去志一萌，則我之弼輔誰賴？當勉爲國家永久之謀，所以棐迪之者無不如是可也。可言去哉？

**王曰："公，予小子其退，即辟于周。命公後。**

此上成王在鎬京留周公，爲明農而留之也。此下是成王在洛留周公，爲治洛而留之也。王曰：鎬京者，祖宗創業之都，文武興王之地，子孫不可捨而廢也。予小子既舉事發政于新邑矣，其退却即君位于周以守祖宗之舊，據根本之地，此洛邑命公留後以鎮撫之，元老重望，宜有以慰懌人心也。

**"四方迪亂，未定于宗禮，亦未克敉公功。**

此勞公已然之功也。且以公功言之，當今四方開治，皆公德迓衡，使我定功宗之禮，則公其元祀矣。乃今新邑草創，記功之命雖已形于教詔，而功宗之禮猶未及于舉行，故未能備秬鬯之禮，安定我公之大功，雖公則何事於斯，而在朝廷殊爲缺典矣。

**"迪將其後，監我士師工，誕保文武受民，亂爲四輔。"**

此望公未然之功也。然已往之功雖未酬，而方来之績有深望。今予命公後矣，公其開大留後之業，增益迪亂之功，使士師工見在新都者，治功治體皆長有視效焉，然豈特爲士師工之監而已哉。洛邑之民，文武所受於天也。公其益廣文武勤教，以大保文武受民，使洛民安，宗周爲之愈安，其治爲宗周四向之藩屏也。如此，則四方迪亂者，其有終哉！

**王曰："公定，予往已。公功肅將祗欢，公無困哉！我惟無斁，其康事，公勿替刑，四方其世享。"**

此王與公決定去留也。公其定止于洛，予則歸往宗周。蓋公用迓衡，民皆敬而奉之不敢忽，戴而愛之不忍忘，公之功在人心如此，正宜鎮撫茲洛，無徒汲汲求去，使誕保無人以貽我心之憂困也。我前去，予小子夙夜惢祀者不過倚重之意耳。今雖托公留後，然我於安民之事亦豈敢獨居公於勞，自居於逸,厭事退托而專爲公累哉！凡所爲頒公之不暇,而若公之棐彝者,固亦不敢不勉也。公宜諒予心而釋明農之志,①誕保受民,勿替其所以典刑于師工者,則德澤久而彌大,風教遠而日深,不特洛民世享公誕保之德,而四方民亦得世享公誕保之德矣。必如是,民之肅欢無窮,而予之康事有成也。公其定哉！

**周公拜手稽首曰:"王命予来,承保乃文祖受命民,越乃光烈考武王弘朕恭。**

此公許王留也。王留公至矣,公拜首稽首曰:"王之於予也,留後迪將之命,公定無困之言,其命予来此洛邑者亦甚切矣。予豈敢復爲明農計而不爲王留乎？王命予誕保文王受民矣,予將承王命而誕保乃文祖所受命於天之民,及乃先烈考武王所受之民撫事若彝,不(不)厚其終也。② 然留洛之務在我,而治洛之本在王,其大吾責難之恭,於凡相宅之所當爲者,行將於吾王有望也。不但如記功、內治、敬辟、裕民之說而已也。

**"孺子来相宅,其大惇典殷獻民,亂爲四方新辟,作周恭先。曰:'其自時中乂,萬邦咸休,惟王有成績。'**

此弘朕恭也。孺子雖不果居洛矣,然時而朝覲于斯,會同于斯,發政令于斯,尚當以時来一視此洛邑焉。然何以相宅哉？周典章,文武所定也。保文武受民而不用文武之典,可乎？王其大惇周典,益陳象魏于王城可也。殷有舊臣世家,殷先王所遺也,化殷之民而不表殷之賢者可乎？王其大惇殷獻民,益樹風聲于下都可也。夫然則治法治人精采一時,所謂亂爲四輔者不專倚重於予,而亂爲四方新辟者且將快覩於王矣。蓋洛邑之基本以作民明辟,而相宅之治益以昭宣四方也,豈惟今日,凡后王敬典、敬賢、篤恭而治者,皆王作其先矣。吾王可不以此自期哉！曰:"王其於此洛邑之中,果能惇典惇獻而治乎？則不特王城有典,而萬邦之典咸昭矣。不特下都有賢,而萬邦之賢争效矣。蓋政治

---

① 按:"釋"原作"忭"。
② 按:此語義不通,當衍一"不"字,"不"疑爲"丕",訓爲"大"。

教化既足以甄陶一世，而賢人君子又有以造福生靈，萬邦之廣咸登順治之美也。夫王人無功，治民其功，一民未休，中乂猶未成也，必萬邦咸休，而吾王所以亂爲四方新辟者，始遹觀厥成矣。此固王之所自致者，而予恭之所責難者哉！"

"**予旦以多子越御事，篤前人成烈，答其師，作周孚先。考朕昭子刑，乃單文祖德。**

此公以治洛之事自效。朕固以相洛責王矣，乃朕所自效者何如？惟此洛民皆文武所受於天，成烈所在也。予旦敢率卿大夫、百治事之臣，所謂見在周官也，相與效職於洛，誕保受民以篤厚文武成烈，有隆不替焉。若此者，而豈徒哉！正以文武成功，天下所不能忘也，而子將用是以答之，不止慰洛中之殷民矣。人臣有所許於君而能效之，信臣之道也。而予將用是以爲周臣忠信事上者之先，不特監見在之周官矣。王欲予之無替刑，而豈知非朕之儀刑，乃昭子之儀刑乎？予將以篤烈成昭子之刑，使新辟之範，王開其始，予代其終。蓋上成王德不止，下答民心而已也。王欲予之保文祖受民也，而豈知文祖雖受民，猶有未洽之德乎？予惟篤烈而德逎彌焉。《二南》之化，始則光于四方，今乃洽于天下。蓋前成文祖不止，後倡信臣而已也。此皆留洛之事，而予之所爲承保者，王其無用慮也哉！

"**伻來毖殷，乃命寧予以秬鬯二卣，曰：'明禋。拜手稽首，休享。'**

上文成王留公，公爲王留，皆在洛也。既而王歸在鎬，遣使毖殷，因命寧周公，故公于使者之歸，乃述王毖殷命寧之事，及己所以祭祷責難之辭以授使者達王也。公曰："王雖命予留洛，猶不忘化殷之心，伻来申之文誥，以謹勅殷民也。而乃命其問安于我，其命寧以何禮哉？黑黍爲酒，氣味調鬯，且有二卣之多，是以事神者事我，禮何隆也！其命寧之辭則曰：'惟茲秬鬯，明潔禋，敬用于宗廟以祭神明者，休莫大焉。拜手稽首，以此休美之物薦享于公，是其事我者如事神，詞何恭也！'"

"**予不敢宿，則禋于文王、武王。**

夫秬鬯明禋，乃宗廟祼獻禮也。顧予何人，敢進斯鬯乎？惟念我文武受此殷民者也，而以此鬯精意獻享焉，且爲吾君祝，熙也。

**“惠篤敍，無有遘自疾，萬年厭于乃德，殷乃引考。**

予爲王祭于文武矣。因而祝之曰：福莫加于攸好德，先王其陰誘王衷，使順文武之道篤而敍之，以獲好德之福可也。福莫大於康寧，先王其保佑王躬，使無有遘遇自疾，以獲康寧之福可也。豈惟是哉！子孫，王之胤也，先王其啓佑後人，使之善繼述，而萬年飽乃祖之德，則篤敍之福所流者遠矣。子孫之福非王之福乎？殷民，王之子也。先王其默相斯民，使之順王化而各全性命之正，亦永有壽考，則無遘疾之，福所及者大矣。殷民之福非王之福乎？吾爲王禱于文武者如此。

**“王伻殷，乃承敍，萬年其永觀朕子懷德。”**

此又責難王也。今日毖殷之使固有教條次第，予爲王頒布之矣。然王者躬行心術之德必有以使人永遠觀感而懷念者，然後其條教不徒法而承受可久，若徒教而無德，先直一時承用之迹耳。吾王無徒伻來毖殷而已也，必使殷民承受王之條教次第，至于萬年其永遠觀法朕子之身，而懷念其德耳。蓋德者，條教之原而觀法懷德者，乃承敍之本也。王德足垂萬年，觀法亦在萬年，觀法懷德者永，故承敍者亦永。如此，則君篤敍而民承敍。君也萬年厭于祖德，而民也萬年厭于王德，毖殷之使不虛，而禋告之私果慰矣。此固王所自盡，而予有厚望也哉！

**戊辰，王在新邑烝，祭歲，文王騂牛一，武王騂牛一。王命作册逸祝册，惟告周公其後，王賓殺禋咸格，王入太室祼。**

此下史官記祭祝册告等事，乃原始要終之詞。戊辰之日，成王在洛舉歲終烝祭之禮，雖歲祀之常，然適值告公留洛之時，則不可用宗廟太牢之常禮，故祀文王以騂牛一，祀武王以騂牛一，色必用赤，從所尚也。牲必用特，盛其禮也。獨告文、武，以文、武受命民也。然有祭必有祝册，王命史逸作册，逸承命作册，惟告周公留後之事而不他及，重其事也。于時諸侯作賓王家者，以王殺牲禋祭

祖廟,咸至洛邑助祭,於是王入清廟太室之中,對越文武之靈,而灌地降神以告
周公留後焉。

**王命周公後,作册逸誥,在十有二月。**

王命公後,向皆口陳之詞,不可無册也。故命逸作册書,逸承王命作册以
誥周公,而致其托重之意。惟時在十有二月,上記其册祝告神而冠之日,此記
其册命告臣而係之月者,明戊辰爲十二月日也。蓋于戊辰告文、武,即於戊辰
命周公,齋祓一心,對越在廟,成王可謂不輕於所托矣。

**惟周公誕保文、武受命惟七年。**

此并記周公留洛始終也。殷民,文、武受命之民也。周公誕保之有七年之
久,而薨雖曰七年,而八百年大平寔始基之矣。

# 玉茗堂書經講意卷之九

## 多　士

**惟三月，周公初于新邑洛，用告商王士。**

此記多士之本序。惟成王祀洛，次年之三月，王既不果遷都，而公亦不遂明農，始行治洛之事于新邑洛，因傳王命，告商王時有位之士。蓋殷士長治殷民者，殷士從則殷民無不從矣，故凡革命之公，遷洛之意，作洛之由，安洛之效，皆懇懇言之，使反側子自安也。

**王若曰："爾殷遺多士，弗弔旻天大降喪于殷，我有周佑命，將天明威，致王罰，敕殷命，①終于帝。**

此下推革命之公。曰："爾殷所遺之多士，弗弔旻天大降喪于殷，我有周受眷命，奉天明威，致王罰以敕正殷命而革之，凡以終上帝之事而已。"

**"肆爾多士，非我小國敢弋殷命，惟天不畀，允罔固亂，弼我，我其敢求位？**

且我之敕殷命也。以勢言之，豈我小國敢有心弋取哉！蓋固治不固亂，天道也。惟天不與殷，信乎不固殷之亂矣。然則我之有天位者，天蓋輔我周之治耳，我其敢弋殷命哉。

---

① 按："敕殷命"之"殷"原本奪，據《尚書正義》補。

"惟帝不畀,惟我下民秉爲,惟天明畏。

此反覆天民相因之理,以見革命之公也。我謂天不畀殷者,亦何以知天之所爲哉？惟即我下民之所秉爲,民所不與,必非天之所與也。夫求天於天,天威未可知也;求天于民,則天之威命昭乎可畏哉！我所謂將天明威者,此也。

"我聞曰:上帝引逸。有夏不適逸,則惟帝降格,嚮于時夏,弗克庸帝,大淫泆有辭。惟時天罔念聞,厥惟廢元命,降致罰。

此述夏以见商也。且汝有疑於商、周之際,不觀夏、商之事乎？我聞曰:天於人雖非有形聲之接,然人心有自然之天,則得其天則而心安,則亹亹而不能已。雖曰作德自逸,實天引之逸也。夫上帝引逸之心何間于桀,但桀自處人心之危,不肯適于天理之逸耳。帝實引之,桀實避之,帝猶未遽絕也,乃降格灾異以示意向于桀,而桀竟不能敬用上帝降格之命,且大肆淫泆而有矯誣之詞,惟時天罔念聞,不善其所爲,遂廢大命,降致罰,而夏實自絕乎天矣。

"乃命爾先祖成湯革夏,俊民甸四方。

天廢桀矣,乃命爾先祖成湯革夏正,而布列俊民于遠邇以區畫四方,此商所以興也。

"自成湯至于帝乙,罔不明德恤祀。

然商家所以凝承天命者,豈止成湯已哉。自成湯至帝乙,凡幾君矣,罔不明德以脩身,顧諟之心傳不惟天命自度者能紹之,凡象賢之君皆然也。罔不恤祀以敬神祇,肅之家法不惟祭祀弗黷者能嗣之,凡配天之主皆然也。商之有道何長哉！

"亦惟天丕建,保乂有殷,殷王亦罔敢失帝,罔不配天其澤。

夫湯之造商固天命矣,而殷先王皆能明德恤祀,故天亦惟大建立有殷而保乂之,使久安長治焉。然先王又不敢爲已足也,乃愈持其明德恤祀之心,無敢失帝之則,帝則不失則治源深矣。故無不配天澤民,膏澤普流,不啻雨露之潤也。商先王其顧天顯民祇也哉！

"在今後嗣王誕罔顯于天,矧曰其有聽念于先王勤家,誕淫厥泆,罔顧于

**天顯民祇。**

商先王往矣！在今後嗣王紂大不明于天道，此心已失帝之則矣。況曰其有能聽念先王之勤勞王家，而配天以澤民乎？惟大肆淫泆，無復顧念天之顯道，所以罔顯于天也。無復顧民之可畏，所以不聽念于勤家也。

**"惟時上帝不保，降若茲大喪。**

紂罔顧天顯民祇如此，惟此上帝不建立而保乂之，降若茲大喪也。

**"惟天不畀，不明厥德。**

惟天不與殷者，豈薄殷哉！紂不明德，罔顧天顯民祇耳。然則惟天不畀，雖念于我下民秉爲，而實紂所自爲也。

**"凡四方小大邦喪，罔非有辭于罰。"**

夫天不與殷，則殷有可伐之詞。蓋凡四方小大邦國喪亡，其致罰皆有可言，未有無罪而亡者。況以大國殷之命而我周伐之，豈無詞乎？

**王若曰："爾殷多士，今惟我周王丕靈承帝事。**

承上有詞于罰而言。爾殷多士，今惟我周王正殷之大事，非我周王事，乃上帝之事，我周王大能善奉行其事耳。

**"有命曰：'割殷！'告勅于帝。**

丕靈承帝事何如？受帝命者，乃帝事也，帝于冥冥之中有命曰："殷有罪，周其爲予割正之。"於是，我周王不得不告其勅正殷命之事于帝，蓋得命而後行也。

**"惟我事不貳適，①惟爾王家我適。**

夫帝命而後行，是我周割殷之事，一於從上帝明畏而無私心。貳適，所謂丕靈承帝事也。夫天之所事，誰能貳之？使或有貳于周，是即有貳于天，周可貳也，天其可貳乎？惟爾王家自當遵我王度，有不容他適者矣，反側何爲哉！

**予其曰：惟爾洪無度，我不爾動，自乃邑。**

---

① 按："貳"原作"二"，據《尚書正義》改，注釋文字中"二"皆當作"貳"。

多　　士

上言順天以喪殷，此下言順天以遷殷也。予其曰："思昔三監倡亂，惟爾大爲非法，不肯我適，故我遷爾于洛者。非我故動汝也，變自爾邑始耳，自作不靖，法不得不遷也。"

"予亦念天即于殷大戾，肆不正。"①

抑遷洛雖由變自乃邑，然亦天命也。予亦念天就殷邦屢降大戾惡之氣，紂既無度而死于此，武庚又無度而死于此，何地之不正至此乎？生乎其地而爲良者鮮矣，所以益不得不遷也。

王曰："猷告爾多士，予惟時其遷居西爾。非我一人奉德不康寧，時惟天命無違，朕不敢有後，無我怨。

此以遷洛之意更端告之，欲其安於洛也。猷告爾多士，我惟此殷，所以自朝歌遷汝于洛，蓋南濟河而西向矣，非我一人奉持君德不能安静而好動作也，蓋以屢降大戾，天命當遷耳。然則汝之居洛，其可違天命乎？或更違天命，而反側動摇，我不敢再有誥戒之命，必有他罰矣。至于斯時，是爾自貽戚，無爲怨我也。

"惟爾知，惟殷先人有册有典，殷革夏命。

且爾所以違天命者，不過於我革殷大命，蓄疑憤于心耳。多士固爲殷人習殷事者，豈不知爾殷先人有册書典籍，載紀殷革夏正之事乎？何獨疑於周也。

"今爾又曰：'夏迪簡在王庭，有服在百僚。'予一人惟聽用德，肆予敢求爾于天邑商，予惟率肆矜爾，②非予罪，時惟天命。"

此舉商民之言而折之以義，因申言遷洛意也。汝知殷之革夏，而致疑於今者，我知之矣。今汝其曰："商革夏命之初，即矜恤夏士，皆引領簡拔在商王之庭，至有列服在大僚間者。"今周於商士未聞夫有所矜恤，是周徒知革命如商，至於用人則不如商耳。孰知周之革命與用人皆天命也。蓋予所聽用者德而已，故予求汝于天邑商而遷之洛者，正冀汝迪德改行以爲可用之地，予惟循商

---

① 按："肆"原作"四"，據《尚書正義》改。
② 按："率肆"原作"卒四"，據《尚書正義》改。

202

簡拔故事,以矜恤汝矣。然則今日不爾用者,非我有罪,是惟天命如此。蓋天命有德,多士遵何德也而天命之?爾宜無我罪矣。

王曰:"多士,昔朕来自奄,予大降爾四國民命,我乃明致天罰,移爾遐逖,比事臣我宗,多遜。"

此舉前日事而感之以恩,因申言遷洛意也。多士,昔朕来自征奄之時,汝四國民罪皆應死,我大降宥爾命不誅,止明致天罰,移爾渡河遠居于洛。蓋四國蠢動,非多遜也。今欲汝親比事臣我宗周,化悍逆而爲多遜之美,在家爲孝子順孫,在國爲良民善眾,此固我厚望汝意也。其罰蓋甚輕,而其心良厚矣,乃猶有怨望乎?

王曰:"告爾殷多士,今予惟不爾殺,予惟時命有申。今朕作大邑于茲洛,予惟四方罔攸賓,亦惟爾多士攸服奔走,臣我多遜。

此作洛之由也。告爾殷多士,爾洪無度,法當誅矣,我惟不忍爾殺,故我於此,自奄之初已有初命矣。今亦惟以革命之公、遷洛之意復申爲命以告汝知,且我所以作王城、下都大邑于茲者,豈有他哉!予惟四方諸侯朝覲、會同無所賓禮之地,故建王城于瀍澗之間以待之。亦惟爾多士所服順奔走臣我宗周,化爲遜多之美而無所處,故營下都於瀍水之外以處之也。我之作洛惟爲汝多士如此,汝多士可不安處于洛乎?

"爾乃尚有爾土,爾乃尚寧幹止。

此下言安洛之效。汝之於洛有田業焉,有治生之事焉,有居止焉,自作不靖,三者得保其如故乎?汝其變無度之心,成多遜之美,庶幾有爾田業,庶幾安洛之生事,居止不至失其有而危其安可也。

"爾克敬天,惟畀矜爾,爾不克敬,爾不啻不有爾土,予亦致天之罰于爾躬。

此示以禍福也。爾欲有土,寧幹止也,其惟敬乎!無度者生於不敬,爾能敬天命,則天助其順,將畀予矜怜汝矣。不敬天命,天必罰之,不特竄徙,不有爾土,予亦致天之罰于爾躬,而身亦不能保矣,敬之所係如此,汝多士敬之哉!

**"今爾惟時宅爾邑,繼爾居,爾厥有幹有年于茲洛,爾小子乃興從爾遷。"**

然汝等所謂克敬而天畀矜者,豈有他哉！能安靖,即爲敬也。蓋汝在洛中,與眾同井而爲邑,己之所處則爲居,汝前動搖反覆,甚非所以宅爾邑,繼汝居也。今汝惟是相收相恤以安汝同聚之邑,成終成始以繼汝自有之居。凡此皆汝克敬故也,將見近則汝之一身可以勤人生而開百爲之麗,外王罰而安化日之長,有幹有年于此洛邑也,此安身之利也。遠則汝之子孫開大基業,方興未艾者,亦從汝遷洛始也,此裕後之利也。夫以安洛之利久大如此,凡皆天之畀矜汝也,可不敬哉！

**王曰:又曰:"時予,乃或言爾攸居。"**

篇終又叮嚀之。我今所以諄諄革命之公,遷民之意,作洛之由,安洛之利如此。是我不言則已,或有所言,則皆以汝之居止爲念,欲汝有幹有年,長子孫也。汝多士獨不自保其居乎？

# 無　　逸

**周公曰:"嗚呼！君子所其無逸。**

成王初政,周公作《無逸》以告之,蓋治原也。曰人君有莫大之戒,帝王有心法之傳,有天下者不可不知也,何則？人情莫便于逸,而地之易逸者尤莫如天子,①乃古之君子則能所其無逸焉。蓋王道始於憂勤,君德瘰於逸樂,君子思養心以養德,保身以保民,無怠朝焉,無怠夕焉。蓋常以勤爲居身之所而不遷者乎！

**"先知稼穡之艱難,乃逸,則知小人之依。**

此惟君子無逸之由也。君子能所其無逸者,何哉？蓋君位本逸也,惟生長深宮,不知民事之難而輒居安位,則於小人之依始有所不知,而逸樂以妨民務

---

①　按:此句語意不易解。

矣。君子者，先嘗究心民間，凡稼穡勞苦之事莫不熟識，真如身履之者，而後踐崇高安逸之位，則能知小人之所恃以生者在稼穡，而凡思艱圖易以開民之麗者自不容已矣。蓋惟以勤居逸，雖逸而能無逸也。

"相小人，厥父母勤勞稼穡，厥子乃不知稼穡之艱難，乃逸乃諺，①既誕，否則侮厥父母，曰：'昔之人無聞知。'"

□本小人不能逸者以示戒。相彼田野小民，其父母勤勞稼穡，曾無□□，其子生長豢養，乃不知稼穡之艱難，乃以逸爲逸而居之，是以不自知其所依，乃習俚巷鄙語，既又誕妄無所不至。不然則訕侮其父母，曰："古老之人無聞無知，徒自勞苦而不知自逸也。"夫以農家之子，生而飽煖，且不知艱難。況王生長深宮，稼穡艱難之事，尤非其耳濡目染者，其能無是失乎？

周公曰："嗚呼！我聞曰，昔在殷王中宗，嚴恭寅畏，天命自度，治民祗懼，不敢荒寧，肆中宗之享國七十有五年。

此下舉商三宗無逸之事，皆守成之主，足爲成王法者。曰無逸之君子昔有誰與？我聞在昔商王中宗，知小人之依而心無不敬，彼天有明命，乃人心之尺度也。不敬則心失度，而無以爲治民之則矣。中宗之心法嚴而莊重，恭而謙抑，寅而欽肅，畏而戒懼，以體道心而察帝則，一動一靜皆以天命律度其身，蓋所見無非天者。故其治民以嚴恭寅畏，祗焉懼焉，不敢一有荒寧，以妨小人之依而褻上天之命。蓋心法即其治法也。中宗所其無逸如此，是以莊敬有日彊之精，檢飭乃凝命之道，享國至七十五年之久，廟號中宗，有由然矣。

"其在高宗，時舊勞于外，爰暨小人，作其即位，乃或亮陰，三年不言，其惟不言，言乃雍。不敢荒寧，嘉靖殷邦，至于小大，無時或怨，肆高宗之享國五十有九年。

不惟中宗，其在高宗未即位时，父小乙使久居民間而勞于外，爰與小民出入同事，備知稼穡之艱難，及作其即位，則知小人之依。故丁父小乙之喪，乃或

---

①　按："諺"誤作"詐"，據《尚書正義》改。

無　　逸

亮陰三年不言,惟恭敬淵默以思治道而已,其惟恭默不言,蓄極而通,政令皆和順於道德,而言乃雍。然且不敢荒寧,居然恭默之心也。是以其民禮樂教化,蔚然于安居樂業之中,安靜而且嘉美于殷邦,至于大小之民,優游美化而無有怨者,敬和之成象也。高宗蓋無逸者矣,是以志氣凝定,精神純一,已足爲長年之基,而民心太和,導迎善氣,又足爲長年之助。其享國有五十九年,商道中興,功與年俱高矣。

**“其在祖甲,不義惟王,舊爲小人。作其即位,爰知小人之依,能保惠于庶民,不敢侮鰥寡,肆祖甲之享國三十有三年。**

不惟高宗,其在祖甲,高宗欲立之,祖甲以祖庚居長而立己爲不義,逃之民間,與小民出入同事,先知稼穡之艱難。及其起而即位,爰知小人之依在稼穡,故能於庶民則懷保之,使各得所,於庶民中之鰥寡則不敢侮之,加意哀矜焉。祖甲無逸如此。是以惠心存則天意之仁壽斯感,民心結則人主之氣脉斯延,肆享國三十有三年,①亦亞於中、高之烈矣。

**“自時厥後,立王生則逸,生則逸,不知稼穡之艱難,不聞小人之勞,惟耽樂之從。自時厥後,亦罔或克壽,或十年,或七八年,或五六年,或四三年。”**

所謂小人不能無逸者誰與? 慨自三宗之後即君位者,生則豫逸,不能以勤居逸也。所以生則逸者,由不知稼穡艱難,不聞小人勞苦,則不知小人之依,故惟耽樂之從,所樂者皆伐性喪生之具也。故三宗之後亦無或能壽,遠者十年、七八年,近者五六年、四三年耳,安得如三宗享國之永哉!

**周公曰:“嗚呼! 厥亦惟我周太王、王季,克自抑畏。**

此先叙文王祖父能開無逸之源也。嗚呼! 古無逸君子,商有三宗矣,而在我周則有文王,然豈自文王始哉! 厥亦惟周太王、王季以多上人之心,縱逸之原也,則貴而不驕,富而能降其心,常有以自下者。夫豈至於矜誇而縱肆以逸乎?② 無忌憚之心,荒逸之媒也,則上畏天顯,下畏民嵒,其心常有所不敢者,

———————

① 按:“肆”原作“四”,據《尚書正義》改。
② 按:“肆”原作“四”,據《尚書正義》改。

豈至無忌憚而怠荒以逸乎？二王開無逸之源，此心法即家法也。

**"文王卑服，即康功田功。**

太王、王季既開無逸之源，是以文王能盡無逸之實。惟我文王以物莫能而大，心無有二用。豐逸于己者，必不能勤施于民也。是故位居西伯，可以美其服也，而所性不存焉，惟專意於政教安民之功及稼穡養民之功。蓋力不分於一己之奉，故功全歸于小民之依也。

**"徽柔懿恭，懷保小民，惠鮮鰥寡，自朝至于日中昃，不遑暇食，用咸和萬民。**

上言卑服，此言不遑食，正文王無逸處也。夫人君一心，小民鰥寡命脉所屬也，非甚盛德則不能小心以勤民矣。夫文王之德即先王克自抑畏之德也。巽順其心，可謂柔矣。柔嘉之內有維則焉，而恭爲徽柔。莊敬其心可謂恭矣，退讓之中以明禮焉，而恭爲懿恭。惟有柔恭之德而極徽懿之盛，故能和易近民，體息周至，於小民也則懷保之，恤其至微而懷念必周，真若赤子之保也。至於鰥寡益以惠鮮之，哀其無告而加惠，必先使有更生之望。然懷保惠鮮之政固非一事，而小民鰥寡之眾有萬不齊也。文王之勤于是也，自朝至于日之中，自中至于日之昃，而不遑暇食，其心非但和一二小民，一二鰥寡已也，必欲懷保惠鮮之德無不廣被，無不深入，使萬民咸歸于和而後已焉，以此盡心，寧當有逸時耶？

**"文王不敢盤于遊田，以庶邦惟正之供，文王受命惟中身，厥享國五十年。"**

夫服食之間尚有所不敢逸，況其他乎？遊以省風，田以講禮，國制也。文王自朝會省民之外，不敢盤于遊。自賓祭講武之外，不敢盤于田。曰不敢者，翼翼之小心也。是以無濫費，無過取，而能以庶邦惟正賦之供。蓋文王爲方伯則有方伯之事，所需庶邦供之，至于常事正供之外，無橫及也。以民政而忘服食，省遊田，凡以所其無逸而善繼太王、王季抑畏之心者也。故其受命爲諸侯，年已中身五十矣，自受命後，享國又五十年，且百歲也。周王壽考，亦其無逸精神之至哉！

周公曰:"嗚呼！繼自今嗣王,則其無淫于觀,于逸,于遊,于田,以萬民惟正之供。

此節及下節乃勉成王法文王而戒紂也。嗚呼！無逸之君以樂樂人,多逸之君以樂樂身,是故觀佚遊田,文王無過其制,而能以庶邦惟正之供,固萬世法也。繼自今嗣王必承抑畏之傳,切艱難之慮,則其無淫于觀逸,非侵祥不觀,非勞瘁不逸也。無過于遊田,非巡狩不遊,蒐狩不田也,因以無橫取之賦,而以萬民惟正之供。蓋萬民之供皆自稼穡艱難中來,知小人之依,自能約己而寬民也。無逸永年之效,亦且如文王者哉！

"無皇曰:今日耽樂。乃非民攸訓,非天攸若。時人丕則有愆,無若殷王受之迷亂,酗于酒德哉！"

後王好逸,惟耽樂之從也。其始未便,至是不過自一日寬假始耳。嗣王必無自寬,曰今日姑爲之,明日不復爾也。夫以百日之勞而開一日之逸,疑未甚害,然即此一說已不足以爲訓于民,亦非天心之所順矣。蓋君心有一日之逸,則天機有一日之間斷,況此隙一開,日復一日,耽樂之日漸長,耽樂之風漸流,大小臣民將大法其過佚之行,若商王紂酗而天下化之也。吾王其無若殷王受之迷亂,酗于酒德哉！夫紂亡國之王,千載爲戒。況且今日監視方新,且一日耽樂,何至爲紂者,然爲紂非難,凡以一日之耽樂爲無傷者,紂之徒也。況以淫樂始,必以淫樂終,不可不絕其微也。

周公曰:"嗚呼！我聞曰,古之人猶胥訓告,胥保惠,胥教誨,民無或胥譸張爲幻。"

此舉古人之信忠言,欲其聽己之言也。嗚呼！我聞曰:"古之人如三宗、①文王之無逸也,其德業之盛若無恃于臣之過計者,而當時爲之臣者尤始慮其逆心之易生,乃相與訓曉告諭之,舉艱難之故而開示于勤逸之介者,何切切也。

---

① 按:"三"原作"二",據經文改。

而猶未也，中慮其進脩之不逮，相與保養將順之，乘德意之萌而勸導其能勤之美者，何藹藹也。而猶未也，終又慮其造詣之未純，乃相與規正成就之，使無逸之行有終而責難于永命之成者，猶惓惓也。此雖臣能盡忠，亦其君能盡臣之忠矣。是以古之人耳目有養，湛然天則之中，好惡無私，明見萬里之外，當時之憸民無或敢誑誕爲幻，變名易實，以眩主聰而亂大小之典刑者。蓋邪正相爲消長，正氣充實，邪人自無日乘其逸而投之隙矣。夫然，故民安而君亦安矣。"

**"此厥不聽，人乃訓之，乃變亂先王之正刑，至于小大民，否則厥心違怨，否則厥口詛祝。"**

此舉棄忠言之害以戒也。今王德業之盛未及于古人，而忠言之益尤當資於臣下，若於此訓告保惠教誨之語不知聽信，則棄忠言矣。人臣皆法則之，亦不以忠言告也。君以逸自處，臣以逸事君，上下師師非度，乃變亂先王之正法矣。蓋忠直之言與先王之正法常相表裡者也。厭訓誨則亂人進而譸張起，勢必不便先正之約束，無小無大之成法盡取而紛更之，所謂幻也。夫正法便民，變亂正法則小人便而民無便矣。故當時之民不厥心違怨，則厥口詛祝，蓋心口交怨，後王之短祚亦有由哉！王宜聽忠言矣。

**周公曰："嗚呼！自殷王中宗及高宗及祖甲，及我周文王，茲四人迪哲。**

此申言三宗、文王無逸之事，而勉王以自敬德也。嗚呼！稼爲小民之依，世主雖知之，不能蹈其知也。自殷王中宗、高宗，不敢荒寧，祖甲、文王極其保惠于民之依，非苟知之，亦允蹈其迪哲矣乎。故足以盡小民之情矣。

**"厥或告之曰：小人怨汝詈汝。則皇自敬德，厥愆曰朕之愆，允若時，不啻不敢含怒。**

夫古人惟迪哲也，不惟樂聽臣之忠言，而樂聞民之怨詈，無論真有怨詈之者，厥或告之曰："小人怨汝詈汝。"三宗、文王聽之不復致办，[①]惟大自敬德，益嚴無逸之心而已。其所怨詈之愆，安而受之，曰是朕平日不自敬德，以逸失小

---

① 按："办"疑爲"辨"。

人之依，真朕之愆也。夫古人之自咎自脩若此者，蓋迪見民艱之無窮，而君逸之易恣，惟知己有可怨、有可言，而求進於一無可怨、一無可訾乃已也。蓋心誠愧之，誠念之矣。豈但曰一夫或勝予，而衆怒不可犯，畏人之口，不敢含怒而已哉。蓋平時固已迪哲，雖卒聞怨詈而一無怒之可含，則此心真如天地之容下民，父母之怜赤子，久之而怨詈消也。

“此厥不聽，人乃或譸張爲幻，曰：‘小人怨汝詈汝。’則信之，則若時，不永念厥辟，不寬綽厥心，亂罰無罪，殺無辜，怨有同，是叢于厥身。”

此反上節言，若於迪哲之事不加聽信，則於下情不能周知，小人乃或譸張爲幻，不特變亂先王之法，而且變亂小民之情矣。民未有以怨詈也，而曰小人怨汝詈汝，汝則信之，不急于引愆而敢于含怒也。夫人君之道，當如父母天地，並生並育，無所計較而後謂之君也。如是不永念其爲君之道，不能寬大其心，乃以誑誕無實之言起罗織疑似之獄，以亂罰無罪，殺無辜，天下之人受禍大小不同而同于怨，怨不叢于告者而叢于君身。至此則所告之怨詈爲虛，而所叢之怨詈爲實矣。豈有叢怨之身而享長年之祚乎？王宜聽古人之迪哲矣！

周公曰：“嗚呼！嗣王其監于兹！”

篇終而聳動王也。嗚呼！嗣王其監于兹。蓋殷爲近事而周爲家法，以人爲監，重有望于嗣王也哉！

# 君　奭

周公若曰：“君奭。

召公以盛滿思去，周公以國不可無老成人也留之，而先之曰：“君奭！”君者，尊敬之詞，呼奭者，古人尚質之意，皆所以起其聽也。

“弗弔天降喪于殷，殷既墜厥命，我有周既受。我不敢知曰，厥基永孚于休。若天棐忱，我亦不敢知曰，其終出于不祥。

此下以周之天命言也。周公曰：弗弔天既下喪亡于殷，殷既失天命，我有周受之矣。然我不敢知曰，其基長信于休美，是吉我固不敢知也。如天果輔周之誠，我亦不敢知曰，其終出於不祥，是凶我亦不敢知也。吉凶皆不可知，得無懼耶？

"嗚呼！君已曰：'時我。'我亦不敢寧于上帝命，①弗永遠念天威，越我民罔尤違，惟人。在我後嗣子孫大弗克恭上下，遏佚前人光，在家不知。

承上言天命不可知，所可知者人之去留耳。嗚呼！君昔已有言曰，歷年之命我不敢知，而勤恤相期是惟在我，是君固以天命自任矣，而予之心則亦有然者，方今民無怨背，天命若已安矣。然人心無常怨，不在大，天命天威若反覆手耳。我亦豈敢苟安天命，舍之而去，而不永遠念天威於我民無尤怨背違之時乎？惟以天命人心實惟在人而已。國有大臣，則民心安而帝命寧，厥基永孚于休矣。使不得大臣輔之，則民心去而天威来，其終出於不祥矣。公之時我，我之永念正在此也。今公乃忘前日在我之言，翻然求去，使人後世子孫無人輔導，大不能敬天敬民，而遏絕失墜文武敬天勤民光顯之德，諒君於是時亦必有不能為情者，其可謂已委政在家，而付理亂於不知乎？

"天命不易，天難諶，乃其墜命。弗克經歷嗣前人恭明德。

夫帝命之弗敢寧，天威之當永念者，以天命之不易保，何也？天心難可諶信故也。蓋是命也，前人以敬恭天民之明德，克當天心而得之者，後嗣子孫生長深宮之中，離於老成之輔，未嘗知憂，未嘗知懼，事忽于未更，慮疏於不戒，不克經歷繼嗣茲恭敬之明德而蹈喪亡者，往往是也。公得不為孺子慮乎？

"在今予小子旦非克有正，迪惟前人光，施于我冲子。

惟其如此，故在今予小子旦朝夕於王，非敢曰大有所裨益匡正也，惟以前人有恭德之光，而冲子貴老成之助，故孜孜啓迪，惟以前人恭德之光付于冲子之身，使經歷繼嗣不至遏佚而已。公意將無同乎？

"又曰：天不可信，我道惟寧王德延，天不庸釋于文王受命。"

---

① 按："敢"原作"敬"，據《尚書正義》改。

君　奭

又曰："天固不可信,然在我迪王之道,惟以寧王之德方延於其子,則天於文王所受之命,豈遂庸釋於其孫哉? 是天亦有可信者,我之道非即君奭之道乎?"

公曰："君奭,我聞在昔,成湯既受命,時則有若伊尹,格于皇天。在太甲,時則有若保衡。在太戊,時則有若伊陟、臣扈,格于上帝,巫咸乂王家。在祖乙,時則有若巫賢。在武丁,時則有若甘盤。

此下敘商六臣之功以留之也。且君之汲汲以去者,豈遂忘商周之事乎? 我聞在昔,成湯既受命而有天下,時則有若伊尹,以元聖之資爲天先覺,治化之流與天無間焉。及太甲繼成湯而有天下,時則有若保衡,以開國之老爲王倚平格天之業,再世未艾焉。至于大戊,一時並相者有若伊陟、臣扈,輔德本原之地,治化精純,克厭天心而無愧也。同時爲臣者,又有若巫咸效勞職業之間,政治脩明,著在王家而不忘也。其在祖乙,時則有臣如巫賢者,世乂王家,亦如伊陟之於保衡也。其在武丁,時則有臣如甘盤者,老臣舊學亦若臣扈之輔中宗也。可見商家賢君屢作,非子則孫,而其臣亦勳舊相傳,非身則子,此皆君奭所聞也。

"率惟兹有陳,保乂有殷,故殷禮陟配天,多歷年所。

承上言商六臣率惟此輔君之道,或以聖輔聖,或以賢輔賢,各有陳列之功,後先粲然以相保治,凡殷先王終陟者,皆得以德配天於郊祭之時,而載祀六百,以多歷年所也。向非六臣功存保乂,即殷之宗祀何能至是哉!

"天維純佑命,則商實百姓,王人罔不秉德明恤,小臣屏侯、甸,矧咸奔走,惟兹惟德稱用乂厥辟,故一人有事于四方,若卜筮罔不是孚。"

承上言惟六臣輔君有格天致治之功,是以上天惟佑命,有商純一不雜,爲之篤生賢哲,使足以應其相之旁求,而供其君之任使。六臣不常在,而不患無復有六臣者焉,商國有人而實矣。商實何如? 以內則大之百官著姓、微之王人,所以贊襄朝廷之上者,莫不秉德忠貞而明致服勞之憂,內焉有人而實矣。外則卑之小臣、尊之藩屏侯、甸,所以維宣邦國之間者,矧皆奔走服役而各效奉公之節,外焉有人而實矣。惟此內外諸賢,惟己之德是舉,用以輔治其君之德與政,而不敢少以不德累其君也。故君內無失德而外無失政,或有事於四方,

212

殆若卜筮然，罔不信其君而敬應之者。是固天佑商之純，而實六臣保乂格天之致也，大臣關係人國如此夫。

公曰："君奭，天壽平格，保乂有殷，有殷嗣天滅威。今汝永念，則有固命厥亂，明我新造邦。"

此正勉召公匹休六臣也。夫人臣有壽國之道，在天有至公之心，故多歷年所。天之壽殷也，豈於私殷哉！平者，天之道也，而伊尹六臣之相國也，持心如衡，是謂平德，以其至平通格於天，故能保乂殷以歷年。至於紂時，年凡六百，天命非不永且固矣。紂嗣天位，然無平格之臣爲之保乂，乃驟罹滅亡之威，天曾不私壽之也。況我新造邦，其永不永，固不固，皆不可知命脉全在大臣之一念耳，使公能勉爲周家永久念，凡延長世德，繼續前光者，皆悉意圖之而不急迫以求去，則我周亦有平格之臣，而天亦將以壽商者固我周之命矣。其保乂之績豈不赫然陳列明著於我新造之邦，如商六臣也哉！

公曰："君奭，在昔上帝，割申勸寧王之德，其集大命于厥躬。"

此下舉周五臣迪君之功以留之也。夫商與周接，興亡既可見矣。若文武之朝，則君奭先後其間而身履之者。君奭，在昔上帝降割于殷，有殷嗣天滅威矣。然天下惟有德者主之，故天既勸文王之德矣，又申勸寧王之德，式教用休，集大命於其身也。

"惟文王尚克修和我有夏，亦惟有若虢叔，有若閎夭，有若散宜生，有若泰顛，有若南宮括。"

夫集大命雖在武王，然惟文王庶幾能以彝教脩治爕和我所有之諸夏，理之使不亂，調之使不乖，禮樂教化蔚然安居樂業中者，豈文王自能哉！時有若虢叔父，又有若閎夭、散宜生、泰顛、南宮括，①五人者疏附後先，往來以迪彝教焉，是以德降而有夏脩和也。

又曰："無能往來，兹迪彝教，文王蔑德降于國人。"

---

① 按："括"原誤作"适"。

此反言文王不可無五臣也。又曰："若五臣者，不能爲文王往來奔走，導迪五常之教，即脩和之德，文王無自而下及於國人矣。然則文王豈可一日無五臣哉！"

"亦惟純佑秉德，迪知天威，乃惟時昭文王迪，見冒聞于上帝，惟時受有殷命哉！

承上言文王無五臣之輔，且無德降于國人矣。況能升聞于上帝乎？幸而天心之有在也。天惟純佑商，故其臣罔不秉德乂厥辟矣，亦惟天之佑命，文王純一不雜，而濟濟多士不減于商實焉。所以然者，蓋以虢叔等五臣，或秉容德，或秉乂德，蹈履至到于上天鑒臨，顯然可畏之理皆實知之而無疑，故能無昧於幾，無爽於時，以是昭明文王往來迪教以宣著其德，使脩和之德著見于朝廷之上，而覆冒乎比屋之下，以致見冒之極，精華聞于上帝，而文王遂能受殷命，以啓我寧王也哉！雖文王之德亦五臣之功也。

"武王惟茲四人，尚迪有祿。後暨武王，誕將天威，咸劉厥敵，惟茲四人昭武王，惟冒丕單稱德。

不惟文王得五臣之助也。至于武王之時，虢叔雖死，四臣猶存也。文王固惟茲五人迪矣。武王亦惟茲四人往來迪教，使德業日大，遂享有天祿，而集文王之受命焉。其後又暨武王大將天威，咸殺厥敵，而彝教始可大行於天下矣。亦惟此四人能昭明武王，益迪彝教，使其德覆冒天下，而天下大盡稱武王之德，亦如前日之昭文王見冒也。然則武王所以集大命、成大化者，亦以有文王世德之臣在耳。在今日宜何如哉！

"今在予小子旦，若游大川，予往暨汝奭其濟，小子同未在位，誕無我責收，罔勗不及，耇造德不降，我則鳴鳥不聞，矧曰其有能格。"

夫文王得五臣，武王又得四臣，而能格天命矣。今在予小子旦以一人之身輔君，成文、武大業，茫乎若涉大川，不知津涯矣。既無五臣，又無四臣，豈予小子能獨濟哉？予往與汝奭同心協力以濟耳。且，今王雖已在位，而幼冲與未在位同，雖與汝共勉之，猶恐不濟，大無專責我一人而委之以去也。若汝於此棄大業而不承,舍幼君而不輔,收斂退托,不勉力以助王之所不及,則老成人所作之德不下於民,民心怨違而天休不至,在郊之鳳鳴于今者不復得聞于後矣。況敢言進此而有能知如古人之格天、格帝者乎?然則大川之濟端于君有後望也。

公曰:"嗚呼!君,肆其監于茲。我受命無疆惟休,亦大惟艱,告君乃猷裕我,不以後人迷。"

公歷陳文、武世臣之烈,復嘆息言,君,肆其監于茲矣。蓋文、武受命,休則無疆矣。然文以五臣往來于前,武以四臣經營于後,非一手足之力,非一朝夕之故,積累締造,蓋亦艱難之大者。然則爲大臣者,思及無疆之休則當有遠大之謀,思及莫大之艱則當爲後人之慮。若謀止潔身而不爲國家深長計,則亦非大臣之度矣。告君謀所以寬裕之道,圖功攸終,展布四體,爲可久可大之規,未可即去而以後人迷,至遏佚前人光也。蓋老成去而後人莫知適從,則後人之迷我以去也。獨先王受命何哉!君可以監而自寬矣。

公曰:"前人敷乃心,乃悉命汝作汝民極,曰汝明勖偶王在亶,乘茲大命。惟文王德,丕承無疆之恤。"

此以武王顧命感動之也。我不以後人迷矣,君獨不思前人之語乎?前人武王敷布心腹,乃悉命汝位三公以爲民極,任之重矣。其顧命之詞曰:我其往矣!爾當精白一心以勉輔孺子乎?蓋今日大命非一孺子所能獨荷,而相與配合其君以力勝此命者,汝具瞻在也,偶居而猜,可乎?故汝之配合于王也,惟在攄精誠、極明信如此乎!同心併力以載此大命,無有退托可也。此之謂明勖矣。然何以亶而何以乘哉?我周天命,文考以見冒之德受之,然有文王德則爲無疆之命,無文王德則爲無疆之憂,予一人在則無疆之恤在予,予不在則無疆之恤在公等矣。汝其文王之德是念,以大承此無疆之憂,則所以偶王在亶,乘茲大命者,公等自不容已矣。前人顧命真切如此,言猶在耳,而公忘之耶?

公曰:"君,告汝朕允。保奭,其汝克敬,以予監于殷喪大否,肆念我天威。"

此以誠切之言相感動也。蓋殷之喪亡大亂,天威可畏,周公身親其事,成王幼沖,老成凋謝,深慮一旦磋跌,復蹈其轍,此實周公肝膈之隱而難於察察言之者。至此告勉已盡，與之决于一言，曰告汝以朕心之所誠者，保奭，汝能敬以我所言監視殷之無人輔君至于喪亡大亂，則豈可不大念我天威之可畏乎？蓋喪亡大亂，天威至矣。周若無人，天威之於周未可知也。此我之誠言也，君不一動心乎！

"予不允惟若茲誥，予惟曰襄我二人，汝有合哉！言曰在時二人，天休滋至，惟時二人弗戡，其汝克敬德，明我俊民，在讓後人于丕時。

因言天威及天休，總是以天命留之也。且我誥語之多豈不足信於人，而徒諄諄于天命之保商、周之故，顧命之重，殷喪之威，以爲君誥耶？予意惟曰：今日同涉津涯，而亶輔冲人以乘大命者汝我二人而已。是我許國之心如此，汝之心固不異我矣。聞我言其亦有合哉，亦必曰今日無五臣、四臣矣。誠哉！在時二人不容辭者在也，二人許國如此，固將以戡天休也。然今天休我周，太平之象與日而俱臻，景命之符如川之方至，惟是我二人同心協力以承之，猶恐不克負荷者，汝復求去，于二人其何以勘之哉？且君之欲去者，得無懼德之不足以勘，并懼二人之不足以勘耶？夫懼德之不足以勘則莫若載之以敬，懼二人之不足以勘則莫若濟之以人，其汝能自敬德，夙夜小心以亶以乘，而因以明揚天下之俊民，使勘天休者不止我二人，而純佑命者不減于商實也。蓋大臣不憂持盈之難而憂敬德之不至，不憂其身之去而憂國之無人，直待異時賢俊盈朝，天休克勘，而王業盛大，然後推遜後人，超然致政，乃始無負國之憂耳。今則天休未答，豈汝避讓時耶？

"嗚呼！篤棐時二人，我式克至于今日休，我咸成文王功于不怠，丕冒海隅出日，罔不率俾。"

因天休言民心以留之也。嗚呼！篤於輔君者，是我與汝二人而已，自岐陝分治，鎬洛初基，君則保受誠和，我則不迷勤教，同心共濟，用能至于今日政淳俗美，陶然無有違怨之民者，亦云休矣，然未敢以爲成也。蓋今日之天下即文王之天下，今日之事功即文王之事，一民未率俾，即文王脩和之功有未成矣。我欲與公敬德求賢，益勵篤棐之忠，以共成文王之功而不怠，其初心以求去焉，成之何如？文王見冒矣。至武王惟冒而猶有不率俾者，文功未成也。今日亦惟廣其脩和迪教之仁，以丕冒天下，無論昔日之江漢，今日之河洛，即薄姑、淮夷而外至海隅日出之地，曾無一人尤違而不率從者，則今日之休始極，文王之功始成，而我二人篤棐之責其有終矣。至于此，乃可云「丕時也，可以今日休言去耶？」

公曰：「君，予不惠若茲多誥，予惟用閔于天越民。」

此申上二節意。君，予不允惟若茲誥矣，而又告爾以共勘天命，丕冒日出。如此多誥者，夫豈不順于理而若茲耶！蓋以大臣一身，天命人心係焉。君去則滋至之休無以答之，天命于是乎不終，今日之休無以成之，民心于是乎不保，予惟用憂于天及民。故多誥若茲也，君亦閔予之閔耶。

公曰：「嗚呼！君惟乃知民德，亦罔不能厥初，惟其終，祗若茲，往敬用治！」

此因召公有留志而飭遣之。嘆息言國家以天民爲重，而天命在民心，民之德至爲隱微，不有以知之，孰從而治之？惟君爲國元老，踐履諳練之久，能知民心所向順者何在。獨觀化原而窺治機也。夫以今日民罔尤違，固無不向順于其初矣。但民德無常，當思其終。民所向順之德，君始之而君終之可也。然則君何以去爲哉！其敬順惟終此誥，往蒞太保之職，而敬以用治其民也。蓋能敬則以天視民，而慎終如始，予庶無閔于天越民也哉！

# 蔡 仲 之 命

惟周公位冢宰，正百工，羣叔流言，乃致辟管叔于商，囚蔡叔于郭鄰，以車七乘。降霍叔于庶人，三年不齒。蔡仲克庸祗德，周公以爲卿士。叔卒，乃命諸王邦之蔡。

史記蔡仲得封之由。惟周公位冢宰，正百官之時，羣叔以主少國疑，相與流言于國，蓋欲以危周公，而因以危周也。公不得已，以管叔首惡之罪為重，乃致辟于商而誅絕之矣。蔡叔罪次之,則囚於郭鄰,制其出入,而猶從以七乘之車。霍叔罪又次之,則降爲庶人,三年之後方齒錄以復其國也。然周公爲國家討罪雖不容已,而兄弟之情終有不忍釋然者。幸蔡叔之子蔡仲能常敬其德,忠孝之性終始不渝,公遂以爲己之卿士,而亟擢用之也。及叔卒,乃請命于王,而復邦之蔡焉。夫不以兄弟廢天討,不以世類廢天命,公仁且義矣。

**王若曰:"小子胡,惟爾率德改行,克慎厥猷。肆予命爾侯于東土,往即乃封,敬哉!**

此公承王命命仲之詞。王若曰:"小子胡,汝祖文王之德,汝父背之矣。惟汝能循祖德以改父行,能謹臣子之道,故我命汝侯于東土,汝往就國,敬之哉! 益庸祗德可也。"

**"爾尚蓋前人之愆,惟忠惟孝,爾乃邁迹自身,克勤無怠,以垂憲乃後,率乃祖文王之彝訓,無若爾考之違王命。**

所謂率德改行何如? 爾父之愆在於無忠孝心耳,爾庶幾能掩前人之愆,亦在惟忠惟孝,爾之忠孝蓋遠邁爾父既往之迹,自爾身作始也。何也? 蓋爾生於不忠不孝之門,倡之者誰與? 乃能身自勤於忠孝而不怠,因以忠孝之迹垂法汝後世爲臣子者。是爾之迹邁前人遠矣。邁迹自身如此,可謂能循乃祖文王止孝止敬之常訓,無復如爾考之違王命而遠於忠孝也。豈不蓋前人之愆也哉!

**"皇天無親,惟德是輔。民心無常,惟惠之懷。爲善不同,同歸于治。爲惡不同,同歸于亂。爾其戒哉!**

至末承上改行一端推廣言之,皆往敬事也。天於人無親,輔有德者耳。民心何常,懷于有惠者耳。是以不德不惠,則汝父以文王之昭而不得有其眷;能德而惠,則汝以蔡叔之子而可以保其成矣。然天人之機甚微,善惡之端非一,凡類于德與惠者皆善也,善雖不同,同歸于天親、民慎之治,天下固無不可爲之善也。若反是而少有不類于德惠者皆惡矣,惡不同而同歸于天棄、民離之亂,天下豈有可爲之惡哉? 治亂之機可畏如此。爾其戒哉! 凡善皆爲,凡惡皆去,非但不爲汝父之所爲,亦非但如今日之所爲而止也。

"慎厥初,惟厥終,終以不困;不惟厥終,終以困窮。

此欲其謹始。然欲去惡爲善,在于謹初。爾今立國,天命民心之一初也,當於初謹敬之,開創規模,不宜苟焉而已。何也?初者,終之基;終者,初之積。當思其終,一時建立必豫爲德惠經久之規,吾見善作善成,天人永歸,終以不困矣。倘不思其終,苟且目前而已,則謀之不精,行之不遠,終必困窮矣。可不思乎?思終則能慎始矣。

"懋乃攸績,睦乃四鄰,以蕃王室,以和兄弟,康濟小民。

此正侯職也。汝往之國,功者,國之事也,必飭綱振紀以懋。四隣者,國之庇也,必事大字小以親之。王室,國之本也,則時展親之意以屏之。兄弟,親之枝也,則隆公族之恩以和之。小民,國之所以立也,必安集之得所焉。五者皆汝侯職之所當盡也。

"率自中,無作聰明亂舊章。詳乃視聽,罔以側言改厥度,則予一人汝嘉。"

此欲其率中道,又上三節之要領也。人受天地之中以生,是有動作、禮義、威儀之則在吾身,則謂之度。在先王脩之于禮樂、刑政以治天下、國家,則爲舊章。舊章、厥度皆從自有之中出也,汝其率循此自有之中焉,何以率也?舊章者,先王以天聰明作爲中制,不可亂也。人情信向不專,而爲慧所使,則有聰明未及于先王,而故作之以紛更多事者矣。汝其順天機爲聰明,無強作之,至亂舊章也。度者,吾心之禮,視聽詳爲折中,不可改也。人情聽覽不詳,而爲迫所乘,乃有側言以乘吾視聽,而動移我於法度之外者矣。汝其詳精神於視聽,無使側言入之,至改厥度也。聰明戒于作而中之制于人者能不亂於己,視聽勉于詳而中之秉于己者能不移于人,所謂率自中者至矣。亂舊章而改厥度,非美事也,即予之所不與也。能率自中,則予所望於汝者無負,而凡盡職謹初、得天得民者皆在率中之內矣。予一人不汝嘉乎?此又敬之要也。

王曰:"嗚呼!小子胡,汝往哉!無荒棄朕命。"

篇終嘆而飭之。汝往就國,於天人之幾,初終之際,當然之職,自然之中,隨事而敬,毋怠棄朕命,則率德垂憲,其有終哉!

219

# 玉茗堂書經講意卷之一〇

## 多　方

**惟五月丁亥，王来自奄，至于宗周。**

此史臣敘《多方》所由作。成王即政明年，商奄又叛，王自征之，至五月丁亥日，王自滅奄歸鎬而告多方焉。

**周公曰："王若曰：猷告爾四國多方，惟爾殷侯尹民，我惟大降爾命，爾罔不知。**

周公傳王命以告多方，曰："猷告爾殷管、蔡、霍、四國及多方之眾，惟爾殷侯之正民者，爾殷民不靖，殆未知我待汝之恩乎？夫從奄叛者，法皆應誅，我爲大降宥汝命，爾宜無不知德，息其恂恂之心可也。"

**"洪惟圖天之命，弗永寅念于祀。**

此言奄所以亡，因見天命不可妄干，是一篇綱領。思夫天命可受而不可圖，商奄大惟私意謀圖天命，以復殷業爲言，不深長敬念其一方之祀而宗廟絕矣，天命可妄干乎？

**"惟帝降格于夏，有夏誕厥逸，不肯慼言于民，乃大淫昏，不克終日勸于帝之迪，乃爾攸聞。**

此下以夏商之事明天命不可妄干也。謂夏桀有罪，惟帝乃降格灾異以譴告之，桀尤不戒，方乃大肆逸豫，憂民之言尚不肯出諸口，況望其有回天之實哉！且天之於人君常日日命之，日日迪之，無聖無狂，此心之靈皆天所啓。惟終日乾乾，勸于天迪，則隨其所明，動與吉會，而天命在是矣。豈待圖冀于杳冥哉！而桀乃大肆淫昏，終一日之間且不能少勉于帝之迪，況望其惠迪之久乎？此桀自絕于天，乃汝商民所聞也。

**"厥圖帝之命，不克開于民之麗，乃大降罰，崇亂有夏。因甲于內亂，不克靈承于旅，罔丕惟進之恭，洪舒于民，亦惟有夏之民叨懫日欽，劓割夏邑。**

承上言桀已自絕于帝之命矣。且以矯誣之詞圖帝之命，謂吾有天下，如天有日是也。夫天命在民，既圖天命，當安民心，而乃不能開民生之所賴，乃大降刑威以增亂其國，揆其所因，則始于內嬖，蠱亂其心，行政用人莫不昏惑，是以不能開民之麗而善承其眾，不能大惟進乂民之賢者是敬，以大寬其民，亦惟有夏之民貪叨者、忿懫者則日欽崇之，以戕害其國耳。桀惡如此，尚可作民主乎？

**"天惟時求民主，乃大降顯休命于成湯，刑殄有夏。**

承上言天惟是為民求聖主，降明白正大之美命於成湯，以刑殄有夏。是夏圖帝命而帝去之，反歸于不圖之湯矣。

**"惟天不畀純，乃惟以爾多方之義民，不克永于多享，惟夏之恭多士大不克明，保享于民，乃胥惟虐于民，至于百為，大不克開。**

申上言惟天不與桀者大，雖以爾多方之義民不為不眾矣，桀不能用之永於多享，所謂罔丕惟進之恭也。義士雖多，何救于亡？惟夏所敬之多士率皆叨懫不義，大不能明白以保其民而享其治安也。乃相與播虐于民，使民觸手犯禁，凡百經營，無一能達者，所謂不克開于民之麗也。天安得復畀之，而不為民求主乎？

**"乃惟成湯，克以爾多方簡代夏作民主。**

承上言天為民求主矣。乃惟成湯，即克以爾多方簡而代夏作民主。天無心，以民之心為心，民之所簡者，天之所畀也。

多　　方

**"愼厥麗,乃勸厥民刑用勸。**

湯既以多方受天之命矣,何道而以多方享天之命哉?民之麗在君,爲君之麗在仁,愼君之麗然後能開民之麗也。湯謹其所依以勸民,如心依於仁以爲勸勉下民之本,政依於仁以爲勸戒下民之用,於是民亦儀刑而相勸勉,心其心,以不違順其政,以無犯也。湯所以仁其多方也如此。

**"以至于帝乙罔不明德愼罰,亦克用勸。**

自是而後,至于帝乙,雖歷世不同,然皆能明德而仁其心,愼罰而仁其政,宛然愼麗家法也。於是亦克勸其民,而象王德以自明,外王罰以自愼者,有刑用勸之風矣。

**"要囚殄戮多罪,亦克用勸;開釋無辜,亦克用勸。**

然德明之而已,愼罰之事則有可言者焉。彼要囚之中有情罪相當,法應殄戮者;亦有情罪相疑,法應開釋者,戮不當則良民懼,而戮不足以勸。釋不當則奸人幸,而釋不足以勸,皆非愼罰事也。商王則時乎殄戮多罪也,亦克用勸焉;時乎開釋無辜也,亦克用勸焉,則其能愼罰也可見矣。愼罰,則罰一明德也,[①]合之皆仁也,有商以仁爲家法,故能以汝多方永于多享哉!

**"今至于爾辟,弗克以爾多方享天之命。**

今至于爾辟,乃不能以汝多方大享天命,亦如桀不克以汝多方永于多享也。夫多方一也,湯以之作民主,紂不能以之享天命,在所以何如耳。以多方仁則享,以多方不仁則不享,天命固非人所能圖也。

**"嗚呼!王若曰:誥告爾多方,非天庸釋有夏,非天庸釋有殷。**

承上言不克以多方享天命之故,因言周受天命,尹多方,見天命不可圖也。誥告爾多方,桀紂不克以多方享,非天容心舍棄之也。

**"乃惟爾辟以爾多方大淫圖天之命,屑有辭。**

天無心釋殷也,乃惟爾辟紂自不克以爾多方享天之命,而乃以爾多方全盛

---

① 按:"一"疑當作"亦"。

大肆淫泆以圖天之命，且瑣屑爲矯誣之詞，豈知圖天之命不如圖己之政耶！

"乃惟有夏圖厥政，不集于享，天降時喪，有邦間之。

試觀有夏，乃惟桀所圖庶政皆安危利菑，集其所不享而不集于所以享，故天降是喪亡，而使殷邦代之。不然湯雖仁，豈能間夏之享哉！

"乃惟爾商後王逸厥逸，圖厥政不蠲烝，①天惟降時喪。

夫天以殷邦間之，則非有心釋殷矣，使圖政皆如爾商先正，殷雖至今存可也。乃惟爾商後王以天命爲可安，以有邦爲常享，不以勤居逸而以逸居逸，亦如夏之圖政不集於享也。故其所圖之政穢而不潔，怠而不進，慎麗之風邈然矣。故天昔降喪于夏者，今降喪于殷，而有屑之辭終不足以圖天之命也。

"惟聖罔念作狂，惟狂克念作聖，天惟五年須暇之子孫，誕作民主，罔可念聽。

然紂雖不克享，天猶未釋殷也。蓋聖哲狂愚之資相去亦云絕矣，而上帝之迪無擇焉，惟聖罔念則不勸於帝迪而作狂，惟狂克念即克勸于帝迪而作聖，聖狂反覆係于一念如此。紂雖狂，使其克念未有不可作聖者，故天惟五年之久，以殷先王之故寬假其子孫，冀其克念作聖，大爲民主，長如湯之作民主也。而紂心未嘗知過，口未嘗出悔言，曾無可爲天所念聽者，則天之降喪始不可回，而民主之命不得他求矣。豈天庸釋有殷哉！

"天惟求爾多方大動以威，開厥顧天，惟爾多方罔堪顧之。

夫紂不能爲民主，然民不可無主也。天惟眷求民主於爾多方之中，然豈諄諄然命之乎？亦惟大徼動以祲祥，譴告之威用著亡殷之兆，使多方有德者益脩其德，以開發其能受眷顧之天，此即上帝之天也。此時爾多方能受天命，則不圖而得之矣，而竟無一人能克堪用德，以堪上天之顧者，不幾於孤天下之求乎？

"惟我周王靈承于旅，克堪用德，惟典神天，天惟式教我用休，簡畀殷命，尹爾多方。

① 按"不蠲"原作"弗蠲"，據《尚書正義》改。

多　　方

　　商既無可念聽，多方又罔堪顧之，惟我周王善順眾心，克開于民之麗也，而德又靈承之本也。德雖微渺，民鮮克舉之，惟周王克堪用之，文之敬止，武之执兢，凡用之身心，用之家國者，皆是德也。是可爲天之祭主矣。故天惟式教以休之焉，蓋帝之迪無往而不在，人日用而不知耳。惟周王志氣清明，天機昭著，心通行利自不能已，盛德休明之势有所謂幾非在我者。故帝迪者，多方之所同。用休者，周王之所獨。眾人惟不克勱于帝之迪，而自窒其機，周王順于天之教而日休其德。蓋天之教，周王所不敢違，而周王之休亦天所不能違也，天乃簡擇周王於多方中而畀以殷命，正汝多方焉。夫紂圖天之命，而天竟釋之以自歸，我不圖之周王也，天命豈可圖哉！

　　**“今我曷敢多誥，我惟大降爾四國民命。**

　　此下舉降宥之恩以戒勉之。今我反覆夏商之事，言天命不可妄干者，何敢無爲而若此多誥哉！蓋爾等從奄，罪皆應死，我惟大降宥爾四國民命，不忍爾殺，且思所以勸化保全於後耳。

　　**“爾曷不忱裕之于爾多方，爾曷不夾介乂我周王享天之命？今爾尚宅爾宅，畋爾田。爾曷不惠王熙天之命？**

　　此歷示其所當爲也。我周宥命之恩如此，爾多方宜何如哉！彼尹爾多方既已受命於我周矣，則誠信寬裕，處身之道然也。爾何不誠以相與而消反覆之心，寬以身居而釋怨恚之念，以忱裕于爾之多方乎？簡畀殷命，天命固已享于我周矣，則夾輔介助，爲臣之道然也，爾何不夾焉而藩翰，介焉而副相，以保乂我周王享天之命乎？爾之叛亂，於法潴其宅，收其田可也。今爾猶得居爾宅，田爾田，則順王熙天命者，亦保業之道當然也。爾何不順我王度，以廣我周之天命，而相延於無窮乎？此三者，爾宜勉也！

　　**“爾乃迪屢不靜，爾心未愛，爾乃不大宅天命，爾乃屑播天命，爾乃自作不典，圖忱于正。**

　　此歷戒其所不可爲。人孰不自愛其身？爾乃其可屢蹈不靖，自取誅滅，而不知以忱裕自愛耶？天命去商歸周久矣，爾乃妄干，大不安天命；爾乃悍戾，輕

224

棄天命，而不知所以義王享天命，惠王熙天命耶？凡此者，我度爾之心必以汝不忘殷，圖以誑信于正人耳。不知不靖而妄干天命，乃不典之圖也，謂之正人，誰則信之？自作不典而欲圖信于正人耶？凡此不可不戒也。

**“我惟時其教告之，我惟時其戰要囚之，至于再，至于三。乃有不用我降爾命，我乃其大罰殛之，非我有周秉德不康寧，乃惟爾自速辜！”**

此叙平日開釋之恩而戒之也。且汝未知我平日之恩厚乎？以汝迪屢不靖，即罰殛爾，無難矣。我惟如是誥教而誨諭之，多其言語，未忍戮及其身。我惟如是戰懼而要囚之，殲厥渠魁，未嘗併治於汝，且其告教要囚者非一而足也。至于再，至于三矣。蠢動之初，《大誥》有作。即政之日，《多士》有申，至于今又作《多方》焉。三監倡亂，東國勤兵，洛邑鼎新，天罰明致，至于今又以罪罰焉。是我之降宥爾命，其恩可謂厚矣。自今以往，爾乃有不用我降宥爾命，以勉所當爲，戒所不可爲，而狃亂如故，我乃其大罰殛之，再三之恩不可復得矣。至此之時，非我有周持德不安靖而淫刑以逞，乃惟爾衆自不康寧以速其罪耳，可無戒哉！

**王曰：“嗚呼！猷告爾有方多士，暨殷多士，今爾奔走臣我監五祀。**

此下專告多士也。王曰：“嗚呼！猷告爾有方多士，及殷遷洛之多士，夫人情以久而孚，事势以久而定。向吾之遷洛也，爾多士在洛者嘗設有監官以長治之矣。今爾多士受其約束，以奔走臣服於我監者已歷五祀，情則宜孚，势亦宜定矣，猶然反側，何爲哉？”

**“越惟有胥伯小大、多正，爾罔不克臬。**

此胥伯小大，如大胥、小胥，教職也。多正，如黨正、縣正，治職也。蓋殷士有職于成周，共長治民者，遷商民之時就拔其舊豪爲殷人素所服習者以長治之，則不至於驚擾，乃安集新附之要領也。周公于多士中專呼而告之，曰汝殷多士有胥伯大小、多正，其奔走臣服我監亦久矣，宜相體悉，竭力于治教之職，無或反側偷惰，而不能其事也。

**“自作不和，爾惟和哉！爾室不睦，爾惟和哉！爾邑克明，爾惟克勤乃事。**

此下三節正克臬之實矣。夫心不安靜，而欲言動中節，自得其和，難矣。惟爾和心以其身哉，而非可求之外也。身不和順而欲家人效法，家得其和，難矣。惟爾和身以和予家哉，而非可求之人也，身家不治，如爾邑何？爾邑不治，如爾事何？惟驩然恩以相愛，綮然文以相接，爾邑之克明也。是爾惟於心身家邑之間克勤乃政教之事，而胥伯多正要非不克臬者矣。

**"爾尚不忌于凶德，亦則以穆穆在乃位，克閱于乃邑謀介。**

頑民誠可畏矣。然而和以身心，宜其家邑，亦在我而已。彼之凶德庶幾不足畏忌者，亦則以穆穆端處爾位，蓋潛服凶人，莫若心體言動之間著其和敬也，又必能簡閱邑中賢者，以謀克臬之助焉。蓋邑中賢者，惟邑人所素服，且習其邑中謠俗利害也。以己化之，又以人化之，何忌乎凶人耶？

**"爾乃自時洛邑，尚永力畋爾田，天惟畀矜爾，我有周惟其大介賚爾，迪簡在王庭，尚爾事，有服在大僚。"**

爾克臬如此，庶幾自此洛邑長保田祿，豈惟此哉！天亦惟畀矜爾。作善百祥，天之迪也，豈惟天哉！我有周亦大介助賚錫爾，加之佑輔，與之駢蕃，且將自此洛邑之胥伯、多正而迪簡在王朝矣。何正在王朝，若能不倦爾之事，且將有服在大僚爲公卿矣。多士固嘗以夏迪簡在王庭、有服在大僚爲我周望者，其亦務自克臬也哉！

王曰："嗚呼！多士，爾不克勸忱我命，爾亦則惟不克享，凡民惟曰不享。**爾乃惟逸惟頗，大遠王命，則惟爾多方探天之威，我則致天之罰，離逖爾土。"**

前既勸之以賞，此復董之以威。多士苟不能相勸，信我之告命，汝亦則惟不克誠心盡職以享上，凡爾洛邑之民亦惟相告以上不必享矣。士則不忠於君，而欲民之忠于君可乎？夫天之明威凜然在上，固未嘗求人而加之也。爾乃惟逸，頗大違王命，則惟爾多士探天之威而自取之，我職爲天吏，將致天之罰，俾爾離遠爾土，且不得畋爾田也。蓋天威不止於不畀矜，則周威不止於介賚矣。

王曰："我不惟多誥，我惟祗告爾命。"

前既云今我曷敢多誥矣，而懷不能已，復言我豈專爲煩言，惟敬告爾以今日之誥命而已。自今以往，此誥真不可復得矣。

**又曰："時惟爾初不克敬于和，則無我怨。"**

王意未已，又曰多士無忽于我言，今日是又爾更端爲善之一初也。蓋殷民與紂同惡，武王克紂是維新之一初也。不能而從王監之，倘則既失此初矣。遷洛又一初也，復不能而屢迪不靖，則又失此初矣。今歸此商奄，昔日愆尤一皆洗滌。若又失此初，則真無可言者。蓋敬于和則有福，不克敬于和則有威，至于用天威，亦吾不得已矣！爾無我怨哉！

# 立　政

**周公若曰："拜手稽首，告嗣天子王矣。"用咸戒于王，曰王左右常伯、常任、準人、綴衣、虎賁。周公曰："嗚呼！休茲，知恤鮮哉！**

此周公率屬告君而欲其謹於人也。成王蒞政，周公懼其不知用賢之道，乃率羣臣進戒而贊之，若曰："拜手稽首，告嗣天子王矣。"天子王，任大責重，諸臣必有所以責難者也。羣臣因公之贊用，皆進戒于王曰："王臨御之時，燕居之際，在王左右臣有牧民之常伯、任事之常任、守法之準人，三者以議政而左右王者也。三臣之外，又有掌服器之綴衣、執射御之虎賁，二者以供御而左右王也。之五臣者，或爲尊臣，或爲親臣，大非諸臣比也。"羣臣言未畢，公即嘆息而申其意，曰："美哉！此官所謂常伯、常任、準人者，豈徒竣秩具位而已哉？是百官之長也，經綸密勿天下之政本于是乎在焉。綴衣、虎賁，豈徒張設護衛而已哉？是羣僕之先也，漸移燕習，人主之德微于是乎養焉。其職蓋甚休也，然非深識建官之美意，洞析左右之樞機，則於尊者意常遠之，於親者心常狎之，求其知憂，此官之不得其人，不盡其用者。蓋自受命三四君外，其亦鮮矣。"王其味於羣臣之言哉！

**"古之人迪惟有夏，乃有室大競，籲俊尊上帝，迪知忱恂于九德之行，乃敢告教厥后，曰：'拜手稽首后矣。曰宅乃事，宅乃牧，宅乃準，茲惟后矣。謀面**

**用丕訓德，則乃宅人，茲乃三宅無義民。’**

此言禹知恤而興也。古之人有能道此知恤也，夏后禹矣。于時玉帛萬國，王室大盛強矣，猶以事天事也。民，天民也。法，天法也。乃招来天下之俊以相天事，理天民，守天法，而尊事上帝以保大競之治焉。惟君以人事天，故臣得以人事君矣。蓋夏之臣於俊乂九德之行雖多寡不同，非貌知之已也，皆其身蹈迪而知之，心真誠而信之。乃敢告教其君，曰：“拜手稽首，后矣。后以奉天出治者也，何以爲后乎？惟曰：茲九德之人臣謹已知之且信之矣。王其宅之左右，德可治天事則宅爲常任，德可養天民則宅爲常伯，德可守天法則宅爲準人。定之以位而委之以心，如是則三宅之官皆九德之後，事治、民安、法平而我后所以代天者茲無負矣。凡此夏后之能知恤也，苟其君不知所恤，則羣臣亦輕于進人，不必迪知忱恂，而徒度之面貌，用以爲大順於德，乃即告君宅而任之，則此三宅中無復有賢者宅其間矣。何以尊帝而爲后乎？今也不然，則禹之知恤故也。”

**“桀德惟乃弗作往任，是惟暴德罔後。**

此言桀不知恤而亡。至桀之時，非人材果劣於往日也。桀之惡德弗作，往日任用夫已往爲俊德是任，其效見於有室大競。桀惟暴德是任，故效見於絕世無後矣。存亡豈不在所任哉！

**“亦越成湯，陟丕釐上帝之耿命，乃用三有宅，克即宅，曰三有俊，克即俊。嚴惟丕式，克用三宅三俊。其在商邑，用協于厥邑，其在四方，用丕式見德。**

此言湯以知恤興也。古知恤之君不獨夏禹，亦越成湯，由諸侯升爲天子，其所以事天者何如哉？典禮命討皆天事，天民天法所在，乃上帝之光命也。湯則惇而庸之，章而用之，便之焕然于四方。[1] 此豈湯自能哉！知人善用之耳。三宅已授之位，所以輔耿命於今日者也。當時所用三有宅則實能爲君子民，治事守法可以稱位而不曠其職。三俊未宅以任，所以輔耿命於後日者也。當時

---

① 按：“便”當作“使”，語意方協。

所論三有俊則實足以子民、治事、守法，可以儲宅而不浮其名，知之真如此，且於是宅俊也。爲能嚴而思之，無一念之敢忘，大而法之，無一動之不法。是寔能盡其用於三宅、三俊，非浮慕用賢之名而已也，任之專又如此。夫以克即之賢遇克用之君，是以賢才盛而德化成也。其在商邑，近者察之詳，其情未易齊。今則漸涵于耿命之厘，而和眾心于一德之中，純化也。其在四方，遠者及之難，其德未易遍。今則丕法于耿命之厘，而見君德于萬里之外，大治也。湯其知恤者哉！

**"嗚呼！其在受德暋，惟羞刑暴德之人同于厥邦，乃惟庶習逸德之人同于厥政。帝欽罰之，乃伻我有夏式商受命，奄甸萬姓。**

此言紂以不知恤亡也。其在受德強暴，故所用惟羞刑暴德之諸侯共治于外，而四方見德之慕無矣。惟庶習逸德之臣共政于內，而厥邑用協之規泯矣。故上帝敬其罰，使我周有此諸夏，用商所受上天之命而盡甸其民。如衍沃之地爲井，皋隰之地爲牧，使萬姓有定業，而天下皆入其版圖，伍以爲之比，什以爲之聯，使萬姓有定分而天下皆歸其統係。蓋商無尺地一民之遺，而周有丕基之受矣。①

**"亦越文王、武王克知三有宅心，灼見三有俊心，以敬事上帝，立民長伯。**

此言文、武知恤也。古知恤之君不特商湯，亦越我文王、武王，三宅所與共政者，知之未盡則不能與之無間，惟文、武真能知三宅心於行事之要者也。②三俊待用者，未與事，遇則底蘊不外見，文、武則灼然目三俊心於諷議之表者也。文、武於宅俊而克知灼見，其心如此，豈敢輕任之哉！式商受命，文、武有事天之責焉，以是宅俊而敬事之，或先天而開物，或後天而成務，合一敬以理天事，子天民，守天法，蓋爲上帝用此宅俊也。奄甸萬姓，文、武有安民之責焉，以是宅俊而立民長伯，或居政本之地，或爲分職之宗，先天下以治民事，安民生，示民法，蓋爲萬民用此宅俊也，以文、武知人而重任之如此，其知恤者乎！

---

① 按："丕"原誤作"不"，據文意改。
② 按："要"原誤作"堯"，據文意改。

“立政任人、準夫、牧作三事。

此言文武三宅得人也。文武知恤矣，一時得人之盛何如哉！政非人不立，而當時立政之官，任人、準人、牧夫是三宅也。官雖不同而均爲王朝治事之臣，任人固天事、民事，而準夫、牧人亦天事也、民事也，職任莫有大焉者矣。

“虎賁、綴衣、趣馬、小尹、左右攜僕、百司庶府，

此言侍御之官得人也。由三宅而下，左右侍御之官有虎賁，有綴衣，外掌馬之官曰趣馬，內小臣之長曰小尹，有左右攜持僕御之人，有內百司若司裘、司服之屬，有庶府若內府、大府之屬，是皆位王左右，不止有贊御之勞，[1]而兼有培養之助者也。

“大都、小伯、藝人、表臣、百司、太史、尹伯、庶常吉士，

此言都邑之官得人也。誠以總理都內者有大都之伯，分理都內者有小都之伯，此其治民者也。不有藝人執技以事上者乎？而表臣、有司則又與內百司相爲表裏者也。不有太史以奉諱惡者乎？而尹伯則又與內小尹各有屬正者也。此皆錯職於圻甸，而亦得出入於王庭矣。凡若此者，由尊逮卑，親官之大小不同，由朝及國，職之精粗各異而亦皆吉士。其人也尊者固極民譽之純，而卑者亦無吏道之雜矣。

“司徒、司馬、司空、亞旅，

此言諸侯之官得人也。文、武得吉士之用，豈特王都以內哉。諸侯之官有司徒、司馬、司空，蓋大國三卿也。此外，又有亞旅者，卿之貳屬也，職守雖列于藩封而名位實通于天子，亦皆庶常吉士焉。蓋在邦國則有邦國之禎，而外之得人無異於內矣。

“夷、微、盧、烝，三亳阪尹。

此言夷官之得人也。以內屬之夷國言之，有微焉，有盧焉，有烝焉，商之故都有蒙之北亳，穀熟之南亳，偃師之西亳焉，其間險危之地，封疆之守或不以

---

① 按：“贊”當爲“執”之誤。

封,而使王官治之,參錯于五服者有尹焉,而莫非吉人也。蓋在封疆則有封疆之臣,而遠之得人無異於近矣。此非文、武知恤所遺也,而得人之盛何以至此哉!

"**文王惟克厥宅心,乃克立兹常事司牧人,以克俊有德。**

此三節正言文王知恤之事。夫文、武得人之盛如此,豈人人而知之立之哉?在能用三宅耳。人君孰不願三宅之立皆俊有德者乎?惟此之權度未精而彼之底蘊未盡,則位置之間必至人與官相左,而俊有德者反不得而用之矣。文王惟能克知三有宅心也,"知人則哲,能官人",故於常事司牧之人乃能論官論爵以立之,而所立者以能得夫俊有德之人也。蓋今之宅,昔之俊,惟文王能知之,故能立之而能得其用耳。外內得人,其亦三宅得人之故乎。

"**文王罔攸兼于庶言庶獄庶慎,惟有司之牧夫,**[①]**是訓用違。**

此二節言文王克宅也。文王於三宅既知之真,任之當矣,則又何有不專之信乎?如諸號令,諸刑獄,諸禁戒儲備,文王於三者一無所兼,但於有司牧夫中之用命違命者訓敕之而已。訓其用命者則事可以不問而自理,訓其不用命者則事可以不嚴而自治。蓋有司治庶獄、庶慎、庶言之事,而吾則治有司之不治者耳。此君德也。

"**庶獄庶慎,文王罔敢知于兹。**

然文王之任三宅也。使或身雖不與,而心猶知之,則是兼之之意未忘也。文王不然,庶言出於君固不容不知矣。乃若庶獄係國事之短長,庶慎係機事之虛實,文王既克宅而任之矣。是以決獄幾何,曰自有主者。兵食幾何,自有主者。至於參鞫籌畫之間略不敢以心知之也,以心知之則賢者疑而聽算或誤矣。是故文王知其人而不敢知其事,此真知恤者也。

"**亦越武王,率惟敉功,不敢替厥義德,率惟謀從容德,以並受此丕丕基。**

此正武王之知恤也。亦越武王,其知恤何如哉?文王所遺之臣爲俊有德

---

① 按:"牧夫"原本誤作"悠夫",據《尚書正義》改。

一也,自其有撥亂反正之才則謂之義德,文王伐密、戡黎用此人矣。自其有懷賢蓄眾之量則謂之容德,文王作豐、治岐用此人矣。武王不改父之政,能改父之臣乎? 故欲循文王之康功,不敢替文王所用之義德,永清四海之英固昔之奔走禦侮者也。欲循文王之治,謀惟信從文王所用之容德,經理鎬京之佐固昔之疏附後先者也。是以父子重光,君臣合業,誕受天命,文王既受丕基於前而尚迪有祿,武王復受丕基於後也,我周其以知恤興哉!

　　"嗚呼! 孺子王矣! 繼自今我其立政、立事、準人、牧夫,我其克灼知厥若,丕乃俾亂,相我受民,和我庶獄庶慎,時則勿有間之。

　　此下勉嗣王知恤也。周公既述文、武大業,嘆息言孺子今既爲王,嗣守文、武丕基矣。繼自今,王於立政三事之官其可苟焉,而俾之亂乎? 文、武之立政也,克知其心、灼見其心而後用之,所爲亂臣者是也。今雖求以知人,而不克灼然知其心,則爲有常之吉士,未可知也,未足使治也必也! 我其能以此心之清明灼彼心之所順,蓋從容乎常德之中,而非一時貌訓之德,則其存之可以立德者,用之可以立政矣。然後推心而大委任之,使得展四體以爲治,于以相助左右,所受於天於祖之民不特常伯牧民,而準人、常任皆有相之道也。和調均齊,庶獄庶慎不特準人,準人司獄,任人司慎,而常伯亦皆有調劑之責也。然或間之以人,則雖有若德之心,俾亂之才,亦何以終其知遇乎? 必也俾亂之時勿使憸人有以間之,真若文、武之罔兼罔知,不替不違,而後謂之克灼知,謂之不俾亂也。

　　"自一話一言,我則末惟成德之彥,以乂我受民。

　　所謂時勿有間者何如? 自夫論一事之始終爲一話,吐一詞爲一言,時至淺也,於此弗思,則巧於乘人者或得以中其說,而篤於事君者或不得以終其治矣。必自一話一言,我則終思成德之彥,以乂我所受于天與祖宗之民乃可耳。故知所思非止爲賢也,爲吾民也,非止爲民也,爲天與先王也,而能無思乎? 能無終思之乎? 如此,小人雖善間,豈能入無間之主哉! 所謂時則勿有間之者如此。

　　"嗚呼! 予旦已受人之徽言,咸告孺子王矣! 繼自今文子文孫,其勿誤于

**庶獄庶慎，惟正是乂之。**

此總申前旨戒王也。嗚呼！我前所言禹、湯、文、武知恤之事皆至精至要，美哉斯言！我平昔受之人者已皆爲孺子王告矣。繼自今孺子爲武王之文子，文王之文孫，文、武如禹、湯，子孫可不如文、武乎？如所云庶獄庶慎者關係至重，王既克惟成德之彥而任之矣，慎勿有所兼，有所知，有所替，有所不從，使人有材不得自盡，而至以疑誤也。惟以獄慎之當職，自有三宅者在，王付此人治之，視其成而已。如此其無誤矣。

"**自古商人亦越我周文王立政，立事、牧夫、準人則克宅之，克由繹之，茲乃俾乂。**

所謂惟正是乂者如何而後可俾乂哉？蓋自古禹及商湯及我周文王立政，其於立事、牧夫、準人三者，方其宅之也，人與位相左，非能宅人者也。惟知人善任，能得賢者以居其職，不違其所長，不乘其所短，蓋一一位置之相宜也。其既宅之也，使有底蘊而不得自盡，猶無宅也。惟能紬繹引其端緒，而展極之以盡其才，不間之以人，不誤之以己，人人得以自竭也。夫國未嘗無才，而患不能使之乂者，以宅之不當其材，有材不盡其用耳。今既當其材，盡其用於俾乂乎！何有夏之大兢，商之丕釐，周之脩和，用此道也。所謂惟正乂之者如此。

"**國則罔有立政用憸人。不訓于德，是罔顯在厥世。繼自今立政，其勿以憸人，其惟吉士，[1]用勱相我國家。**

此承上俾乂以終勿間之意。自昔禹、湯、文、武爲國，惟用吉士，無有立政三宅而用憸利小人者。蓋小人貌雖矯捷爲德，而無訓德厥若之實，本非光顯之吉人也，用之則政事日憸，徒降其國於晻昧，無能光顯在厥世者。故繼自今王之立政，三宅其勿用憸人，其惟常德之吉士。若夏之九，商之三，文、武之庶常者，亦克宅之，亦由繹之，使之勉力以輔我國家，安民理事守法而用顯厥世也。蓋小人能爲國陰，君子能爲國陽，消息升降之機，王不可不早定矣！

---

[1] 按："吉士"原本誤作"台士"，據《尚書正義》改。

**"今文子文孫,孺子王矣！其勿誤于庶獄,惟有司之牧夫。**

此舉最重者叮嚀王也。今文子文孫,孺子王矣！王者,天下之大命也,其知所尤重乎？以庶言、庶慎、庶獄言之則獄、慎重,以獄、慎論之則獄重,是民命生死於前,而國命促延於後,其可以己意兼之知之,不盡吉人之用而至於萬一之誤乎？惟聽于有司之牧夫可也。蓋論三宅則準人司法,常任司事,而牧伯專司民,然事與法其兼有也,事與法莫重於獄,而民命莫親於牧夫,但使牧夫有吉士焉,則小大之獄平矣。奈何復以孺子王誤之哉！

**"其克詰爾戎兵,以陟禹之迹,方行天下,至于海表,罔有不服,以覲文王之耿光,以揚武王之大烈。**

此因言獄而繼之戎兵也。夫庶獄付之有司,而不可以己誤之。若兵,則刑之大者,雖曰王者耀德不觀兵,然神氣所寓亦何能去兵？其克治汝戎兵,井甸而比什伍,蒐苗而數軍實,寓四征于時巡,申九伐於憲令,勿以承平日久,守成尚文而漫不加詰焉！若此者,正以禹之舊迹固嘗經行天下,至於海表矣。戎兵一詰,則王靈之所振即王跡之所升,凡弼服之中,職方之內,爲汝之所經略者,皆將震燁而馳驟焉,而吾王威德方行天下,而直至海表,無一人之不服矣。此豈徒以陟禹迹而已哉！光四方,顯西土,文王之耿光固天下所快覩者,今王廣德威以服天下,使文德之暉不至于遏佚,至今有耿光可也。清四海,綏萬邦,武王之大烈固天下所望而震者。今王廣德威以服天下,使武功之赫益爲之奮揚,于今爲烈焉可也。夫覲文光則無愧于文孫,揚武烈則無愧于文子,皆以戎兵一詰故也。吾王其無忽哉！

**"嗚呼！繼自今後王立政,其惟克用常人。"**

此并戒後王知恤也。嗚呼,豈特今王當知恤哉！繼自今後王于立政,三宅之官,其惟克用常德之人可也。蓋文、武用庶常吉士,我周以爲家法矣,始而克知之,克宅之,終而克由繹之,則其惟吉士者不止文子文孫,而勷相國家者蓋將一世萬世也,王其亦有以先之乎！

**周公若曰:"太史司寇蘇公,式敬爾由獄,以長我王國,茲式有慎,以列用**

中罰。”

公既戒王以擇有司之牧夫。又恐某未知取人之準,故命太史書蘇公之事于簡以示王,并示後王也。公若曰:“太史,爾職司紀載者,其亦知武王時蘇公之敬獄乎?蓋人君勿誤庶獄,固當付之有司,而司獄者必如蘇公而後可也。蘇公知獄爲天下之大命,用能敬其所用之獄,兢兢然惟恐一刑之誤,一例之不中也。是以上無濫獄,下無伏冤,不傷元元之心,不薄天地之和,以延我王國,而社稷靈長賴之矣。蘇公用刑之極切如此,爾必書之於冊,使後世司獄者取法蘇公敬獄之心,以慎其所用之獄焉。將見罰之輕重,國有大中之條例也,于小罪則能以輕之條例用輕之中罰,而輕所當輕。于大罪則能以重之條例用重之中罰,而重所當重。若然,則用獄不異於蘇公,而長我王國者且無窮也。然非太史書之,則後之司獄者何從取式?而今王後王之擇司獄者,亦何所準的哉?”

# 周　　官

按《序》:“成王既黜殷命,滅淮夷,還歸在豐,作《周官》。”《正義》曰:“《周官》,每官言人之員數及職所掌,立其定法,授與成王。成王即政之初,即有淮夷叛逆,未暇得以立官之意號令羣臣。今既滅淮夷,天下清泰,故以周家設官分職用人之法以誥羣臣,使知立官之大旨也。”

**惟周王撫萬邦,巡侯、甸,四征弗庭,綏厥兆民,六服羣辟罔不承德,歸于宗周,董正治官。**

此史臣記王訓官之由。惟周王撫萬邦,爲天下君也,侯、甸有来朝者則巡狩以察其守土之政,四國有不庭者則四征以正其不臣之罪。是時巡非慢遊,征討非黷武也,正以省方觀民,與諸侯以休助之度;建威銷萌,定天下于危疑之秋,安兆民而已。夫意在安民,周王德也。惟時六服諸侯感時巡者固于旬于宣以廣一人之德化,惕靈誅者亦来享来王以奉天子之德威,無不體君意以安民也,則天下已治已安矣。周王之心猶以京師乃四方之本,庶官乃治忽之原,苟不益嚴內治之脩，何以保外寧之治哉！乃歸重宗周之地以董正治事之官，自公卿而下，昔非無是官也，而或紀綱之未定，示以相維之統而治體立矣。昔雖有是職也，而或職業之未勵，則示以宜盡之職而治功明矣。周王真能撫萬邦也哉！

**王曰："若昔大猷，制治于未亂，保邦于未危。**

此下董正治官也。王曰："若昔大道之世，法度脩明而不亂，故海宇寧謐而不危矣。然危亂不生于危亂而生于治安，良以脩其內治，制治法于未亂，而因以保邦基于未危焉。古人貴未然之防，故無已然之患也。"

**"曰唐虞稽古，建官惟百，內有百揆四岳，外有州牧、侯伯，庶政惟和，萬國咸寧。夏商官倍，亦克用乂。明王立政，不惟其官，惟其人。**

此承上言制治保邦之道在建官也。夫建官其來久矣。唐虞非大猷之世乎，亦稽之上古損益制宜而建爲百職，內有百揆以揆度百事而四岳以察按四方，外則州牧以一州之長總其州中之各國，而侯伯又以大國之君各率其次屬之國，內外脉絡相承而體統不紊，故以之制治而庶政和，以之保邦而萬國寧。虞降而夏，夏降而商，猶然大猷之世也。但世變事繁，又與唐虞異矣。乃觀會通，制繁簡，官數加倍而亦克和寧以乂焉。觀四代建官止有此數，如此，然則明王立政豈無要哉！蓋立天下之政者，官也。官所以能立天下之政者，人也。得其人，簡任自足以成功；非其人，備員適足以耗治。故明王之政少不過百，多不踰倍，皆不惟其官之多，惟其人耳。堯、舜之急知人，禹、湯之克宅俊，乃其政所以立而治安也。予其有慨于明王也。

**"今予小子祇勤于德，夙夜不逮，仰惟前代時若，訓迪厥官。**

□□敘己法古建官也。夫爲政固在人，而取人又以身，古帝王所以□建官者，亦其德茂也。今予小子敬勤于德，夙夜遑遑，追古帝王如有不及，蓋將以身取人，而不敢徒求之人也。由是仰思前代建官有體，得人盡職者，而時順之以訓迪百官，公、孤、卿士一一示之體統，而因各戒之以職業，亦庶以制治保邦也乎！

"立太師、太傅、太保，茲惟三公，論道經邦，燮理陰陽。官不必備，惟其人。

此訓迪公孤也。公輔之制自古然矣，今則稽前代之成法，立周官之定制。有太師、太傅、太保，位乎一人之下，冠絕百僚之上，是謂三公，其職何如？天地間一陰陽之氣，而所以一陰一陽者道也。人主不明陰陽之道，其本原之處與化機不相入，則於邦紀之際將有拂經，而氣化之流必且乖亂，蓋以徒有人論事而無人論道也。三公者，皆不親政事而專司萬化之原，故得清心於論思，精意於密勿，見性命之微，法則之本，天人之際，終始之端，屬于道而為經綸所自出者，皆爲人主從容闡析，使人主之心入于道妙以貫其事端，凡錯綜條目爲道所分注而屬于事者各有經焉。夫邦正之經，闔闢舒慘，皆化機所潛運者也。論道以經邦，即以盡人物之性，而知調陰陽之氣。蓋道術即經綸，經綸即化工矣。夫他職惟取於各知其事，而三公不局事，非知道者不能也。分職者必不可缺其官，而三公者同論一道，得一知道者爲已足也。是故官不必備，兩任而一缺焉可也，一任而兩缺焉可也，無其人則并缺之以待焉亦可也。我所立三公者其重如此！

"少師、少傅、少保，曰三孤，貳公弘化，寅亮天地，弼予一人。

三公之下又立三少，雖三公之貳，而非三公之屬，固特而無與儔者，非三孤之爵乎？其職何如？陰陽之氣運于天地間爲化，而天地者，化之祖也。化不弘則天地之功用不著，而天地之體亦幾乎晦矣。故三公既論道經邦以燮理其化矣，三孤則因其所論者益明闡之以究其用，即其經綸者益張大之以極其功，於凡陰陽之氣，順其出機，養其入機，使元化之流傍薄融暢而無所關塞也。夫陰陽者，天地之流行；天地者，陰陽之定位，天地陰陽皆予一人職也。三孤弘化，正以敬明天地之位。蓋化機之功用既弘，則天地之清寧自見，氣和則形和故也。且以弼予一人參贊之能事既畢，則帝王之得一以真，心和則氣和故也。三孤不亦重乎！

"冢宰掌邦治，統百官，均四海。

237

此下訓六卿也。六卿莫大于冢宰,爲天官卿,實掌邦國之治。故內統治百官而外均治四海,自五卿以至內外大小必管攝之使歸于一,自王朝以至蛮夷鎮藩必調劑之使得其平。蓋無所不治者。然冢宰亦豈能獨治之哉!

"司徒掌邦教,敷五典,擾兆民。

故爲政莫先于教,立司徒掌之,曰地官卿。五典同出于天性者,當爲布示于下,而凡兆民之不馴于天性者皆爲調化于上。蓋治得教而章矣。

"宗伯掌邦禮,治神人,和上下。

教莫先於禮,立宗伯掌之,曰春官卿。于天神、地祇、人鬼之典,各本寅清以治之,而三典之中,其位置、儀節有尊卑貴賤之等,皆和之以秩叙,俾無乖戾焉。蓋治得禮而齊矣。

"司馬掌邦政,統六師,平邦國。

禮教興而人猶有不率者,大則正之以甲兵,故邦政掌于司馬,爲夏官卿。由是六師有統,聯之以伍、兩、卒、旅、軍、師而時訓練焉,用以平邦國之不平者,九伐行而反側自正。蓋治得兵而威矣。

"司冦掌邦禁,詰姦慝,刑暴亂。

小者戒之以刑罰,故邦禁掌以司寇,爲秋官卿。奸慝隱而難知,必窮治之以防亂也,而至有暴亂顯而易見者,直刑僇之以正其罪矣。蓋治以刑而肅矣。

"司空掌邦土,居四民,時地利。

刑政行而民可安業矣,故立司空于後以掌邦之空土,曰冬官卿。士農工商之雜處,爲之叙其安居,使各久其業而不爲龐雜以遷焉,而四民之中作、訛、易、成必爲隨時而生其地利。蓋民有居有養,而始帖然於邦治矣。

"六卿分職,各率其屬以倡九牧,阜成兆民。

此總訓六卿之體統也。夫建官以爲民也,然朝廷四方之極,而大臣庶官之表,今我六卿各有所掌矣,雖合之以官聯而會之以叙事,亦豈必自爲之哉!內有三百六十屬,惟卿率焉。外有九州牧,惟卿倡焉。蓋各率官屬,治其所分之職以倡九牧,使九牧亦率其各州之屬以承于外,儼然揆、岳、牧、伯之風也。夫以尊率卑,動焉有相承之勢而體統明。自內倡外,運焉有相應之機而脉絡貫。由是王政以通,民生阜矣,而且王教以浹,因以成民德而化成天下焉。蓋邦畿九州無一人不升于大猷,而致治保邦在是矣。

"六年,五服一朝。又六年,王乃時巡。考制度于四岳諸侯,各朝于方岳,大明黜陟。"

此王對內臣言馭外臣之法,因上倡牧及之也。夫六卿率屬倡牧,我建官之體統然矣。或內倡而外有不和之者,可無以董正之乎?乃定巡朝之禮。初之六年間,侯、甸、男、采、衛之五服諸侯各以服一朝會于京師,陳其職也。又歷六年,爲十二年諸侯再朝矣,而王乃以時巡狩于四方之岳,居明堂以會其方之諸侯,而考其民功合于中朝六卿所倡否也。當是時,各服諸侯各朝于其方之岳下,乃大明黜陟以示之。其易度者,違六卿之倡也,削地貶爵焉而有以懲。遵制者,應六卿之倡者也,加地進爵焉而有以勸。此固我周馭外臣之法,因時勢而立之者也。如是則所以撫萬邦、巡侯甸者其制有常,而六服羣辟有承德而無不庭者矣。

王曰:"嗚呼!凡我有官君子,欽乃攸司。慎乃出令,令出惟行,弗惟反,以公滅私,民其允懷。

此總訓公孤卿士慎令以敬職也。嗚呼!建官之體統予既有訓矣,居官之職業汝可不知乎?凡我有官君子、公、孤、六卿屬士人各有司,而此心之敬一也,必敬爾之職,理化原,圖事功,同寅協恭,可也。欽司之要何在乎?有所司必有所令,令之初出,其致慎焉,無以條教期會爲常事而慢之也,何也?出令之道惟欲其令出而即行,不欲人之壅逆而不行,彼令之反而不行者,非以其私乎?夫人之聽吾令也固期于公,非期于私也。吾之行吾之令也亦以爲眾人公之,非爲一人私也。故凡汝有司,凡好惡張弛有所條示,必以天下公理滅去一己之私情,則令一出,民其信之無所疑,而懷之無所倍矣。又奚有不行而反者哉!此之謂能慎令而敬所司矣。

"學古入官,議事以制,政乃不迷。其爾典常,作之師,無以利口亂厥官,

周　　官

**蓄疑敗謀，怠忽荒政。不學墻面，莅事惟煩。**

　　此戒以學。蓋仕與學相長也，汝之莅事也，其必務學乎？彼調元分職之理一也，其具在典、謨者，雖古明王所遺而有與時事戾者，貴制也。爾必學古訓于入官之時，而議處國事則以古法裁制之，師其意，不滯其迹，政乃不迷于時宜矣。若其制爲典常者，乃文、武、周公所講畫。正與官守宜者，爾師也，奉爲莅官之法，而一切條教無以利口紛更之，則議事益不煩于更制矣。此酌古而準之，今皆學也，不迷不亂，則不煩之效也。夫苟蓄積疑惑而不求以決其衷，則將行其所疑而謀以敗矣。苟怠惰忽略而不求以精其事，則必狃于所玩而政以荒矣。此二者皆失學之故也。學，所以大蓄識而果德行者也。蓄疑怠忽而不學，則雖有古，不知所以制；雖有常，不知所以師。于政事之理猶面墻也，然則臨事安得不至煩錯以敗謀荒政也哉？有官君子可以務學矣。

　　"戒爾卿士，功崇惟志，業廣惟勤，惟克果斷，乃罔後艱。

　　此專戒卿士以功業也。公、孤德尊位隆，無煩於戒矣！申戒爾六卿及六卿所屬之士焉。卿士分職而欲有成功，且巍乎崇也。何以崇之？其惟志乎！志者，汝之心所自期待處也。志出乎今人則功亦出乎今人，若志進于古人則功又進于古人矣，故崇阜成之功莫若志也。卿士分職而欲有積業，且熙然廣也。何以廣之？其惟勤乎！勤者，汝之行所自營職處也。一有所動則即有一業之就緒，無所不動則無一業不就緒矣。故廣阜成之業莫若勤也。夫志勤固功業之本然，然志之所必赴，勤之所必乘者，則事與時會之機。又必乘機果斷，無時不可立功；克奮其志，無時不可立業，克致其勤如是！然後功不至，時過而難成；業不至，時過而難集。不然則所謂蓄疑敗謀，怠忽荒政者，皆坐後時之累也。蓋當機不決，將有不及用其志與勤者矣，可無戒哉！

　　"位不期驕，祿不期侈，恭儉惟德，無載爾僞。作德心逸日休，作僞心勞日拙。

　　此因上功業而示以處富貴之道也。夫功業盛則祿位隆矣。然貴而有位者，雖不與驕期而驕自至。富而有祿者，雖不與侈期而侈自至。蓋境有固然，情有必至也。爾卿士宜何如？制驕莫如恭，制侈莫如儉。然恭儉豈可以聲音笑貌爲哉！當有實德於己，凡折節以下人、靖事以約己者皆誠心安意爲之，無徒象恭而心不然，外儉而內多慾也。所以然者，恭儉而作德，則優遊之法，忠信之善，相爲章焉，故心逸而日見其休。不恭儉而作僞，則掩飾之刑，驕侈之態，將并露焉，故心勞而著其拙也。卿士何樂于僞而不德休是務哉！

**"居寵思危，罔不惟畏，弗畏入畏。**

此申上言不可不恭儉之意。夫驕侈也，僞恭儉也，固汝卿士所當戒矣。自安危之勢觀之，亦不容不戒者。蓋寵本危之機也，今日享有祿位亦云寵矣，然當居寵盛則思危辱，位愈高而德愈恭，祿愈豐而德愈儉，以明其畏可也。何也？危者，有其安者也。畏者，保其休者也。苟不知畏而驕且侈焉，或載之以僞焉，則位高而或隕之矣，祿厚而或概之矣。將入于可畏之中而危斯至矣，可無思乎？

**"推賢讓能，庶官乃和，不和政厖。舉能其官，惟爾之能。稱匪其人，惟爾不任。"**

此示以薦賢才也。志勤恭儉猶以己事之也，欲挹寵盛而弘功業，又當以人事君焉。夫六卿皆大臣也，賢才視之以能否其官，庶官視之以純厖其政，誠使賢能不必出于己，而惟賢是推，惟能是讓，祿位功業與天下賢才共之，此大臣和于義也，則庶官之士亦觀感推讓之義，濟濟師師，政以和理而成矣。苟大臣爭于祿位之利，而先自蔽賢疾能，則爲士屬者踵其嫉妒之風，歙歙訕訕，政以襍出而厖矣。尚何功業之有？然大臣薦舉豈特係庶官之和否，政之理亂哉！雖己職之盡與不盡亦於此乎在焉。誠使推讓之人德足以經政，才足以脩政，雖曰彼之自能，亦爾大臣能知能舉，能以人事君矣，豈非爾之能乎？苟推讓非人，德不稱位，才不稱職，雖曰彼之不任，亦爾不明不公，不能以人輔成功業而虛此祿位也。豈非爾不勝任乎？然則人才關六卿職也亦重矣！

王曰："嗚呼！三事暨大夫，敬爾有官，亂爾有政，以佑乃辟，永康兆民，萬邦惟無斁！"

周　官

　　此訓迪終而總申戒卿士也。嗚呼！上自作三事之六卿，下及大夫，總治分治莫非官也。官必有政也，當各敬爾所司之有官，而各治爾有官所施之政，總治者振其綱，分治者理其目也。予一人撫萬邦，綏兆民矣，能保其不亂以危乎。今治汝有政者，于以輔爾君，永安兆民而阜之成之，奠于無窮也。由是萬邦兆民被永康之澤，皆興永戴之心，其何有一人厭斁予之治者，如是則庶幾和寧用乂之遺而制治保邦遠矣。此固予所以訓迪治官，仰前代之深意也。

# 玉茗堂書經講意卷之一一

## 君　陳

王若曰："君陳,惟爾令德孝恭,惟孝友于兄弟,克施有政,命汝尹茲東郊。敬哉!

此成王策命君臣陳之詞。君陳,惟爾有令善之德,事親能孝,事長能恭,惟其能孝于親,友于兄弟,是以能施于政,將使國人皆孝友焉。爾德宜民如此,故我今日付汝以治茲東郊,化殷之事特委重焉。爾其敬哉! 無失孝友之初心以施于政可也。

"昔周公師保萬民,民懷其德。往慎乃司,茲率厥常,懋昭周公之訓,惟民其乂。

此欲君陳法周公以爲治。敬之何如? 思昔周公之在東郊,於萬民若彝以師之,撫事以保之,當時民懷其師保之德,肅將祗歡,至于今思周公者不衰。今爾往所司者周公之職,所治者周公之民,亦惟謹其所司之職而師保之,不敢廢。然不可別立教條,茲惟循其成法而已。蓋周公雖往,而其所以師保萬民者有戒令條教之訓在焉,此正民之所懷思而欲見者,汝勉力振揚而光大之,若彝無異于謹毖,撫事不殊於和恒,汝之治民不異於周公,民之懷汝亦不異於懷周公,夫民其可治矣乎!

君　　陳

"我聞曰：至治馨香，感于神明，黍稷非馨，明德惟馨。爾尚式時周公之猷訓，惟日孜孜，無敢逸豫。

上文懋昭周公之訓，條教之訓也。此述周公精微之訓，乃治本之訓也。然君陳欲由周公訓民之訓，其先由周公明德之訓，以精於治本乎？我聞周公之猷訓曰"神明至難通也，惟和順之精釀爲太平，其凝而爲精，吐而爲華，是天地之協氣，而宇宙之休光也，即其可以感動神明矣。夫感神之馨，人以爲有黍稷在也，豈知明德不薦，黍稷其足以爲馨乎？惟明德在躬，誠精而明，爵極而通，其融液薰蒸，流豐發越者，乃有馨香耳。蓋神明者，即明德之散于氣；而明德者，即神明之聚于心，其精華自相合也。夫明德之馨神且不違，而況于民乎？無德之馨，黍稷且爲陳迹，而況法乎？此周公之猷訓至精微也，爾尚式此明德之訓，務明其德以爲師保之本。惟日孜孜，無一時之暇逸豫怠可也。如是則能推令德而爲明德，本明德而成至治，法不爲陳迹而頑民可格矣。"

"凡人未見聖，若不克見；既見聖，亦不克由聖。爾其戒哉！爾惟風，下民惟草。

此正勉其式由周公之訓以動民也。夫式周公之訓，慎無若恒情。凡人未見聖，則仰慕心切如不能見聖；及既見聖後，則豫怠氣勝亦不能懋焉式焉以由聖。此人情也。在凡人則可，爾君陳可無戒于常情哉！既見聖，必克由聖可也，而況感應之機在汝，尤有不可與凡人等者。爾爲人上之德，主於感人，其猶風乎？下民之德主於應人，其猶草乎？草之從風，下之從上，其機如此，爾能由訓以由周公，下民從汝以由周公矣，可不戒乎！

"圖厥政，莫或不艱，有廢有興，出入自爾師虞，庶言同則繹。

夫周所訓，其明德之本，不可易矣。至於政則不無以時廢興者，而以易圖之，不居然豫怠之心乎？汝往圖厥政也，無小無大，莫或一事不致其艱。何以致艱？必無以有己爲也，出謀之國人，入謀之左右，反覆與衆度之，以求至當之論，至于庶言既同，皆曰此可興也，此可廢也，猶未遽興廢之也，則紬繹深長思之，遡其利害之微，玩其始終之變，蓋以練識精心裁處國是，必至於不得不廢且興也。然後徐而興廢焉,則其於圖政也可謂致艱,而於由訓也亦可謂慎矣。

"爾有嘉謀嘉猷,則入告爾后于內,爾乃順之于外,曰斯謀斯猷,惟我后之德。嗚呼!臣人咸若時,惟良顯哉!"

此舉君陳平日之善而必其能圖政也。且汝之令德,豈特在家而孝友哉!亦在朝而忠順也!爾平日有言切於事之嘉謀,言合於道之嘉猷,不以自秘也,入告汝君於內,而予亦因以用汝之謀猷也。汝不以自歸而順揚于外,曰斯謀斯猷皆我后之德。夫內焉不私其善而告之君,外焉不專其善而歸之君,在爾固然矣。使爲臣者皆如汝焉,吾知自其進善于君也,則有以養君之德而以其君良,自其歸善于君也,則有以播君之名而以其君顯。如汝之爲臣者,其於予一人利賴豈淺哉!夫以汝平日忠順事上之心而推以圖政,則必不係吝于人己之迹,而雍容於出入之間矣。

王曰:"君陳,爾惟弘周公丕訓,無依勢作威,無倚法以削,寬而有制,從容以和。

此申上由訓之意。王曰:"君陳,周公明德之訓,所以爲師保萬民之本者,乃久大之圖,所謂丕訓也。今爾懋昭矣,式時矣,于以益張而大之,德極明,治極至而後已焉。弘之何如?勢,汝所有也,無或依之作一己之威。法,(汝)所用也,①無或倚之以削萬民之命。蓋惟茲殷民,周公已謹愼于始矣,今之民有向化之機,則當不事威削而寬以和之乎?寓含弘于軌則之中,式王度于寬廣之內。若此者,固所以和之也,但以政有緩急,民有頑淳,教化未洽,浸漬以洽之。習俗未消,融液以消之,自不得不調之從容耳。如此以和厥中,則視周公謹厥始者,已爲變而通之,而丕訓以弘矣!"

"殷民在辟,予曰辟,爾惟勿辟;予曰宥,爾惟勿宥,惟厥中。

此下皆申明上節意。夫威削不可以狥己矣,以汝之善則稱君也,得無有過于狥君者乎?如殷民有在刑辟者,予曰斯人可辟也。然安知非失入乎?汝惟

---

① 按:"汝"字據上文補。

君　　陳

勿狥君以辟之,予曰斯人可宥也,然安知非失出乎?汝惟勿狥君以宥之。然則
將何如哉?蓋君之喜怒無常情,法之輕重有定理,所謂中也。惟審其輕重之
中,可宥宥之,可辟辟之,君言是則從君,非從君,乃從理也。君言未是則從理,
從理乃所以從君也。若然,刑當而民安矣!

**"有弗若于汝政,弗化于汝訓,辟以止辟,乃辟。**

此言辟之惟厥中。然辟必如何乃謂之中?爾於東郊,師保之矣,而有不順
于汝保之政,有不化于汝師之訓,於斯而刑之,則其刑也非止刑一人也,刑一人
可以儆千萬人,使之皆順于政化于訓,而至刑無所施矣。必如此,然後以不得
不用之法加乎不得不刑之人,斯爲中耳。苟非止辟之辟,則予雖曰辟,汝無
辟哉!

**"紐于姦宄,敗常亂俗,三細不宥。**

此言宥之惟厥中,然宥必如何乃謂之中?有習于姦宄而狃惡不悛,與夫毀
敗典常者、壞亂風俗者,犯此三科,則無論大罪,即其罪雖小,然人心風化之壞
常積微成著也。予雖曰宥,汝惟勿宥,則宥惟厥中矣。

**"爾無忿疾于頑,無求備于一夫。**

然刑宥之施特以處有罪者耳,其一切商民又不可無以待之也。蓋東郊之
民染紂惡深,被周化淺,固有頑而未化者,爾無忿疾之。亦有化而未盡者,爾無
求備之也。

**"必有忍,其乃有濟;有容,德乃大。**

所謂無忿疾於頑者,何如?頑蒙未喻,遽興忿疾,無濟於教,有損於恩,必
含忍之而制其忿疾之心,則不至徼變生亂,而且可漸圖事機,其於治庶有濟乎?
然未大也必也。包荒爲量,初不見頑之可疾,則忍之迹泯,而其性體弘大真如
天地之無不容也。此其爲師保萬民之德。

**"簡厥修,亦簡其或不修。進厥良,以率其或不良。**

所謂無求備一夫者,何如?殷民承周公師保之訓,固有樂生興事而脩其職
業者,亦有惰而不脩者,槩責其脩不可也,但簡其脩者而表之齊民之中,亦簡其

不脩者而移之郊遂之外,則非惟脩者益勵,而不脩者將愧而脩矣。民其勸功乎! 殷民中固有和身睦家而爲行義之良者,亦有僻而爲不良者,槩責其良不可也,但進其良者,使得以膺簡拔之榮,于以率其不良者,使有以興摩鈍之想,則非惟良者益勉,而不良者亦感而良矣。民其勵行乎! 此皆寬和之中,施于殷民者當如是也!

"惟民生厚,因物有遷,違上所命,從厥攸好。爾克敬典在德,時乃罔不變,允升于大猷,惟予一人膺受多福,其爾之休終有辭于永世。"

此欲其端化民之本,正總一篇之旨也。以上皆治人,又當自治也,惟民之生同此典常之理,其性本厚,惟爲物所遷,則厚者薄矣,厚者既可遷而薄,則薄者豈不可反而厚乎? 夫民之于上不從其口之所言,而從其心之所好,真若草之于風也。茲欲民反薄歸厚,惟于所好謹哉! 以爾令德孝恭必能敬其五典,以示懿德之好于民。又在中心好之,實有典常之德于己,所謂明德馨香洞達無間者非粗迹也,則民從其好也莫不變薄歸厚,世道之降者信可升于大猷矣。夫人主不言福,惟世道升平,人人有士君子之行則予一人受福多矣。豈惟予一人,其汝之休,令德徵於化成而精華可以匹休也。且予君臣豈止一時有辭于天下哉! 談東都之治者,與卜世卜年而未艾也,予能無厚望于君陳也哉!

# 顧　　命

**惟四月哉生魄,王不懌。**

此敘顧命之由。成王在位三十七年,惟四月哉生魄之日,王有疾弗懌,所以有顧命之發也。

**甲子,王乃洮頮水,相被冕服,憑玉几。**

此成王發命之禮,王平昔發命臨臣必沐浴冕服,禮也。今疾病危殆,不能如常,乃於甲子之日洮手頮面,扶相者被以袞冕之服,憑玉几發命焉。甲子去崩纔一日耳,猶盥洗以致潔,冕服以致嚴,如此顧託之言淵懿精明。蓋臨眾之

顧　命

敬不以困憊廢，素定之禮雖垂歿炯如也，惟善治氣者能歷疾病而不潰，善養心者能臨死亡而不昏，豈一朝一夕之積哉！

**乃同召太保奭、芮伯、彤伯、畢公、衛侯、毛公、師氏、虎臣、百尹、御事。**

此召聽命之臣。王將發命之時，乃同以王命召，太保奭領冢宰者，芮伯爲司徒者，彤伯爲宗伯者，畢公領司馬者，衛侯爲司寇者，毛公領司空者，師氏爲大夫官者，虎臣爲虎賁者，百尹爲百官之長，及諸御治事者，蓋合大小尊卑，均以王命召之，昭太公也。①

**王曰："嗚呼！疾大漸，惟幾，病日臻，既彌留，恐不獲誓言嗣，茲予審訓命汝。**

此成王自敘發命之由，顧命之至。既至，乃嘆息曰："我之疾大進，惟危殆，何則？病勢日至，既彌甚而留連，將不可瘳矣。恐不得誓言以嗣續我志，予所以乘一息之存，而詳審發訓以命汝庶嗣續此志於萬一也。"

**"昔君文王、武王宣重光，奠麗陳教，則肄肄不違，用克達殷集大命。**

此敘文、武得天下之難。爾知文、武所以得天下乎？昔君文王、武王以聖繼聖，緝熙之敬既宣其光於前，聰明之亶又宣其光於後，于以定民所依五典之理而陳列教條以開示之，是以民同此麗而服習其教者無有或違，重光既久，陳教日開，用能達於殷邦，同一服習，而集大命以有天下也。文武創業難哉！

**"在後之侗，敬迓天威，嗣守文、武大訓，無敢昏逾。**

此敘己守天下之難。然得之固難，守之亦不易。在文、武之後如我之愚，無重光之德，惟以上天之命赫然可畏，此天威也。則敬迎上天之威以嗣守文、武奠麗之大訓，無敢昏昧逾越以墜前人之重光而致天威也。是我又以敬而守天下之難如此！

**"今天降疾殆，弗興弗悟，爾尚明時朕言，用敬保元子釗，弘濟于艱難！**

此下欲羣臣輔後以保天下。夫觀文、武之得天下，予之守天下，則天下者

---

① 按："昭太公也"數字意義不明，疑衍。

非逸樂之具,乃艱難之器也。今天降疾,我身力憊不能興起,神昏不能省悟,以病勢言殆將必死,而艱難大業且付之元子釗矣,爾羣臣庶幾明我言,用以敬保元子釗,使盡君道,以大濟于艱難矣!

**"柔遠能邇,安勸小大庶邦。**

弘濟之道何如?人君以天下爲一家,民有遠近,邦有大小,皆君德之所當施也,爾羣臣必敬保元子以均其施于萬民,遠者懷来之而漸入之以教,近者馴擾之使必調之以教,所以和萬民也。庶邦小者安撫之,使得以自立;大者勸導之,俾不至自肆,所以懷諸侯也。此其爲君道乎!而肆不違之風不遠矣!

**"思夫人自亂于威儀,爾無以釗冒貢于非幾。"**

此欲其正君身心,乃弘濟之原也。然治本在君身,人受天地之中以生,必有動作威儀之則,我思夫人之所以爲人不在乎他,惟在自治其威儀,視聽言動不失自然之中,使有威可畏,有儀可象,斯以踐其形而爲人矣。况元子且以威儀四方者,不自治而何以治人哉!汝無導釗不敬,而以釗妄進于非禮之幾也。蓋幾者,動之微,而是非之先見者也,幾一非則心體之微已失天地之中矣,尚安得有動作威儀之則乎?此文、武所以爲陳教之原而尤予之所敬守者,爾可不以此敬保元子哉!

**兹既受命,還出綴衣于庭。越翼日乙丑,王崩。**

此下皆史臣敘事。綴衣、幄帳之設,爲成王發顧命也。兹爲羣臣受命而退,綴衣無所用矣,徹出前路寢之庭。越明日乙丑而王崩,豈不善始善終,稱爲成王也哉!

**太保命仲桓、南宮毛,俾爰齊侯呂伋,以二干戈、虎賁百人逆子釗于南門之外,①延入翼室,恤宅宗。②**

此太保承顧命而迎康王嗣統也。王既崩矣,太保召公爲冢宰,命仲桓、南宮毛宿衛二臣,使齊侯呂伋以二干戈、虎賁百人迎子釗於王宮南門之外。時新

---

① 按:"逆"原誤作"迎",據《尚書正義》改。
② 按:"宅"原本誤作"毛",據《尚書正義》改。

喪，未爲梁闇也。乃引元子釗入路寢之東翼室，爲憂居之主焉。是非王崩時不在側也，出而又迎，與天下共之也。即日立之，見天下不可一日無統也。

**丁卯，命作册度。**

此下爲傳顧命設也。新君既迎，可不傳先王之顧命乎？丁卯，三日而王立矣。太保命内史掌册命者作皇后憑玉几之册書以傳顧命，并君臣授受册書之升降法度焉。

**越七日癸酉，伯相命士須材。**

既作册命矣。越七日癸酉，殯之明日也。召公以西伯爲相，命山虞匠人之屬取材木以供，凡喪事之用焉。

**狄設黼扆、綴衣，**

此記召公命下士總設四座之同者。然欲傳成王之顧命，不可不陳儀物以象其生存。於是太保命狄之下士設黼扆於四座之後，謹幄帳覆於四座之上，①儼若成王臨之也。

**牖間南嚮，敷重篾席，黼純，華玉仍几。**

此平時見羣臣，覲諸侯之坐。既總設其同矣，又分設其異者，當路寢，戶西牖東之間向南之處，先王嘗于此見羣臣、覲諸侯矣，今則命狄敷設三重桃竹枝，所次列成文之篾席而緣以白黑雜色之繒，其采色玉所飾之几，亦因生時設之，恍乎當守之容矣。

**西序東嚮，敷重底席，綴純，文貝仍几。**

此旦夕聽事之坐，路寢東西廂有墙，以序列内外，謂之序。嘗西序東向之處，先王嘗于此旦夕聽事矣。今則命狄敷設三重蒲席而緣以襍緣之繒，其五色文貝所飾之几亦因生時設之，儼然聽覽之所矣。

**東序西嚮，敷重豐席，畫純，雕玉仍几。**

此養老享羣臣之坐。先王往矣，而燕禮所謂坐於阼階上，西向者，其几席

---

① 按："幄"原誤作"喔"。

可陳也,故於路寢東序西處命狄敷設三重豐席,以五彩色畫帛爲席之緣,其刻玉之几,因生時設之,恍乎先王尚賓之日矣。

**西夾南嚮,敷重筍席,玄紛純,漆仍几。**

此親屬私燕之坐。先王逝矣,而其親屬私燕,所謂族食,世降一等者,其几席可陳也。故于西序之後,太室西廂夾室之南,所嘗私燕者,命狄敷設三重筍皮所編之席而以玄黑繒褘緣之,几以漆爲飾,因生時設之,宛若先王尚親之日矣。夫天子負扆朝諸侯,則牖間南嚮坐之正也。其三席各隨事以時設也,將傳先王顧命,知神之在此乎,在彼乎,故兼設平生之坐也。

**越玉五重陳寶:赤刀、大訓、弘璧、琬琰,在西序;大玉、夷玉、天球、河圖,在東序;胤之舞衣、大貝、鼖鼓,在西房;兌之戈、和之弓、垂之竹矢、在東房。**

此設守器,乃成王所嘗閱者。不特此也,乃前東西序之坐,北列玉五重及陳所寶器物,其實何如? 赤鞘之刀,古今之大訓,寶也。大璧與琬琰之圭,玉也。則陳列在西序。大玉,常玉未爲圭璧者。天球,玉磬玉也。河圖,寶也。則陳列在東序。二序所列以貴重,皆在几席北也。胤國所制之舞衣,及二尺之大貝,八尺之鼖鼓,以備文事者,則陳在西房。兌所製之戈,和所製之弓,垂所製之竹矢,以備武事者,則陳在東房。舞衣以下雖精巧,中法度,然非五玉三寶,此故在二序之後,太室之旁也。然西序參以大訓,東序參以河圖,可見器物之中而有至理之存。西房無非文具,東房無非武備,可見治安之世不忘徵備之心。此陳成王平日所觀閱者,以象其生存。而先西者,殯在西堵之上也。

**大輅在賓階面,綴輅在阼階面,先輅在左塾之前,次輅在右塾之前。**

此陳平日所乘者。新陟王宮車晚出矣,而其平生所乘馭者可不於堂下一陳之乎? 王輅者,大輅也,則在西階面南向。金輅者,玉輅之綴也,則在東階面南向。夫玉輅之綴爲金輅,而金輅之綴在後者則木輅、象輅、革輅也,木輅以封蕃國,行最遠,故曰先輅。而象、革次之,故木輅則在左門側堂之前,向北而對大輅,象輅、革輅爲次輅者,則在右門側堂之前,向北而對綴輅,此陳王法駕,有飾無飾不同,皆先西後東者,以殯在西,且地道尚右也。

　　二人雀弁，執惠，立于畢門之內。四人綦弁，執戈上刃，夾兩階戺。一人
冕，執劉，立于東堂。一人冕，執鉞，立于西堂。一人冕，執戣，立于東垂。一人
冕，執瞿，立于西垂。一人冕，執銳，立于側階。

　　此肅儀衛以迎新王也。自廟門至堂下，去殯遠則用士，故命二勇士以赤色
爲弁，執三隅矛，立畢門之內。四勇士以文鹿子皮爲弁，執戈，其刃外向，東西
兩階各二人夾兩階之戺。凡士皆弁，凡弁皆立堂下也。由階上堂，則近于楹西
之殯矣，故用大夫。一大夫服弁而加藻之冕，執劉，立路寢東夾前之東堂。一
大夫冕，執鉞，立路寢西夾前之西堂。一大夫冕，執戣，立路寢東之廉垂。一大
夫冕，執瞿，立路寢西之廉垂。一大夫冕，執銳，立北堂之側階。凡大夫皆冕，
凡冕皆堂上也。大夫皆先東後西者，嗣王在中太室之東夾，宅憂將出東房之
戶，遶從東廂側堦而之西殯所也。

　　王麻冕黼裳，由賓階隮，卿士邦君麻冕蟻裳，入即位。

　　此下康王受顧命之事。儀物既陳，宿衛既備，前是延嗣王入受顧命，自此
始稱王。王受顧命畢，必用祭告，故王服細布所織之袞冕及墨白雜之黼裳，皆
祭服也。未敢當主道，而殯又在西，故自西階升堂。卿士、邦君皆麻冕玄色之
蟻裳。夫卿士、邦君祭服之裳皆纁，今蟻裳者，蓋無事於奠祝，不欲純用吉服。
有位於班列，不可純用凶服，酌吉凶之間，示禮之變也，亦從王西階升。于是各
入就其位，王就受顧命之位，羣臣就助祭之位也。

　　太保、太史、太宗皆麻冕彤裳，太保承介圭，上宗奉同瑁，由阼階隮，太史秉
書由賓階隮，御王册命。

　　此言三卿有事者之升。卿士、邦君雖升堂，而三卿有事于贊相傳命者俱未
升也。茲則三卿如太保、太史、太宗，皆麻冕淺赤之纁裳，蓋各有所主，故純用
吉服也。太保受遺，則奉介圭以爲嗣王之守。太宗相祭祀朝覲之禮，則奉同爲
祭祀之主，奉瑁爲朝覲之主。然圭瑁乃歷代符寶，今以先王命奉符寶以傳嗣
君，有主道焉，故自東階升。太史以述作爲職，則秉持册書，書爲嗣子設也，有
子道焉，故與王接武，由西階升，以所傳册命王也。

曰："皇后憑玉几,道揚末命,命汝嗣訓。臨君周邦,率循大卞,燮和天下,用答揚文、武之光訓。"

此太史既受顧命于王而陳其大意。夫成王顧命之言皆書于冊矣,太史特進之于王,又口陳其大意,曰："昔大君成王力疾,親憑玉几,道揚臨終之命,命汝嗣守文、武大訓。嗣訓如何? 汝以元子之正統守艱難之大業,而君臨周邦焉,既居大位必有大法,命汝治威儀,謹非幾,以奠麗陳教而率循大法焉。既有大法,必致大和,命汝柔能安勸,以期民之服習不違,而燮和天下焉。居大位,由大法,致大和,用以答揚文武之光訓。蓋文、武宣重光,凡以訓子孫無窮也。今汝能如是,則於文、武之光訓有以慰答其望,而宣揚其美矣。"

王再拜,興,答曰:"眇眇予末小子,其能而①亂四方,以敬忌天威。"

此康王敬受顧命也。王承顧命之重,再拜而受之。起答太史曰:"奠麗陳教,嗣守大訓,我祖父治四方以敬忌天威者也。顧予眇眇微末小子,其能居大位,由大法,致大和,如我祖父治四方以敬忌天威乎!"

乃受同瑁,王三宿三祭三咤,上宗曰饗。

此康王祭告成王也。既受太史所御之冊命,乃受上宗所奉之同瑁,瑁用之朝諸侯,尚未行也。同則用之以祭殯焉,王就所踐之位,三進爵於神所,三酹酒於柩前,三奠爵於地,禮成於三,告己已受顧命也。上宗傳神之命,曰:"神享矣!"此(不)行初獻禮也。②

太保受同,降,盥,以異同秉璋以酢,授宗人同,拜,王答拜。

此太保行報祭禮也。王初獻訖矣,太保受王所咤之同安於他所,而下堂盥手,以君臣祭用不同器,更用他同實酒,而手執半圭之璋以報焉。報祭將畢,以異同授于宗人、小宗伯之屬而拜尸,告己已傳顧命也。王有子道,代尸答拜。

太保受同,祭,嚌,宅,授宗人同,③拜,王答拜。

---

① 按:"而"原誤作"如",據《尚書正義》改。

② 按:據文意,"不"字爲衍文。

③ 按:"同"原本誤作"令",據《尚書正義》改。

此太保行飲福禮。太保既以異同授宗人矣，復祭宗人之同，以祭則命宗人置同于神座，而別再取同飲福以至齒。蓋方在喪疚，①雖飲神之賜而不甘其味也。于是太保退居其立所，以同授宗人，拜，用謝神賜也。王又代尸答拜焉。蓋在廟中則純於子，且見顧命大臣，如見先王也。

**太保降收，諸侯出廟門俟。**

告祭禮畢，太保下堂，有司收徹祭之器品及所陳儀物、儀衛焉。王復入翼室矣。當時東西方諸侯適來朝而遇國喪，因入廟觀嗣王受顧命之儀也。及此皆出廟門，至應門之外，俟見新君焉。

# 康 王 之 誥

**王出在應門之內，太保率西方諸侯入應門左，畢公率東方諸侯入應門右，皆布乘黃朱，賓稱奉圭兼幣，曰：“一二臣衛敢執壤奠！”皆再拜稽首，王義嗣德，答拜。**

此接顧命，見終始之際也。諸侯候見新君，康王乃出應門之外，立應門之內，蓋治朝之所，固將執瑁以朝諸侯也。太保以宰相爲西伯，則率所屬西方諸侯入應門而列于左。畢公代周公爲東伯，則率所屬東方諸侯入應門而列于右。然諸侯初見天子，不可無贄，則皆陳四黃馬而朱其鬣以實於庭，諸侯又皆舉所奉圭而兼以幣，所以備贄也。且致辭曰：“天子御極之初，我一二臣衛敢執壤地所出之馬幣用獻于王，以爲奠贄之禮。”于是相率再拜稽首以致其敬焉，王以爲後之義嗣前人之德者，故答諸侯之拜以成其爲後，且知其以喪禮見也。

**太保暨芮伯咸進相揖，皆再拜稽首，曰：“敢敬告天子，皇天改大邦殷之命，惟周文、武誕受羑若，克恤西土。”**

此述文、武得天下之難以儆動王也。外臣既朝見新君，太保外爲諸侯之

---

① 按：“疚”當作“柩”。

長,内爲羣臣之長,及芮伯與羣臣皆進,相揖定位,又皆再拜稽首,陳戒于王,曰:"吾王既嗣天位爲天子矣,予小臣敢告天子,昔者皇天改大邦殷之命,惟周文、武所以大受其命者,以能靈承于旅,而憂恤我西土之衆也。創業不已難乎?"

**惟新陟王畢協賞罰,戡定厥功,用敷遺後人休,今王敬之哉! 張皇六師,無壞我高祖寡命。**

此叙成王守天下之難以勉之。文、武能受命矣,定天下,致太平以遺後人者,新陟王也。然果何以勘定之、治之? 天下之大政,賞罰而已,賞必當功,罰必當罪,賞罰行而威惠立,故能內董治官,外撫侯、甸,勘定厥功,貽我後人休美,而使撫有今日盈成之業焉。是新陟王所以定天下者亦已難也。今王嗣位,其敬以保之哉! 守文之世易有陵夷之患,而踐祚之際尤爲鎮服之初,必整閲六師,使王靈張大以聳人心而重國勢,毋至廢弛而壞我高祖文、武艱難寡得之天命也。

**王若曰:"庶邦侯、甸、男、衛,惟予一人釗報誥。**

此下康王答拜羣臣也。曰:"庶邦侯、甸、男、衛,惟予一人釗報答爾以誥焉。"

**"昔君文、武丕平富,不務咎,底至齊信,用昭明于天下,則亦有熊羆之士、不二心之臣保乂王家,用端命于上帝,皇天用訓厥道,付畀四方。**

此舉文、武得天下之由,以寓求助之意。思昔文、武爲君,以人情莫不欲富,則視利之在民如在於己,溥博均平以富其民,而德務廣焉。以人情莫不欲生,則視罰之加人如加於己,不務咎惡以生其民,而罰欲謹焉。然是務德不務罰之心見于外,則推行而極其至,丕平富也必期于富之平而後已,不務咎也必期于咎之泯而後已,此充實于外也。存於内則兼盡而極其誠,丕平富也無一處非欲民富之心,不務咎也無一處非欲民壽之心,此充實于内也。内外充實,故光輝天下,而民皆殷富棄咎矣。文、武盛德如此,亦豈無待於羣臣之輔哉! 當其時則亦有熊羆武勇之士,不二心忠實之臣,具將相之才,盡文武之用,君丕平富則左右以養民,君不務咎則往來以迪民,以保乂王家而輔成盛治。故文、武用此有德,而得羣臣之輔者,以受正命于上帝,皇天用順文武平富、不務咎之道,而付畀以天下之大也。然則文、武之受命固其克恤西土之郊,然羣臣光輔之助亦多矣。

**"乃命建侯樹屏,在我後之人。今予一二伯父尚胥暨顧,綏爾先公之臣,服于先王,雖爾身在外,乃心罔不在王室,用奉恤厥若,無遺鞠子羞。"**

此惟文、武建侯之意而致求助羣臣諸侯之詞。夫先王得人而受天命,尤慮後人無以守之也,乃列爵分土而命建大小之侯邦,植立國家之藩屏,果何意哉!蓋欲其展親恰服,保乂王家室,在爲我後人計耳。夫我先王建侯之意如此,君臨周邦,我固繼文、武而爲君,世守爵土。爾繼先公而爲臣,夫武勇忠實以保乂王家者,正爾先公臣服我先王之道也。今予一二伯父庶幾相與顧念安綏爾先公之事先王者事我可也。蓋爾之身雖守國在外,而汝心當無不在王室,效忠之念毋以地遠而忘,用此以奉我心之所憂勤者而順承之,使端命益以凝固,王威益以張皇,毋遺稚子以壞命之羞可也。在外之諸侯尤當輔我如此,況在內之羣臣乎!

**羣公既皆聽命,相揖趨出。王釋冕,反喪服。**

此又史臣記事之詞。自太保而下以至羣臣諸侯,既聽報誥之命,相揖趨出,盡人臣順命之恭。王釋冕,反喪服,正人子居喪之禮也。

# 畢　　命

**惟十有二年六月庚午朏,越三日壬申,王朝步自宗周,至于豐,以成周之衆命畢公,保釐東郊。**

此記康王命畢公始事之詞。康王即位十有二年六月庚午朏,越三日壬申,將命畢公以殷事,乃朝步自宗周,至于豐。豐者,文王之廟在焉,乃就廟中以成周之衆命畢公,保釐東郊。保釐非二事,釐正其淑慝,乃所以保安之也。

**王若曰：“嗚呼！父師，惟文王、武王敷大德于天下，用克受殷命。**

此二節言得殷化殷之難。嗚呼！父師，東郊之眾豈易得哉！惟我文王、武王奠麗陳教，底至齊信，父作子述，①布大德于天下，非一日矣。故能受命而撫有殷民焉。是文、武所以得殷民者難矣。

**“惟周公左右先王，綏定厥家，毖殷頑民，遷于洛邑，密邇王室，式化厥訓。既歷三紀，世變風移，四方無虞，予一人以寧。**

惟此殷眾得之難，而化之亦豈易乎！惟我周公以王室至親居冢宰重任，左右文、武、成王以安定國家，創而且守也。其實何如？殷民反側，國家所由不安也。公則謹毖防閑之，而遷之洛邑，使密近王室，以漸民于多遜之訓焉。然頑者未化也，自周公攝政七載，至今三十六年，年既歷三紀，而老者死，少者長，父子之世已變矣，然後舊風始移而放心稍收，蓋頑民始化耳。夫殷民未化，四方爲之不靖，而予一人亦宵旰不寧矣。② 今也，殷民安，天下與之俱安，四方無復有反側動搖之虞，而予一人亦得以垂拱清穆之朝矣。夫周公化殷必積久如此，化之不亦難乎！

**“道有升降，政由俗革，不臧厥臧，民罔攸勸。**

此示以今日化殷之道。夫以昔日化殷之難如此，在今日宜何如哉？世道不能以終升，必受之以降，世道不能以終降，必受之以升，一升一降，氣運污隆于其間矣。而政者，世道風俗之主焉。善爲政者，不凝滯於政，而與世推移，道隆則從而隆，道污則從而污，於政爲革，於俗未嘗不因也。然則，此下都也，當周公之時，商民反覆未定，故公毖謹之，而降者得多遜之機。至君陳之時，不善者尚多，故不欲急之，而升者有大猷之漸。至於今日之俗，薰習滋養，不善者亦變矣。然而猶有未善者在，可以行吾分別之政也。苟不明有以善其善，則民無所勸慕，善者惰而未善者狃矣。是則善善者乃所以使之皆爲善，永升而無降也。此今日之政，所謂保厘者也。

---

① 按：“述”原誤作“迷”。
② 按：“旰”原誤作“肝”。

畢　命

"惟公懋德，克勤小物，弼亮四世。正色率下，罔不祗師，言嘉績多于先王，予小子垂拱仰成。"

此二節托重公意。然今日世道所降，非德業甚盛者，其何以爲政哉！惟公德在身心者盛矣，而又造履致飭，微密致詳，能勤於小物焉，尤足以見其德之盛而爲大業本也。是以既相文王、武王以開基，且輔成考朕躬以保大，但見正色立朝，足以表率羣下。而羣下之瞻望豐采者，若大若小罔不敬服父師之訓。蓋盛德大業不特今日爲然而已，多於文、武、成王之世矣，予小子復何爲哉！但垂衣拱手以仰其治功之成而已。保釐之寄，舍公其誰哉！

王曰："嗚呼！父師，今予祗命公以周公之事，往哉！

此承上文正命之也。嗚呼！父師，東都之事，周公爲之矣。事惟出于周公，故我敢就祖廟而敬命之公，公其往哉！以事周公之事可也。苟非周公之事，其敢屈公以行哉！

"旌別淑慝，表厥宅里，彰善癉惡，樹之風聲。弗率訓典，殊厥井疆，俾克畏慕，申畫郊圻，慎固封守，以康四海。

此正示以由俗之政。公之往而臧厥臧也，宜何如哉？東郊之民有淑者則旌之，以善善也。而其慝者則分別之，何以旌淑？其式化厥訓者，淑也，則表異其居里，顯其爲善者，而使不善者自病其無能焉，于以樹之爲善者風聲，顯當時而流後世。蓋旌淑之政行而臧者益勸矣。何以別慝？弗率訓典者，慝也，則殊異其井里疆界，不得與善者雜處，使因是而畏慝之名，慕淑之旌也。蓋別慝之政行而不臧者有勸矣。凡此皆所以臧厥臧而厘以保之也。然王城與下都相隣，苟不嚴京畿之勢，則惡旌別之大明者或且生心焉，而將有動搖四海之虞矣。故郊圻之制，所嘗規方者，歲久得無湮乎？公必申而明之，遠郊近郊之不紊，圻內圻外之必明。蓋千里之勢在於斯，公固不得輕視之也。封域之險，周公所嘗畫守者，時平無乃玩乎？公必慎而固之，遠近之望侯嚴其人，內外之保障密其法。蓋五方之民聚於斯，公固不得易視之也。凡此皆所以重王畿，壯根本也。內之可以銷殷民不逞之心，外之可以塞非常覬伺之念，不特在洛之見旌別者安其宅里井里,而凡四海淑慝之民亦以此鎮守而讋服之,無不帖然者矣。四海無虞之治其永矣乎!

　　"政貴有恒,辭尚體要,不惟好異,商俗靡靡,利口惟賢,餘風未殄,公其念哉!

　　此三節正化殷之事,不專止旌別二事也。且公亦知殷民之所慝,殷俗之所未蔵者,而因以革之乎?其慝靡而利,奢而夸,公宜知所以革俗矣。凡公所措置者爲政,政何貴哉?貴有恒也。既已詳定於其始,必且畫一於其終,以此爲政,政清純而不擾,殷民其習之矣。凡公號令皆辭也,辭何尚乎?尚體要也,旨完具而非不足,語閎會而非有餘,以此爲辭,辭典重而不浮,殷民其聽之矣。不然而好爲異政,則悦須臾而厭持久,政必不能有恒,無爲貴矣。好爲異辭,則逐浮華而忘本實,辭必不能體要,不足尚矣。故當貴尚其常,不惟好異可也。何也?商季之俗,行事委靡而無特立之操,正不能有恒者也。出詞華誕而惟利口之賢,正不能體要者也。雖以周公謹毖,世變風移,而此等餘風猶未殄絕,公其念此未殄之餘風,而以政令之静重矯之也哉!

　　"我聞曰:世禄之家鮮克由禮,以蕩陵德,實悖天道,敝化奢麗,萬世同流。

　　殷餘風不特靡靡利口也。我聞古人曰:"人所以制心者全在禮,惟世禄之家逸樂豢養,能由禮者鮮矣。既不由禮,則心無所制,以其驕蕩陵蔑本心之德,實悖上天虧盈益謙之道矣。禮,興門之俗儉,衰門之俗奢。蓋不特一世爲然,凡萬世之同流,衰弊之化,無不奢麗者也。"

　　"兹殷庶士,席寵惟舊,怙侈滅義。服美于人,驕淫矜侉,將由惡終。雖收放心,①閑之惟艱。

　　此承上言。兹殷庶士,正所謂世禄之家也,憑藉光寵,助發其私欲者有自来矣。夫私欲公義相爲消長,故怙恃其侈必至滅義,徒以服飾之美誇人,至心之不美不耻也。夫驕淫豈美事哉!而以相誇,殷民殆將以惡終矣。故雖周公

---

　　①　按:"雖"原誤作"惟",據《尚書正義》改。

謹始，有以收其放心。然不靖之本根尚在，正恐觸事而發，閑之惟艱也。

**"資富能訓，惟以永年。惟德惟義，時乃大訓，不由古訓，于何其訓。"**

閑之之道何如？殷士席寵，先世其所資藉者富矣，背天道而以惡終，非永年計也。能訓之，使心不遷於外物，身不入於非幾，而全正性者可以受正命，惟以永年矣。然何以爲訓乎？民雖放其心，而本真未嘗不在也，心之體爲德，殷士以蕩陵德矣。心之用爲義，殷士以侈滅義矣，此放心也。惟躬德義而訓之，以政明德義，而訓之以辭，則是以人本有之心而吾教以收閑之法，不必別立條教，而德爲天下之達德，義爲天下之通義，乃天下之大言也。然德義訓民，古人有行之者，周公、君陳皆是物也。蓋古人潛心于德義也爲已精，而所以傳心于訓典者爲已備，儀刑具在典則昭垂，今之人猶古之人，則古之訓即可以爲今之訓也。依古以爲訓，則豈復有精且詳于古人者而以爲訓乎？夫訓之以同然則心不拂，訓之以已然則心不疑，必如此，然後謂之能訓，而放心之閑有賴矣！

**王曰："嗚呼！父師，邦之安危惟茲殷士，不剛不柔，厥德允修。**

此承上起下，見殷民所係之重也。嗚呼！父師，世變風移，四方無虞，邦之安固由茲殷士也。餘風未殄，封守猶虞，邦之危亦豈不由茲殷士哉！今日之治一於剛不可也，一於柔不可也，保之中有蟊，剛柔相資，民德信乎其脩矣！

**"惟周公克慎厥始，惟君陳克和厥中，惟公克成厥終。三后協心，同底于道，道洽政治，澤潤生民，四夷左衽，罔不咸賴。予小子永膺多福。**

此下二節期以化殷之效。夫成周之□，始也，世方多降，惟周公謹毖厥訓而治之以剛，能慎於其始。中也，世道漸升，惟君陳從容以和而治之以柔，能和於其中。至於今日之終也，惟公不剛不柔，使商民皆淑，而信能成其終焉。夫三后之時不同也，三后之政或異也，然政本於道，道本於心，三后政不必其盡協，而實協心于化民矣。政不必同出，而實同底于時宜矣。蓋道有升降者，世道之所不能齊；政由俗革者，治道之所不能異，非以相反，乃所以相濟也。夫道者運於心，通於政，而流之斯爲澤也。三后心協而道同，故道洽而政治。德意之所漸涵，綱紀隨之而畢舉，風猷之所灌浹，張弛隨之而盡通。蓋三后相承，其

洽也非一朝一夕之間，而其治也亦非一手一足之力矣。由是道法流衍，有以潤
澤下都之生民，非惟下都，雖四夷左衽莫不賴此餘澤也。三后化殷之功一至于
此，則內無根本腹心之虞，外無敵國遠人之慮，予小子得以永膺多福，而所謂邦
之安惟茲殷士者，信矣！非公之成終，其何以致此哉！

　　"公其惟時成周建無窮之基，亦有無窮之聞，子孫訓其成式，惟乂。①

　　公之道政潤澤，豈止賴四夷，福予小子而已哉。惟此成周，周公基之，君陳
定之矣，公其於此行保釐之政，使民風丕建，帝王不拔之基也。由是基之所建，
名必歸焉，基無窮而名無窮，周公之誦不衰，君陳之辭永世，我公保釐之聞俱流
矣。不特此也，不剛不柔，典刑具在，公之名則在公身，公之成法則在公子孫，
世世得順公保釐成法以乂其民，亦與成周之基相爲無窮也。此予小子所以爲
公期者也。

　　"嗚呼！罔曰弗克，惟既厥心。罔曰民寡，惟慎厥事。欽若先王成烈，以
休于前政！"

　　此總致戒勉意。嗚呼！天下事所以寡成者，非失之畏難，則失之怠易。以
公克勤小物，慎毋曰蠢茲殷民，雖周公、君陳難之，而己不能爲也。惟盡其所以
保釐之心可焉。以公嘉績既多，亦毋曰蔑爾殷民，有周公、君陳爲之，而己不必
爲也。惟慎其所以保釐之事可焉。蓋綏定厥家，允升大猷，此文、武、成王之
烈。而前政，周公、君陳輔成之也。今而盡心慎事以化民，正欲順三先王之成
烈，以休美前二公之政，使慎始和中之規亦賴是以振燁不墜，而益彰其美耳。
自非盡心慎事于保釐也，何以致此哉！

--------

　　①　按："乂"原誤作"義"，據《尚書正義》改。

# 玉茗堂書經講意卷之一二

## 君　牙

王若曰："嗚呼！君牙，惟乃祖乃父世篤忠貞，服勞王家，厥有成績，紀于太常。

此穆王命君牙爲大司徒，而嘆美其世功也。君牙，惟乃祖乃父嘗爲司徒，盡己不欺，守正不撓，世篤忠貞之德，服勞王家以教養民也，至有成功則紀于太常，至今與日月爭光可也。君牙知所以匹休也哉！

"惟予小子嗣守文、武、成、康遺緒，亦惟先王之臣克左右，亂四方，心之憂危，若蹈虎尾，涉于春冰。

此叙己求助也。今予小子自耿躬涼德，嗣守文、武、成、康遺緒，任大責重，亦思得先王忠貞之臣，能左右我以教養四方，而今未得其人也。是以我心憂危，恐墜先王之緒，若蹈虎尾，恐噬矣。若涉春冰，恐陷矣。[①] 誰其翼予哉！

"今命爾予翼，作股肱心膂，纘乃舊服，無忝祖考。

此正命君牙輔己也。今命爾爲司徒以輔翼我，作我股肱以運用持行焉，作我心膂以主宰負荷焉，爾宜何如哉？忠貞服勞，爾祖父舊事也，爾必體忠貞之

---

① 按："陷"原誤作"蹈"。

262

纘,服勞之事,使成功賁相望于旂常,無忝祖父可也,而予亦免于憂危哉!

"弘敷五典,式和民則。爾身克正,罔敢弗正;民心罔中,惟爾之中。

此亦以教民也。所謂纘服者何如?司徒掌邦教矣,而五常之典乃民中正之則也,汝于五典廣教條,教以布示于民生日用之間,而敬以馴調之,使自然和順于天則中也。然謂之和則者,豈徒條教已哉!民有典即有則,而民上者又所以則人者也,況為司徒乎?使汝立身以則,無邪動焉,民亦即以爾為威儀動作之則矣。孰敢有不正者乎?若進而求之民心,未能止于天則,而有邪思焉,則非民能自中,而惟爾自中其心以中民之心可也。以同得者訓之,又以先得者感之,教民之職盡矣!

"夏暑雨,小民惟曰怨咨;冬祁寒,小民亦惟曰怨咨,厥惟艱哉!思其艱以圖其易,民乃寧!

此勉以養民也。司徒之職兼養民也,謂民不中不正,非性也,以治生之艱耳!爾亦知夫民之艱乎?夏而暑雨,天時之常耳,小民阻于無食,則惟怨咨,若曰物皆有以自養而我何為獨不然也。冬而祈寒,亦夫道之常耳,小民困于無衣,則亦惟恐怨咨,若曰物皆有以自庇而我何以獨不然也。夫人情,一日不再食則飢,今夏而暑,暑而至于雨,民既食,有不充其能以竟日乎?終歲不製衣則寒,今冬而寒,寒而至于祈,民既有衣不給,其何以卒歲乎?民生之艱信乎其必然矣。將何以濟之?必思曰民何為而艱于生,至此極也?又謀曰吾何修而使民易于為生,不至此極也?由是難者勿施而易與之聚,凡所以賑貸休息、勞來勸相為民衣食計者,真若己之饑寒,又若己饑之,若己寒之也。然後民乃優游於力作,而衣食無難矣。怨咨之聲儻為樂生之頌乎,乃可望以和則矣。

"嗚呼!丕顯哉!文王謨。丕承哉!武王烈。啓佑我後人,咸以正罔缺,爾惟敬明乃訓,用奉若于先王,對揚文、武之光命,追配于前人。"

承首二節歎息言文王之德未盡見於功烈,而訏謨遠猷莫不素定,故以謨稱矣。光四方,顯西土,若日之中天,丕顯哉!文王謨也。至武王則舉文王之謨,而盡見之事功,故以烈稱矣。善繼志,善述事,若地之承天,丕承哉!武王烈也。是謨烈也，啓後人以知，佑後人以行，張弛至當，定萬世之常經，蓋咸以正矣。而中之經緯，盡百爲之變化，又罔所遺缺焉。咸正則非後人之所得偏倚也，罔缺則非後人之所可增損也。蓋一代之光命，先王成、康嘗對揚之，而汝前人祖父有成績矣。爾惟敬明我教養之訓，用以輔我奉順成、康之舊，而對揚文、武謨烈之光命可也。如此，則汝有祖父風，而我亦無墜文、武、成、康之緒矣。

王若曰：“君牙，乃惟由先正舊典時式，民之治亂在茲，率乃祖考之攸行，昭乃辟之有乂。”

此終戒之也。汝先正祖父服勞舊典在矣，今爾居先正之職，亦惟由先正舊典而是法之，所以然者，小民得蒙教養之澤而治也，在汝之知所法耳。不蒙教養之澤而亂也，在汝之不知所法耳。法與不法間而治亂係焉，可不式先王舊典乎？必也以先王所以教養民者教養民，則民有中正之心，無怨咨之苦，民之治在于茲，而乃君之治亦顯于茲矣。此真能左右□四方者也，①君牙勉哉！

# 冏　　命

王若曰：“伯冏，惟予弗克于德，嗣先人宅丕后，怵惕惟厲，中夜以興，思免厥愆。

此記穆王命伯冏爲大僕正之詞，曰：“伯冏，先人以大德居大位，惟予不能於德，愆之不免矣，而繼前人居大君之位，此心怵惕危厲，中夜而起，欲得人輔德以免其過也。”

“昔在文、武聰明齊聖，小大之臣咸懷忠良，其侍御僕從罔匪正人，以旦夕承弼厥辟，出入起居罔有不欽，發號施令罔有不臧，下民祗若，萬邦咸休！

承上言先人得近臣之助以發下節也。思昔文、武以天縱之德宣聰明，而克齊聖君則聖君矣。又小大之臣以知恤之選，願爲忠而願爲良，臣則正人矣。當

---

① 按：□據上文及殘缺字形疑爲“亂”字。

其時,侍從諸臣豈復有賢於文、武者哉?豈復有賢於時百執事者哉?然而當時侍御僕從又無非正人也。蓋在文、武也,不以廟堂有正人而弛近侍之選;故在侍從也,不以聖明無闕職而忘承弼之思,其美也,固不敢以不承;其否也,尤不敢以不弼。蓋出警入蹕皆其調護之地,而非若大臣之進見有時也。左動右言皆其誦規之際,而非若墀下之奏對有間也。由是薰養純而聰明益茂,燕私泯而齊聖愈光,以王心之中爲王躬之正,而出入起居皆敬矣。以王心之一爲王言之大,而發號施令皆臧矣。由是一言一動,下民同敬順之心;同倫同文,萬邦皆純懿之治。雖主德之自神,臣恭之篤棐,而近臣之旦夕亦多助也哉!文武猶爾,況於今日乎?

**"惟予一人無良,實賴左右前後有位之士匡其不及,繩愆糾謬,格其非心,俾克紹先烈。**

此泛言求助近臣以屬望伯冏也。惟我一人無聰明齊聖之德,實賴爾左右前後有位之士旦夕朕躬者,以正其不及,匡之何如?人君一心,萬事根本,非心存於中,愆謬見於外,所謂不及也。必於吾言動有大過則繩而直之,小過則糾而正之,于以格吾非僻之心,使動則欽,言則臧,繼前人德盛化行之成烈可也。

**"今予命汝作大正,正于羣僕侍御之臣,懋乃后德,交修不逮。**

此專命伯冏也。然左右前後予者,非羣僕侍御乎?汝爲太僕正,則又其長也。文、武之羣僕侍御罔非正人矣,今未能悉正也,今予特命汝爲大正以正羣僕侍御之臣。正之者何哉?予固不逮於德矣,汝正于羣侍臣者,正以茂汝君欽臧之德,而凡吾言動所不及者,則以羣僕侍御交脩之,此予命汝作大正意也。

**"慎簡乃僚,無以巧言令色、便辟側媚,其惟吉士。**

正於羣僕,豈待其既用而後正之哉!汝爲大正則羣僕侍御皆僚屬也,必於初慎簡擇焉,巧言令色、便僻側媚不正之人能使君不聰明齊聖者,慎無以是人在君左右,惟用常德吉士之正人可也。此所以正於羣僕侍御之臣矣。

**"僕臣正,厥后克正;仆臣諛,厥后自聖。后德惟臣,不德惟臣。**

且汝知羣僕所係之重乎?夫僕臣者,左右旦夕之臣也,使僕臣皆得吉人而正矣，則養德於無間之地，止過於未形之時，后之言動克正矣。不然，而以巧言令色、便僻側媚進，則僕從臣諛矣，將見虛美日以薰心，舉事常如得意，動未欽而自以爲欽，言未臧而自以爲臧，后且自聖矣。由是觀之，是后德固惟僕臣，后不德亦惟僕臣也，可不正乎？

**"爾無昵于憸人充耳目之官，迪上以非先王之典。**

夫巧言令色、便僻側媚，憸人也，其進也或以情暱汝，慎無狎昵此憸人，以克左右耳目之官，不但不能格心，且有先意而開導主上以非先王之典者矣。

**"非人其吉，惟貨其吉。若時瘝厥官，惟爾大弗克祇厥辟，惟予汝辜。"**

然憸人之進又有自賄得之者。夫予所望于羣僕者，吉人也。若不惟其人之吉，而惟以貨賄爲吉，則是汝不能正于羣僕，而曠其大正之官，且以君之左右前後爲汝賄地也，大不敬矣。又與以昵進者不同矣，我且汝罪也！

**王曰："嗚呼！欽哉！永弼乃后于彝憲。"**①

此總勅之。嗚呼！先王言動，彝憲具在也。弼而不欽，欽而不永，欲后之終于彝憲，難矣。汝其欽以簡僚，欽以率屬，旦夕一心，始終一節，凡予一念非彝憲，有明庭所不及聞，法家所不及諍者，汝之弼違常豫焉可也。豈特今日交脩己耶？蓋匪彝易入，而成憲難持，正予之所怵惕，而汝之所宜欽承者也。

# 呂　　刑

**惟呂命王，享國百年，耄荒，度作刑，以詰四方。**

此《呂刑》之本序。惟呂侯爲大司寇，受穆王命訓刑于諸侯。然王何以制此刑哉？蓋王享國百年，耄老而荒忽，車轍馬迹且遍天下，財屈民勞，無以爲計，乃度量己意作贖刑，以治四方焉。

**王曰："若古有訓，蚩尤惟始作亂，延及于平民，罔不寇賊鴟義姦宄，奪攘**

---

① 按：此處奪"于彝憲"三字，據《尚書正義》補。

矯虔。

此下皆吕侯傳命訓刑也。王曰："刑者,天下之大命,若古有訓,何爲用刑可法,何爲用刑可戒,固昭然也。上世敦龐,有蚩尤者實爲暴首,驅扇熏炙,延及平民,無不攻劋爲寇,殺人爲賊,而以鴟張爲義,在内爲奸,在外爲宄,而以奪攘矯虔爲事。此蓋天下□□多亂民也。"

"苗民弗用靈,制以刑,惟作五虐之刑曰法,殺戮無辜,爰始淫爲劓、刵、椓、黥,越兹麗刑并制,罔差有辭。

此正言苗民之虐也。蚩尤倡亂,苗民效尤,□□善化民而制刑具,①惟作五虐之刑,非法也,而苗人自名之曰法,以殺戮無罪,其實何如? 於是始過爲劓鼻、刵耳、椓竅、黥面之法,凡附法者必刑之,而并制乎無罪之人,不復以曲直有辭爲差别也,其殺戮無辜如此。

"民興胥漸,泯泯棼棼,罔中于信,以覆詛盟,虐威庶戮,方告無辜于上。上帝監民,罔有馨香德,刑發聞惟腥。

夫有苗久行虐刑,民慣見亂政,習以爲常,起相漸染,泯泯其昏,棼棼其亂,徂詐是逞,信不由中,詛咒盟誓反覆相傾,民意潰敗如此,而苗民方虐政作威,衆被僇者方告無罪於天,天監苗民全無德馨,而刑僇發聞莫非腥穢,天其忍聞之乎?

"皇帝哀矜庶戮之不辜,報虐以威,遏絶苗民,無世在下。

夫庶戮方告無辜於上矣,而代天臨觀下民者,皇帝也。皇帝哀矜衆戮之不辜,衆戮之,力不能報苗,天固欲有以報之也。皇帝於是報苗之虐以威,雖天子不滅國,而苗民更無以次賢者,故遂滅之,無有繼世在下國者矣。

"乃命重黎絶地天通,罔有降格,羣后之逮在下,明明棐常,鰥寡無蓋。

夫治世,公道昭明,爲善得福,爲惡得禍,民曉然知其所由,則不求之茫昧之間。當三苗昏虐,民之得罪者莫知其端,無所控訴,相與聽於神,祭非其鬼,

---

① 按:"□□"疑當爲"不以"。

天地人神之典雜揉瀆亂，此妖誕之所以興，人心之所以不正也。帝舜當務之急莫先於正人心，首命重氏、黎氏脩明祀典，天子然後祭天地，諸侯然後祭山川，高卑上下各有分限，絕地天之通，嚴幽明之分，於是焄蒿妖誕之說舉皆屏息，無有所謂降格災禍以搖惑其下者。是故有以爲正人心之具矣，然使常道不明，則爲善爲惡，民志終有未定，而下情終有所抑，則地天降格之說終有不可禁者。故當時羣后及在下長民者，又皆精白一心輔助常道，於民之順常道者保安之，戾常道者威折之，民卒善而得福，惡而得禍，雖鰥寡之微亦無有蓋蔽而不得自伸，或爲善而反得禍者也。如此，人自務於常，不可惑以非常矣，此又正人心之本也。

**“皇帝清問下民，鰥寡有辭于苗，德威惟畏，德明惟明。**

此言反苗之道以除民害也。夫明明棐常，鰥寡無蓋矣，而帝舜猶恐民隱之有蓋也，乃虛心問民休戚，雖鰥寡之微亦得以聲苗之過，凡苗之以虐爲威，以察爲明者，懇懇爲帝陳之也。帝乃反其道，苗以虐爲威，帝則以溫恭允塞之德爲神武不殺之威，政令雖嚴而好生者自運也。此豈赫赫然以期天下之畏者，而民志之邪妄自然潛消，蓋畏之若神明也。苗以察爲明，帝則以濬哲文明之德爲旁燭無疆之明，教令雖晰而玄德者自含也。此豈察察然以期天下之明者，而天下之常道自然宣明，蓋仰之如日月也。然則皇帝之清問也，其真有以通天下之情而復天下之性乎！

**“乃命三后，恤功于民，伯夷降典，折民惟刑。禹平水土，主名山川。稷降播種，農殖嘉穀。三后成功，惟殷于民。**

帝躬以德爲治矣。猶未也，乃命三后致憂民之功焉，憂民心未正，有上不得而居，有粟不得而食也。先命伯夷降示天地人神之禮，使知天地之性，鬼神之德，森然各有明法，于以折民妖妄僭瀆之心，示以出乎禮必入乎刑，有不可易者。庶民曲而安于禮，止邪於不可犯焉，降典矣。而昏墊阻飢之民不吾從耶。于是憂民居未定，命禹平水土以奠疆域之居，高山大川表之爲州鎮焉。憂民食未足，命稷降播種之法，秩歲功以即農物土宜以狗事，厚殖嘉穀，而民之大命得以有相焉。帝責成三后如此,由是伯夷成勅典之功,民心正矣;而禹亦以成治水之功,而民居寧,稷亦以成其播種之功,而民食裕。蓋民之殷盛庶於是乎生,①而敦龐純固亦於是乎成。舜之憂可釋矣。

"士制百姓于刑之中,以教祗德。

夫帝舜既躬有德化而又教養其民矣,猶慮天下有不敬德之民也。乃命皋陶爲士,約制民以中刑,輕不惠奸,重不傷善,此豈徒以制民已哉!所以教民自敬其德,使檢心於明畏之中,節性於惟殷之內耳。然則聖世用刑,其先后不可知乎?

"穆穆在上,明明在下,灼于四方,罔不惟德之勤。故乃明于刑之中,率乂于民棐彝。

此申上三節,見刑非聖人意也。夫以虞世用刑觀之,在上則德威德明,而和敬之象著於垂拱之時,何穆穆乎!② 在下三后則恤功成功,而精白之容著於亮采之日,何明明乎! 上下之間無有回護掩覆之私,無幽深隱僻之意,精神泰交,英華旁達著于四方,四方之民耳聞目擊固已感動奮發,而惟畏惟明,凡在惟殷之內者亦罔不惟德是勤矣。其猶有不勤者,故乃命皋陶明於五刑輕重之中,而所以明此中刑者,亦不過率循此法以治民而教以祗德,輔助其本善無惡之常性耳。是有虞之刑不過上通穆穆之心,協贊明明之度,而要非恃此以爲治也。此所以爲刑罰之精華也。

"典獄非訖于威,惟訖于富,敬忌,罔有擇言,在身惟克天德,自作元命,配享在下。"

此推虞廷用刑之極功。虞廷先德後刑如此,其時典獄之臣何如哉! 折民制民一聽于法,非惟得盡法於權勢之家,不惟威屈;亦惟得盡法於賄賂之人,不惟利誘。惟知夫刑者所以教德也,而非以戕民也。致其敬焉,戒謹而有所不

---

① 按:此句與下句相偶,"殷盛庶"據下文"敦龐純固"當少一字,或爲"殷盛繁庶",或爲"殷盛富庶"。

② 按:"乎"原本作"于",此句與下句"何明明乎"相對,故"于"當爲"乎"。

忽;致其忌焉,懵惻而有所不敢。敬忌之至,則身所用之刑固無一不可盟之心,亦無一不可對人心者,又何威富之有不訖乎? 夫天高在上而難與配享者,以天有至公之德,能作天下之大命也。惟典獄者至於罔有擇言在身,而在身之德即能其在天之德,同一至公而無私也,則是天下生殺長短之大命不作于天而作于我,天以德而作大命于上,我亦以天德作大命于下,固配而有合,享而克當者。蓋身無擇言,則俯固不怍于人,而仰亦何愧于天也哉! 至於與天爲一,而典獄之功極矣!

王曰:"嗟,四方司政典獄,非爾惟作天牧。今爾何監? 非時伯夷播刑之迪。其今爾何懲? 惟時苗民匪察于獄之麗,罔擇吉人觀于五刑之中。惟時庶威奪貨,斷制五刑以亂無辜,上帝不蠲,降咎于苗,苗民無辭于罰,乃絕厥世。"

此統告諸侯監戒也。王曰:"嗟! 四方司政典獄,天生民,不能自治而以棐彝付之君,君不能自治而以弼教付之臣,非汝諸侯爲天牧養斯民乎? 責重任大,不可不知所監懲矣。今爾何所當監,非伯夷乎? 伯夷降典之際,即布示民以不典之刑,使民入于禮,不入于刑也。是能作天牧者,可無監哉! 今爾何所當懲,非苗民乎? 惟時苗民惟倚勢作威,而不察詞與罰之相應,是察獄不得其情矣。又不擇吉人觀於五刑無過不及之中,是任獄又不得其人矣。人法俱弊如此。惟是貴者以威亂政,富者以貨奪法,於以斷制五刑,亂虐無辜,故天不貸其罪而降罰苗民,苗民無辭于罰而遂絕其世,是不能作天牧者,可無懲哉! 知所監懲則可爲天牧矣。"

王曰:"嗚呼! 念之哉! 伯父、伯兄、仲叔、季弟、幼子、童孫,皆聽朕言。庶有格命。今爾罔不由慰日勤,爾罔或戒不勤。天齊于民,俾我一日非終,惟終在人。爾尚敬逆天命,以奉我一人。雖畏勿畏,雖休勿休,惟敬五刑以成三德。一人有慶,兆民賴之,其寧惟永。"

此專告同姓諸侯。嗚呼! 念之哉! 伯父、伯兄、仲叔、季弟、幼子、童孫,非文之昭則武之穆也,皆明聽我言,庶有切當極至之命以告爾,格命何如? 罔有擇言在身,此亦爾所用自慰者,欲以自慰,無不由於聽斷之日敬忌以盡其心,無時忽焉可也。一日不勤則必有失刑，而至於戒矣，戒固善心也。然他事猶可及戒，而刑則一成而不可變者，刑而至於戒，則被刑者何幸？爾無萬一不勤，至罰失而後戒也，①所當勤者何？……

〔王曰："吁，來。有邦有土，告爾祥刑，在今而安百姓，何擇非人？何敬非〕②刑？何度非及？

此總告同姓異姓。吁，来！爾有邦諸侯，有采地以下之大夫，夫刑，不祥之器也。然一人之慶，兆民之賴，祥莫大焉。告爾以祥刑，刑必如何而後祥也？在今爾以刑安百姓，必有所當擇者，何所當擇，非人乎？求吉人以觀五刑之中可也。必有所當敬者，何所當敬，非刑乎？敬五刑以成三德之用可也。必有所當度者，何所當度，非及乎？度其情法之所麗，勿以疑似之間相係逮也。三者盡心焉，而百姓安，乃稱祥刑也哉！

"兩造具備，師聽五辭，五辭簡孚，正于五刑，五刑不簡，正于五罰，五罰不服，正于五過。

此下俱上節意也。夫盡心安民之詳何如？物我交惡而成争，有争必有兩，一不至則偏矣。形迹相曩而成詞，有詞必有證，一不在則眩矣。必兩造及詞證皆在，而後得以閱其情實，又不可以一己聽之也，必合羣有司共聽此辭之麗於五刑者，以示公且盡眾人之明也。此聽獄之道也。及夫斷獄也，則不敢執法以求情，而必因情以論法。苟所聽五刑之辭簡核情實已可信而無疑，則質於五刑之書，而擬何刑以加之也？然情詞不一，豈能與律皆相應乎？若刑有定名，而詞與刑參差不應，則不當以刑斷之矣。但質於五罰而許其贖也，罰固所以通乎刑矣。然罰有定名，而詞與罰又有參差不應者，則又不宜以罰服之矣，質於五過而直赦之可也。此斷獄之道也，聽之公而斷之審，刑其當哉！

"五過之疵，惟官、惟反、惟內、惟貨、惟來，其罪惟均，其審克之！

此因五過而戒其私也。夫五刑五罰之中，出入人者在五過，五過之中亦有

---

① 按："罰"原誤作"乏"，據文意改。

② 按：此卷原缺十三頁，〔〕內經文據《尚書正義》補出。

其病哉！或承上官威勢,或反報德怨,或内狥女謁,或受貨賂,或来干謁。由是
當正於五過者,或以此五者而入之刑與罰,是故入也。不當正於五過者,或以
此五者而出之於過,是故出也。如此,則將典獄官與犯者同坐此罪也。然則正
五過者,其可私乎？必詳明法意,察之而盡其情,可正于過則過之,不然刑之罰
之,無以故出入可也。

　　"五刑之疑有赦,五罰之疑有赦,其審克之！簡孚有衆,惟貌有稽,無簡不
聽,具嚴天威。

　　此專舉疑之當謹者。五刑不簡,正於五罰,是五刑之用,非曰凡麗于刑者
即刑之也,疑者固有赦矣。五罰不服,正于五過,是五罰之立,非曰麗于罰者即
罰之也,其疑者固有赦矣。然赦而得則爲慎獄,赦而失則爲惠奸,其必察之詳
而盡其能,無有疑而不赦,赦而非疑者也。所謂審克者,豈盡於詞聽而已哉！
前所云五詞簡孚,即正于刑者特以詞聽之而已,猶必盡審克之心也。夫其麗於
刑罰之詞,固有簡核情實可信者,眾以常情聽之,必謂其刑罰可以決矣。然但
曰可信者眾,則其中情法猶有牴牾而未信者在,此無乃近於疑乎？雖以辭聽
之,恐未敢以辭盡之也,必以訊鞠作其言,而因察之於視聽氣色之間,庶心在辭
而情又在貌,有兩不暇相顧者,則深情厚貌有時乎不可藏,而中之微曖自然畢
露矣。是貌稽者,聽疑之決也,此所謂審克也！然獄之色聽者必先以詞之簡核
爲本,若其辭與律不相簡核者,則固直赦之。刑從罰,罰從過,不必更稽其貌
矣。夫獄者在下,聽者在上,其聽不聽,天實臨之。天之聰明不可誣也,天之明
威不可玩也。兢兢惕惕,儼乎上帝之臨汝,赫乎天威之在兹！其於聽不聽之間
自有不敢不盡其心者,如是則刑、罰、過三者其無失哉！而嚴天威者,可以克天
德矣！

　　"墨辟疑赦,其罰百鍰,閱實其罪！劓辟疑赦,其罰惟倍,閱實其罪！剕辟
疑赦,其罰倍差,閱實其罪！宮辟疑赦,其罰六百鍰,閱實其罪！大辟疑赦,其
罰千鍰,閱實其罪！墨罰之屬千,劓罰之屬千,剕罰之屬五百,宮罰之屬三百,
大辟之罰其屬二百。五刑之屬三千,上下比罪,無僭亂辭,勿用不行,惟察惟

法，其審克之！

此正言五罰之法。夫五刑五過易知也，至於五罰有類有條，不可紊也。故墨刑之疑有赦，其罰百鍰，然必視實其罪可罰而後罰。劓罰惟倍，二百鍰。剕罰倍差，五百鍰。宮罰，六百鍰。大辟，罰千鍰。然皆視實其罪。此五刑之罰也，分之墨罰之屬千，劓罰之屬千，剕罰之屬五百，宮罰之屬三百，大辟之罰其屬二百。總之其屬凡三千，此著在刑書者也。然天下之情無窮，三千之屬猶不能盡，則求情貴詳而用法宜遍也，此任法之所以必任人也。蓋法所載者任法，法所不載者任人，上罪比上律，下罪則比下律，上下之間者則又于上下之中比之，所謂例也。然既無正律，則比附之間專以辭爲主，若其中獄辭叢雜，與律參差不相應者，非亂辭乎？必斟酌審定，毋爲亂辭所僭差，而妄有所比附也。又既無正律而惟法是比，將有援不用之法以擬今情者，必酌以時宜，勿用今所不行之法而強有所比附也。惟當詳明法意，裁度上下之間，察之詳而盡其能，則不特罰之有正律者，得其情即無正律者，舉無所僭而可行矣。

"上刑適輕下服，下刑適重上服，輕重諸罰有權，刑罰世輕世重，惟齊非齊，有倫有要。

此言用法之權也。夫情有輕重，法亦因之，無權則輕重差矣。權，一也。有權乎人情者，有權乎世變者。如上罪而服上刑，人所知也。然有事在上刑而情適輕者，執法而不原其情，是絕人改過之路也，則當權之以下服。下罪而服下刑，亦人所知也，然有事在下刑而情適重者，拘於法而不誅其意，是長奸之道也，則當權之以上服。豈惟輕重諸刑有權哉！刑疑從罰，輕重諸罰亦視此以爲多少之權矣。此刑罰輕重以情者也，而又有輕重以世者，均爲是情，然有用之於前世則宜，用於今則不合者，此世變也。刑罰不以世輕則人將不堪，刑罰不以世重則不足止亂，世輕世重，惟其時之所適而施焉，斯盡權之道也。權則疑于不齊而靡常矣，不知是乃所以致齊而有常也。蓋法無常，期于當而已。理當變，而欲爲一法以齊之，其齊也乃所以爲不齊。理有異，而各順其理以應之，通乎人情，合乎世變，其不齊也乃所以齊之也。惟齊之以非齊，則刑法雜陳而不亂其序，豈不有倫乎？而倫序之中輕重不同，歸于當理，又爲有要矣。茲權也，乃所以爲經也與！

**"罰懲非死，人極于病；非佞折獄，惟良折獄，罔非在中。察辭于差。非從惟從，哀敬折獄，明啓刑書胥占，咸庶中正。其刑其罰，其審克之！獄成而孚，輸而孚，其刑上備，有并兩刑。"**

此詳示以謹刑罰之道也。夫罰止懲過，非致人於死，然民重出贖亦甚病矣，況於刑乎？刑罰不容以不謹矣。何以謹之？我前固云何擇非人矣，彼折獄固須以言，而佞者之折獄則有辨口而無仁心，常不能盡下之情，求人之生，非佞可以折獄也，惟溫良仁者折獄，則小大之獄必以情，而刑罰無不在中矣。此聽獄者當擇其人也。朕固曰何敬非刑，何度非及矣。彼辭非情實，終必有差。察辭之要，必於牴牾不合之差處察其情僞可也。且不敢偏主，必心度曰此情不然乎？其或然乎？參酌從違以審情法輕重之中，如是可以折獄矣，猶惻怛敬畏以折之，且不敢以獨折也，必明啓載刑之書與前師聽之眾共占度之，如此則刑罰之擬議皆庶乎中正矣。則定其刑，或刑疑而罰可也。而折獄占書之際，又察之詳而盡其能，所謂敬且度者當無不盡其心也。夫擇人盡心如是，則獄定于下而民信之，自以爲不冤矣。獄陳於上而君信之，報讞常得可矣。當輸獄之時，又當備載其事情與法之輕重本末，如一人而犯兩事，罪雖從重，亦併兩刑而上之，一以聽尊者之臨決，一以使人主得周於情，而習於法以驗其孚不孚也。聽獄之節奏，其備於斯乎！

**王曰："嗚呼！敬之哉！官伯族姓，朕言多懼。朕敬于刑，有德惟刑。今天相民，作配在下，明清于單辭。民之亂，罔不中聽獄之兩辭，無或私家于獄之兩辭，獄貨非寶，惟府辜功，報以庶尤。永畏惟罰，非天不中，惟人在命。天罰不極，庶民罔有令政在于天下。"**

此又合同姓異姓而告之。嗚呼！敬之哉！爾獄官之長爲諸侯者，或同族，或異姓，朕之于刑言且多懼，況用之乎？朕之於刑，心實敬畏之，非敢嘗試用之也。夫刑疑于痛而不德矣，然實所以載天德而行元命者也。有德于民者，其惟刑乎！何也？天非以刑戕民，所以整齊相助下民，教祗德而棐彝耳。汝典獄者實在相民之責，惟克天德，自作元命，以作配在下可也。敬之何如？獄詞有單有兩，單者，一人無證之詞，聽之易以眩淆也。必敬以澄心，令湛然無私，表裏洞徹，至明至清者聽之，則不必兩造之陳，而物情自然獨照矣。兩者，兩造有證之詞，聽之易至於偏主也。凡民之輸情而治者，無不由典獄者敬以持心，秉不偏之中以聽兩詞，是以人服而自治焉。夫明清于中也，此正敬而有德，以作配在下者也。然兩辭易偏，常以賄故耳，汝無或于兩詞之間爲私家計而鬻獄爲也。夫鬻獄得貨非足爲寶，徒以聚其罪狀，貨積而罪亦積也，天必報以庶尤，罪積而禍亦積也。是永可畏者，其惟天罰乎！此非天過於威察而不以中道待人，惟人鬻獄，自取殃禍之命耳。蓋不知相民之天則必有報虐之天，不能作配在下則必無世在下，此正天道所以爲中，而人心所以有畏也。使天罰不極，無是庶尤之降，則獄吏永不知畏，無復有善政在天下矣。爾不敬于刑，獨不畏于天乎！

　　王曰：“嗚呼！嗣孫，今往何監？非德于民之中，尚明聽之哉！哲人惟刑，無疆之辭屬于五極，咸中有慶，受王嘉師，監于茲祥刑！”

　　此詔來世也。嗚呼！爾諸侯嗣世子孫亦有任天牧之責者，今往何所監？所當監者非古人用刑得宜以成三德，而能輔民所受之中者乎？尚明聽我言哉！誠以古之哲人淑問，如皋陶寅清，如伯夷有辭于後世者，何哉？由于五刑之用咸得其中，而因以全民之中，是以有無疆之慶，而至今誦之不衰。朕前所告汝祥刑者正在茲也。然則，今之民孰非天子之良民善眾耶？雖時有犯于有司，而天然之中自在也。嗣孫等既受王嘉師，其監于此哲人之祥刑乎？務使德于民之中而有慶之辭，亦自今以往無窮也。

# 文 侯 之 命

　　王若曰：“父義和！丕顯文、武，克慎明德，昭升于上，敷聞在下，惟時上帝集厥命于文王。亦惟先正克左右，昭事厥辟，越小大謀猷罔不率從，肆先祖懷在位。

　　此平王命文侯爲方伯之辭。父義和，汝聞成、康之事乎？彼丕顯文、武以明德受于天而爲澤民之本也，則克愼其明德，文之敬止，武之執兢，蓋重光也。是以明德昭升于天，布聞于民，故上帝始集其命于文王，至武王有天下也。我先祖成、康承之，天命方新，資澤方厚，一若可以自安其位，而無賴于先正之助者。然亦惟得先正唐叔，能以文、武之道左右光輔其君，凡君有小大教養謀猷無不率從，而皆爲之昭布焉。故成、康得安在位，而文、武之基益固也。夫成、康猶賴賢以安其位，況今日哉！

　　"嗚呼！閔予小子嗣造天丕愆，殄資澤于下民，侵戎我國家純。即我御事罔或耆壽俊在厥服，予則罔克。曰惟祖惟父，其伊恤朕躬。嗚呼！有績予一人，永綏在位。

　　此嘆已承國家多難而無輔也。嗚呼！閔予小子嗣位之初，爲天所大譴，父死國敗也。所以然者，民爲邦本，本固邦寧。今文、武、成、康資用教養之惠澤已絶於下民，本既先撥矣，故戎〔狄〕乘機，大肆侵侮，國家之事遂至于此。使或朝有老成人焉，猶可爲也。即今御事之臣無有老成俊傑在厥官者，而我小子又無能以濟此。予惟曰四方諸侯在我祖父之列者，其誰能恤我乎？嗚呼！諸侯若能恤我如先正之昭事，而致功于一人，則猶可因文、武之資，履宗周之籍，而永安厥位如先祖也乎！而今不可矣，豈不深可憫哉！

　　"父義和，汝克昭乃顯祖，汝肇刑文、武，用會紹乃辟，追孝于前文人，汝多修扞我于艱，若汝予嘉！"

　　承上悲國無人之時而幸有文侯也。父義和，汝能昭乃顯祖唐叔之德，昭祖何如？顯祖文人能以文、武之道昭事成、康者，後罔耆俊，文、武之道絶矣。今汝始能儀刑文、武之道，用之以會乃辟而國統不至于離，用之以紹乃辟而國統不至于絶，所謂克昭乃顯祖而追孝前文人也。夫汝祖昭事于平康之時，其功已爲先王所嘉矣。況今嗣造艱難，而汝所以脩完我之殘破，扞衛我之侵戎者，功良多焉！若汝者，尤我所嘉美也，蓋有績予一人者哉！

王曰："父義和,其歸視爾師,寧爾邦,用賚爾秬鬯一卣、彤弓一、彤矢百、盧弓一、盧矢百、馬四匹。父往哉！柔遠能邇,惠康小民,無荒寧簡恤爾都,用成爾顯德！"

此勅遣之也。父義和,汝其歸視爾一方之眾,其寧爾邦之民。然諸侯始受命,當以鬯告其始祖,我用賚爾秬鬯之酒一卣,爾固昭乃祖以薦汝之忠,我亦念汝先以伸爾之孝也。諸侯有大功得專征伐,我用賜爾彤弓一,彤矢百,盧弓一,盧矢百,色取相稱,又馬四匹。爾既以此定天子之位,必能以此鎮諸侯之邦也。夫我嘉汝之功如此。父其往就國哉！汝之師有遠近焉,柔之能之,懷來馴擾,使不失其教。爾之邦有小民焉,惠之安之,勞來安集,使不失其養。凡此各致其勤,無荒無寧可也。何也？昭乃顯祖,爾之德固顯矣。今爾歸,簡視爾都之眾士,寧恤爾都之小民,則善作者善成,豈不用成汝顯著之德乎？夫然則脩扞益固,予一人其益永安厥位哉！

# 費 誓

公曰："嗟！人無譁,聽命。徂兹淮夷、徐戎並興。

此伯禽誓征淮徐也。嗟爾諸侯之師,其靜無譁以聽命。前日已叛之淮夷,今又與徐戎並起為寇矣,不可不征也。

"善敹乃甲冑,敿乃干,無敢不弔；備乃弓矢,鍛乃戈矛,礪乃鋒刃,無敢不善。

此戒諸侯之師治戎備也。甲冑所以衛身,必善敹乃甲冑,縫之勿使斷毀。干楯所以蔽身,必敿乃干楯,以小紛帶係持之。或敹或敿,無敢不致其精,則自衛之具備矣。弓矢所以射疏,必備乃弓矢,欲其多也；戈矛所以擊刺,必鍛淬乃戈矛,欲其堅也；鋒刃所以致殺,必礪磨鋒刃,欲其利也。或備或鍛或礪,無敢不極其善,則攻人之具備矣。先自衛而後攻人,亦行師之序也。

"今惟淫舍牿牛馬,杜乃擭,敜乃穽,無敢傷牿,牿之傷,汝則有常刑！

此戒所在之居民除道路。夫兵行用馬,任載用牛,師既出,則牛羊所舍之閑牧已隨水草而大布于野矣。然居民素捕虎豹而有機攬,必絕之。素捕小獸而有穽,必塞之,無敢傷我閑牧之牛馬。若一或不謹而傷閑牧之牛馬,則有常刑以戮汝矣。居民戒哉!

"馬牛其風,臣妾逋逃,勿敢越逐,祇復之,我商賚汝。乃越逐,不復,汝則有常刑! 無敢寇攘,踰垣牆,竊馬牛,誘臣妾,汝則有常刑!

此戒將士以嚴部伍也。夫居民無敢傷牿矣。凡我部伍,其可擾居民乎?故所過居民有馬牛風逆者,臣妾逃亡者,爾將士無敢越軍壘而逐之,若不逐而偶得者,又當敬還民家,此不失部伍者,我商度多寡以賞汝。汝或越軍壘而逐之,或偶得而不復,是亂我部伍者,汝則有常刑。又不可故爲寇爲攘,踰人垣牆,竊其不風之馬牛,誘人不逃之臣妾,其或不恭,則有常刑。蓋必軍伍嚴明,所過秋毫無犯,始爲節制之兵,不敗之道也。

"甲戌,我惟征徐戎,峙乃糗糧,無敢不逮,汝則有大刑! 魯人三郊三遂,峙乃楨榦。甲戌,我惟築,無敢不供,汝則有無餘刑非殺! 魯人三郊三遂,峙乃芻茭,無敢不多,汝則有大刑!"

此立期會而勉所有事也。凡我諸侯之師,計時日之孤虛旺相,則甲戌乃用兵之期。量敵人之堅瑕緩急,則徐戎乃受兵之國。軍中以食爲急也,必儲備乃糗糧,無敢不及,否則且有大刑,此各國所宜辦也。若魯人內三郊、外三遂之民,於路爲近,當峙備乃楨榦,乘此甲戌之日,我爲築我壘壁距堙之屬,征與築同日者,彼方禦我之征,勢不得擾我之築也。郊遂之人無敢不供,一或不供,汝則有無餘之刑,凡刑皆如之,但不至于殺耳。及魯人三郊三遂之地,當峙備芻茭以飼牛馬,無或不多,否則有大刑。蓋我以君興從事,有不得姑息者矣!

# 秦　誓

公曰:"嗟! 我士,聽無譁。予誓告汝羣言之首。

公曰："嗟我羣臣，當聽命而無譁！我將誓告爾羣言之要，蓋聞于古人者矣。"

**"古人有言曰：'民訖自若，是多盤。責人斯無難，惟受責俾如流，是惟艱哉！'**

此正羣言之首也。古人有言曰："凡人溺於情欲，盡自若，是多安於徇己也。如人或動有非義，而我以大義責之，苟見事理者皆能之，何難之有！惟夫受人責俾如流水，畧無扞格，則非有大智大勇者不能，是惟艱哉！古人之言深中我之病矣。"

**"我心之憂，日月逾邁，若弗云來。**

承上言我已往多盤矣，將来可以受責也。我心之憂以日月逾邁，若云弗来，非無来日也，知過之遲，改過何期哉！

**"惟古之謀人，則曰未就予忌。惟今之謀人，姑將以爲親，雖則云然，尚猷詢茲黃髮，則罔所愆。**

此正自叙其過而欲改之意。夫我前日之過安在？今何如以改之乎？古之謀人，我非不知其爲老成，但以所謀未就己意而忌之。今之謀人，我非不知其爲新進，姑以其謀順吾意而信之。此正不能受責如流，多盤之過也。前日雖云已然，自今以往，庶幾謀茲黃髮之人，所謂古之謀人者，資之以故實，寄之以長算，則可以無愆矣。

**"番番良士，旅力既愆，我尚有之。仡仡勇夫，射御不違，我尚不欲。惟截截善諞言，俾君子易辭，我皇多有之！**

夫詢黃髮，其無愆矣。然則番番之良士，正黃髮人也。旅力雖愆，謀猷則壯，我庶意復有斯人乎？彼仡仡之勇夫，射御不違，雖若可愛，然勇而無謀，多以僨，我尚不欲，惟截截善諞言，強辭奪正，使君子不能自定，亦爲轉移其說，正所謂今之謀人者。如此之人有其一，足以覆言，我皇暇多有之乎！穆公蓋深思蹇叔而甚危於杞子也！

**"昧昧我思之，如有一介臣，斷斷猗無他技，其心休休焉，其如有容。人之**

有技，若己有之。人之彦聖，其心好之，不啻如自其口出，是能容之，以保我子孫黎民，亦職有利哉！人之有技，冒疾以惡之，人之彦聖，而違之俾不達，是不能容，以不能保我子孫黎民，亦曰殆哉！

此因古謀人良士等推而上之，又思好賢樂善之人，蓋兼有受責如流之美者也。我嘗深潛靜思之，不必其多也，如有一个臣，平日則斷斷誠一，全不見其他能，其心休休然，易直常如有容焉。人之有技，不止不嫉之而已，若己有之，不見其在人也。人之彦聖，不止不違之而已，其心好之，不但如自其口出，有味哉！其言达也。若此大臣者，天下之賢才不見其多，一人之襟懷不見其少，蓋真能有容，非浮慕下士之虛聲而已，誠得此臣以保我子孫黎民也。我國家亦主有利哉！若於人之有技而冒疾以惡之，彦聖而違之使不得達，是不能容，必不能保我子孫黎民矣，亦曰危殆哉！

“邦之杌陧，曰由一人；邦之榮懷，亦尚一人之慶。”

由此觀之，邦之杌陧而不保者，止由一人之妬賢疾能，不必其小人之多也。若邦荣華安寧而氣象日新，永言保之者，亦尚一个臣休休之慶耳，固不必君子之多也。然則我所思者，何止古之謀人；而所危者，何但諞言之士乎！

# 附　　錄

## 若有一個臣　二節

　　相天下，其心有能有不能，惟人君能愛惡之也。夫相臣之心，利能容，病不能容也。於斯用愛惡焉。非仁人其孰能之？且世主之論賢也，論及能爲利，則知愛，論及不能爲利，則知惡。而卒不能能其愛惡之道者，則以其君非仁人，故不能明其大臣之心也。我茲讀《秦誓》，而得仁人之愛惡矣。彼均之一個臣也，其外樸，其心虛，寔能容天下士，以能有所保而國利。之人也，其所能誠可愛，而以其若無他技也，則愛之未易能也。若夫無其技，無其心，寔不能容天下士，以不能有所保而國殆。之人也，其所不能誠可惡，而以其能獨進也，則惡之未易能也。惟仁人也以心之德行於愛，因以愛之。理通於惡，則放流加焉。蓋自斯人遠，而中國無殆人之跡；蓋自斯人遠，天下有利正之途。無論朝無倖奸，大臣之愛不替，而舉凡人之才者能者，無不爲大臣之所好，則皆吾好大臣之所及也。此之謂能愛人，能愛其人之能者也。無論國有顯法，大奸之惡已除，而舉凡人之賢者能者，得不爲大奸之所惡，則皆吾惡大奸之所及也。此之謂能惡人，能惡其人之不能者。明通公溥，含元德於一心，而天下後世之規以裕。慶賞刑威，伸大義於天下，而推賢進不肖之澤以長。君人者而有愛於利乎？則以仁人之能愛，愛此容保之臣可也。如有惡於殆乎？則以仁人之能惡，惡此不能容保之臣可也。不然,不能平好惡於一個臣,而平天下也哉!

——《湯顯祖集全編》詩文卷五○“補遺”制藝

# 次九曰嚮用五福　隆慶庚午鄉試第一策

　　聖人第疇之九,而先之以勸天下者焉。蓋福以章善也。勸人以福,則人有不樂于爲善者哉!宜大禹以之第次九之疇。且夫《書》之數有所謂九者,位列于《離》,而天地之祕以顯;數成于金,而陰陽之用已全。禹乃以序于次八之後而第之,曰嚮用五福焉。蓋人之爲善必有所慕,而後其趨莫禦;君之作善必有所勸,而後其機自神。惟天眷德,固有福以厚之也。而以德先天下者,則緣是以妙化導之術。惟德動天,福固自己求之也。而以道化斯民者,則藉是以昭勸相之蘥。方其未嚮于善也,則示之五福以興起之,使天下之相率于善而不敢悖者,用此道也。及其即嚮于善也,則錫之五福以固結之,使天下之益力于善而不敢怠者,用此道也。天子立臣之極,固以福自嚮矣,亦以之而嚮其臣,即應感之不誣者,以誘其進,而百官之羞行者,翕如也。其諸王者激勸臣工之典乎?天子立民之極,固以福自勸矣,亦以之而勸其民,即天人之不爽者以決其趨,而黎民之敏德者勃如也。其諸王者鼓舞萬民之術乎?要之,《書》終于九數而神道以成,疇勸以五福而治道斯備。大禹取而配之,其旨深矣。夫是則皇極行,而何彝倫之不序哉!雖然,嚮用之說,聖人爲凡民言之也。君子無所爲而爲善,豈待福而後勸邪?是故上下無交,孔子之修德如故也;居於陋巷,顏子之好學不改也。何者?其中之所自嚮者定也。明于自嚮,而可以免幸福之咎矣。

——《天一閣藏明代科舉錄選刊·鄉試卷》第十函《隆慶庚午鄉試錄》

同考試官教諭陳批:認理精確,敶詞純雅,深於經學者也,允宜高薦。

同考試官教諭陳批:發明勸善之疇,真切詳盡,而平正中有人不及處。

考試官陳批學正吳批：瑩潔。

考試官陳批教授顧批：通暢。

# 隆慶庚午鄉試策第三策

聖人之作經也，不遺乎數，而未嘗倚于數。儒者之説經也，貴依於理，而不可鑿乎理。蓋天下之數莫非理也，天下之理莫非天也。聖人默契乎天，自能明天下之道，而天有所不必畀。聖人神明乎理，自能周天下之數，而數有所不足拘。自世儒喜爲奇説，以神異聖人之事，推象數以原經而經滯；務爲過求，以自附聖人之學，衍意見以傳經而經離。求愈奇，故説愈鑿；説愈鑿，故旨愈繁，聖人之道愈失其初矣。雖其爲學未必皆叛於聖人，以是爲作經之本可乎？嗚呼，吾獨怪乎六經之旨如日中天，未嘗托異徵祕以求信于天下，而後世儒者亂之也。今夫《易》卦何昉乎？伏羲畫之爲文字之祖也。當其時，鴻濛未闢，人文未啟，天地萬物之情，陰陽鬼神之祕寓於法象，而易行乎其中。伏羲神而明之，以定畫焉。故《易》曰："仰則觀象于天，俯則觀法于地，觀鳥獸之文與地之宜，于是始作八卦。"此作《易》之本也。《洪範》何昉乎？箕子陳之，是神禹之傳也。當其時，玄圭告功，文命未布，立極綏民之具，事天治人之本藏於幾微，而疇具乎其中矣。神禹會而通之以作《範》焉。故《書》曰："禹乃嗣興，天乃賜禹《洪範》九疇，彝倫攸序。"此敘疇之本也。二聖人者，運而精神既有以丕隆休烈，聚而心術又足以開先世教，雖其聖德格天，河洛效瑞，圖畫之數未必不可通于經。而聖人取義也大，立教也正，惟其理之可以信天下，而不必乎象數之模仿，瑞應之摭飾也。何至後世異説之紛紛哉？其謂龍馬出河，伏羲遂則其文以畫八卦，神龜負文而列於背，有數至九，禹遂因而第之以列成九類。此孔安國之説也。其謂伏羲繼天而王，受《河圖》而畫之八卦，禹治洪水，賜《洛書》，法而陳之九疇。此劉歆之言也。其謂《河圖》之文，七前六後，八左九右；《洛書》之文，九前一後，三左七右，四前左，二前右，八後左，六後右。此關朗之論也。

宋儒邵子亦曰，圓者《河圖》之數，方者《洛書》之文，故羲、文因之而造《易》，禹、箕敘之而作《範》。嗚呼，信如是，則《易》出于《圖》，無《圖》即無卦矣，《範》出于《書》，無《書》即無疇矣，而聖人作經之本不既遠乎？其訛起于緯侯之書，謂《河》以通乾出天苞，《洛》以流坤出地符，聖人必有神物以授之之說。漢儒惑之，牽合文致，不求聖人之實。迨宋儒喜于附聖而輒取之，復強證于《易傳》《圖》《書》之一言。不知孔子嘗言河出《圖》矣，而奇偶之相未詳也；嘗言洛出《書》矣，而九一之數未悉；嘗言聖人則之矣，而因《圖》畫卦、因《書》立範未及也。諸家之言何祖乎？夫觀鳥跡而製字，因規矩而制器藝也，聖人恒必詳之。顧此經學禎符祕訣不與本文同傳，而千載之下，山人野士創為之說，不幾于詭誕而不可從矣乎？況以圖之數析補八卦，拘合強同，多所難信，如使揭圖而示之，孰為一六而下，孰為二七而上，孰為三八四九而左右，孰為乾、兌、離、震，孰為巽、坎、艮、坤？天之告人也何其瀆！因其上而上，因其下而下，因其左右而左右，因其乾、兌、離、震以為乾、兌、離、震，因其巽、坎、艮、坤以為巽、坎、艮、坤，聖之效天也何其拘！《易》既如是作矣，然則仰觀俯察者又何物，通德類情者又何事，而《易》《書》本體不在此而在彼邪？以《書》之數參合九疇，則陰陽奇偶俱未相當。按類而求之，五行何以居下，五事何以居上，五紀何以居前左，而皇極何以居中邪？八政何以居左，稽疑何以居右，三德何以居後右，而庶徵、福極何以專一位邪？《書》之方位實不同于疇。一、三、五、七、九，奇也，而五行、八政、皇極、稽疑、福極，何以屬之奇？二、四、六、八，偶也，而五事、五紀、三德、庶徵，何以屬之偶？疇之名數又不同于《書》。如謂大義無取，姑摘其自一至九之文，則又奚必縱橫黑白，祕傳神授，重煩聖人第之而後成也？先儒劉長民謂伏羲兼取《圖》《書》，又謂九為《河圖》，十為《洛書》。蔣得之謂先天圖為《河圖》，五行生成數為《洛書》。諸說紛雜，皆無定據，而獨孔、劉之言為信，謬矣！程子有云："孔子感麟而作《春秋》。"麟不出，《春秋》豈不作？如畫八卦，因見《河圖》《洛書》。果無《圖》《書》，八卦亦須作。朱子亦謂伏羲仰觀俯察，遠求近取，安知《河圖》非其中一事？二氏之論稍為得之。聖人達天明道而作經,禎符實見,理固有然。而謂必作于《圖》《書》者,非也。蓋聖人之經主于理,而後世索之于數;聖人之理得于天,而後世擬之于怪。故不但原經者飾爲異說以誇世誣人也,世儒圖經傳經者往往惟新奇玄奧是務,分配離析以解經,而經可明乎!夫《易》者不離象數,而象數之理自不可窮,然而有正焉,有變焉。卦之明白較著者,正也;旁推而衍之者,變也。伏羲八卦,陰陽剛柔,其理一定,變化盡于是矣。故三代更帙,《易》卦則同。而《連山》,而《歸藏》,而《周易》,未嘗外伏羲所作而爲一《易》也。乃邵子圖學,以此爲周之《易》,而非伏羲之《易》,別出橫圖于前,左右分析以象天氣,謂之圓圖;于其中交加八宮以象地類,謂之方圖。《易》于天氣地類蓋詳矣,奚俟夫圖而後見也。且謂其必出於伏羲,既規橫以爲圓,又填圓以爲方,前列六十四卦于橫圖,後列一百二十八卦于圓圖。上古無言之《易》,何若是紛紛哉!《易》始於一,由太極而兩儀,而四象,而八卦,生生之序也。未聞筆之圖以立卦。天地、山澤、風雷、水火,相合配偶,此八卦對待之體,乃別而圖之爲先天。由此行乎四時,序于五方,又流行之用,乃別而圖之爲後天。何據也?孔子作《傳》于千百年之前,邵子讀《易》而悟其變,推而衍之如此,不應謂聖人之《傳》反爲其圖說也。近世黃東發著《日抄》,極謂"天地定位"一章必非先天卦位,疑圖學之不可從。蓋彼謂先天在卦氣,《傳》何爲舍而曰"天地定位";彼謂後天在入用,《傳》何爲舍而曰"帝出乎震"。《繫辭》一書,語象變詳矣,未嘗一及于圖。且漢儒傳經近古,未有以圖爲言者。圖學,邵子之《易》也,而可即謂聖人之《易》也哉?《洪範》者,聖王治世大法,其道近於皇極,而終始意義聯貫而不可離。是故有本焉,有枝焉。前四疇,皇極之體,治天下之本根也;后四疇,皇極之用,治天下之枝葉也。讀《洪範》者,當知天人合一之至理。聖人嚴感應之機,詳著五事修廢與五行徵應之論,特其理微妙,不可跡拘耳。劉向作《洪範五行傳》,其言某事致某災,某災應某事,捷若形影,破碎分析,世以災異之學病之,而遂疑念用之疇或未可盡信。夫人君事天如孝子事親,日候其顏色喜怒以爲己之悖順,此所謂念也。徵而休焉,修之當如是,而求其肅必時雨,乂必時暘,哲必時燠,謀必時寒,聖必時風,則難矣。徵而咎焉,廢之當如是,而求其狂必恒雨,僭必恒暘,豫必恒燠,急必恒寒,蒙必恒風,則舛矣。聖人立教論其理,而奚必于類應之符邪?惟其言理,故不祖于數,而宋世蔡元定作《皇極内篇》,補《洪範》不傳之數,以疇之目合《書》之九九,衍之而爲八十一,八十一衍之而爲七百二十九,極之於六千五百六十一焉。自元至終,猶《易》之卦也;而六千五百六十一,猶卦之爻也。其于天人妙理,治世大法,果皆曲盡而無遺否乎?《洛書》數之祖,祖《洛書》而推之于不可窮,此元定之精于數學,而有功於《書》也。若謂《洪範》之缺,藉以推衍,何其敢于誣經也哉!是故六經之道幾絕而復明者,諸儒傳經之力;而使大義不盡明于世者,諸儒牽合擬附之罪也。漢儒之失,在示天下後世之信而涉於誇;宋儒之失,在求聖人之精而流於過。或曰,宋儒之學何可非也?曰:何敢非也,天下理與數而已矣。若惟其理數是精,而不援經解附,則邵子之圖學,蔡氏之數學,豈可少哉!此言蓋爲聖經立辨也,折衷之以定論,尚矣乎理學之奧者焉!

——《天一閣藏明代科舉錄選刊·鄉試卷》第十函

同考試官教諭陳批:世儒類以圖書說經,此作推原聖人本意,反復辯論,足解千古之疑。

同考試官教諭陳批:據理析數,考究精詳。

考試官學正吳批:是策大有功於聖經。

考試官教授顧批:得理學之奧,宜錄。

# 湯顯祖傳

湯顯祖,字若士,臨川人。少善屬文,有時名。張居正欲其子及第,羅海内名士以張之。聞顯祖及沈懋學名,命諸子延致。顯祖謝弗往,懋學遂與居正子嗣修偕及第。顯祖至萬厤十一年始成進士。授南京太常博士,就遷禮部主事。

十八年,帝以星變嚴責言官欺蔽,並停俸一年。顯祖上言曰:"言官豈盡不肖,蓋陛下威福之柄潛爲輔臣所竊,故言官向背之情,亦爲默移。御史丁此呂首發科場欺蔽,申時行屬楊巍劾去之。御史萬國欽極論封疆欺蔽,時行諷同官許國遠謫之。一言相侵,無不出之於外。於是無恥之徒,但知自結於執政。所得爵祿,直以爲執政與之。縱他日不保身名,而今日固已富貴矣。給事中楊文舉奉詔理荒政,徵賄鉅萬。抵杭,日宴西湖,鬻獄市薦以漁厚利。輔臣乃及其報命,擢首諫垣。給事中胡汝寧攻擊饒伸,不過權門鷹犬,以其私人,猥見任用。夫陛下方責言官欺蔽,而輔臣欺蔽自如。失今不治,臣謂陛下可惜者四。朝廷以爵祿植善類,今直爲私門蔓桃李,是爵祿可惜也。羣臣風靡,罔識廉恥,是人才可惜也。輔臣不越例予人富貴,不見爲恩,是成憲可惜也。陛下御天下二十載。前十年之政,張居正剛而多欲,以羣私人,囂然壞之。後十年之政,時行柔而多欲,以羣私人靡然壞之。此聖政可惜也。乞立斥文舉、汝寧,誠諭輔臣,省愆悔過。"帝怒,謫徐聞典史。稍遷遂昌知縣。二十六年上計京師,投劾歸。又明年大計,主者議黜之。李維禎爲監司,力爭不得,竟奪官。家居二十載卒。

顯祖意氣慷慨,善李化龍、李三才、梅國禎。後皆通顯有建豎,而顯祖蹭蹬窮老。三才督漕淮上,遣書迎之,謝不往。

顯祖建言之明年,福建僉事李琯奉表入都,列時行十罪,語侵王錫爵。言惟錫爵敢恣睢,故時行益貪利,請並斥以謝天下。帝怒,削其籍。甫兩月,時行亦罷。琯,豐城人,萬曆五年進士,嘗官御史。既斥,歸家居三十年而卒。

顯祖子開遠,自有傳。

——張廷玉等撰《明史》卷二三〇《湯顯祖傳》

# 湯　顯　祖　傳

湯顯祖字義仍,號若士,一稱海若,臨川人。生而有文在手,成童有庶幾之目。隆慶庚午舉於鄉。與宣城沈懋學游蕪陰，客于郡丞龍宗武處。江陵有叔亦以公車客蕪，交相得也。嘗語江陵，今日晁、賈，無踰湯、沈兩生者。江陵令其子延致之，謝不往。而懋學遂與江陵子同及第。越癸未始成進士，與時宰張四維、申時行之子為同年。二相招致之，亦不往。除太常博士。將徵為吏部郎，上書辭免。稍遷南祠部郎。抗疏論劾政府信私人，塞言路。謫廣東徐聞典史。量移知遂昌縣。滅虎，縱囚，誠信及物。翕然稱循吏。二十六年上計，投劾歸。家居二十餘年。父母喪時，顯祖已六十七歲。明年以哀毀卒。

顯祖意氣慷慨，以天下為己任。因執政所抑，天下惜之。少以文章自命。其論古文，謂本朝以宋濂為宗，李夢陽、王世貞輩等贋文也。當時能排擊曆下者，惟顯祖、歸有光二人。見人寸長如己不及。事親柔聲怡色，門庭蕭寂。長子士蘧有異才，早卒。次大耆，以文學顯。次開遠，別有傳。

——《撫州府志》

# 遂昌顯祖傳

## 錢謙益

顯祖字義仍，臨川人。生而有文在手。成童有庶幾之目。年二十一，舉於鄉。嘗下第，與宣城沈君典薄遊蕪陰。客于郡丞龍宗武。江陵有叔亦以舉子客宗武，交相得也。萬曆丁丑，江陵方專國。從容問其叔：“公車中頗知有雄駿君子晁、賈其人者乎？”曰：“無逾於湯、沈兩生者矣。”江陵將以鼎甲畀其子，羅海內名士以張之。命諸郎因其叔延致兩生。義仍獨謝弗往。而君典遂與江陵子懋修偕及第。又六年癸未，與吳門、蒲州二相子同舉進士。二相使其子召致門下，亦謝弗往也。除南太常博士。朝右慕其才，將徵為吏部郎，上書辭免。稍遷南祠郎。抗疏論劾政府信私人，塞言路。謫廣東徐聞典史。量移知遂昌縣。用古循吏治邑。縱囚放牒，不廢嘯歌。戊戌上計，投劾歸，不復出。辛丑外計，議黜。李本寧力爭：“遂昌不應考法，且已高尚久矣。”主者曰：“正欲成此君之高耳。"里居二十年。年六十餘，始喪其父母。既葬，病卒。自為祭文，遺命用麻衣冠草履以斂。年六十有八。

　　義仍志意激昂，風骨遒緊。扼腕希風，視天下事數着可了。其所投分李于田、道甫、梅克生之流，皆都通顯，有建豎。而義仍一發不中，窮老蹭蹬。所居玉茗堂，文史狼藉，賓朋雜坐。雞塒豕圈，接跡庭戶。蕭閒詠歌，俯仰自得。道甫開府淮上，念其窮，遣書相迓。義仍謝曰："身與公等比肩事主。老而為客，所不能也。"為郎時，擊排執政，禍且不測。詒書友人曰："乘興偶發一疏，不知當事何以處我？"晚年師旴江而友紫柏，翛然有度世之志。胸中魁壘，陶寫未盡，則發而為詞曲。"四夢"之書，雖復留連風懷，感激物態，要於洗蕩情塵，銷歸空有，則義仍之所存略可見矣。嘗謂："我朝文字，以宋學士為宗，李夢陽至瑯琊，氣力強弱巨細不同，等贋文耳。"萬曆間，瑯琊二美同仕南都。為敬美太常官屬。敬美唱為公宴詩，不應。又簡括獻吉、于麟、元美文賦，標其中用事出處及增減漢史唐詩字面，流傳白下，使元美知之。元美曰："湯生標塗吾文，異時亦當有標塗湯生者。"自王、李之興，百有餘歲，義仍當霧雺充塞之時，穿穴其間，力為解駁。歸太僕之後，一人而已。義仍少熟《文選》，中攻聲律。四十以後，詩變而之香山、眉山，文變而之南豐、臨川。嘗自敘其詩三變而力窮。又嘗以其文寓余，以謂"不蘄其知吾之所已就，而蘄其知吾之所未就也"。於詩曰"變而力窮"，于文曰"知所未就"。義仍之通懷嗜學，不自以為能事如此。而世但賞其詞曲而已。不能知其所已就，而又安能知其所未就？可不為三歎哉！

　　義仍有才子，曰士蘧。五歲能背誦"二京"、《三都》。年二十三，客死白下。次大耆，才而佻，然有父風。次開遠，以鄉舉官監軍兵使，討流賊死行間。開遠好講學，取義仍續成《紫簫》殘本及詞曲未行者，悉焚棄之。大耆實雲，幼子季雲，亦有雋才。

——錢謙益《列朝詩集小傳》丁集中

# 湯 顯 祖 傳

## 查繼佐

　　湯顯祖字義仍,號海若,江西臨川人。萬曆丁丑會試,江陵以其才,一再唊巍甲,不應。癸未成進士。時同門中式蒲州、蘇州兩相公子,唊以館選,復不應。自請南博士。覽勝寄毫末。轉南禮部郎。以建言謫徐聞尉。久之,令遂昌。哺乳其民。日進儒生,論貫古義。性簡易,不能睍長吏顏色。入計,輒告部堂歸。留不得。撫按復薦起,不赴。忌者猶於辛丑大計奪其官。築小室,藏書其中。嘗指客:"有此不貧矣。"喜任俠,好急人。博洽,尤耽漢魏《文選》。以其緒餘為傳奇。每制一令,使小史歌之。和不工,颯颯樂也。以不慕東林,終身宦不達。

　　論曰:海若為文,大率工於纖麗,無關實務。然其遣思入神,往往破古。相傳譜四劇時,坐輿中謁客。得一奇句,輒下輿索市廛禿筆,書片楮,粘輿頂。蓋數步一書,不自知其勞也。余評其所為《牡丹亭》一詞,謂慧精而稍不擇。海若初見徐山陰《四聲猿》,謾罵此牛有千夫之力。遂為之作傳。

——查繼佐《罪惟錄·列傳》卷一八

# 臨川湯先生傳

## 鄒迪光

　　先生名顯祖,字義仍,別號若士。豫章之臨川人。生而穎異不羣。體玉立,眉目朗秀。見者嘖嘖曰:"湯氏寧馨兒。"五歲能屬對,試之即應,又試之又應,立課數對無難色。十三歲,就督學公試,舉書案為破。曰:"形而上者謂之道,形而下者謂之器。"督學奇之。補邑弟子員。每試必雄其曹偶。彼其時,於帖括而外,已能為古文詞;五經而外,讀諸史、百家、汲冢、《連山》諸書矣。

庚午舉於鄉,年猶弱冠耳。見者益復嘖嘖曰:"此兒汗血,可致千里,非僅僅蹀躞康莊也者。"彼其時,於古文詞而外,能精樂府、歌行、五七言詩,諸史百家而外,通天官、地理、醫藥、卜筮、河渠、墨兵、神經、怪牒諸書矣。公雖一孝廉乎,而名蔽天壤,海內人以得見湯義仍為幸。丁丑會試,江陵公屬其私人啖以魏甲而不應。庚辰,江陵子懋脩與其鄉之人王篆來結納,復啖以魏甲而亦不應。曰:"吾不敢從處女子失身也。"公雖一老孝廉乎,而名益鵲起,海內之人益以得望見湯先生為幸。至癸未舉進士,而江陵物故矣。諸所為席寵、靈附薰炙者,駸且漸没矣。公乃自嘆曰:"假令予以依附起,不以依附敗乎?"而時相蒲州、蘇州兩公,其子皆中進士,皆公同門友也。意欲要之入幕,酵以館選,而公率不應,亦如其所以拒江陵時者。

　　以樂留都山川,乞得南太常博士。至則閉門距躍,絶不懷半刺津上。擲書萬卷,作蠹魚其中。每至丙夜,聲琅琅不輟。家人笑之,老博士何以書為?曰:"吾讀吾書,不問博士與不博士也。"閒策蹇驢,探雨花木末,烏榜燕磯,莫愁秦淮,平陂長干之勝,而舒之毫楮。都人士展相傳誦,至令紙貴。時典選某者,起家臨川令。公其所取士也。以書相貽曰:"第一通政府,而吾為之慫恿,則北銓省可望。"而公亦不應,亦如其所以拒館選時者。尋以博士轉南祠部郎。部雖無所事事,而公奉職愖慎,不以閒局故,稍自隤阤,謂兩政府進私人而塞言者路,抗疏論之,謫粵之徐聞尉。徐聞吞吐大海,白日不朗,紅霧四障,猩猩巂巂,短狐暴鱷,啼煙嘯雨,跳波弄漲。人盡危公,而公夷然不屑。曰:"吾生平夢浮丘羅浮,擎雷大蓬,葛洪丹井,馬伏波銅柱而不可得,得假一尉,了此夙願,何必減陸賈使南粵哉!"居久之,轉遂昌令。遂昌在萬山中,土風淳美,其民亡羯夷之習,彫劚流穴之患,不煩衡決、勞摘伏。相與去鉗劓,罷桁楊,減科條,省期會,一意拊摩噢咻,乳哺而翼覆之。用得民和。日进青衿子秀揚確論議,質義斧藻,切劘之為兢兢。一時醇吏聲為兩浙冠。而公以偘儻夷易,不能卷韝鞠腠,睨長吏色而得其便。又以礦稅事多所踤鼇,計偕之日,便向吏部堂告歸。雖主爵留之,典選留之,御史大夫留之,而公浩然長往,神武之冠竟不可挽矣。已抵家，浙開府以復任招，不赴。浙直指以京學薦，不出。已無意仕路，而忌者不察，懼捉鼻之不免而為後憂，遂於辛丑大計，褫奪其官。比有從旁解之者曰："遂昌久無小草意，何必乃爾。"當事者曰："此君高尚，吾正欲成其遠志耳。"

居家，于所居之側小結菟裘，延青引翠，英巨、靈谷之勝，發牖而得。中丞惠文，郡國守令以下干旄往往充斥巷左，而多不延接。亡論居閒謝絕，即有時事，非公憤不及齒頰。人勸之請托，曰："吾不能以面皮口舌博錢刀，為所不知後人計。"指牀上書示之："有此不貧矣。"朝夕與古人居。評某氏某氏，誰可誰否。雌黃上下，不遺餘力。千載如對。與鄉人居，則于于迿迿，屏城府，去厓略，黜形骸，而一飲之以醇。與家人居，嗃嗃熙熙，相劑而出，笑謔不假，而光霽自若。與其兩尊人居，則柔氣愉色，逆所欲惡而先意為之。小不諧懌，慄慄憂虞，若負重辜。然與其五兄弟俱，解衣分餐，弼其逮（違）而補其缺失，務令得兩尊人懽。以一人而兼兄弟五人以事其親，故兩尊人老而致足樂。公又喜任達，急人之難甚於己。人有困鬭，昏夜叩門户而請。即有弗逮，必旁宛助之，不以貧無力解。人謂公迂。公曰："施濟不係富有力，必富有力，安所得信義之士乎？"公於書無所不讀，而尤攻漢、魏《文選》一書，至掩卷而誦，不訛隻字。於詩若文無所不比擬，而尤精西京、六朝、青蓮、少陵氏。然為西京而非西京，為六朝而非六朝，為青蓮、少陵而非青蓮、少陵。其洗刷排盪之極，直舉秦漢晉唐人語為芻狗，為餕餘，為土苴，而汰之絕糠秕，鎔之絕泥滓，太始玉屑，空濛沉瀯，帝青寶雲，玄涯水碧，不可以物類求，不可以人間語論矣。公又以其緒餘為傳奇，若《紫簫》、二《夢》、《還魂》諸劇，實駕元人而上。每譜一曲，令小史當歌，而自為之和，聲振寥廓。識者謂神仙中人云。

鄒愚公曰："世言才士無學，故戴逵、王弼之不為徐廣、殷亮。而公有其學矣。又言學士無才，故士安、康成之不為機、雲。而公有其才矣。又言文人學士，無用亦無行。而公為邑吏有聲，志操完潔，洗濯束縛，有用與行矣。公蓋其全哉。世以耳食枕衾之不愜，而飾貌修態，自塗塗人，人執外而信其裏。公與予約游具區靈巖、虎丘諸山川，而不能辦三月糧，逡巡中輟（輟）。然不自言貧，人亦不盡知公貧。公非自信其心者耶。予雖為之執鞭，所忻慕焉。

傳乃先生在日所著，故不及易簀时事。

——沈際飛輯《玉茗堂集選卷首》

責任編輯：趙聖濤
封面設計：王歡歡
責任校對：呂　飛

**圖書在版編目（CIP）數據**

玉茗堂書經講意/（明）湯顯祖 著；陳良中 整理. —北京：人民出版社，2021.12
ISBN 978－7－01－023451－9

Ⅰ.①玉…　Ⅱ.①湯…②陳…　Ⅲ.①《尚書》-研究　Ⅳ.①K221.04

中國版本圖書館 CIP 數據核字（2021）第 103260 號

**玉茗堂書經講意**
YUMINGTANG SHUJING JIANGYI

（明）湯顯祖　著　陳良中　整理

人民出版社 出版發行
（100706　北京市東城區隆福寺街 99 號）

北京新華印刷有限公司印刷　新華書店經銷

2021 年 12 月第 1 版　2021 年 12 月北京第 1 次印刷
開本：710 毫米×1000 毫米 1/16　印張：20.5
字數：350 千字

ISBN 978－7－01－023451－9　定價：89.00 圓

郵購地址 100706　北京市東城區隆福寺街 99 號
人民東方圖書銷售中心　電話 （010）65250042　65289539